# 外国留学生
# 汉语偏误案例分析

|增|订|本|

肖奚强 乔 偯 颜 明 周文华 等 / 著

WAIGUO LIUXUESHENG
HANYU PIANWU ANLI FENXI

## 图书在版编目(CIP)数据

外国留学生汉语偏误案例分析 / 肖奚强等著 . —增订本 . —北京：北京大学出版社，2020.10

ISBN 978-7-301-31509-5

Ⅰ.①外… Ⅱ.①肖… Ⅲ.①汉语—对外汉语教学—教学研究—案例 Ⅳ.① H195.3

中国版本图书馆 CIP 数据核字 (2020) 第 139295 号

| | |
|---|---|
| 书　　　名 | 外国留学生汉语偏误案例分析（增订本）<br>WAIGUO LIUXUESHENG HANYU PIANWU ANLI FENXI<br>（ZENGDINGBEN） |
| 著作责任者 | 肖奚强、乔　佋、颜　明、周文华等　著 |
| 责 任 编 辑 | 路冬月 |
| 标 准 书 号 | ISBN 978-7-301-31509-5 |
| 出 版 发 行 | 北京大学出版社 |
| 地　　　址 | 北京市海淀区成府路 205 号　100871 |
| 网　　　址 | http://www.pup.cn　　新浪微博：@北京大学出版社 |
| 电 子 信 箱 | zpup@pup.cn |
| 电　　　话 | 邮购部 010-62752015　发行部 010-62750672　编辑部 010-62753374 |
| 印 刷 者 | 北京虎彩文化传播有限公司 |
| 经 销 者 | 新华书店 |
| | 720 毫米 ×1020 毫米　16 开本　34.75 印张　531 千字<br>2020 年 10 月第 1 版　2022 年 1 月第 2 次印刷 |
| 定　　　价 | 88.00 元 |

未经许可，不得以任何方式复制或抄袭本书之部分或全部内容。
**版权所有，侵权必究**
举报电话：010-62752024　电子信箱：fd@pup.pku.edu.cn
图书如有印装质量问题，请与出版部联系，电话：010-62756370

# 前　言

近现代教育史上，哈佛法学院1870年在课堂上使用法庭判决的真实案件作为案例进行教学，开案例教学之先河。随后，医学专业利用具体的临床病例，商学专业利用真实的商业事件进行案例教学。案例教学法随之以其真实性、实践性、易激发学生学习兴趣等显著特点在世界范围内产生了广泛的影响。

汉语国际教育专业兼具理论性和实践性，了解和分析外国留学生的汉语习得状况，正是培养本专业学生理论联系实际的重要途径。然而，到目前为止，汉语国际教育专业的案例教学多为跨文化交际案例和课堂教学技能案例，尚缺乏分析外国留学生汉语习得状况的"汉语中介语偏误案例分析"。因此，建设针对汉语国际教育专业的"汉语中介语偏误分析案例库"很有必要，且势在必行。

本书案例分析来自汉语国际教育的第一线，是本硕博偏误分析、中介语理论、语言习得理论课程的有机组成部分，也是多项课程建设项目的重要研究成果。写作并出版的目的在于为本专业的本硕博教学以及汉语国际教育第一线的教师提供偏误案例分析的第一手资料。

众所周知，并不是所有的语言点都有学习的困难，都值得写成偏误分析案例。收入本书的偏误案例一般遵循以下原则：①该语言点必须存在一定的学习难度；②外国学生容易出现有规律的、成系统的偏误，具有展开分析的价值和意义；③对这些偏误的分析可以形成典型的案例；④通过对这些案例的分析，可以形成一定的分析方法以供读者借鉴，并启发读者的进一步思考。

本书分5编，分别进行语音、汉字、词汇、词类和句型句式的偏误案例分析。其中，语音部分包括声韵调及语句韵律等4个偏误案例，汉字部分包括笔画、部件等14个偏误案例，词汇部分包括词缀、同素逆序词、易混淆词、熟语等14个偏误案例，词类部分包括动作动词、副词、介词、连词、助词等26个偏误案例，句型句式部分包括名词谓语句、主谓谓语句、"把"字句、"被"字句等21个偏误案例。全书共分析了79个偏误案例。

每个案例均遵循以下步骤展开：先梳理该语言点的本体规则，再分析外国留学生的典型偏误案例，进而提出相应的教学建议。这是典型的由理论到实践的演绎式的写作思路，有利于教学人员根据规则分析偏误；若将本案例用于本硕博理论、实践课的教学，则可以反其道而行之——采用归纳法，即：首先展示真实案例，激发学生的参与热情，让学生尝试分析之，由偏误案例归纳出语言规则和教学建议，教师再进行一定的归类和阐释。

肖奚强<br>
修订于 2020 年 10 月 20 日

# 目 录

## 第一编　汉语语音偏误案例

零　现代汉语语音概说 ······················· 2
壹　声母偏误案例 ···························· 13
贰　韵母偏误案例 ···························· 22
叁　声调偏误案例 ···························· 31
肆　语句韵律偏误案例 ······················· 40

## 第二编　汉字偏误案例

零　汉字笔画和汉字构成概说 ············ 54
壹　横笔偏误案例 ···························· 56
贰　竖笔偏误案例 ···························· 61
叁　撇笔偏误案例 ···························· 63
肆　点笔偏误案例 ···························· 66
伍　提笔偏误案例 ···························· 69
陆　钩笔偏误案例 ···························· 71
柒　意符形近改换偏误案例 ··············· 73
捌　意符意近改换偏误案例 ··············· 76
玖　意符类化改换偏误案例 ··············· 77
拾　声符改换偏误案例 ······················ 79

| 拾壹 | 部件增加偏误案例 | 81 |
| 拾贰 | 部件减少偏误案例 | 82 |
| 拾叁 | 部件变形偏误案例 | 84 |
| 拾肆 | 部件变位偏误案例 | 85 |

## 第三编　汉语词汇偏误案例

| 零 | 现代汉语词汇概说 | 88 |
| 壹 | 词缀偏误案例 | 89 |
| 贰 | 复合词偏误案例 | 96 |
| 叁 | 缩略语偏误案例 | 101 |
| 肆 | 同素逆序词偏误案例 | 106 |
| 伍 | 近义易混淆词偏误案例 | 110 |
| 陆 | 同素同义易混淆词"帮""帮助""帮忙"偏误案例 | 115 |
| 柒 | 同素同义易混淆词"变""变化""改变"偏误案例 | 125 |
| 捌 | 同素同义易混淆词"考""考试"偏误案例 | 137 |
| 玖 | 同素同义易混淆词"忘""忘记"偏误案例 | 145 |
| 拾 | 同素同义易混淆词"互""相"与"互相（相互）"偏误案例 | 152 |
| 拾壹 | 易混淆词"有点儿"和"一点儿"偏误案例 | 158 |
| 拾贰 | 易混淆代词"每"和"各"偏误案例 | 166 |
| 拾叁 | 其他易混淆词偏误案例 | 172 |
| 拾肆 | 熟语之惯用语、成语偏误案例 | 180 |

## 第四编　汉语词类偏误案例

| 零 | 现代汉语词类概说 | 194 |
| 壹 | 方位词偏误案例 | 195 |
| 贰 | 数量词偏误案例 | 201 |
| 叁 | 代词偏误案例 | 209 |

| | | |
|---|---|---|
| 肆 | 动作动词偏误案例 | 217 |
| 伍 | 能愿动词偏误案例 | 230 |
| 陆 | 心理动词偏误案例 | 237 |
| 柒 | 形容词偏误案例 | 242 |
| 捌 | 区别词偏误案例 | 249 |
| 玖 | 程度副词偏误用例 | 253 |
| 拾 | 频率副词偏误案例 | 261 |
| 拾壹 | 范围副词偏误案例 | 267 |
| 拾贰 | 时间介词偏误案例 | 276 |
| 拾叁 | 空间介词偏误案例 | 281 |
| 拾肆 | 对象介词偏误案例 | 288 |
| 拾伍 | 依据介词偏误案例 | 299 |
| 拾陆 | 缘由介词偏误案例 | 303 |
| 拾柒 | 并列连词偏误案例 | 307 |
| 拾捌 | 选择连词偏误案例 | 313 |
| 拾玖 | 递进连词偏误案例 | 317 |
| 贰拾 | 因果连词偏误案例 | 323 |
| 贰拾壹 | 转折连词偏误案例 | 327 |
| 贰拾贰 | 动态助词"了"偏误案例 | 333 |
| 贰拾叁 | 动态助词"着"偏误案例 | 340 |
| 贰拾肆 | 动态助词"过"偏误案例 | 346 |
| 贰拾伍 | 结构助词"的"偏误案例 | 351 |
| 贰拾陆 | 词语重叠偏误案例 | 357 |

## 第五编　汉语句型句式偏误案例

| | | |
|---|---|---|
| 零 | 现代汉语句型句式概说 | 372 |
| 壹 | 名词谓语句偏误案例 | 373 |
| 贰 | 形容词谓语句偏误案例 | 380 |
| 叁 | 主谓谓语句偏误案例 | 388 |

肆　存现句偏误案例 …………………………………………… 396
伍　双宾语句偏误案例 ………………………………………… 403
陆　连动句偏误案例 …………………………………………… 411
柒　兼语句偏误案例 …………………………………………… 419
捌　重动句偏误案例 …………………………………………… 424
玖　趋向补语句偏误案例 ……………………………………… 429
拾　可能补语句偏误案例 ……………………………………… 438
拾壹　结果补语句偏误案例 …………………………………… 448
拾贰　数量补语句偏误案例 …………………………………… 455
拾叁　程度补语句偏误案例 …………………………………… 467
拾肆　"把"字句偏误案例 ……………………………………… 475
拾伍　"被"字句偏误案例 ……………………………………… 482
拾陆　"比"字句偏误案例 ……………………………………… 488
拾柒　"有"字句偏误案例 ……………………………………… 502
拾捌　"连"字句偏误案例 ……………………………………… 509
拾玖　"A 跟 B(不)一样(X)"句式偏误案例 ………………… 514
贰拾　"是……的"句偏误案例 ………………………………… 521
贰拾壹　"除了"句式偏误案例 ………………………………… 529

参考文献 …………………………………………………………… 535
后　记 ……………………………………………………………… 547

# 第一编 汉语语音偏误案例

**零** 现代汉语语音概说

**壹** 声母偏误案例

**贰** 韵母偏误案例

**叁** 声调偏误案例

**肆** 语句韵律偏误案例

# 零 现代汉语语音概说

语音是由人类的发音器官发出的有意义的声音,是可以表达自己的想法,与别人交流的声音。语音是语言的客观实体;如果没有语音,语言就会逐渐失去生命力,无法使用。

## 一、语音的性质

语音的性质主要有以下三个方面:生理性质、物理性质和社会性质。

### (一) 语音的生理基础——发音器官

人类的发音器官可分为以下三个部分:(1) 肺和气管;(2) 喉头和声带;(3) 咽腔、口腔和鼻腔。(见图 1-1)

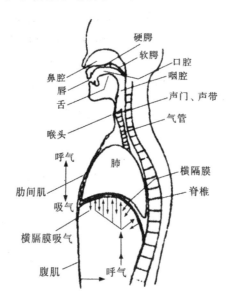

**图 1-1 人类的发音器官**

(选自林焘、王理嘉,2013:《语音学教程(增订版)》)

1. 肺和气管

肺是呼吸器官,也是语音的动力来源。呼吸所产生的气流,就是发音的动力;而气管,是气流的通道。由肺呼出的气流,将经过气管传送到喉头。

2. 喉头和声带

在语音中,喉头具有非常重要的作用。这是因为产生声音的来源——声带,就附在喉头的中间。声带由两片富有弹性的肌肉构成,它们之间有空隙,这个空隙叫作声门。呼吸的时候,声带是打开的。只有说话的时候,声带才会工作,不断重复关闭、打开的动作,把气流传送到咽腔、口腔和鼻腔。声带富有弹性,可以发出高低不同的声音。如果声带绷紧,发出的声音就高;如果声带放松,发出的声音就低。每个人的声带厚度、长度不同。一般而言,小孩的声带比较短、薄,发出的声音又高又尖;成年男人的声带比较厚、长,发出的声音比较低沉;成年女人的声带比小孩的厚、长一些,比成年男人的薄、短一些,所以声音比较高。

3. 咽腔、口腔和鼻腔

气流从喉头出来,先经过咽腔,再进入口腔、鼻腔。咽腔、口腔、鼻腔,是语音共振腔。通过改变共振腔的形状,就会产生不同的声音,其中,口腔是最重要的共振腔,发音活动都在口腔里进行。

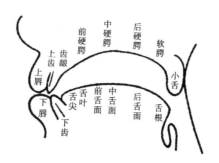

**图 1-2 口腔的发音部位示意图**

(选自林焘、王理嘉,2013:《语音学教程(增订版)》)

图 1-2 是口腔的发音部位示意图。在口腔里,牙齿、齿龈、硬腭是固定的,不能活动;双唇、舌头、软腭、小舌是能活动的。其中,舌头是最灵活、最重要的发音器官,各个部分(舌尖、舌叶、舌面、舌根)都可以独立活动。软腭、小舌的主要作用是改变气流的通道。如果软腭

和小舌向后上升，抵住咽壁，气流只能进入口腔；如果软腭和小舌下垂、双唇紧闭，气流就进入鼻腔，形成鼻音。

### (二) 语音的物理性质

与其他声音一样，语音也具有物理基础，分为音色、音高、音强、音长四个要素。

1. 音色

音色是声音的本质和特色，与发音器官的形状、声音的振动方式有直接的关系。因此，只要改变发音部位或发音方法，就能产生不同音色的语音。如：舌尖抵住上齿龈，如果气流从口腔出去，就是边音 l；如果气流从鼻腔出去，就是鼻音 n。

2. 音高

语音的频率高低由声带的发音状态决定。在汉语中，音高非常重要，可以辨别意义。如："妈"和"马"，音色相同（ma），但是音高变化不同，产生了不同的意义（"妈 mā"指的是母亲，"马 mǎ"指的是一种动物）。

3. 音强

音强指声音的强弱，与说话时用力的大小有关系。说话时比较用力，声音就强；如果用力不大，声音就弱。在汉语中，音强没有区别意义的作用。

4. 音长

音长指声音的长短，由发音动作延续的时间决定。说话时，气流持续呼出的时间越长，音长就越长。在汉语中，语音的长短不能区别意义。

### (三) 语音的社会性质

语音和其他声音一样，都有生理、物理性质。除此之外，语音还有社会性质，是人类声音特有的性质。语言的生理和物理性质相差不大，但是语音功能不同。为了表达思想、与别人交流，每一种语言都有自己的语音系统。有的语音特征比较普遍，能在不同语言中找到相同或相似的语音成分，如：双唇音 b、m。有的语音特征比较特殊，只在某些语言中有区别意义作用，如：舌尖后音 zh、ch、sh、r。有的语音成分普遍存在，在某些语言中能够区别意义，有的语言则不能。如：在汉语中，不送气音和送气音能够区别意义（"爸bà"和"怕pà"），而在英语中，不送气音和送气音没有区别作用。

## 二、语音的分类

根据发音动作的不同状态，我们把音质成分分为两大类：元音和辅音。

### （一）元音 (vowel)

元音，是发音清晰响亮的语音。在发元音时，共振腔完全开放，气流在口腔里没有受到任何阻碍。元音的音色特征，从以下三方面进行描写：

1. 舌位的高低

在口腔中，舌头的位置越高，嘴巴的开口度越小；舌头的位置越低，嘴巴的开口度越大。舌头的位置通常分为四度：高、半高、半低、低（见图1-3）。如：在发"i"时，舌位最高，是高元音；在发"ɑ"时，舌位最低，是低元音。

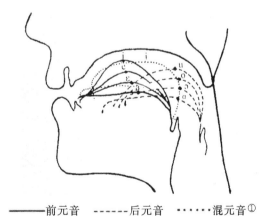

———前元音　------后元音　……混元音①

**图 1-3　元音舌位图（侧面）**

（选自罗常培、王均，2002：《普通语音学纲要（修订本）》）

---

① 这里的"混元音"就是"央元音"。

2. 舌位的前后

舌位的高低变化，可以从外表（嘴巴的开合）看出来；而舌位的前后变化，从外表看不出来。舌位的前后活动位置通常分为三度：前、央、后。如："i"和"u"的舌位高度一样，都是高元音；但是发"i"时，舌位在前（靠近上齿龈），是前元音；发"u"时，舌位在后（靠近硬腭后部），是后元音。

3. 嘴唇的圆展

发元音时，如果嘴唇是圆的，就是圆唇元音；如果嘴唇是平展的，就是不圆唇（展唇）元音。如：在发"i"时，嘴唇平展，是不圆唇元音；发"u"时，嘴唇呈圆形，是圆唇元音。

## （二）辅音 (consonant)

在发辅音时，共振腔某一部分封闭起来，气流在口腔中受到阻碍。辅音的音色特征，从以下两方面进行描写：

1. 发音部位

发音部位，指的是在发音时，气流在口腔中受到阻碍的位置（活动部位和固定部位接触的位置）。在汉语中，辅音的发音部位可分为以下7类：

（1）双唇音：上唇和下唇接触发出的声音，如："b、p、m"。

（2）唇齿音：下唇和上齿接触发出的声音，如："f"。

（3）舌尖前音：舌尖和上齿背接触发出的声音，如："z、c、s"。

（4）舌尖中音：舌尖和上齿龈接触发出的声音，如："d、t、n、l。

（5）舌尖后音：舌尖和硬腭前部接触发出的声音，如："zh、ch、sh、r"。

（6）舌面音：舌面前部和硬腭前部接触发出的声音，如："j、q、x"。

（7）舌根音：舌面后部（又称"舌根"）和软腭接触发出的声音，如："g、k、h、ng"。

2. 发音方法

发音方法，是指发音时，气流在口腔中形成阻碍和解除阻碍的方法。在汉语中，辅音的发音方法有以下5类：

(1) 塞音：发音时发音部位完全封闭，然后突然打开，使气流突然冲出来，如："b、p、d、t、g、k"。

(2) 擦音：发音时发音部位不是完全封闭，气流从狭小的通道中挤出去，发出摩擦的声音，如："f、s、sh、r、x、h"。

(3) 塞擦音：发音时发音部位完全封闭，然后慢慢打开，气流从狭小的通道中挤出去，形成先阻塞后摩擦的声音，如："z、c、zh、ch、j、q"。

(4) 鼻音：发音时口腔完全封闭，软腭下垂，使气流从鼻腔流出去，如："m、n、ng"。

(5) 边音：发音时舌尖和固定部位形成阻碍，气流从舌头两边流出，如："l"。

除了上述 5 种发音方法，辅音还可以根据声带的状态和气流的强弱，进一步分类：

(1) 清音和浊音：发音时，如果声带不颤动，就是清音；如果声带颤动，就是浊音。在汉语中，只有 5 个浊音（m、n、ng、l、r），其余的都是清音。

(2) 不送气音和送气音：发音时，如果冲破阻碍的气流比较弱，就是不送气音，如："b、d、g"；如果冲破阻碍后，仍有气流持续流出，就是送气音，如："p、t、k"。在汉语中，塞音和塞擦音都有不送气音、送气音的区别。

## 三、汉语语音系统简介

### (一) 音节 (syllable)

元音和辅音是语音的最小单位，叫作音素。在说话时，几个音素会组合到一起，形成一个音节。我们能听到、分辨的语音单位，就是音节。在汉语中，一般来说，一个汉字就是一个音节。根据中国传统的分析方法，一个音节分为声母、韵母两部分，而声调则贯穿整个音节。

1. 声母 (initial)

声母，指的是音节开头的音素，一般由辅音充当。汉语有 22 个辅音，其中21个可以充当声母，只有ng不能充当声母。

2. 韵母 (final)

韵母，出现在声母的后面，由元音组成，也可以由元音加上辅音组成。汉语一共有39个韵母，根据组成成分分为两大类：单韵母、复合韵母。

3. 声调 (tone)

声调的性质，由音高决定。与元音、辅音不同，声调是超音质成分（不是音素）。在汉语中，声调和声母、韵母一样重要，具有区别意义的作用。汉语有4个声调，一般简称"四声"。

### (二) 句子

在说话时，我们不是一个音节一个音节地发音，而是几个音节几个音节组合到一起，形成长短不等的句子。句子，是表达意义的最小语用单位。在组成音节时，音素之间会相互调节；在组成句子时，音节之间也会相互调节。在句子层面，主要是音高、音强、音长这三个超音质成分在起作用，一般称为语句韵律 (prosody)。一般而言，语句韵律分为三部分：停延、句重音和句调。

1. 停延（boundary mark）

在说话时，我们会把句子分为长短不等的语块，使语义表达更加清晰、有层次。停延（一般称为"停顿"），是切分句子的语音手段。

2. 句重音 (sentence stress)

在说话时，每个词的发音强度不同，有的比较重、清晰，有的比较轻、模糊。其中，我们觉得重要、需要强调的，就说得比较明显、突出，叫作句重音。

3. 句调 (intonation)

在说话时，我们的声音是有高低变化的。不同的音高变化，可以表达不同的语气。一般而言，不同的句类有不同的句调。如：陈述句的音调比较低，疑问句的音调比较高。

## 四、语音的符号

研究数学，需要用数学符号1、2、3……来记录。研究语音或学习语音,同样需要符号来表示和记录。对于现代汉语,主要有两种记音符号:(1)汉语拼音;(2)国际音标。

## (一)汉语拼音

汉语与英语等语言不同,汉语以汉字为书写符号。我们无法通过汉字得到某一个字的读音,因此,人们一直给汉字注音,从古代的"直音、读若、反切",到近代的"注音字母"。为了普及汉语普通话,中国政府在"注音字母"的基础上,研究"汉语拼音"的记音符号。1958 年,《汉语拼音方案》正式颁布,1982 年获得国际标准化组织的 ISO7098 文件,汉语拼音方案成为国际上认可的汉语记音符号。

汉语拼音方案用拉丁字母记录语音,主要分为以下四部分[①]:

1. 字母表

| 字母: | Aa | Bb | Cc | Dd | Ee | Ff | Gg |
|---|---|---|---|---|---|---|---|
| 名称: | ㄚ | ㄅㄝ | ㄘㄝ | ㄉㄝ | ㄜ | ㄝㄈ | ㄍㄝ |
| | Hh | Ii | Jj | Kk | Ll | Mm | Nn |
| | ㄏㄚ | ㄧ | ㄐㄧㄝ | ㄎㄝ | ㄝㄌ | ㄝㄇ | ㄋㄝ |
| | Oo | Pp | Qq | Rr | Ss | Tt | Uu |
| | ㄛ | ㄆㄝ | ㄑㄧㄡ | ㄚㄦ | ㄝㄙ | ㄊㄝ | ㄨ |
| | Vv | Ww | Xx | Yy | Zz | | |
| | ㄪㄝ | ㄨㄚ | ㄒㄧ | ㄧㄚ | ㄗㄝ | | |

2. 声母表

| b | p | m | f | d | t | n | l |
|---|---|---|---|---|---|---|---|
| ㄅ玻 | ㄆ坡 | ㄇ摸 | ㄈ佛 | ㄉ得 | ㄊ特 | ㄋ讷 | ㄌ勒 |
| g | k | h | | j | q | x | |
| ㄍ哥 | ㄎ科 | ㄏ喝 | | ㄐ基 | ㄑ欺 | ㄒ希 | |
| zh | ch | sh | r | z | c | s | |
| ㄓ知 | ㄔ蚩 | ㄕ诗 | ㄖ日 | ㄗ资 | ㄘ雌 | ㄙ思 | |

---

① 选自吴洁敏(2009)《新编普通话教程》(第四版),杭州:浙江大学出版社。

3. 韵母表

| | i<br>丨 衣 | u<br>ㄨ 乌 | ü<br>ㄩ 迂 |
|---|---|---|---|
| a<br>ㄚ 啊 | ia<br>丨ㄚ 呀 | ua<br>ㄨㄚ 蛙 | |
| o<br>ㄛ 喔 | | uo<br>ㄨㄛ 窝 | |
| e<br>ㄜ 鹅 | ie<br>丨ㄝ 耶 | | üe<br>ㄩㄝ 约 |
| ai<br>ㄞ 哀 | | uai<br>ㄨㄞ 歪 | |
| ei<br>ㄟ 欸 | | uei<br>ㄨㄟ 威 | |
| ao<br>ㄠ 熬 | iao<br>丨ㄠ 腰 | | |
| ou<br>ㄡ 欧 | iou<br>丨ㄡ 忧 | | |
| an<br>ㄢ 安 | ian<br>丨ㄢ 烟 | uan<br>ㄨㄢ 弯 | üan<br>ㄩㄢ 冤 |
| en<br>ㄣ 恩 | in<br>丨ㄣ 因 | uen<br>ㄨㄣ 温 | ün<br>ㄩㄣ 晕 |
| ang<br>ㄤ 昂 | iang<br>丨ㄤ 央 | uang<br>ㄨㄤ 汪 | |
| eng<br>ㄥ 亨的韵母 | ing<br>丨ㄥ 英 | ueng<br>ㄨㄥ 翁 | |
| ong<br>(ㄨㄥ) 轰的韵母 | iong<br>ㄩㄥ 雍 | | |

4. 声调符号

阴平　阳平　上声　去声

— 　 ́ 　 ˇ 　 ̀

## (二) 国际音标

国际音标 (International Phonetic Alphabet，简称 IPA)，是国际语音学会制定的一套记音符号。国际音标制定于 1888 年，经过多次增补、修订，是目前世界上最通行的记音符号（音标写在方括号［］中）。国际音标的特点是"一个音素一个符号，一个符号一个音素"，可以用来记录各种语言的语音系统。与拼音字母相比，国际音标比较复杂，但是可以精确描写各种音素。以字母"b"为例，在汉语中代表不送气清音[p]，在英语中代表不送气浊音[b]。在分析语音时，只用汉语拼音是不够的，有时需要用国际音标才能把问题说清楚。因此，在接下来的案例分析中，我们采用汉语拼音、国际音标两种记音符号。

表 1-1 中国常用的国际音标简表

(选自吴洁敏，2009：《新编普通话教程（第四版）》)

| | 发音方法＼发音部位 | | 唇音 | | 舌尖音 | | | 舌叶音 | 舌面音 | | | 喉音 |
|---|---|---|---|---|---|---|---|---|---|---|---|---|
| | | | 双唇 | 唇齿 | 齿间 | 舌尖前 | 舌尖中 | 舌尖后 | | 舌面前 | 舌面中 | 舌面后（舌根） | |
| 辅音 | 塞音 | 清 | 不送气 | p | | | | t | | | c | k | ʔ |
| | | | 送气 | pʰ | | | | tʰ | | | cʰ | kʰ | ʔʰ |
| | | 浊 | 不送气 | b | | | | d | | | | g | |
| | | | 送气 | bʰ | | | | dʰ | | | | gʰ | |
| | 塞擦音 | 清 | 不送气 | | pf | tθ | ts | | tʂ | tʃ | tɕ | | |
| | | | 送气 | | pfʰ | tθʰ | tsʰ | | tʂʰ | tʃʰ | tɕʰ | | |
| | | 浊 | 不送气 | | | dð | dz | | dʐ | dʒ | dʑ | | |
| | | | 送气 | | | dðʰ | dzʰ | | dʐʰ | dʒʰ | ɲ | | |
| | 鼻音 | 浊 | | m | ɱ | | | n | ɳ | | | ŋ | |
| | 边擦音 | 浊 | | | | | | l | ɭ | | | | |
| | | 清 | | | | | | | | | | | |
| | 擦音 | 清 | | ɸ | f | θ | s | | ʂ | ʃ | ɕ | ɛ | x | ɦ |
| | | 浊 | | β | v | ð | z | | ʐ | ʒ | ʑ | j | ɣ | ɤ |
| | 半元音 | 浊 | | w ɥ | l | | | | | | j(ɥ) | (w) | ɦ |

续表

| | 名称 | | 舌尖元音 | | | | 舌面元音 | | | | |
|---|---|---|---|---|---|---|---|---|---|---|---|
| | | | 前 | | 后 | | 前 | | 央 | 后 | |
| 舌位 | 口形 | 唇形 | 不圆 | 圆 | 不圆 | 圆 | 不圆 | 圆 | 自然 | 不圆 | 圆 |
| 元音 | 高 | 闭 | ɿ | ʮ | ʅ | ʯ | i I | y | | ɯ | u |
| | 半高 | 半闭 | | | | | e E | ø | ə | ɤ | o |
| | 半低 | 半开 | | | | | ɛ æ | œ | ɜ ɐ | ʌ | ɔ |
| | 低 | 开 | | | | | a | | A | ɑ | ɒ |

# 壹 声母偏误案例

声母，是指音节开头的音素，一般由辅音充当。除了由辅音开头的音节，汉语也有不以辅音开头的音节，称为零声母音节，如"安(ān)"。汉语有22个辅音，其中有1个辅音（舌根音 ng [ŋ]）不能充当声母，只能充当韵尾，如"帮（bāng)"。对于辅音，一般从发音部位和发音方法两个角度进行描述。发音部位，指的是在发音时，气流在口腔中受到阻碍的位置。发音方法，指的是在发音时，气流在口腔中形成阻碍和解除阻碍的方法。表1-2是21个汉语辅音声母的综合描述：

**表 1-2 现代汉语辅音声母总表**

| 辅音 发音方法 | 名称 发音部位 声母 | | 唇音 | | 舌尖前音 | | 舌尖中音 | | 舌尖后音 | | 舌面前音 | | 舌面后音 | |
|---|---|---|---|---|---|---|---|---|---|---|---|---|---|---|
| | | | 双唇音 | | 唇齿音 | | | | | | | | | |
| | | | 上唇 | 下唇 | 上齿 | 下唇 | 舌尖 | 齿背 | 舌尖 | 上齿龈 | 舌尖 | 硬腭前 | 舌面前 | 硬腭中 | 舌面后 | 软腭 |
| 塞音 | 清 | 不送气 | b [p] | | | | | | d [t] | | | | | | g [k] | |
| | | 送气 | p [pʰ] | | | | | | t [tʰ] | | | | | | k [kʰ] | |
| 塞擦音 | 清 | 不送气 | | | | | z [ts] | | | | zh [tʂ] | | j [tɕ] | | | |
| | | 送气 | | | | | c [tsʰ] | | | | ch [tʂʰ] | | q [tɕʰ] | | | |
| 擦音 | 清 | | | | f [f] | | s [s] | | | | sh [ʂ] | | x [ɕ] | | h [x] | |
| | 浊 | | | | | | | | | | r [ʐ] | | | | | |
| 鼻音 | 浊 | | m [m] | | | | | | n [n] | | | | | | | |
| 边音 | 浊 | | | | | | | | l [l] | | | | | | | |

## 一、发音部位

按照发音部位,汉语的辅音声母分为以下7类:双唇音、唇齿音、舌尖前音、舌尖中音、舌尖后音、舌面音和舌根音。在这7类辅音声母中,双唇音最容易学习,因为每种语言都有双唇音。唇齿音f和舌根音h不太容易分辨。舌尖音和舌面音是汉语学习的难点;一般而言,舌尖中音的问题不大,主要是舌尖前音、舌尖后音和舌面音这三组声母很难分辨。而舌根音比较容易掌握。因此,我们主要分析以下两类的声母特征和偏误类型:

(1) 擦音f和h;(2) 舌尖音(舌尖前、舌尖后)和舌面音。

### (一) 擦音f和h

1. 发音规则

声母f和h的发音方法相同,都是擦音(气流从狭小的通道摩擦出去),但是它们的发音部位不同。f是上齿轻碰下唇,形成阻碍;h是舌根往上抬高,接近软腭(上腭后部)。从嘴形来看,发f时嘴巴是平展的,上下唇的距离很小;发h时嘴巴是张开的,上下唇的距离比较大(见图1-4)。

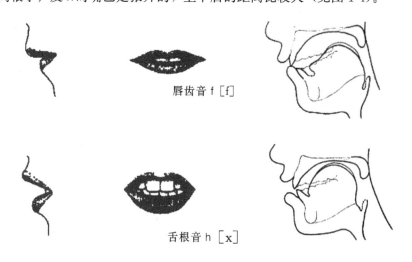

唇齿音f [f]

舌根音h [x]

图1-4 声母f [f] 与h [x] 的唇形、舌位示意图

(选自曹文,2002:《汉语语音教程》)

## 2. 偏误类型

f 和 h 这两个擦音，大多数学生都能分辨，只有少数国家的学生会混同，或者发音不对：

(1) 把 f [f] 发成双唇擦音 [ɸ]（又称"吹气音"），或者喉擦音 [h]。

(2) 把 h [x] 发成双唇擦音 [ɸ]，或者喉擦音 [h]。

一般而言，英语母语的学生受到母语的影响，比较容易出现第二种偏误，把舌根音 h [x] 发成喉擦音 [h]。由于喉擦音 [h] 的摩擦不明显，因此会出现"你好"听起来像"你袄"或"鸟"的情况。

日本、朝鲜、韩国等国的学生容易 f、h 不分，出现第一、第二种偏误。其中，日本学生把 f、h 发成双唇擦音 [ɸ] 的情况比较多。在发 [ɸ] 时，嘴唇合拢呈圆形，类似吹气（见图 1-5）；因此发音时很容易出现 [u]，以致"理发"听起来像"理化"，或者"飞机""灰鸡"分辨不清。

[ɸ]

**图 1-5　双唇擦音 [ɸ] 的唇形示意图**

（选自朱川，1997：《外国学生汉语语音学习对策》）

## 3. 教学建议

(1) 对于把 h [x] 发成 [h] 的学生，只要发音时把舌根往前移一些，增加气流的摩擦，舌根音的问题就可以解决。

(2) 对于把 f、h 发成 [ɸ] 的学生，需要注意发音部位、唇形的不同。发 f 时，上齿要和下唇接触；发 h 时，舌根接近上颚后部。在发 f 和 h 时，嘴唇都不是圆形。

## （二）舌尖音（舌尖前、舌尖后）和舌面音

### 1. 发音规则

舌尖前音 z、c、s 和舌尖后音 zh、ch、sh[①] 的活动部位是舌尖（舌

---

[①] 舌尖后音也包括 r，但是 r 的发音难点和 zh、ch、sh 不同，因此这里的舌尖后音不包括 r。r 的发音问题留到下个部分——"发音方法"分析。

头的前端),但是发音时接触的固定部位不同。舌尖前音是舌尖抵住或接近上齿背,舌尖后音是舌尖抵住或接近硬腭前部(齿龈再往上的位置)。舌尖前音和舌尖后音是两组对立的声母,舌尖前音一般称为平舌音,舌尖后音称为翘舌音或者卷舌音。但是,把舌尖后音称为卷舌音,很容易让人产生误解,以为发 zh、ch、sh 时舌头要向后卷。而翘舌音这种说法,比较接近发音情况。在练习舌尖后音的发音时,可以尝试先发舌尖前音 z 或 s,然后舌头往后缩、上抬到硬腭前部,这样比较容易找到舌尖后音的发音部位。

舌面音 j、q、x 的发音部位和舌尖前音、舌尖后音完全不同。在发舌面音时,舌尖放平与下齿背接触,然后舌面前部向上移动,抵住或接近硬腭前部(接触的位置,比舌尖后音稍微靠后一些)。

无论是舌尖音或是舌面音,发音时嘴唇一般不圆,呈展唇形。只有与 -u、-ü 相拼的音节,才会呈圆形。从外表来看,舌尖音和舌面音的唇形没有差别,只是舌位不同。图 1-6 是擦音 s、sh、x 的舌位示意图。

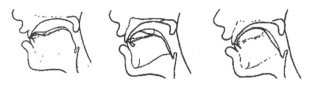

**图 1-6  舌尖前音 s [s](左)、舌尖后音 sh [ʂ](中)与舌面前音 x [ɕ](右)的舌位示意图**
(选自曹文,2002:《汉语语音教程》)

2. 偏误类型

一般而言,舌尖前音的发音没有问题,而舌尖后音和舌面音这两组声母,是汉语比较特殊的辅音,其他语言很少有对应的辅音,因此很多学生很难分辨 zh、ch、sh 和 j、q、x。舌尖后音、舌面音的偏误类型大致有以下两种:

(1)把舌尖后音 zh [tʂ]、ch [tʂʰ]、sh [ʂ] 发成舌尖前音 z [ts]、c [tsʰ]、s [s],或者舌叶音 [tʃ]、[tʃʰ]、[ʃ]。

(2)把舌面音 j [tɕ]、q [tɕʰ]、x [ɕ] 发成舌尖前音 z [ts]、c [tsʰ]、s [s],或者舌叶音 [tʃ]、[tʃʰ]、[ʃ]。

一般而言,东南亚学生容易把舌尖后音、舌面音发成舌尖前音 z、c、s。东南亚学生常分辨不清舌尖后音和舌尖前音,容易出现"老师"

和"老司"分不清的情况。在发舌面音时，如果后接韵母是 -i 或 -ü，东南亚学生很容易出现尖音现象。所谓的尖音，就是舌尖前音 z、c、s 与 -i 相拼的音，如"现（xiàn）"读成"siàn"。

而英语母语的学生受到母语的影响，容易把汉语的舌尖后音 zh、ch、sh 和舌面前音 j、q、x 发成音色比较接近的舌叶音 [tʃ]、[tʃʰ]、[ʃ]。如把"戏"发成 [ʃi] (she)"，"老师"听起来像是"老西"。

3. 教学建议

舌尖后音和舌面音是汉语学习的难点，因此需要一段时间才能纠正过来。

（1）对于把舌尖后音和舌面音发成舌叶音 [tʃ]、[tʃʰ]、[ʃ] 的学生，需要提醒他们汉语这两组声母与英语的舌叶音不同。

（2）在教学时，先让学生"听"懂这三组声母的差别，然后了解它们在发音部位上的不同，最后能"说"出这三组声母。

（3）先用简单的音节组合来练习，如："-i, -a"。根据汉语拼音方案，舌尖前音、舌尖后音、舌面音都和 -i 相拼，实际上这三组声母后接的 -i 是三个不同的元音：[ɿ]、[ʅ]、[i]（详见"韵母偏误案例"部分）。因此，可以通过元音 -i 的不同，来分辨这三组声母。

## 二、发音方法

根据发音方法，汉语辅音声母分为以下 5 类：塞音、擦音、塞擦音、鼻音、边音。基本上，这 5 种发音方法不难掌握。对于外国学生，汉语辅音的发音方法难点主要有以下两个：(1) 不送气音和送气音；(2) 浊音 l 和 r。除了上述两个学习难点，零声母也是需要注意的。下面，我们主要分析这 3 类声母的发音特征和偏误类型。

### （一）不送气音和送气音

1. 发音规则

汉语声母没有清音和浊音的对立，只有不送气音和送气音的对立。在汉语中，塞音和塞擦音都有不送气音和送气音，如："b [p]"和"p [pʰ]"、"z [ts]"和"c [tsʰ]"。所谓的不送气音，其实是弱送气音；

送气音，是强送气音。前者迸发的气流，是口腔形成阻碍后蓄积下来的空气，量不多；后者迸发的气流，是口腔解除阻碍后，从肺部一直输送过来的空气，会持续一段时间。

其实，其他语言（英语、日语等）也有送气音，只是没有区别意义的作用。以英语为例，当 p、t、k 出现在音节首个位置时，实际发音是送气音 [pʰ]、[tʰ]、[kʰ]，如："pee、tea、key"；如果 p、t、k 出现在 s 之后，实际发音是不送气音 [p]、[t]、[k]，如："spy、stay、sky"。

2. 偏误类型

不送气音和送气音是大部分学生的学习难点，原因在于他们的母语中只有清音与浊音的对立，没有不送气音与送气音的对立，如：英语、印尼语、日语。因此，很多学生无法区分"肚子饱了"和"兔子跑了"。一般而言，外国学生的偏误有以下 3 种：

（1）把不送气清音发成浊音，如：b [p] 发成 [b]，d [t] 发成 [d]，g [k] 发成 [g]。

（2）把送气清音发成不送气清音，如：p [pʰ] 发成 [p]，t [tʰ] 发成 [t]，k [kʰ] 发成 [k]。

（3）送气音的送气段很短，听起来像是不送气音。

一般而言，初学者很容易出现第一、第二种偏误。这是因为汉语这几个辅音的拼写方式和英语等语言一样，但是发音不同。把不送气清音 b、d、g 发成浊音 [b]、[d]、[g]，不会与其他声母相混，但是会影响声调的发音。其中，汉语阴平和去声是高起调，声母浊化会降低声母的频率，使声调高不上去，如："爸爸"说成"把霸"，"八个"说成"把各"。经过一段时间的学习，学生明白汉语有不送气音与送气音的对立，但是送气段比较短，很容易出现第三种偏误。

图 1-7 是汉语母语者和印尼学生关于"他"的发音。在左图中，"他"的辅音声学表现是冲直条（箭头处）和 53 ms 的乱纹（冲直条是瞬间解除阻碍的塞音表现，乱纹是送气音的表现）。在右图中，"他"的辅音声学表现是冲直条，因此这位学生出现第二种偏误，把"他（tā）"发成了不送气塞音"搭（dā）"。

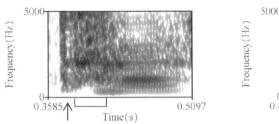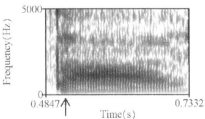

**图 1-7 "他 (tā)"的频谱图**

(左:母语者;右:学习者)

3. 教学建议

汉语辅音声母没有清音、浊音的对立,只有不送气音、送气音的对立。因此,送气音需要一段时间才能掌握。

(1) 对于英语为母语的学生,需要让他们理解汉语不送气音、送气音与英语的对应关系。

(2) 对于其他国家的学生,可以借用吹纸、吹蜡烛等方法,让他们理解不送气音与送气音的区别。如果是不送气音(如:"爸(bà)"),纸张一般不会被吹动;如果是送气音(如:"怕(pà)"),纸张一般会被吹动。但是,送气音并不是很强的气流,不是"喷气";如果过于强调"送气",发音就不太自然。

(3) 对于出现第三种偏误的学生,要让他们延长送气段的发音,以扩大不送气音和送气音的差别。

### (二) 浊音 l 和 r

1. 发音规则

声母 l 和 r 都是浊音,但是它们的发音部位和发音方法不同(见图1-8)。l 是舌尖中、边音。发 l 时,舌尖和上齿龈接触,舌头两边留有空隙;同时肺部呼出的气流使声带颤动,然后气流从舌头两边的通道出去。r 是舌尖后、浊擦音。发 r 时,舌头往后缩,舌尖接近硬腭前部(发音部位比 zh、ch、sh 靠后一些);同时声带颤动,气流从狭小的通道中摩擦出去。发 l 和 r 时,嘴唇一般不圆,呈展唇形;只有与 -u、-ü 相拼的音节,才会呈圆形。

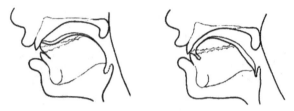

**图 1-8 舌尖中、边音 l [l]（左）与舌尖后、浊擦音 r [ʐ]（右）的舌位示意图**
（选自曹文，2002：《汉语语音教程》）

2．偏误类型

声母 l、r 都是浊音，其中 l 的发音偏误比较少，而 r 比较难掌握。一般而言，外国学生的 l、r 偏误有以下两种：

（1）把舌尖中、边音 l [l] 发成闪音 [ɾ]。

（2）把舌尖后、浊擦音 r [ʐ] 发成闪音 [ɾ]，或者舌尖前、通音 [ɹ]。

一般而言，英语母语的学生受到母语的影响，容易出现第二种偏误，把汉语的 r [ʐ] 发成舌尖前、通音 [ɹ]。通音，又称为"半元音"。在发音时，口腔里的阻碍很小，摩擦很小，听起来像元音。在英语中，r 读成 [ɹ]，如 "red" 的第一个辅音。在发汉语的 r 时，英语母语的学生一般会出现圆唇动作，使"人"听起来像是"阮"或"软"。

日本学生比较容易出现 l、r 不分的问题，把 l、r 发成闪音 [ɾ]，一个与日语对应的辅音。闪音 [ɾ] 的发音部位和 l [l] 相同，都是舌尖中音（舌尖与上齿龈形成阻碍）。不同的是，边音 [l] 是舌头两边有空隙，气流从两边通过；闪音 [ɾ] 是舌头一弹即松（又称为"舌弹音"）。由于日本学生习惯用闪音 [ɾ] 代替汉语的 l、r，以致"日本"听起来像是"利本"，"热""乐"无法分辨。

3．教学建议

（1）对于把舌尖后音 r 发成舌尖前、通音 [ɹ] 的学生，要纠正其发音部位（舌尖往后缩，靠近硬腭前部）并提醒注意发音时嘴唇不是圆形（除了与 -u 相拼的音节）。

（2）对于把 l、r 发成闪音 [ɾ] 的学生，要让其延长发音时间。因为闪音 [ɾ] 一弹即松，不能持续发音。

（3）在练习舌尖后、浊擦音 r [ʐ] 时，可以先发舌尖后、清擦音 sh

[ʂ]，然后声带颤动并增加发音部位的摩擦。

### (三) 零声母

1. 发音/拼写规则

音节开头没有辅音的音节，叫作零声母音节。虽然没有辅音声母，但在发音时，音节的开头会出现很小的阻碍或者摩擦，与直接发一个元音不同。零声母音节的拼写规则是：

（1）i 行的韵母，前面没有声母时，要用 y 开头。如果 i 后面没有别的元音，就在 i 前面加上 y，如："衣（i—yi）""英（ing—ying）"；如果 i 后面还有别的元音，就把 i 改成 y，如："牙（ia—ya）""烟（ian—yan）"。

（2）u 行的韵母，前面没有声母时，要用 w 开头。如果 u 后面没有别的元音，就在 u 前面加上 w，如："五（u—wu）"；如果 u 后面还有别的元音，就把 u 改成 w，如："挖（ua—wa）""弯（uan—wan）"。

（3）ü 行的韵母，前面没有声母时，也用 y 开头。和 i 行韵母不同的是，不论 ü 后面有没有别的元音，都要在 ü 前面加上 y，然后 ü 上面两点省略，如："鱼（ü—yu）""云（ün—yun）""月（üe—yue）""圆（üan—yuan）"。

（4）以 a、o、e 开头的音节，出现在其他音节后面时，如果音节的界限发生混淆，要用隔音符号（'）隔开。例如："皮袄（pi'ao）""激昂（ji'ang）""名额（ming'e）"。

2. 偏误类型

一般而言，以 a、o、e 开头的音节比较容易出现连音偏误，即把两个音节读成一个音节，如："西安（Xi'an）"读成"先（xian）"。

3. 教学建议

连音偏误的问题不大，只要提醒学生要音节分明，注意隔音符号（'）即可。

# 贰 韵母偏误案例

表1-3显示，汉语有39个韵母，分为单韵母和复合韵母两大类。其中单韵母由一个元音构成，复合韵母由多个元音（复元音韵母）或元音加鼻音韵尾（鼻音尾韵母）构成。根据中国传统的语音分析，汉语韵母又分为开口呼、齐齿呼、合口呼和撮口呼，简称"四呼"。"四呼"是按照韵母首个元音来分类：开口呼是-i、-u、-ü以外的韵母，齐齿呼是以-i开头的韵母，合口呼是以-u开头的韵母，撮口呼是以-ü开头的韵母。

表1-3 现代汉语韵母总表

| 按结构分 | 按口形分 | 开口呼 | 齐齿呼 | 合口呼 | 撮口呼 |
|---|---|---|---|---|---|
| 单韵母 | 单元音韵母 | -i [ɿ] [ʅ] | i [i] | u [u] | ü [y] |
| | | a [A] | ia [iA] | ua [uA] | |
| | | o [o] | | uo [uo] | |
| | | e [ɤ] | | | |
| | | ê [ɛ] | ie [iɛ] | | üe [yɛ] |
| | | er [ɚ] | | | |
| 复合韵母 | 复元音韵母 | ai [ai] | | uai [uai] | |
| | | ei [ei] | | uei [uei] | |
| | | ao [au] | iao [iau] | | |
| | | ou [ou] | iou [iou] | | |
| 复合韵母 | 鼻音尾韵母 | an [an] | ian [iɛn] | uan [uan] | üan [yæn] |
| | | en [ən] | in [in] | uen [uən] | ün [yn] |
| | | ang [aŋ] | iang [iaŋ] | uang [uaŋ] | |
| | | eng [əŋ] | ing [iŋ] | ueng [uəŋ] | |
| | | | | ong [uŋ] | iong [yŋ] |

# 一、单韵母

单元音韵母又称单韵母,由 1 个元音构成。汉语有 10 个单元音韵母,其中 7 个是舌面元音,2 个是舌尖元音 (-i [ɿ] [ʅ]),1 个是卷舌元音 (er [ɚ]),后 3 个一般被称为"特殊元音韵母"。

## (一) 舌面元音

1. 发音/拼写规则

根据发音器官肌肉的紧张程度,语音学家把元音分为两大类:紧元音和松元音。一般而言,汉语的元音系统比较紧,而其他语言(如:英语、日语、韩语)的元音系统比较松。如果以橡皮筋做比喻,汉语的元音系统是拉紧后的橡皮筋,4 个边角的距离比较大;而英语、日语等的元音系统是稍微撑开的橡皮筋,4 个边角的距离比较小。

图 1-9 是汉语舌面元音的舌位图。

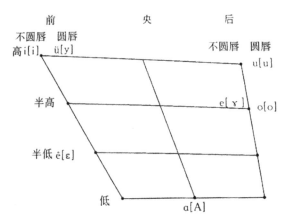

**图 1-9　汉语元音舌位图(汉语拼音和国际音标)**

(选自马景仑,2002:《汉语通论》)

以下是汉语 7 个舌面元音的发音描写:

(1) i [i]:前、高、不圆唇元音,如:"衣、泥、地"。[i] 不能出现在声母 z、c、s 和 zh、ch、sh、r 后面。

(2) u [u]:后、高、圆唇元音,如:"五、木、鹿"。

(3) ü [y]:前、高、圆唇元音,如:"鱼、去、女"。如果出现在声母 j、q、x 后面，ü 上面两点省略不写，如："居（ju）""去（qu）""许（xu）"；如果出现在声母 n、l 后面，仍然写成 ü，如："女（nü）""绿（lü）"。

(4) o [o]：后、半高、圆唇元音，如："波、佛、磨"。

(5) e [ɤ]：后、半高、不圆唇元音，如："哥、热、和"。

(6) ê [ɛ]：前、半低、不圆唇元音。在汉语中，[ɛ] 很少单用，只在个别感叹词（如："诶"）中出现。

(7) a [A]：央、低、不圆唇元音，如："妈、他、沙"。

2. 偏误类型

一般而言，外国学生的舌面元音偏误可归纳为两类：一是"紧/松"；二是"展唇/圆唇"。

在紧/松方面，由于外国学生的发音习惯比较松，因此在听感上，单韵母比较扁、松，像轻声音节：

(1) 把 e [ɤ] 发成央元音 [ə]。

(2) 在发高元音 i [i]、u [u]、ü [y] 时，舌位比较低、比较接近中间位置。

在展唇/圆唇方面，外国学生会出现该圆唇的时候没有圆唇或圆唇程度不够的现象，其中 u [u]、ü [y] 的偏误比较多。

(1) u [u] 是汉语中圆唇程度最高的元音。有的日本学生受母语影响，把 -u 发成不圆唇的 [ɯ]，或者圆唇程度不够。

(2) ü [y] 比较特殊，很少语言有这个元音音位，是汉语的学习难点。ü [y] 的偏误类型有 3 种：

① 没有撮口动作，嘴唇不够圆，听起来像 i [i]；

② 发音时舌头习惯性往后缩，听起来像 u [u]；

③ 发音时有展唇—圆唇的动程，把单元音发成复合元音，变成 [iu]，以致"女朋友"听起来像是"牛朋友"。

3. 教学建议

(1) 汉语的元音比较紧，发音时舌头、嘴唇的肌肉比较紧张，如同紧绷的橡皮筋。发高元音 i [i]、u [u]、ü [y] 时，舌头尽量往上抬高；发 e [ɤ] 时，舌根要往后缩，靠近软腭，一般而言，舌面有向下滑动的动程。

(2) ü [y]、u [u] 都是高元音,但是舌头的前后位置不同。发 ü [y] 时,舌位靠近硬腭前部;发 u [u] 时,舌位靠近软腭(见图 1-10)。

(3) 在练习发 ü [y] 时,可以先发 i [i],然后舌头保持不动,嘴唇向前突成圆唇。为了理解撮口的动作,可以尝试含着吸管或瓶口比较小的瓶子喝饮料。

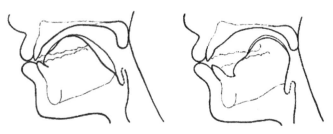

图 1-10 ü [y](左)与 u [u](右)的舌位示意图

(选自曹文,2002:《汉语语音教程》)

## (二)特殊元音韵母

### 1. 发音规则

在汉语拼音方案中,i 代表 3 个不同的元音:舌面前高元音 [i] 和舌尖元音 [ɿ] 和 [ʅ]。舌尖元音 [ɿ],只和舌尖前音 z、c、s 相拼,如:"字、词、四"。舌尖元音 [ʅ] 只和舌尖后音 zh、ch、sh、r 相拼,如:"知、吃、十、日"。与舌面元音 [i] 不同,在发舌尖元音时,主要是舌尖起作用(见图 1-11)。[ɿ] 是舌尖往前伸,接近上齿背;[ʅ] 是舌尖往上抬,接近硬腭前部。-i [ɿ]、-i [ʅ] 都是不圆唇元音。由于舌尖元音不能自成音节,因此需要用舌尖前音(z 或 s)或舌尖后音(zh 或 sh)带读,然后延长发音。

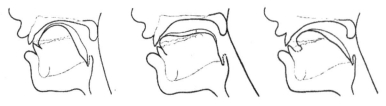

图 1-11 舌面元音 [i](左)与舌尖元音 [ɿ](中)、[ʅ](右)的舌位示意图

(选自曹文:2002:《汉语语音教程》)

卷舌韵母 er [ɚ] 只能自成音节，如："儿、二"。er [ɚ] 也是用舌尖发音的韵母，有卷舌动作。在发 er [ɚ] 时，先让舌头处于最放松的状态，发出央元音 [ə]，然后舌尖往上翘或微卷（位置比舌尖后元音 -i [ʅ] 靠后）。

2. 偏误类型

一般而言，外国学生的偏误有以下两种：

（1）把舌尖元音 [ɿ]、[ʅ] 发成舌面元音 [i]。

（2）在发 er [ɚ] 时，没有卷舌动作，发成央元音 [ə]，在听感上接近于"呃"（表示犹豫或简单应答）。

3. 教学建议

（1）对于出现第一种偏误的学生，需要让他们了解 i 在汉语拼音中代表 3 个不同的元音，并且发音不同。舌尖元音 [ɿ]、[ʅ] 的练习，需要和舌尖前音 z、c、s 以及舌尖后音 zh、ch、sh、r 一起配合。

（2）对于出现第二种偏误的学生，在发央元音 [ə] 时，舌尖要往后缩并翘起。

## 二、复合韵母

复合韵母又分为复元音韵母和带鼻音韵母（又称为鼻音尾韵母）。汉语有 13 个复元音韵母，9 个二合元音韵母，4 个三合元音韵母。汉语有 16 个鼻音尾韵母，8 个以舌尖中音 -n [n] 为韵尾，8 个以舌根音 -ng [ŋ] 为韵尾。

### （一）复元音韵母

1. 发音/组合规则

（1）复元音韵母，是由两个或三个元音组成的韵母，它们并不是几个元音单独发音，而是一个整体；由一个元音向另一个元音滑动，整个发音过程是连续、渐变的。

（2）复元音韵母又分为韵头（又称为"介音"）、韵腹、韵尾三部分。其中韵腹（主要元音）的发音最响亮、饱满；而韵头是从声母到韵母的过渡音；韵尾是韵母最后的滑动方向，发音比较松。在音长方面，韵腹所占的时间最长,韵头、韵尾比较短。

(3) 韵腹由舌位比较低、开口度比较大的元音 a、e、o 充当;韵头由高舌面元音 i、u、ü 充当;韵尾由 i、u 充当。

(4) 按照韵母结构,复元音韵母又分成前响复韵母(ai [ai]、ei [ei]、ao [au]、ou [ou])、后响复韵母(ia [iA]、ie [iɛ]、ua [uA]、uo [uo]、üe [yɛ])和中响复韵母(iao [iau]、iou [iou]、uai [uai]、uei [uei])。

(5) 当中响复韵母 iou、uei 出现在辅音声母后面时,中间的"o""e"省略不写,如:"六(liù)、水(shuǐ)";如果前面没有声母(零声母音节),就把 i 改成 y,u 改成 w,如:"右(yòu)、胃(wèi)"。

2. 偏误类型

一般而言,外国学生的复元音韵母偏误有以下 3 种:

(1) 介音丢掉,如"怀(huái)"听起来像"还(hái)"。

(2) 发音时口腔的动程比较小,接近单元音(如"家"读成"jā"),或者两个复元音韵母听起来没有明显的区别(如"买瓜"和"买锅")。

(3) 发音比较饱满,以致韵尾过长、过重。如图 1-12(左)是一位印尼学生(初级)"海"的发音。根据频谱图,"海"的韵母部分由 [a] 和 [i] 组成,其中 [a] 比较短、[i] 比较长;在听感上,"海"不自然。这是因为,ai [ai] 属于前响元音韵母,舌头从前、低、不圆唇元音 [a] 开始,逐渐抬高向 [i] 靠近,[a] 的发音应该比较响亮、比较长。

第一、第二种偏误类型,可以归纳为发音比较松的情况;而第三种偏误现象则是过于注重每个元音的发音。

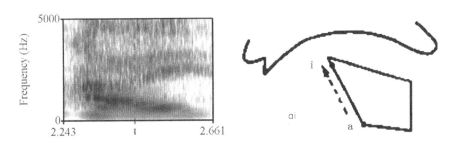

图 1-12 汉语学习者"海(hai)"的频谱图(左)与 ai [ai] 的舌位示意图(右)

(舌位示意图选自曹文,2002;《汉语语音教程》)

3. 教学建议

(1) 对于外国学生，汉语的复元音韵母比较多，是一个学习难点。所以，让学生记住哪些是前响、中响、后响元音韵母，不是一件容易的事。因此，应该让他们知道以下的拼写规则，以降低学习难度：声调符号是标在韵腹（主要元音）上面的，如："来（lái）、杯（bēi）、高（gāo）、守（shǒu）、家（jiā）、姐（jiě）、瓜（guā）、锅（guō）、雀（què）、妙（miào）、右（yòu）、坏（huài）、胃（wèi）"。

(2) iou、uei 韵母，与辅音声母相拼时，会省略为 iu、ui，声调符号标在后一个元音上，如："六（liù）、水（shuǐ）"。有的学生会"望符生音"，出现第一或第二种偏误。因此在初学阶段，老师有必要告诉学生，iou 和 uei 韵母的拼写规则和发音情况。如："球队（qiúduì）"的实际发音是"qioúdueì"。

(3) 对于出现第一、第二种偏误的学生，在练习时，可以适当放慢速度，以感受复元音韵母的变化方向、动程。

(4) 对于出现第三种偏误的学生，要让他们注意复韵母的发音规则。以中响复韵母 iao 为例，它的发音是介音和韵尾比较松，韵腹的发音比较饱满，好像一个枣核（中间圆、两头尖）。

## （二）鼻音尾韵母

1. 发音/组合规则

(1) 鼻音尾韵母，是由元音和鼻音韵尾构成的韵母。与辅音充当声母的情况不同，充当韵尾的鼻音只有形成阻碍的过程，不解除阻碍、不发出声音。因此，鼻音韵尾与元音韵尾相同，只是韵母最后滑动的方向。

(2) 按照韵母结构，鼻音尾韵母分为两类：

① 以 -n [n] 为韵尾，称为前鼻音韵母（an [an]、en [ən]、ian [iɛn]、in [in]、uan [uan]、uen [uən]、üan [yæn]、ün [yn]）。

② 以 -ng [ŋ] 为韵尾，称为后鼻音韵母（ang [aŋ]、eng [əŋ]、iang [iaŋ]、ing [iŋ]、uang [uaŋ]、ueng [uəŋ]、ong [uŋ]、iong [yŋ]）。

(3) 在前鼻音韵母 uen [uən] 方面，出现在辅音声母后面时，中间的 "e" 省略不写，如："论（lún）、春（chūn）"。如果前面没有声母

(零声母音节），就把前面的"u"改成"w"，如："温（wēn）、问（wèn）"。

（4）在实际的发音中，前、后鼻音韵母的差异，不仅仅表现在韵尾上，元音部分（主要是韵腹）也不同。

（5）在韵尾方面，发前鼻音韵尾 -n [n] 时，舌尖最后抵住上齿龈，形成阻碍；发后鼻音韵尾 -ng [ŋ] 时，舌尖平放，舌面后部（舌根）向软腭方向移动，气流从鼻腔通过（见图 1-13）。两个鼻音韵尾的气流量不同，前鼻音韵尾 -n [n] 的鼻音不明显，而后鼻音韵尾 -ng [ŋ] 的鼻音比较明显。从外表来看，发前鼻音韵母时，上下门齿基本对齐，嘴唇的开口度很小；发后鼻音韵母时，嘴唇微张开，上下门齿的距离比较大。

（6）在发鼻音尾韵母时，元音部分的发音与单元音不同。以 an、ang 为例。在图 1-14 的左图中，在发前鼻音韵母 an 时，原来的单元音 [ʌ]（舌面、央、低、不圆唇元音）受到后面 -n [n] 的影响，舌位往前移，变成前、低、不圆唇元音 [a]；在右图中，在发后鼻音韵母 ang 时，单元音 [ʌ] 受到后面 -ng [ŋ] 的影响，舌位往后移，变成后、低、不圆唇元音 [ɑ]。

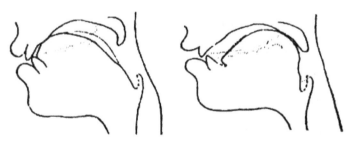

**图 1-13** 前鼻音韵尾 -n [n]（左）与后鼻音韵尾 -ng [ŋ] 的舌位示意图（右）

（选自曹文，2002：《汉语语音教程》）

**图 1-14** 前鼻音韵母 an [an]（左）与后鼻音韵尾 ang [ɑŋ] 的舌位示意图（右）

（选自曹文，2002：《汉语语音教程》）

2. 偏误类型

对于来自其他汉语方言地区，以及其他国家的学生，鼻音尾韵母是学习难点，大部分的学生分辨不清前、后鼻音韵母。一般而言，鼻音尾韵母的偏误主要有以下 3 种：

(1) 基本发成后鼻音 [ŋ]，如"银（yín）"读成"迎（yíng）"。
(2) 基本发成前鼻音 [n]，如"京（jīng）"读成"金（jīn）"。
(3) 前、后鼻音的发音差异不大，听起来既像 [n] 又像 [ŋ]。

外国学生无法区分前、后鼻音韵母，原因可以归结为以下两点：一是在听感上，他们无法辨别前、后鼻音韵母，因此在发音上也没有区别；二是能够辨别前、后鼻音韵母，但是发音过程不对，以致在听感上没有区别。其中，in、ing 这一对前后鼻音韵母，比较容易出现偏误。

3. 教学建议

(1) 前、后鼻音韵母的差异，表现在元音和鼻音韵尾两部分。这一点，需要请学生注意，并且了解它们之间的不同。

(2) 对于出现第一、第三种偏误的学生，在发前鼻音韵母时，舌尖最后移向上齿龈，保持不动，一直到发音结束。

(3) 对于出现第二、第三种偏误的学生，在发后鼻音韵母时，舌根最后移向软腭，气流从鼻腔出来。在练习时，下巴可以往下拉，增加嘴唇的开口度，以扩大前、后鼻音韵母的区别。

(4) 对于 in [in]、ing [iəŋ] 不分的学生，要提醒他们二者的发音过程不同。在前鼻音韵母中，元音 [i]（舌面、前、高、不圆唇元音）和韵尾 [n] 的发音部位比较靠近，发音动作比较小。在后鼻音韵母中，元音 [i] 和韵尾 [ŋ] 的舌位距离比较大，因此从元音 [i] 转变为舌根音 [ŋ] 的过程中，有一个过渡音 [ə]（舌面、央、不圆唇元音），其发音动作比较大（见图 1-15）。

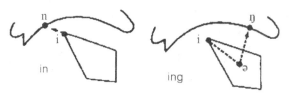

**图 1-15 前鼻音韵母 in [in]（左）与后鼻音韵尾 ing [iəŋ] 的舌位示意图（右）**

（选自曹文，2002：《汉语语音教程》）

# 叁 声调偏误案例

在现代汉语中，除了元音、辅音，声调也具有区别意义的作用。在汉语中，每个音节都有固定的音高特征，可以表达不同的意思，如：平调 mā 是"妈（母亲）"，降调 mà 表示"骂"。

汉语有 4 个声调，简称四声。根据汉语母语者的习惯，汉语 4 个声调的名称是：阴平、阳平、上声、去声。在对外汉语教学中，一般称为第一声（阴平）、第二声（阳平）、第三声（上声）、第四声（去声）。为了方便汉语学习者理解，我们使用第一、第二、第三、第四声的名称。下面，我们从单字调、连读变调、轻声 3 个方面进行描写和分析。

## 一、单字调

单字调，就是前面提到的 4 个声调，又称为"静态声调"。

1. 发音/拼写规则

（1）一般而言，汉语声调的描写方法是调型和调值。调型，指的是音节的音高运动方向，如图 1-16 显示，第一声是平调，第二声是升调，第三声是曲折调，第四声是降调。调值（又称为"五度值"），指的是把音高范围划分为 5 个空间，数字 1—5 代表音高位置（1 最低，5 最高），如：第一声 55、第二声 35、第三声 214、第四声 51。

**图 1-16　汉语单字调的声调示意图（从左开始：第一声、第二声、第三声、第四声）**

（选自朱川，1997：《外国学生汉语语音学习对策》）

（2）对于没有声调基础的学生（如英语母语的学生），五度值可能会增加他们的学习负担。相对于五度值，西方语言学家归纳的汉语声调特征比较简明（见表 1-4）。对于汉语初学者，简约的规则比较有利于声调学习。

**表 1-4  汉语声调的音系特征**

(选自毛世桢,2002:《对外汉语教学语音测试研究》)

|  | 高 | 低 | 升 | 降 |
|---|---|---|---|---|
| 第一声 | ＋ | － | － | － |
| 第二声 | ＋ | － | ＋ | － |
| 第三声 | － | ＋ | ＋ | ＋ |
| 第四声 | ＋ | ＋ | － | ＋ |

(3) 汉语四声的音高特征:

① 第一声:高、平。在发音时,声带始终处于紧张状态,保持平稳的高音水平。

② 第二声:高、升。实际上,在发第二声时,声带逐渐拉紧;从中音区开始,一直升到最高。

③ 第三声:低、降升。在发音时,声带比较松,声音在低音区变化。一般而言,前面的下降段比较长且很明显;后面的上升很短,甚至是低平。

④ 第四声:高、降。在发音时,声带从最紧到最松,从最高音下降到低音。与第二声相比,第四声的发音时间比较短。这是因为第二声是升调,声带从松到紧比较慢,较困难;而第四声是降调,声带从紧到松比较快,较容易。

(4) 根据《汉语拼音方案》,汉语四声的声调标记是:‾第一声、ˊ第二声、ˇ第三声、ˋ第四声,体现了四声的调型。在拼写时,声调符号标在韵腹(主要元音)上,如:"八(bā)、毛(máo)、家(jiā)、庙(miào)、点(diǎn)、亮(liàng)"。在 iou、uei 韵母与辅音声母相拼的音节中,韵母的拼写方式是 iu、ui,声调符号标在后一个元音上,如:"牛(niú)、吹(chuī)"。在 uen 韵母与辅音声母相拼的音节中,韵母的拼写方式是 un,声调标在"u"上,如:"吞(tūn)"。

2. 偏误类型

对于语调母语的学生(主要是印欧语系,如:英语、法语、德语),汉语声调比声母、韵母更难掌握,原因是学生母语没有直接对应的音位。对于声调母语的学生（如：泰语、越南语），汉语声调则不太难理解。因此，在汉语声调方面，语调母语的学生一般学得比较慢，声调母语的学生一般学得比较快。但是，声调母语的学生会受到母语声调的影响。

从整体而言，外国学生的声调偏误主要表现为以下两方面：调型和调域（音节声调的音高范围）。其中，第一声和第四声的偏误现象比较少；第二声、第三声的偏误现象比较多，很多学生的第二和第三声区别不大。因此，我们先谈第一声和第四声，再谈第二声和第三声的偏误现象。

（1）第一声是平调，一般不会出现调型偏误，外国学生的偏误现象主要是调域比较低，变成中平调。这是因为在发音时，声带需要处于紧张状态，音高才能保持在很高的水平上。因此，对于母语发音比较松的学生，要达到汉语第一声的高音水平，有点困难。而泰国学生的汉语第一声发音不够高，也许是因为他们用泰语第一声（中平调）代替的原因。

（2）第四声是降调，出现调型偏误的概率比较小，主要是调域方面的问题。第四声的调域偏误现象有 3 种：

① 发音时起点不够高，变成中降调。主要原因是发音时声带不够紧张；另一种情况是，越南学生以越南语的低降调（"玄声"或"问声"）对应汉语的第四声。

② 起点比较高，但是下降幅度比较小，只下降到中位。原因是外国学生的调域比较窄，或者不习惯全降模式。

③ 前面有一个准备段（平），然后再下降，在听感上比较拖长、不自然。主要是受到母语声调的影响，这种情况一般出现在东南亚国家（如：泰国）的学习者身上。

（3）第二声是升调，有调型和调域方面的偏误。主要有 2 种：

① 上升不明显，类似平调。原因是上升的速度太快，以致上升的过程比较短；或者是发音时起点比较高，以致音高升不上去。

② 前面有一个准备段（降），然后再上升，在听感上像是曲折调（类似第三声）。主要原因是声带逐渐拉紧的时间比较长，以致听起来像是先降后升的曲折调；另一种情况是，泰国学生以泰语第五声对应汉语

的第二声。虽然泰语的第五声也是升调，但是前面有一个可感知的下降，因此实际上是曲折调（见图 1-17 的"升调"）。

（4）第三声是降升调，有调型和调域方面的偏误。主要有以下 2 种：

① 前面的下降段比较短，后面的上升很明显，听起来像是第二声。主要是因为以 214 调值来讲解第三声，以致有的学生把重心放在"升"上，听起来像是第二声。

② 读成平调或者高降调。

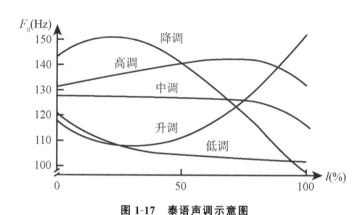

图 1-17　泰语声调示意图

（选自吴宗济、林茂灿，2014：《实验语音学概要（增订版）》）

3. 教学建议

（1）在发第一声时，要尽量抬高音调，保持在较高的水平。

（2）在发第四声时，要从最高音调开始，很快下降到最低音调。

（3）在发第二声时，可以先稍微下降，然后再升，使声带逐渐拉紧形成升调。需要注意的是，第二声的重点是"升"，前面的下降不能太长，否则就会变成曲折调。

（4）在发第三声时，尽量用最低的音调发音，以突显"低降"特征。在教学的过程中，应该强调第三声的低降特征，尽量不要用 214 调值来引导。

（5）对于有声调母语的学生，需要留意学生的母语声调与汉语声调的对应关系。必要时，可以用调值来讲解，以便学生明白两者之间的区别。

## 二、连读变调

在组成词语或句子时,声调会发生一些变化,使词语之间的音高表现比较协调。这种连读时的变化,叫作"连读变调"(又称为"动态声调")。下面,我们从二字组连读、第三声变调两个方面进行描写和分析。

### (一) 二字组连读

1. 发音规则

连读变调,是在单字调的基础上发生的,也就是说,即使在语流中,汉语四声仍然保持单字调的基本特征。由于汉语词语一般是由两个音节组成(如"今天、红花、老师、电灯"),因此汉语的动态声调以二字连读变调为基础。图 1-18 是汉语二字组的连读声调模式:

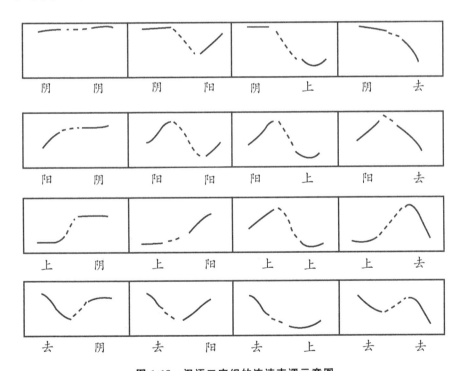

图 1-18 汉语二字组的连读声调示意图

(选自吴宗济,2004:《吴宗济语言学论文集》)

2. 偏误类型

很多外国学生虽然掌握了单字调的发音，但是在词语或句子中，声调仍然控制不好。他们的连读偏误主要有以下两种：

（1）保持单字调的音高特征，出现"字顿"现象，如："电视（diànshì）"两个音节都是高降调，在听感上是两个字，不是一个词。

（2）为了衔接调型不同的前后音节，放弃单字调特征，如："大家（dàjiā）"降平调型，变成"搭家（dājiā）"平平调型。

在汉语初级阶段，声调母语的学生比较容易出现第一种偏误，而语调母语的学生比较容易出现第二种偏误。这是因为声调母语的学生具有一定的声调意识，比较注重各个音节的声调发音；而语调母语的学生还没有建立"声调"这个概念，比较容易丢掉声调特征。

3. 教学建议

（1）若让学生掌握汉语二字组的连读声调模式，汉语声调不能只是教单字调，而是需要放在词语或句子里练习。

（2）对于出现第二种偏误的学生，要强调汉语声调的重要作用及其稳定性（声调特征）。

## （二）第三声变调（连上变调）

1. 发音/拼写规则

在汉语中，第三声是一个学习难点，原因有两个：一是其调型与第二声比较接近（都有上升段）；二是在词语或句子中，第三声会变调。第三声的二字变调规则是：

（1）两个第三声连读时，前字变调成中升调（第二声），如："老虎（lǎohǔ）"听起来像是"劳虎（láohǔ）"。

（2）如果后字不是第三声，前字第三声读成低降调（一般称为"半上"，见图1-18），如："北京（Běijīng）、百合（bǎihé）、笔画（bǐhuà）"。

除了上述变调规则，出现在词尾或是句末的第三声，一般也读成半上，很少是典型的曲折调。只有强调或重读的时候，才会发成曲折调。

在用汉语拼音拼写时，发生变调的字仍然标单字调（ˇ），学生无法从汉语拼音上得到任何信息。因此，与其他三个声调相比，第三声的发音情况比较复杂。

2. 偏误类型

在词语或句子中，汉语声调的偏误现象比较复杂。对于第三声，外国学生的偏误大概分为以下三种：

（1）与单字调的调型偏误一样，后面的上升段很明显，听起来像是第二声。

（2）与单字调的调域偏误一样，读成平调或高降调。

（3）出现变调情况，但不符合第三声的变调规则。

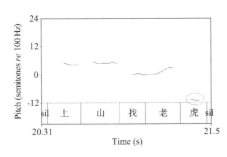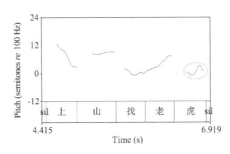

图 1-19　例句"上山找老虎"的音高曲线图

（左：母语者；右：学习者）

在图 1-19"上山找老虎"中，"老虎"符合第一条变调规则，因此"老"变成中升调（第二声）。此外汉语母语者和越南学生（高级）的音高表现相同；在句末音节"虎"方面，他们的表现不同。在左图中，母语者的"虎"是低降调（半上）；在右图中，越南学生的"虎"是标准的 214 调值，有明显的上升段，出现第一种偏误。

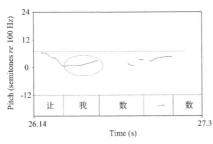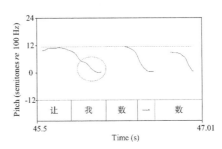

图 1-20　例句"让我数一数"的音高曲线图①

（左：母语者；右：学习者）

---

① 左图最后一个音节"数"的音很低，语音分析软件无法自动提取音高值，所以显示不出来。

在图1-20（左）"让我数一数"中，"我"出现在第三声"数$_1$"的前面，符合第一条变调规则；因此母语者发生变调，"我"读成中升调（第二声）。在右图中，泰国学生（中级）的"我"读成低降调（半上），出现第三种偏误。而后面的"数$_1$"符合第二条变调规则，因此母语者（左图）读成低降调（半上）；泰国学生（右图）的"数$_1$""数$_2$"都读成高降调，出现第二种偏误。

3. 教学建议

（1）强调第三声的低降特征，并向学生解释原因（一般而言，母语者很少读成曲折调，除非是强调、重读的时候）。

（2）需要多看、多练习，以掌握汉语第三声的变调规则。例如《上山找老虎》中一共有19个第三声，除了位于句末的5个（下画线文字），其余14个第三声都发生变调：

一二三四<u>五</u>，上山找老<u>虎</u>；老虎找不到，找到小松<u>鼠</u>；松鼠有几<u>只</u>？让我数一<u>数</u>；数来又数去，一二三四<u>五</u>。

## 三、轻声

谈到汉语声调，就会提及轻声。轻声，不属于声调。所谓的"轻"，是发音比较松、比较短；所谓的"声"，不是声调，而是声音。因此，汉语声调只有四个（四声），不包括轻声。

1. 发音/拼写规则

一般而言，轻声没有固定的调型、调值，不能单念。根据《汉语拼音方案》，轻声在拼写时不标调号，如："爸爸（bàba）、妈妈（māma）"。

轻声有一定的规范，但没有明确的标准。一般来说有以下几种情况：

（1）叠音词的第二个音节读轻声，如："妈妈、哥哥、看看、听听"。

（2）助词（如："的、地、得、了"）与语气词（如："吗、呢、吧"）读轻声。

（3）口语中经常使用的双音节词，如："朋友、太阳、石头、豆腐"，

第二个音节读轻声。

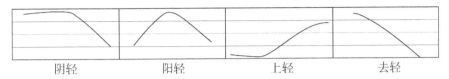

**图 1-21　汉语轻声的音高示意图**
（选自曹文，2002：《汉语语音教程》）

在前面声母、韵母、单字调部分，我们都强调一点，发音比较紧；而轻声字正好相反，发音比较松。无论是声母或是韵母，在发音时发音器官都比较松弛，因此轻声字比一般音节短（大概是 0.5），发音比较模糊。在音高方面，轻声的调形、调值由前字的声调决定。一般而言，第三声后面的轻声比较高，第一、第二和第四声后面的轻声比较低（见图 1-21）。

2. 偏误类型

在轻声方面，外国学生的偏误主要有以下 2 种：

（1）发音饱满，听起来比较"重"。主要原因是外国学生不理解轻声，或者是汉语方言背景的华裔学生（如：香港、澳门）出现的偏误现象。

（2）音节很短，末尾出现喉塞音 [ʔ]①，听起来不自然。主要原因是外国学生为了达到轻声"短"的特点，突然停止发音。

3. 教学建议

（1）让学生记住哪些字必须读轻声，并且多练习。

（2）对于出现第二种偏误的学生，不要过于强调轻声的"轻、短"的发音特点。

---

① 喉塞音（glottal stop）是一种清辅音，指的是在发音时突然停止，使声门关闭，在喉部形成阻碍。

# 肆 语句韵律偏误案例

在汉语韵律中，主要起作用的超音质成分是时长[①]和音高。在汉语中，和音高有关的语音内容有两个：声调和句调。声调是音节层面的音高表现；句调是语句层面的音高表现。我们听到的音高曲线，是汉语声调和句调相互调节、叠加之后的声音。汉语语句韵律由三部分构成：停延、句重音和句调。

## 一、停延

1. 发音/组合规则

（1）我们说话时，会把语句分成几个较大的语块（chunk），使语义表达更为清晰，而停延，就是切分语句的语音手段。一般而言，几个音节会组合到一起，构成一个词。在这里，我们所说的"词"不是词汇词或语法词，而是韵律词（又称"语音词"），指的是在口语中紧密连在一起发音的几个音节的组合。韵律词，可以是词汇词（如："学生、老师"），也可以是词组或语法结构（如："好学生、十年、阳台下"）。韵律词内部不允许出现停延。

（2）韵律词的组合规则是"二常规，一、三可容，四受限"[②]。最常见的韵律词组合是两个音节（如："战争"），最多是4个音节（如："世界大战"）。

（3）以下语法词或语法结构不能单独组成韵律词：

① 助词（如："的、地、得、了"）、语气词（如："吗、呢、吧"）必须前附，与前面的词语组成韵律词，例如："他的、好吗"。

② 介词（如："从、在、把"）一般后附，与后面的词语组成韵律词，如："在学校"。

③ 补语一般和前面的动词一起组合，除非补语成分比较复杂，例

---

[①] 前面"现代汉语语音概说"提到的音长，指的是音节（声音）的长短。在语句韵律部分，时长包括有声音和没有声音的时间长度。

[②] 详见王洪君（2008：269—271）。

如:"吃饱了"。

④人称代词是已知信息,通常和邻近的音节一起组成韵律词,除非是强调或重读的时候,例如:"我去/北京、她是/我朋友"。

(4) 停延的语音形式是:边界前音节延长(lengthening)、边界后无声段(silent pause)、边界后音高重设(pitch reset)。边界前音节延长,指的是语块最后一个音节的发音比较长,大于一般音节的平均时长;边界后无声段,指的是语块后面出现一段静音段(没有声音);边界后音高重设,指的是下一个语块的音高位置回到一定的高度。①

(5) 根据听感,停延可以分为以下3个等级:

① 低级:只有音节延长现象,停延感知很小。

② 中级:有音节延长和一定的无声段(250ms左右,相当于一个汉语音节的长度),停延感知比较明显。

③ 高级:有明显的无声段(400ms以上,相当于两个或以上音节)和音高重置(3个半音②以上的提高幅度),停延感知非常明显。

(6) 一般而言,停延等级和标点符号有以下对应关系:

① 没有标点符号的长句中间有比较小的停延(低级)。

② 有顿号、逗号的小句之间有比较明显的停延(中级)。

③ 有句号、问号、感叹号的句子之间有很明显的停延(高级)。

(7) 没有标点符号的长句,一般按照句法结构分配停延位置:

① 如果主语或谓语比较长,主语和谓语之间有较低的停延,如:"上个月新来的那个老师教我们汉语"。

② 如果宾语比较长,宾语前有较低的停延,如:"我不知道/他今天晚上来不来"。

③ 如果补语比较长,补语前有较低的停延,如:"他笑得/直不起腰来了"。

---

① 各种语言都存在自然下倾(declination)的现象。一般而言,语句的音高曲线呈现前高后低的走势(除非出现强调或特殊语气),句末的音高位置比较低。

② 声音频率的测量单位是赫兹(Hertz)。每个人的频率范围不同,如成年女人的频率比较高(180Hz—400Hz),成年男人的频率比较低(80Hz—200Hz)。人类对声音高低的感知,并不和频率直接对应,而是一种对数关系。其中,音乐的音阶(半音,semitone)比较符合人类对声音高低变化的感知。因此,在语音的音高研究方面,一般把频率值(Hz)转换成半音(st),降低说话人之间的音高差异(如:"男、女"),以进行比较。(详见李爱军,2005)

2. 偏误类型

一般而言，外国学生的停延偏误有以下3种：词内停延、停延等级处理不当、停延次数过多。

(1) 词内停延（读破句）。这是初学者比较容易出现的偏误，属于低级偏误。由于汉语没有分词连写的习惯，初学者很容易出现这类偏误，破坏了语句的语义结构，如："现/在开始、我在写一篇文/章、世界/大战、皮大/衣、去还/是不去、吹起/来"。除此之外，当人称代词（我、你、我们、你们）充当主语（出现在句首）时，外国学生经常把它切分出来，单独说，如："我/去北京、她/是我朋友"。这种停延是允许的，但是会改变句子的意思，使人称代词成为焦点信息。如：

① ——谁去北京？ ——**我**/去北京。
② ——谁是你朋友？ ——**她**/是我朋友。

(2) 停延等级处理不当。这一般是汉语中级或以上的学生出现的偏误，属于高级偏误。这类偏误比较复杂，会影响语义理解，改变各个语块之间的松紧关系。有以下2种情况：

① 由于停延位置安排不当，改变了句子的意思，如："你真是我的好姐姐。"一般而言，停延应该出现在主谓之间，但是有的学生把较高的停延放在"是"后面，使句子从赞扬变成了埋怨，如："你真是！我的好姐姐。"

② 由于停延等级和句子层次不匹配，以致语义结构比较松散。图1-22和图1-23是停延不当的例句。

在图1-22"他做饭做得很好"中，汉语母语者和外国学生（中级）的停延位置相同，都是在"饭"之后。在左图中，汉语母语者"饭"的音节时长明显大于其他音节（相对时长1.47），延长了47%，是低级停延。在右图中，外国学生"饭"的音节时长也明显大于其他音节（相对时长1.57），而且后面有230 ms左右的无声段，是中级停延。从听感来说，这位学生的"他做饭"与"做得很好"的语义关系比较疏远。

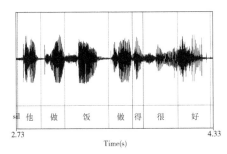 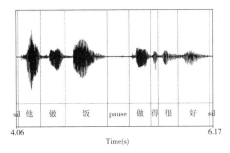

**图 1-22　例句:"他做饭做得很好"**

（左：母语者；右：学习者）

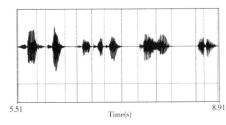 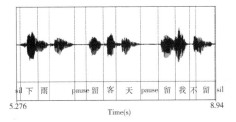

**图 1-23　例句:"下雨天,留客天,留我？不留"**

（左：母语者；右：学习者）

图 1-23 是汉语母语者和外国学生（中级）"下雨天,留客天,留我？不留"的波形图。根据标点符号,"天$_1$"和"天$_2$"的边界等级相近,"我"的边界等级比前两者的高。在左图中,汉语母语者"天$_1$"和"天$_2$"边界后的无声段时长相近（200ms、270ms）;"我"后面的无声段是 410ms,比"天$_1$"大一倍,它们之间的停延层次分明。在右图中,汉语学习者"天$_1$"边界后的无声段时长与母语者相近（207ms）;"天$_2$"边界后的无声段是 335ms;而"我"边界后没有无声段,音节也没有延长（相对时长 0.92）,其停延等级明显低于"天$_1$"和"天$_2$"。在听感上,"留我"不是句子边界,而是韵律词边界。由于这位学生的停延等级处理不当,语句的前后呼应关系变得模糊。

（3）停延次数过多。大多数外国学生都存在这个问题,其中汉语水平越低,停延次数越多。这里说的停延,主要指的是较高的停延等级（边界后有无声段）。一般而言,外国学生比较善于用无声段来表示停延,时长、音高相互配合的能力比较弱,以致各个语块之间的停延等级相近,语句的结构层次不分明。由于外国学生的停延次数过多,所以平均语流长度比较小。在篇章朗读方面，汉语母语者的平均语流长度是6个音节，外国学生的平均语流长度是3个或4个音节。

3. 教学建议

（1）对于初级阶段的学生，需要多听多说，扩大词汇量并掌握一些韵律词的组合规则（主要是语法结构）。

（2）对于初级（第二个学期）及以上的学生，要注意以下事项：

① 标点符号和停延等级有对应关系："顿号（、）""逗号（,）""冒号（:）"代表句内停延，属于中级的停延边界；"句号（。）""问号（?）""感叹号（!）"代表句间停延，属于高级的停延边界；"分号（;）"比较灵活，可以是中级或高级的停延边界。

② 不同的停延手段代表不同的停延等级；不能只是使用无声段来划分语句。

（3）可以使用不同的标点符号改变停延位置，让学生理解语义的变化：

下雨天，留客天；留我不留？

下雨，天留客；天留，我不留。

下雨天，留客天，留我不？留。

下雨天，留客天，留我？不留。

（4）对于没有标点符号的长句，可以标注停延位置，方便学生练习停延，如："他做饭/做得很好。"

## 二、句重音

1. 发音/组合规则

（1）在我们说话时，语句是有节奏和轻重缓急的。有的音节听起来特别重和突出，有的音节听起来比较轻和含糊。其中，听起来特别突出的词语，是语句的焦点，是说话人想要强调、重点表达的内容。

（2）句重音的突显，需要邻近非重音的烘托。焦点成分的发音饱满、完整，非焦点成分的发音比较松和模糊，两者形成鲜明对比，才能达到突出重要信息的效果。

(3) 句焦点的语音形式：焦点成分的音域①会明显扩大，音节延长；焦点后的高音点会明显下降、音域压缩。

(4) 在语句中，句重音体现在某个音节（重读音节）上，但是重音感知的负载单位是一个韵律词。例如"我是中国学生"，句子的高音点落在音节"中"上，但是整个韵律词"中国"被判断为句重音。

2. 偏误类型

一般而言，外国学生的句重音偏误有以下两种：重音不明显、重音不自然或者错置。

(1) 重音不明显。一般汉语水平较低的学生会出现这种情况。很多时候，外国学生说话，各个音节发音清晰，但是却不知道他们想要表达什么。这是因为他们把不应该重读的词语也强调了，以致语句内部没有高低、长短的对比，重音不明显。

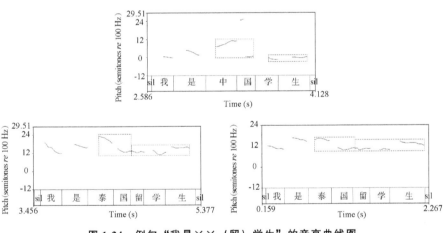

图 1-24　例句"我是××（留）学生"的音高曲线图

（上：母语者；下：学习者）

图 1-24 是"我是××（留）学生"的音高曲线图。在上图中，"中国"的高音点抬高显著、音域扩大，后面的"学生"整体低于前面的焦点成分、音域压缩明显，音高对比鲜明。下面是两名外国学生的音高曲线图，左图的汉语水平较高（高级），右图的汉语水平较低（中级）。在

---

① 音域，指的是一个韵律词的音高范围，计算方法是：音高最大值（高音点）减去音高最小值（低音点）。

左下图中，定语"泰国"的高音点位置最高（规整音高位置1.00），音域比较宽；后面"留学生"的高音点落在末尾音节"生"上，比前面"泰国"低得多，音域压缩一倍左右。在右下图中，"泰"的高音点位置与前面"是"相近；后面"生"的高音点位置比"泰"略低，音域与前面"泰国"差异不大。与上图对比，我们看到左下图的音高表现比较接近母语者，重音感知明显；而右下图的音高表现与母语者有很大的差异，"生"基本保持第一声的高音特征，"留学生"音域没有压缩，重音感知不明显。因此，第二位学生（右下图）出现重音不明显的偏误。

（2）重音不自然或者错置。在句重音表达方面，声调的音高特征有一定的影响，主要体现在第四声（高降特征）。如果焦点成分里有第四声，其重音感知比较明显，如："我是**泰国**留学生""我是**印尼**留学生"。如果第四声不是焦点核心，比较容易出现重音不自然的偏误，如图1-25；如果第四声不是焦点成分，比较容易出现重音错置的偏误，如图1-26。其中，重音不自然的问题比较小；重音错置的问题比较大，会影响语义表达。一般而言，判断动词"是"比较容易被感知并表达为重音。对于不同母语背景的学生，第四声的作用程度不同。对于声调母语的学生（如：泰语），声调作用显著，第四声重读的概率比较大（不论是否是句焦点）；对于语调母语的学生（如：英语、印尼语），第四声的作用比较小。

图1-25是"你们打算**今天**去₁，还是**明天**去₂"的音高曲线图。在上图中，时间词"今天、明天"音高突显明显，"去₁"的高音点下降明显；"去₂"的高音点位置与前面"明天"比较接近，音域压缩不明显，这是因为"去₂"受到疑问句调的作用（句末音高位置比较高）。在下图中，时间词"今天、明天"音域比较窄、低；而动词"去₁、去₂"的高音点比前面的时间词高一些。在听感上，汉语母语者（图1-25（上））的重音落在时间词上；这位泰国学生（图1-25（下））的重音落在"去"上，出现重音不自然的偏误。

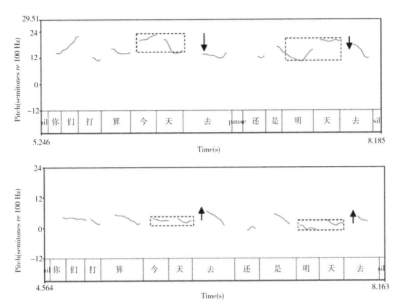

**图 1-25 例句"你们打算今天去,还是明天去"的音高曲线图**
(上:母语者;下:学习者)

图 1-26 是"她是你妹妹吗"的音高曲线图。根据句法关系,句焦点是宾语"你妹妹"。但是,这位泰国学生的重读音节落在"是"上,后面的宾语明显比较低,音域比较窄。在听感上,"是"音高突显,被感知为重音,出现重音错置的偏误。

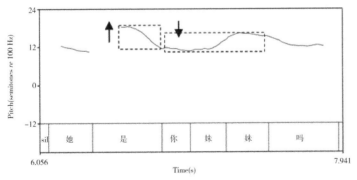

**图 1-26 例句"她是你妹妹吗"的音高曲线图**
(学习者)

3. 教学建议

(1) 对于出现第一种偏误的学生,要提醒他们重音表现需要邻近非重音的烘托。如果每个音节都发音饱满、到位，在听感上则没有轻重对比，不能突出说话人想要强调的内容。

(2) 可以使用音高曲线图，让学生直观地了解句重音的语音表现。尝试让学生把重心放在非焦点成分的降低、压缩方面（发音比较松，像没有拉紧的橡皮筋），以体会重音、非重音的区别。

(3) 对于出现第二种偏误的学生，要让他们理解声调和句重音之间的协调作用。如果第四声不是焦点成分，要适当地降低该音节的起点高度、减小其下降幅度。

(4) "是"的基本意思是表示肯定、判断，不是句子的语义重心，一般焦点信息出现在"是"的后面（宾语）。

(5) 在给学生练习句重音时，可以注明重音位置（着重号、粗体等）；此外，也可以改变重音位置，让学生理解语义的变化。如：

① 我想/**起来**了。（我想要起床，不想睡了。）
② 我/**想**起来了。（我终于回忆起了某件事。）

## 三、句调

1. 发音/组合规则

(1) 在这里，我们所说的"句调"是狭义的语调，指的是语句的音高变化、音高走势。在语句层面，我们不谈音节的调形表现，只看音节的音高位置。然后，把音节的高低音点分别连接起来，形成语句的高音线和低音线。一般而言，第二声、第四声取高音点和低音点，第一声只取高音点，第三声只取低音点。

(2) 根据功能语气，汉语句子分为以下4类：陈述句、疑问句、祈使句、感叹句。基本上，每种句类对应一种句调（陈述句调、疑问句调、祈使句调、感叹句调），表达不同的语气。对于外国学生，陈述句和疑问句用得比较多，祈使句和感叹句用得比较少。因此，我们只介绍陈述句和疑问句的区别。

(3) 根据传统的句调描写，陈述句是降调，疑问句是升调。这里所说的降调、升调与声调的降调、升调不同。在声调方面，是音节的调形；在句调方面，是句子高、低音线的运动方向。

(4) 根据现代语音研究,陈述句和疑问句的句调对比,主要表现在以下 3 个方面:

① 陈述句的音高范围比较低(音调比较低),疑问句的音高范围比较高(音调比较高)。

② 陈述句和疑问句的高低音线一般是下降走势,陈述句的下降幅度比较大,疑问句的下降幅度比较小(或呈上升走势),其中,低音线的差异比较大。

③ 在句末音节方面,陈述句的音高位置比较低,疑问句的音高位置比较高。

2. 偏误类型

在陈述句和疑问句方面,外国学生的句调偏误主要有两种:句调对比不明显与声调特征模糊/丢失。

(1) 句调对比不明显。汉语水平较低的学生比较容易出现此类偏误,主要是声调母语的学生。与句重音不明显(第一种偏误)一样,句调对比不明显也是音节发音完整、没有轻重缓急的表现。有的学生句调表现自然,但是疑问句与陈述句的差异不大。

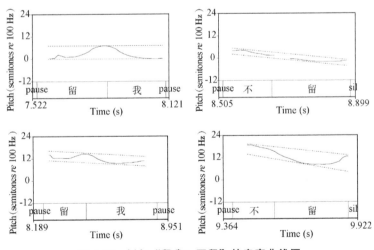

图 1-27 例句"留我?不留"的音高曲线图
(上:母语者;下:学习者)

图 1-27 是汉语母语者和泰国学生(中级)"留我?不留"的例句。在上图中,疑问句"留我?"的低音线没有明显的上升或下降走势;陈

述句"留我"的高低音线呈下降走势,前宽后窄。在语句音高范围方面,疑问句的高音点是 6.90st,陈述句是 4.30st;疑问句的低音点是 0.04st,陈述句是 −2.00st。疑问句比陈述句高 2st 左右。在下图中,外国学生的疑问句和陈述句的音高走势,与母语者基本一致;但是陈述句末音节"留"上升明显(第二声的声调特征显著),音域与前音节相近。在语句音高范围方面,疑问句的高音点位置是 14.34st,陈述句是 18.79st;疑问句的低音点是 9.44st,陈述句是 8.26st。疑问句与陈述句的音高位置差异不大,而且陈述句的音高范围更宽一些。因此,汉语母语者(上图)疑问句的音高范围、音高位置明显大于陈述句,疑问、陈述语气的对比明显;而这位外国学生(下图)疑问句的音高范围、音高位置小于陈述句,疑问、陈述语气的对比不明显。

(2)声调特征模糊/丢失。这种偏误是声调和句调协调不当的结果,语调母语的学生容易出现这种情况。这是因为,在他们的母语(如:英语、印尼语)中,音高只有句调特征,所以比较容易出现句调"掩盖"声调的情况。主要表现在两方面:一是不论什么声调,都读成平调或降调;二是为了表达不同语气,改变音节调形。

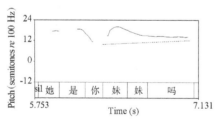 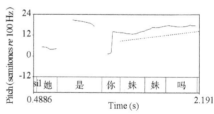

**图 1-28 例句"她是你妹妹吗"的音高曲线图**
(左:母语者;右:学习者)

图 1-28 是汉语母语者和印尼学生(初级)"她是你妹妹吗?"的音高曲线图。在左图中,汉语母语者的"妹$_1$"呈先升后降曲拱,后面两个音节基本是平调。在右图中,从"妹$_1$"一直到句末音节"吗",印尼学生是持续上升的音高走势,其疑问语气显著,但是出现声调特征丢失的偏误,不符合汉语母语者的语感。

3. 教学建议

（1）对于声调母语的学生，要提醒他们在表达疑问语气时，尽量压缩句末音节的声调特征，如：提高第二声的起点位置，减小第四声的下降幅度（下降到中音区即可）。

（2）对于语调母语的学生，调整低音线和句末音高位置不是难事；但是需要提醒他们尽量保留音节的声调特征（如：第四声—下降）。

（3）可以通过音高曲线图和实际演示，让学生体会陈述句和疑问句的句调差异。如：

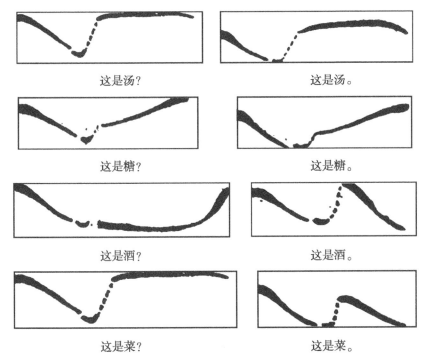

图 1-29　陈述句和疑问句的音高曲线图

（选自李明、石佩雯，1998：《汉语普通话语音辨正》）

（周宝芯　执笔）

# 第二编 汉字偏误案例

- **零** 汉字笔画和汉字构成概说
- **壹** 横笔偏误案例
- **贰** 竖笔偏误案例
- **叁** 撇笔偏误案例
- **肆** 点笔偏误案例
- **伍** 提笔偏误案例
- **陆** 钩笔偏误案例
- **柒** 意符形近改换偏误案例
- **捌** 意符意近改换偏误案例
- **玖** 意符类化改换偏误案例
- **拾** 声符改换偏误案例
- **拾壹** 部件增加偏误案例
- **拾贰** 部件减少偏误案例
- **拾叁** 部件变形偏误案例
- **拾肆** 部件变位偏误案例

# 零 汉字笔画和汉字构成概说

## 一、汉字笔画概说

汉字的数量虽然很多,但是它们都由一些基本元素构成,这些基本元素就叫笔画,也就是汉字书写时不间断地一次连续写成的一个线条。汉字的笔画有二三十种,基本笔画共8种。

在书写笔画时,一定要注意笔画的形状和方向,或者从上往下,或者从左往右,这一点非常重要。否则,运笔的方向错了,不但难写、不好看,还有可能错写成另一个笔画。

每个汉字的笔画数目都是固定的,不能任意增加或减少,多一笔或少一笔就变成别的字或者成为错字,所以写汉字时要特别注意每个字的笔画数目。

每个汉字每个笔画的形状都是固定的,如果改变了笔画的形状,也可能成为别的字或变成错字。所以写汉字的时候还要注意每个笔画的形状。

有些汉字中,笔画的长短也是固定的,如果违反了笔画之间的长短关系,就可能成为错字或别的汉字,所以,写汉字时还要注意笔画的长短。

一个汉字中的笔画之间总的来说存在三种关系:相离、相接和相交。

1. 相离:两个笔画之间不直接接触。如:"八、二"。
2. 相接:两个笔画之间接触,但不相交。如:"人、入"。
3. 相交:两个笔画之间相交叉。如:"十、大"。

每个汉字笔画与笔画之间的关系是固定的。如果随意改变,就成了错别字。另外,还要注意笔画之间的上下关系,这一点也不能搞错。如:"人—入"。

在书写汉字时,有的笔画要先写,有的笔画要后写,笔画之间具有一定的顺序,这就是笔顺。汉字的笔顺有一定的规则,笔顺可以更快、更好地书写汉字。笔顺的基本规则包括：先横后竖、先撇后捺、从上到下、从左到右、先外后里、先外后里再封口、先中间后两边。

外国留学生的笔画偏误主要表现在横、竖、撇、点、提、钩 6 种笔画的误加、遗漏，与其他笔画的混淆，笔画关系的改换等方面。

## 二、汉字构成概说

汉字的构成是有规律的，由笔画构成部件，再由部件构成整字。汉字的构成有自己的特点：

1. 从书写形式上看，汉字是方形的。汉字的部件或笔画是以上下、左右、内外等结构形式组合在一个平面方框里，所以，汉字也叫方块字。

2. 从数量上看，汉字的部件数量约有三百多个，常用的有一百多个。

3. 从造字上看，有相当一部分汉字的音、形、义之间原本存在一定的理据。常用的造字方法有 4 种：象形字、指事字、会意字和形声字。

4. 构成一个形声字的两个偏旁，一个表示读音，是声符；一个表示意义，是意符。

作为汉字的基本构字单位，部件大于或等于笔画，小于或等于整字。部件是笔画和整字的中介，在汉字的构成方面起着十分重要的作用，部件结构掌握得好坏直接影响对汉字的掌握。

外国留学生成系统的汉字偏误大多与部件有关，主要表现在部件的改换、部件的增加或减少、部件的变形与变位等方面。这些偏误有时与学生不了解汉字的结构有关。

# 壹 横笔偏误案例

## 一、书写规则

基本笔画横笔的书写要平,方向从左到右。

## 二、外国留学生偏误案例

### (一) 横笔的遗漏

1. 三横变两横。如:

    真(真)①　　具(具)　　值(值)　　直(直)
    国(国)　　星(星)　　羊(羊)

    (注:主要是方框内部的三横变为两横)

2. 两横变一横。如:

    面(面)　　算(算)　　最(最)　　其(其)
    盼(盼)　　那(那)　　哪(哪)　　夏(夏)
    朋(朋)　　有(有)　　能(能)　　南(南)

    (注:主要是方框或半包围结构内的两横变为一横)

3. 部件上方少一横。如:

    凹(画)　　内(两)　　吏(更)　　例(例)

    (注:以上都是整字或部件的正上方少一横)

4. 部件下方少一横。如:

    计(让)　　沿(沿)　　存(在)

    (注:以上都是整字或部件正下方少一横)

---

① 括号中的是正字,括号外的是偏误字,后同。

5. 方框内少一横。如：

更（更）　境（境）　很（很）　的（的）
屯（电）　但（但）　便（便）　跟（跟）
是（是）　典（典）　某（某）

（注：以上都是部件内部方框里少一横）

6. 整字内部少一横。如：

意（意）　高（高）　亮（亮）　陪（陪）
感（感）　同（同）　妈（妈）　鸟（鸟）
尝（尝）　会（会）　漂（漂）　完（完）
富（富）　家（家）　命（命）

7. 方框遗漏最后一笔横。如：

看（看）　首（首）　月（目）

### (二) 横笔的误加

1. 三横变四横。如：

佳（住）　生（生）　徍（往）

2. 两横变三横。如：

黑（黑）　吃（吃）　且（且）　宜（宜）
去（去）　法（法）

3. 一横变两横。如：

德（德）　丑（丑）　戒（戒）　屋（屋）

4. 整字内部多加一横。如：

事（事）　喜（喜）　萝（萝）

### (三) 横笔与其他笔画的混淆

1. 横笔写成提笔。如：

马（马）　车（车）　孝（孝）

（注：以上都是横笔写为提笔）

2. 横笔写成撇笔或横撇。如：

千（干）　　更（更）　　再（再）　　画（画）

（注：以上都是横笔写为横撇）

### (四) 笔画关系的改换

横笔和其他笔画由相交变为相接。如：

再（再）　　其（其）　　母（母）　　海（海）

每（每）

（注：以上都是横笔两边不出头的偏误）

## 三、偏误规律与教学建议

### (一) 横笔的遗漏

1. 对于整个字的方框内有三横的汉字，学生经常容易把三横写为两横。这类常见的汉字有："真、具、直、国"等。教学中应系统向学生教授这类方框中有三横的汉字。

2. 对于整字的方框或半包围结构中有两横的汉字，学生经常易把两横写为一横。这类常见的汉字有："首、面、算、其、那、哪"等。教学中要向学生指明哪些常见的汉字方框里是两横。

3. 对于整字或部件上面有一横的汉字，学生常易遗漏上方的横笔。这类常见的汉字有："画、两、更、例"等。教学中应特别强调这类横笔，引起学生的注意。

4. 对于整字或部件下面有一横的汉字，学生常易遗漏这一横笔。这类常见的汉字有："让、沿、在"等。教学中也应强调这一横笔。

5. 对于整字或部件方框内只有一横的汉字，学生易将该横笔遗漏。这类常见的汉字有："更、境、很、的、电"等。这说明学生对于汉字内部的横笔认识模糊，教学中应强调这类横笔。

6. 对于整字内部、上下或上中下结构中有横笔的汉字，学生常易将这类字中的横笔遗漏。这类常见的汉字有："高、陪、会、命、妈"等。

教师在教学中要提醒学生不能遗漏其中的横笔。

7. 对于包含部件"目"的汉字或单独一个"目"字，学生常易遗漏最后一个横笔。这类常见的汉字有："首、目、看"等。教学中应要求学生在书写"目"时，一定不能遗漏最后一个横笔。

### (二) 横笔的误加

1. 对于整字中有三横的汉字，学生常易增加一横变为四横。这类常见的汉字有："住、往、生"等。要注意的是，学生在习得这类汉字时，往往受"谁"字右边部件的影响。

2. 对于整字中有两横的汉字，学生常易把两横变为三横。这类常见的汉字有："黑、且、宜、去"等。教学中要向学生指明这类汉字只有两个横笔。要注意的是，"且、宜"横笔的增加，是由于与"具"的混淆，所以教学中最好特别区分"且"与"具"。

3. 对于整字内部有一横的汉字，学生易把内部的一横变为两横。这类常见的汉字有："德、丑、戒、屋"等。教师在教学中应该特别强调这类汉字内部的一横。

4. 对于整字中有横笔的汉字，学生有时也易在整字内部多加一个横笔。这类常见的汉字有："事、喜、萝"等。这些偏误主要是由于学生对于其中横笔数目的模糊造成的，教学中要向学生指明横笔数目。

### (三) 横笔与其他笔画的混淆

1. 对于首笔是横笔的汉字，学生常易用横撇替代首笔。这类常见的汉字有："更、再、画"等。教学中应区分清楚这两种笔画。

2. 横笔易与提笔混淆，特别是同一个字分别作为单字和左偏旁时更容易混淆。教学中要强调作为单字时一般是横笔，作为左偏旁时一般是提笔。如"马"的最后一笔是横，而"骑"的左偏旁的最后一笔则是提笔。但是，作其他偏旁时往往与单字一致。如"辈"的最后一笔就是横笔，与单字"车"的最后一笔相同。

## (四) 笔画关系的改换

对于横笔与其他笔画的关系是相交关系的汉字,学生常易把横笔写得两边不出头。这类常见的汉字有:"再、每、海、母"等。这是学生对于横笔与其他笔画的配合关系不清楚的缘故。教学中应加以说明。

# 贰 竖笔偏误案例

## 一、书写规则

竖笔的书写要直,方向从上到下。

## 二、外国学生偏误案例

### (一)竖笔的遗漏

部件或整字内部少竖笔。如:

臧(臧)　　辰(展)　　歨(步)　　佗(他)

### (二)竖笔的误加

部件或整字内部多一竖笔。如:

帝(充)　　韩(韩)　　临(临)

### (三)笔画关系的改换

1. 竖笔和其他笔画由相交变为相接。如:

连(连)　　杲(果)　　柬(柬)　　采(来)

2. 竖笔和其他笔画由相接变为相交。如:

冉(再)　　虫(虽)　　年(年)

(注:以上都是整字竖笔出头)

课(课)　　师(师)　　舒(舒)　　星(星)

舍(舍)　　亲(亲)　　爷(爷)

(注:以上都是部件竖笔出头)

## 三、偏误规律与教学建议

### （一）竖笔的遗漏

对于部件或整字中有竖笔的汉字，学生易将其中的竖笔遗漏。这类常见的汉字有："臧、步、展"等。教学中注意整字和部件里竖笔的教学。

### （二）竖笔的误加

学生会受相似部件或汉字的影响，在汉字中多加一笔竖笔。这类常见的汉字有："充、韩、临"等。在教学中应该区分"充"和"流"字右边的部件；区分"韦"和"巾"；区分平躺的"日"和"目"，避免多加竖笔。

### （三）笔画关系的改换

1. 在整字中，竖笔和相邻笔画是相交关系，学生由于不清楚竖笔和其他笔画之间的关系，把相交关系变为相接关系，竖笔不出头。这类常见的汉字有："连、果、来"等。教学中要向学生说明这类汉字的竖笔和其他笔画是相交的。

2. 整字或部件中，竖笔和其他笔画相接，学生易把相接关系变为相交关系，竖笔出头。这类常见的汉字有："再、虽、年、师"等。教学中应指出这类汉字的竖笔不能出头。

# 叁 撇笔偏误案例

## 一、书写规则

基本笔画撇笔的书写应从右上向左下，呈弧形。注意：如果从左下向右上运笔，就是另一种笔画——提。撇笔也容易与撇点、横撇、横折折撇、撇折等笔画发生混淆。

## 二、外国留学生偏误案例

### （一）撇笔的遗漏

1. 整字或部件左上角遗漏撇笔。如：

   乓（年）　　身（身）

   （注：以上都是整字左上角撇笔的遗漏）

   洗（洗）　　物（物）　　晚（晚）　　汽（汽）

   （注：以上都是部件左上角撇笔的遗漏）

2. 整字中遗漏撇笔。如：

   菜（菜）　　笫（第）　　留（留）　　式（或）

   （注：以上都是整字内部撇笔的遗漏）

### （二）撇笔的误加

部件中增加撇笔。如：

找（找）　　划（划）

（注：以上都是在"戈"上增加一撇）

试（试）　　式（式）

（注：以上都是在"弋"上多了一撇）

### (三) 撇笔与其他笔画的混淆

1. 横撇写成横笔。如：

   迁（迁）　氏（氏）　锤（锤）　我（我）

   （注：以上都是首笔横撇写成了横笔）

2. 左撇写成提笔。如：

   木（木）　种（种）　树（树）

   （以上都是左下的撇笔写成了提笔）

3. 撇笔写成竖笔。如：

   师（师）

4. 撇笔写成点笔。如：

   所（所）

### (四) 笔画关系的改换

撇笔与其他笔画的关系由相交变为相接。如：

她（她）

（注：该字是部件中笔画关系的改换）

方（方）　在（在）　身（身）

（注：以上是整字中笔画关系的改换）

## 三、偏误规律与教学建议

### (一) 撇笔的遗漏

1. 对于整字或部件左上角有撇笔的汉字，学生容易遗漏这一撇笔。这类常见的汉字有："年、身、怕、洗"等。教师在教学中应提醒学生这类汉字左上角的撇笔不能缺失。

2. 对于整字内部有撇笔的汉字，学生容易遗漏撇笔。这类常见的汉字有："菜、第、或"等。要注意的是，"或"中撇笔的缺失主要是学生混淆"戈"和"弋"，教学中应注意区分。

### (二) 撇笔的误加

对于包含部件"戈"或"弋"的汉字，学生易在这两种部件上增加一撇。这类常见的汉字有："划、找、式、试"等。教学中要注意的是，如"划"类字中增加一撇是由于学生对于撇笔的数目不清楚；对于"式"类字中增加一笔，是学生混淆了"弋"和"戈"，应对两者加以区分。

### (三) 撇笔与其他笔画的混淆

1. 横撇与横笔相近，很容易误写。教学中首先要强调横撇的书写方向与横笔的相反，横撇应是从右上角斜向左下角。
2. 竖撇因先竖后撇，学生常常只记住竖但忘了撇。
3. 有的学生没有完全区分点与撇，因此也造成了点笔与撇笔之间的混淆。教学中应加以强调。

### (四) 笔画关系的改换

对于整字或部件里撇笔与其他笔画为相交关系的汉字，学生易把相交关系变为相接关系。这类常见的汉字有："她、在、身"等。教师在教学中要向学生指明这类汉字撇笔与其他笔画的相交关系。

# 肆 点笔偏误案例

## 一、书写规则

基本笔画点笔的书写应该从左上向右下或从右上向左下。点笔较短。

## 二、外国留学生偏误案例

### (一) 点笔的遗漏

1. 整字或部件的正上方遗漏一点。如：

    亚（立）　　氺（永）

    （注：以上都是整字正上方遗漏一点）

    柿（柿）

    （注：该字是部件正上方遗漏一点）

2. 部件或整字的右上角遗漏一点。如：

    友（发）　　戒（戒）　　书（书）　　龙（龙）

    我（我）

    （注：以上都是整字右上角遗漏一点）

    代（代）　　钱（钱）　　感（感）　　划（划）

    辅（辅）　　球（球）

    （注：以上都是部件右上角遗漏一点）

3. 部件或整字的内部遗漏一点。如：

    为（为）　　两（两）　　每（每）

    （注：以上都是整字内部遗漏右点）

    夜（夜）　　搬（搬）　　以（以）　　岛（岛）

    时（时）　　多（多）

    （注：以上都是部件内部遗漏右点）

### (二) 点笔的误加

字的正上方增加一点。如：

着（看）　兵（兵）　景（景）　普（晋）

哥（哥）　严（严）　殒（死）

### (三) 点笔与其他笔画的混淆

(1) 点笔笔向改换：

爱（爱）　受（受）　来（来）　喜（喜）

南（南）

（注：以上都是把右点写为左点或把左撇写成右点）

(2) 将左点写作撇。如：

宝（宝）　它（它）　定（定）

（注：以上都是把左点写为撇笔的偏误字）

(3) 将右点写作捺。如：

兵（兵）　六（六）

### (四) 笔画关系的改换

点笔远离整字或部件。如：

为（为）　残（残）　习（习）

## 三、偏误规律与教学建议

### (一) 点笔的遗漏

1. 对于整字或部件正上方有一点的汉字，学生常易遗漏这一点笔。这类常见的汉字有："立、永、柿"等。要注意的是，"永"字点的遗漏，可能是学生混淆"永"和"水"字；"柿"字遗漏点笔可能是学生混淆"市"和"币"。教学中应对这些字加以区分。

2. 部件或整字的右上角有一点的汉字，学生易将点笔遗漏。这类常见的汉字有："钱、感、龙、我"等。这类点笔的遗漏是学生对整字中点笔认识模糊，由于这一笔画小而易忽略。教学中应特别强调。

3. 对于整字或部件内部有点笔的汉字，学生易忽略其中的点笔，遗漏这一笔画。这类常见的汉字有："夜、搬、多、岛"等。要注意的是，"岛"字点笔的遗漏，极有可能与学生混淆"鸟"和"乌"有关，教学中要加以区分。

### （二）点笔的误加

对于整字或部件上方没有点笔的汉字，由于点笔习得过程中的泛化，学生易在这类汉字上方增加点笔。这类常见的汉字有："看、景、晋、哥"等。要注意的是，"晋""哥"等字上方多一点笔，极有可能是学生由"主"字上部笔画"一点一横"泛化而来的结果。因此，教学中要对"主"类字和"晋"类字有无点笔进行区分。

### （三）点笔的变形

1. 对于整字有平行点笔的汉字，学生易把右点写为左点或把左撇写成右点。这类常见的汉字有："南、来、喜"。学生常把其中的点笔按从左到右的顺序写为"左点、右点"。这类偏误有可能是受"热"类字中四点底部件的影响，把"南"类字的点笔顺序写为"左点、右点"。因此在教学中要区分"南"类字和"四点底"中的点笔。

2. 学生极易将汉字中的左点写成短撇，尤其是将宝盖头的第二笔左点写作短撇。这类常见的汉字有："宝、它、定"等。学生之所以把左点写成短撇，主要原因是他们容易混淆左点和短撇。

3. 学生极易将汉字中的右点写成捺。这类常见的汉字有："兵、六"等。

### （四）笔画关系的改换

对于部件或整字左上角或右上角有点笔的汉字，学生常易将点笔远离部件或整字，使得整字或部件的结构不正确。这类常见的汉字有："为、残、习"等。这类偏误是由于学生不清楚点笔和整字或部件的结构关系，因此，教学中应向学生说明这类汉字内部的结构。

# 伍 提笔偏误案例

## 一、书写规则

基本笔画提笔书写时，笔要从左下向右上运动。注意与撇笔的区别。

## 二、外国留学生偏误案例

### (一) 提笔的遗漏

1. 部件里遗漏一提。如：

   骑（骑） 骄（骄） 拉（拉） 教（教）

   验（验） 给（给）

   （注：以上都是汉字左边的部件遗漏一提的偏误）

2. 整字里遗漏一提。如：

   最（最） 我（我） 或（或）

   （注：以上都是整字的内部遗漏一提的偏误）

### (二) 提笔与其他笔画的混淆

1. 提写成横。如：

   缕（缕） 教（教） 骑（骑） 最（最）

   （注：这类偏误是提笔写成了横笔）

2. 提写成撇。如：

   我（我） 打（打） 拉（拉）

   （注：这类偏误是将提笔的运笔方向弄反了，写成了撇笔）

3. 竖提写成竖。如：

   很（很） 衣（衣） 良（良）

## 三、偏误规律与教学建议

### （一）提笔的遗漏

1. 对于整字左边部件里有提笔的汉字，学生易将其中的提笔遗漏。这类常见的汉字有："骑、验、给"等。要注意的是，学生常易将充当汉字形旁的"马"中的提笔遗漏，教学中要特别强调"马"字中的提笔。

2. 对于整字内部有提笔的汉字，学生易将其中的提笔遗漏。这类常见的汉字有："最、我、或"等。这说明学生对于整字内部的提笔认识模糊。因此，这类汉字可以集中教学，指明提笔的位置。

### （二）提笔与其他笔画的混淆

1. 如果提笔提的程度不够，运笔较平，看起来就像是横笔或直接写成横笔。在教学中教师要注意提醒学生提笔一定要往上提，不能写成横笔。

2. 运笔较斜的容易写成撇，比如"拉、我"等的提笔。特别是提手旁的提往往与木字旁的撇相混。

3. 由于遗漏一提，竖提往往写成竖，要特别提醒学生注意二者的区别。

# 陆 钩笔偏误案例

## 一、书写规则

基本笔画钩笔的书写是笔画到头后转向另一个方向，然后轻快地提起笔带出钩。钩可以写出不同的形状，其派生笔画包括横折钩、竖弯钩、竖折折钩、横折弯钩、横折折折钩。

## 二、外国留学生偏误案例

### （一）钩笔的遗漏

1. 部件竖钩中遗漏钩笔。如：

   得（得）　护（护）　新（新）　标（标）

   （注：以上都是部件中左钩的遗漏）

2. 整字或部件为弯钩中遗漏钩笔。如：

   染（染）

   （注：该字是部件弯钩中钩笔的遗漏）

   己（己）　巳（巳）

   （注：以上两字都是整字弯钩中钩笔的遗漏）

### （二）钩笔与其他笔画的混淆

1. 镜像变位。如：

   水（水）　得（得）

   （注：以上都是竖钩镜像变位为竖提）

   电（电）

   （注：该字是竖弯钩镜像变位而变形）

2. 形似混淆。如：

   忆（忆）

   （注：该字是横折弯钩变为其他笔画加上形似的竖弯钩）

## 三、偏误规律与教学建议

### (一) 钩笔的遗漏

1. 对于部件竖钩中的钩笔,学生常易遗漏。这类常见的汉字有:"得、护、新"等。这是由于学生混淆笔画"竖笔"和"竖钩",所以教学中要加以区分。

2. 对于整字或部件弯钩中的钩笔,学生也易遗漏。这类常见的汉字有:"染、己、已"等。这类钩笔的遗漏很有可能是学生混淆笔画"竖弯钩"和"竖弯"的结果,教学中应加以区分。

### (二) 钩笔与其他笔画的混淆

1. 对于整字中的钩笔,学生易把该向左的钩笔向右钩起变成竖提,教学中应加以区分这两类笔画。

2. 由于笔向发生错误,如同镜像变位的作用,钩笔及其派生笔画变形后成为错字,要注意强调钩笔的方向。

3. 钩笔的钩易丢失而成为竖笔。在教学中首先要强调钩笔的钩,然后再区分钩笔与其他笔画。

# 柒 意符形近改换偏误案例

## 一、外国留学生偏误案例

### (一) 因笔画增减而形近形似的意符的替代

1. 两点水与三点水的替代。如：

   净（净） 次（次） 泠（冷） 況（况）
   决（决） 减（减）

   （注：以上都是三点水替代两点水的偏误）

   源（源） 法（法） 浪（浪） 海（海）

   （注：以上都是两点水替代三点水的偏误）

2. 广字头与厂字头。如：

   愿（愿） 庒（压） 原（原） 庆（厌）

   （注：以上都是广字头替代厂字头的偏误）

   厎（底） 厓（脏） 厊（度） 厅（庭）

   （注：以上都是厂字头替代广字头的偏误）

3. 秃宝盖和宝盖头的替代。如：

   写（写） 宰（军）

   （注：以上都是宝盖头替代秃宝盖的偏误）

   定（定） 完（完） 己（它） 字（字）
   灾（灾）

   （注：以上都是秃宝盖替代宝盖头的偏误）

4. 木字旁与禾字旁的替代。如：

   种（种） 和（和） 租（租）

   （注：以上都是木字旁替代禾字旁的偏误）

秢（格）　衬（村）

（注：以上都是禾字旁替代木字旁的偏误）

5. 衣字旁与示字旁的替代。如：

神（神）　福（福）　祝（祝）　礼（礼）

（注：以上都是衣字旁替代示字旁的偏误）

裙（裙）　补（补）　被（被）

（注：以上都是示字旁替代衣字旁的偏误）

6. 病字头与广字头的替代。如：

疲（废）

（注：该字是由于上下文语义的影响，病字头替代广字头的偏误）

瘭（康）　疷（底）

（注：以上都是病字头替代广字头的偏误）

7. 尸字头与户字头的替代。如：

房（房）　扇（扇）

（注：以上都是尸字头替代户字头的偏误）

屋（屋）　展（展）

（注：以上都是户字头替代尸字头的偏误）

8. 大与木的替代。如：

操（操）　集（集）　燥（燥）

（注：以上都是大替代木的偏误）

9. 了替代子。如：

奷（好）　游（游）　学（学）

（注：以上都是了替代子的偏误）

10. 土字旁与王字旁的替代。如：

皇（皇）　球（球）

（注：以上都是土替代王的偏误）

场（场）　块（块）

（注：以上都是王替代土的偏误）

11. 殳、夊、旨 的相互替代。如：

锻（锻） 假（假） 铅（段）

(二) 因笔画长短、曲折与否而形近形似的意符的替代

1. 贝与见的替代。如：

现（现） 觉（觉） 观（观）

（注：以上都是贝替代见的偏误）

慣（惯） 员（员）

（注：以上都是见替代贝的偏误）

2. 刀、九、力、又的替代。如：

努（努） 梁（染） 努（努） 切（切）

## 二、偏误规律与教学建议

一些常用意符之间虽然在意义上没有什么联系，但是由于形体相近或相似，同时基于人类共同的认知心理，学生在书写中往往换用。

1. 对于因笔画增减而形近形似的部件，学生常易混淆部件，把此部件写作彼部件。这类常见的相似部件有：两点水与三点水，广字头与厂字头，秃宝盖与宝盖头，木字旁与禾字旁，衣字旁与示字旁等。教学中应结合部件的表意进行区分教学。

2. 对于因笔画长短、曲折与否而形近形似的部件，学生常易将笔画写短或写长，或者将笔画由弯变直。这类常见的相似部件有："贝、见""刀、九、力、又"等。需要指出的是，学生常常用"贝"替代"见"，教学中要注意提醒学生二者的表意区别。

# 捌　意符意近改换偏误案例

## 一、外国留学生偏误案例

1. 走字旁和足字旁的替换。如：

   踃（追）　迿（跑）　逃（跳）

2. 草字头和竹字头的替换。如：

   蓝（篮）　芉（竿）　萩（筷）

3. 口字旁和言字旁的替换。如：

   谓（唱）　诧（说）　讥（叫）

4. 食字旁和米字旁的替换。如：

   欤（饮）　糦（饿）　饻（粮）

## 二、偏误规律与教学建议

1. 对于带有走之旁和足字旁的汉字，学生常易混淆。这类常见的汉字有"追、跑、逃"等。学生这类偏误主要是由于这三个部件在表意上相近，都与脚有关。教学中应加以区分。

2. 对于带有草字头和竹字头的汉字，学生常易混淆。这类常见的汉字有"蓝、筷、竿"等。这类偏误主要是由于草字头和竹字头表意都和植物有关。教学中应注意加以区分。

3. 对于带有口字旁和言字旁的汉字，学生也易混淆。这类常见的汉字有"语、唱、叫"等。这类偏误主要是由于口字旁和言字旁表意都与说话有关，因此应区分这两类部件。

4. 对于带有食字旁和米字旁的汉字，学生易混淆这两个部件。这类常见的汉字有"饮、饿、粮"等。这类偏误主要是由于这两类部件表义都和吃喝相关。教学中应结合汉字对这两类部件加以区分。

# 玖　意符类化改换偏误案例

## 一、外国留学生偏误案例

### (一) 受上下文影响产生的类化改换

1. 受词内前后字影响的类化改换。如：

    奵（好）了　　犭虫（独）立

    (注：以上都是词语内前字受后字的影响而改换部件)

    眼瞙（镜）　　根㨿（据）

    (注：以上都是词语内后字受前字的影响而改换部件)

2. 受短语内其他字影响的类化改换。如：

    种（种）树　　廹（跑）过来　　虫蛟（咬）

    他吃惊地㥽（愣）住了。

    我倍（陪）他们去逛逛。

    他傍（旁）边

### (二) 受学生内化的语言知识影响的类化改换

洗操（澡）

(注：把"澡"写作"操"，认为洗澡是用手洗的)

告听（诉）

(注：把"诉"误写作"听"，认为告诉是用嘴巴说的)

揄（偷）东西

(注：把"偷"写作"揄"，认为偷是用手行动的)

抗（梳）头

(注：把"梳"写作"抗"，认为梳头与手有关)

揹（借）机

（注：把"借"写作"揹"，认为动作"借"与手相关）

## 二、偏误规律与教学建议

### (一) 受上下文影响产生的类化改换

1. 在词语中，学生易受词内前后字的影响，类推改换其中一个汉字的意符。这类常见的词语有："奵（好）了、狆（独）立、眼瞁（镜）"等。教学中要对词语中汉字意符表达的意义进行解释，避免学生产生类化改换偏误。

2. 在短语中，学生也会受短语内其他字的影响，类化改换汉字的意符。这类常见的短语有："柛（种）树、迠（跑）过来、虫蛟（咬）"等，教学中同样要向学生解释清楚汉字意符的意义。

### (二) 受学生内化的语言知识影响的类化改换

在词或短语中，学生也会受自身已经内化的语言知识的影响，改换汉字的意符。这类常见的词或短语有："洗操（澡）、告听（诉）、揄（偷）东西"等。教学中同样需要向学生讲解清楚这类容易发生类化改换的汉字意符的意义，避免出现类推泛化的偏误。

# 拾　声符改换偏误案例

## 一、外国留学生偏误案例

1. 同音声符的替换。如：

   牺（牺）牲品
   (偏旁"西"是"牺"的声符，"西"和"希"发音相同)
   煊（炫）耀
   ("玄"是"炫"的声符，"玄"和"宣"发音相近)
   遭迂（遇）
   ("禺"是"遇"的声符，"禺"和"于"发音相同)
   来沅（源）
   ("原"是"源"的声符，"原"和"元"发音相同)

2. 偏旁与原字发音相似的替换：

   开琓（玩）笑
   (偏旁"元"是"玩"的声符，"完"和"玩"发音相同)
   泫（渲）染
   ("宣"和"玄"发音相近)
   攀缘（缘）
   ("象"是"缘"的声符，"爰"和"缘"发音相同)

## 二、偏误规律与教学建议

1. 对于发音相同的部件，学生在书写汉字的过程中，容易用同音的部件替代正确的声符。这类常见的词语有："牺（牺）牲品、煊（炫）耀、遭迂（遇）、来沅（源）"等。"西"和"希"、"玄"和"宣"、"原"和"元"、"禺"和"于"发音都相似，易产生替换，教学中应区分这些发音相似的部件。

2. 对于发音相似的部件,学生在书写汉字的过程中也易出现声符的替换。这类常见的偏误有:"开琓(玩)笑、攀缓(缘)"。其中,"完"和"玩"、"爰"和"缘"发音相同,因而产生替换。教学中应对这类发音相似的声符加以区分。

3. 被改换的部件绝大多数都是意符,改换声符的偏误极其罕见。这是因为形声字意符的数量远低于声符的数量,意符的构字能力比声符强。同时,汉语中存在大量的音同音近的汉字,这为汉字的同音替代提供了方便,这也是外国学生产生大量别字的原因。教学中对于音近的声符要特别注意区分。

# 拾壹 部件增加偏误案例

## 一、外国留学生偏误案例

1. 受词内前后字的影响。如：

   日晥（夜）　漂泷（亮）　惊愭（奇）　粮粻（食）

   悲裒（哀）　如婐（果）　认讶（为）

   （注：以上都是词语内后字受前字的影响而增加部件）

   嘭（影）响　憘（喜）悦　诰（告）诉　歖（喜）欢

   遡（旁）边　麻疯（风）病

   （注：以上都是词语内前字受后字的影响而增加部件）

2. 受短语或小句内其他字的影响。如：

   冷（今）天很冷　　搬挖（完）了　　这遈（是）什么

3. 由形旁表意造成的错误类推。如：

   愸（爱）　憘（喜）　忙（忘）

   墜（陵）　趆（越）　峪（谷）

## 二、偏误规律与教学建议

1. 对于词语中的汉字，外国留学生易受前后字的影响，给该字增加部件。这类常见的词语有："日晥（夜）、漂泷（亮）、憘（喜）悦、诰（告）诉"等。教学中应及时予以纠正并说明原因。

2. 在短语或小句中，学生易受上下文其他汉字的影响，给某个汉字添加部件。如："搬挖（完）了、这遈（是）什么"等。教学中应结合上下文加以讲解和辨析。

3. 汉字的形旁与意义之间往往有着密切的联系，外国留学生经常会利用这一点，并根据自身内化的语言知识给汉字加上意符，如：外国留学生会根据竖心旁与心理活动有关的表意特点给"忘记""喜欢"中的"忘"和"喜"加上竖心旁。教学中应有意识地加以辨析。

# 拾贰　部件减少偏误案例

## 一、外国留学生偏误案例

### (一) 减少一级部件

1. 减少意符形成别字。如：

垂（睡）　未（味）　子（好）　州（洲）

羊（样）　采（彩）　监（蓝）　原（愿）

安（案）　古（故）　贯（惯）　正（证）

者（都）　咸（感）　成（城）　原（愿）

宜（谊）　保（堡）

2. 减少意符形成错字。如：

卩（节）　㐬（流）　耤（籍）

### (二) 减少二级以上部件

锻（锻）　帮（帮）　晡（瞒）　懂（懂）

趄（趣）　㡊（常）　芑（苍）　炿（热）

翱（翻）

## 二、偏误规律与教学建议

1. 留学生减少一级部件多表现为减少意符。其结果可能形成别字，如："睡—垂、味—未、洲—州"等；也可能形成错字，如：遗漏"藉""节"中的草字头。减少声符的情况相对较少，如：遗漏"筷"下方的"快"，"起"中的"己"等。

2. 对于由多个部件在不同层次上组合而成的汉字，留学生容易遗漏二级以上部件，其中以右上方部件的遗漏最为常见，如：遗漏"懂"右上方的草字头，"锻"右上方的"几"等。

总的来说，部件减少偏误多产生于汉字学习的基础阶段，此时学生对汉字形体认识尚浅，难以建立牢固的汉字形、音、义联系。但是，随着学习阶段的提升和书写练习的增加，该类偏误的出现频率会降低。

# 拾叁　部件变形偏误案例

## 一、外国留学生偏误案例

### (一) 化直为曲

1. 将"口"写成"O"。如：

　　哭（哭）　　可（可）　　句（句）

2. 将"皿"写成躺倒的"B"。如：

　　蓝（蓝）　　盒（盒）　　盆（盆）

### (二) 字母替代

1. 把言字旁写成手写体字母"j"。如：

　　语（语）　　说（说）

2. 把竹字头写成两个拉丁字母"K"。如：

　　笔（笔）　　笨（笨）　　笑（笑）

3. 把耳刀旁写成希腊字母"β"或拉丁字母"P"。如：

　　邻（邻）　　邮（邮）　　队（队）　　邮（邮）

## 二、偏误规律与教学建议

1. 拼音文字背景的留学生多习惯于其母语文字曲线居多的书写方式，往往容易化直为曲，形成部件变形。这类常见的汉字有："哭、可、蓝、盒"等，学生常将"口"写成"O"，将"皿"写成躺倒的"B"。教学中要向学生说明汉字是以直线为笔画特征的，避免将笔画变形。

2. 在初级阶段，外国留学生，特别是母语为拼音文字的留学生，常常会用母语字母代替相似汉字部件。这类常见的汉字有："语、笑、邻、队"等。要注意的是，学生常把言字旁写成"j"，竹字头写成两个拉丁字母"K"，耳刀旁写成希腊字母"β"或拉丁字母"P"。教学中应区分汉字的部件和与之相似的拉丁字母。

# 拾肆　部件变位偏误案例

## 一、外国留学生偏误案例

### (一) 上下变位

告（星）　昱（音）　杏（呆）

### (二) 左右变位

1. 部件由非常规位置转向常规位置。如：

   朙（明）　朞（期）　咊（和）　哫（知）

   （注："部件"月""口"由不常规的位置"右边"移至常规位置"左边"）

2. 部件由常规位置转向非常规位置。如：

   頂（顶）　彡頁（须）　令頁（领）

   （注：受部件"丁、彡、令"经常占据"右边"位置的影响，"页"由常规的位置"右边"移至非常规位置"左边"）

3. 部件在汉字中左右位置的概率相当。如：

   阝那（那）　阝由（邮）　郒（院）

   （注：部件"阝"（阜、邑）用于左边构字与用于右边构字的频率相差无几）

## 二、偏误规律与教学建议

### (一) 上下变位

对于上下结构的汉字，初级阶段的学生记不清楚部件的位置，出现上下部件错位。这类常见的汉字有："星、音、杏"等。教学中应加强学生对上下结构汉字位置的记忆，避免出现上下错位。

## (二) 左右变位

1. 部件的左右变位与部件在构字时所占据的位置密切相关。部件往往从不常占据的位置移至部件通常所占据的位置，形成左右变位。如："胡、朝、加、知"之类汉字中的"月""口"就常常被置于左边。教学中应针对这些部件位置特殊的少数汉字进行单个教学。教学中需要具体说明部件的常规位置和非常规位置。可以先将部件的常规位置教给学生，再将非常规位置的特例一个一个地教给学生，这样也许可以避免系统压力所引起的泛化。

2. 对于可以在不同的部位出现，且构字概率相当的部件，外国留学生常常无法记忆其确切位置，因而镜像偏误时有发生，常见易错汉字有："那、邮、院"等。

3. 左右变位如同在镜子中看某个汉字，因此一般称为镜像变位。镜像变位时有发生，反映出外国留学生相对缺乏部位意识。在学习汉字的初始阶段，他们往往认为汉字是无序、随意的图画，因此应该加强学生的部件意识。

(颜明、汪磊、张艺凡、肖文琦、顾娟、钟亚　执笔)

# 第三编 汉语词汇偏误案例

- **零** 现代汉语词汇概说
- **壹** 词缀偏误案例
- **贰** 复合词偏误案例
- **叁** 缩略语偏误案例
- **肆** 同素逆序词偏误案例
- **伍** 近义易混淆词偏误案例
- **陆** 同素同义易混淆词"帮""帮助""帮忙"偏误案例
- **柒** 同素同义易混淆词"变""变化""改变"偏误案例
- **捌** 同素同义易混淆词"考""考试"偏误案例
- **玖** 同素同义易混淆词"忘""忘记"偏误案例
- **拾** 同素同义易混淆词"互""相"与"互相（相互）"偏误案例
- **拾壹** 易混淆词"有点儿"和"一点儿"偏误案例
- **拾贰** 易混淆代词"每"和"各"偏误案例
- **拾叁** 其他易混淆词偏误案例
- **拾肆** 熟语之惯用语、成语偏误案例

# 零　现代汉语词汇概说

词汇，是指一种语言里所有的或特定范围的词和固定短语的总和。它是语言的建筑材料，如同用建筑材料造房子一样，一个一个词语按照一定的语法规则造出各种句子进行交际。一个人的词汇量越丰富，其语言表现力也越强。

词汇的主体是成千上万的词，词是句中能够独立运用的最小的语言单位，而语素是构成词的最小单位，在词中表示基本意义的语素是词根，加在词根上面表示附加意义的语素是词缀。词汇中除了词之外，还有一部分是"语"，即固定短语，包括熟语和专用短语两类。固定短语是词与词的固定组合，在长期使用过程中形成了相对完整的意义，在实际使用时的作用相当于一个词。因此，词汇有时候也叫"语汇"。

现代汉语的语素以单音节为主，单音节语素是汉语语素的基本形式，具有很强的构词能力。词以多音节为主，尤其是双音节词居多；词语有明显的双音节化趋势；合成词的内部构造与短语的构造大体一致。

作为一种语言符号，词表示的是某种事物和现象。而词义所表达的内容是人们对词所表示的事物、现象、关系（包括语法关系）等的概括认识。对于实词来说，主要分为理性义和一些附着在理性义上面的色彩义。语言中每一个词都有一定的意义。有的词只表示一个意义，即单义词；有的词具有两个或两个以上互有联系而又互不相同的意义，即多义词。多义词中的几个意义，有的是基本意义，有的是派生意义。

与语音和语法相比，词汇是语言中很活跃的要素，经常发生变化，是一个开放的动态系统。词汇系统是反映社会变化最敏感的语言单位，由于社会的不断变化，新事物的产生和新概念的出现，词汇系统为了完成社会交际功能，必然调整原有的状况，适应社会发展的需要，同时也反映了人们对客观世界认识的广度和深度。词汇的这种发展变化主要表现在三个方面：新词的产生、旧词的消亡和词义的演变。因此在词语的使用中难免会出现分歧现象，所以为实现正常的语言交际功能，有必要规范词语的创造和使用。

（乔俊　执笔）

# 壹 词缀偏误案例

## 一、词缀的界定

词缀，也叫语缀，或词的附加成分。它是现代汉语中最小，也是最具争议的语法单位。但是因为词缀具有位置的固定性和构词的能产性，因此在对外汉语词汇教学过程中有一定的意义。有专家认为有些词可以通过词缀的派生规则成批地学习，同时，适当提前某些词缀的等级序列有利于学习者用类推的方法批量地习得由词缀或类词缀构成的派生词。

## 二、派生词结构及词缀类型

### （一）附加式派生词的结构：

1. 前缀＋词根：老王、小李、非原住民；
2. 词根＋后缀：桌子、馒头、创造性。

### （二）词缀类型

目前学界对于典型词缀的界定仍然存在一定的争议，结合学界公认的观点与留学生教材、教学大纲的描述，我们将典型词缀确定为：

1. 前缀：初、第、老、阿；
   类前缀：小、反、非、无、准。
2. 后缀：子、儿、家、然、头；
   类后缀：们、化、性、学、员、度、件、式、物、长、者、感、界、具、力、率、迷、品、热、手、星、型。

### （三）主要词缀的构词规则：

1. 初～：
   "初＋基数词"。表示农历日期，如："初一、初二"。

2. 第~：

"第＋基数词"。构成序数词，如："第一、第二"。

3. 阿~：

(1) "阿＋排行/小名/姓氏"。如："阿三、阿斗、阿唐"。

(2) "阿＋亲属"。如：普通话中的"阿姨"，方言中的"阿爸、阿妈、阿哥、阿伯"。

4. 老~：

(1) "老＋姓氏"。如："老王、老张"。

(2) "老＋数词（表排行）"。如："老三、老五"。

(3) "老＋动物名称"。如："老虎、老鼠"。

(4) "老＋亲属"。如："老婆、老公"。

(5) "老＋领导职位"。如："老板、老总"。

5. ~子：

构成名词或数量词。构成的名词性词语一般指称日常器具、食品、事物、有某种生理特征的人或亲属等。

(1) 名＋子。如："桌子、饺子、嫂子"。

(2) 量＋子。如："本子、份子、团子"。

(3) 形＋子。如："胖子、黑子、乱子"。

(4) 动＋子。如："梳子、剪子、骗子"。

构成数量词：数（一般是"一"）＋量＋子。如："一辈子、两口子、一下子"。

6. ~儿：

构成名词，读时与前面合成一个音节，叫作"儿化"，有时候在书面上不写出来。

(1) 名＋儿。指事物或动物小，有可爱的意味。如："兔儿、帽儿、球儿"。

(2) 名＋儿。增加口语色彩。如："手绢儿、味儿、瓜子儿"。

(3) 动＋儿。词性变化，变成名词。如："托儿、盖儿（动词名词化）"。

(4) 少数动词的后缀。如："纳闷儿、走后门儿、干活儿"。

7. ~头：

构成名词或方位词。

(1) 名＋头。构成的词指称离散化的事物，往往体积较小。如："馒头、石头、木头"。

(2) 动/形＋头。表示抽象的事物，可以儿化。如："念头（儿）、甜头（儿）、准头（儿）"。

(3) 有些动词加"头"构成抽象名词，表示有做该动作的价值，一律儿化。如："吃头儿、看头儿、想头儿"。

(4) 方位＋头。构成方位词，表示某个方向位置。如："上头、前头、外头"。

## 三、外国留学生偏误案例

### (一) 词缀的误加

词缀的误加是指留学生在构词过程中，由于不理解词缀的内涵或者过度泛化使用词缀，以致于出现错误添加词缀的情况。这种情况在典型词缀和类词缀的构词过程中都很常见。简言之，词缀的误加就是在构词过程中，不该用词缀却添加了词缀，因而出现了词不成词的状况。在发现的误加词缀的偏误中，误加前缀的偏误例子很少，大部分是误加后缀。

1. 误加前缀"第"。如：

(1) ＊我哥哥那时已经上了小学第一年级……

(2) ＊在大学第三年级时参加了一个全国广告设计比赛并获得了亚军。

(3) ＊在第21世纪里，我们已经离开保守的、落后的社会。

(4) ＊因为第一方面我从来没去过那个城市。

2. 误加后缀"子"。如：

(5) ＊有很多事和词子我都不明白，可是知道他是从黑龙江来办事的。

(6) ＊9：00多我才能吃早饭后，洗碗子。

（7）*他的背子驼了，头秃了。

（8）*所以晚辈子们尊敬长辈子，长辈子管教晚辈子，而两代人之间过得比较和睦。

（9）*我帮的是一间华人店子卖唐人快餐。

3. 误加后缀"儿"。如：

（10）*那儿怎么一样呢？

（11）*这儿可以说一种独立型的状态。

（12）*这儿说明孩子是先模仿父母亲的行为而学习。

4. 误加后缀"们"。如：

（13）*所以我马上给您们写信。

（14）*因为我从小就跟父母们到处旅游……

（15）*从这一篇文章里的三个和尚的行为，我们可以看到的是一种"懒人们的心态"。

5. 误加类后缀"感"。如：

（16）*学习的时候儿应该有兴趣感，才不会感到闷。

（17）*很想表示我们的感谢感。

（18）*我认为人如果在太安静的地方，那个人会感觉到不安感、恐怖感和不满感。

6. 其他后缀的误加。如：

（19）*这个成功不是得了名誉而收到很多钱，是成为一个好人家。

（20）*比如，在街头上禁止随便发出汽车喇叭声。

（21）*因为人口这么大大地增加，对我们的食物品需要也越来越多了。

（22）*在人们还没发明化肥、农药物的时候，根本就没有"绿色食品"这个名字。

（23）*这都是因日益提高的禁烟的意识度而产生的。

（24）*所以我和他之间没有个人性的关系。

**（二）词缀的遗漏**

词缀的遗漏，是指留学生在使用由"词根＋词缀"构成的词语的过程中遗漏了词缀的部分。出现这种现象的原因可能是因为学生没有完整地记忆整词,或者对词义尚未虚化的词缀的意义掌握得不够扎实,因而在使用过程中遗忘了词缀,出现了该用词缀而未用的情况。在发现的词缀遗漏的偏误中,前缀遗漏的偏误例子很少,大部分是后缀的遗漏。

1. 前缀"第"的遗漏。如:

(25) \*两个人听到∧一个和尚的话,非常满意地说,你的主意真不错。

(26) \*这∧二点,自然的水,不那么容易枯竭。

(27) \*他们这样开始后,∧二三个星期很顺利,但是过了一个月后第三个和尚每次每次这样有点儿麻烦。

(28) \*大部分的国家的孩子学到的∧一句话就是"妈妈",然后学"爸爸"。

(29) \*而他们的父母是他们的∧一任老师,是他们最早的老师。

2. 后缀"者"的遗漏。如:

(30) \*俗话说:"有志∧事竟成。"

(31) \*我是个现实主义∧。

(32) \*吸烟现在不只是抽烟∧个人的问题。

(33) \*不仅对吸烟者的健康有害,而且对被动吸烟∧也有害。

(34) \*或许有人会说我是歌星的痴迷∧,但我自己并不这么认为。

3. 后缀"率"的遗漏。如:

(35) \*它把很多病的发病∧大大增加了几倍。

(36) \*而且青少年的犯罪∧也降低了。

4. 其他后缀的遗漏。如:

(37) \*尤其是烟这个东西虽然给人们带来了新鲜∧,但是对健康特有坏处。(感)

(38) \*这是药∧疗法。(物)

(39) \*我每次逛街时,都携带一个很小的便携∧烟缸。(式)

(40) \*因为当推销∧的经历不短,长达两年左右,所以我已熟悉最好的销售方法。(员)

(41) \*吸烟的人的生命会短十几年,患心脏病的可能∧较大等等。(性)

## (三) 词缀的误代

很多词缀在意义虚化的过程中有很多近义词缀的出现，比如表示人的词缀就有"家、者、员"等。"家"指在某一领域掌握了专门的知识或从事专门活动并具有一定影响力的人，具有表敬色彩，在人称词缀中层级最高。"者"表示有某种信仰，从事某种工作或具有某种特性的人。"员"表示某集体中的成员或从事某种职业、担任某种职务的人。当留学生在选择词缀时，由于无法正确区分近义词缀之间的差异，在选用词缀构词的过程中出现了该用这个词缀而误用了另一个词缀的现象。从发现的词缀误代偏误来看，前缀的误代偏误很少，大部分是后缀的误代偏误。

1. 前缀的误代。如：

(42) *这初一年的留学生活，干什么对我来说，都刺激、有意义、相当有新鲜感。(第)

2. 后缀的误代。如：

(43) *我爸……自己一个人独立生活到现在已成为一个有名的生意者。(人)

(44) *这两个对立者问题如何解决呢？(性)

(45) *为了满足未成年者的好奇心，从心理上等方面考虑教育的问题也是教育者的一大课题。(人)

(46) *这样，中国农民的劳动生产性提高了。(率)

(47) *如今世界上有非常多的爱烟家和吸烟家。(者，者)

## (四) 利用词缀生造词语

利用词缀生造词语是词缀偏误中不可忽视的一种现象。留学生在掌握了一部分词缀构词的规则之后，运用有限的词缀知识结合已有的词汇进行构词；但是大部分情况下，留学生只是理解了词缀本身的含义，却没有注意其搭配对象的规律，从而导致构词出现偏误。如：

(48) *他很想跟着一著名的法律家搞法律方面的工作。(法律工作者)

(49) *他们的父母大概也在那儿，和别的部队员一起做梦。(军人)

(50) *我喜欢照相，我是一个拍迷。(摄影迷)

（51）*随着人们生活水平的发展，每个人都对"绿色食品"的关心率越来越高。（关注度）

（52）*只要它的节率轻快，容易唱就行了。（节律）

（53）*有人说使用化肥和农药，更提高产量力，挽救世界挨饿的饥饿的人。（生产力）

## 四、偏误规律与教学建议

在对外汉语词汇教学中，很多教材并没有专门讲解词缀知识，而教师也是在学生掌握了一定量的派生词之后，才引入词缀的概念以及相关知识。这使得留学生在习得词缀的时间和程度上都不足以支撑他们正确构词。

一般认为，留学生在使用词缀进行构词的过程中是受到了目的语词缀构词规则泛化及母语负迁移的影响。在一定程度上确实是由于留学生对目的语规则的一知半解，导致留学生在使用目的语规则时出现偏误。但从另外一个角度来说，欧美国家的留学生由于受到母语派生词缀构词规则的影响，习惯使用母语的构词方式来学习汉语的词汇。因此教师在教授这样的词汇时更应该强调汉语构词规则与英语构词规则的异同。

另外，从偏误出现的规律来看，典型词缀由于意义虚化的程度比较高，因此与词根的结合较紧密，所以容易让留学生形成整词记忆的概念。类词缀由于虚化程度不高，有的甚至依然能够单独成词，因此留学生在用类词缀进行构词的过程中容易仅凭借其本义，泛化其本义的适用范围，从而扩大其构词范围。

词缀教学并不能在所有派生词学习完毕之后作为总结性的教学来展开。开展词缀教学，应该运用连锁式方法，对意义接近，具备不同构词能力的词缀进行整体教学，以帮助留学生更好地记忆。

另一方面，在进行词缀教学时，不仅要关注词缀虚化之前的意义及其作为词缀时的意义，更应该关注其搭配规则。能够与词缀进行搭配的词究竟有哪些特点，有什么语义上的限制，也应该是教师和研究者关注的主要内容。

（张琼　执笔）

# 贰 复合词偏误案例

## 一、复合词的定义和类型

复合词是指由词根和词根组合而成的词。复合词的构词方式是复合，即把两个或两个以上的词根成分组合成词的构词方式。

复合词主要有以下几种类型：

### (一) 偏正式

在偏正式复合词的结构中，前一个词根修饰、限制后一个词根，整个词义以后一个词根为主，前一个词根为辅，因此一般把后一个词根称作中心语素，前一个词根称作修饰语素。根据中心语素和修饰语素的词性，偏正式复合词可以分为以下几类：

1. 中心语素是名词性的。如：
   N＋N：火车　课桌　壁画　羊肉
   V＋N：存款　烤鸭　飞机　活期
   ADJ＋N：暖壶　广场　新房　干果
2. 中心语素是动词性的。如：
   N＋V：笔谈　春耕　苏绣　空投
   V＋V：游击　筛选　腾飞　回忆
   ADJ＋V：新闻　微笑　难听　小说
3. 中心语素是形容词性的。如：
   N＋ADJ：雪白　笔直　火红　葱绿
   V＋ADJ：飞快　扎实　逼真　刻苦
   ADJ＋ADJ：狂热　鲜红　微妙　粉红

### (二) 联合式

联合式复合词由两个意义相近、相关或相反的语素并列组合而成。如：
眉目　泥土　口舌　骨肉　选择　斗争

本末　反正　开关　深浅　高低　长短

### (三) 述宾式

在述宾式的复合词结构中，前后两个词根之间的关系是支配和被支配的关系。前一语素表示动作、行为，后一语素表示动作、行为支配的对象。如：

带头　播音　动员　挂钩　逼真　照旧　美容　满意

### (四) 述补式

在述补式的复合词结构中，后面一个词根作为一种结果状态补充说明前面一个动词性词根。如：

削弱　改正　扩大　降低　推动　推翻　打倒　说服

### (五) 主谓式

在主谓式的复合词结构中，前后词根是陈述和被陈述的关系。如：

地震　霜降　胆怯　雪崩　口红　性急　肉麻　年轻

## 二、外国留学生偏误案例

外国留学生在学习汉语词汇的过程中，有时候会生成汉语中没有的词语。这些词语一般是复合词，其中又以偏正式复合词居多，占了留学生复合词构词偏误的大部分。至于联合式、述宾式、述补式、主谓式方面的偏误则出现很少，有些几乎没有出现。因此，这里以分析偏正式复合词方面的偏误为主。其他构词类型的偏误主要是词语内部语素错序造成的。

由于偏正式复合词由中心语素和修饰语素两部分组成，根据这两部分的偏误将偏正式复合词分为中心语素偏误、修饰语素偏误，以及修饰语素与中心语素错序偏误三个方面。

### (一) 中心语素偏误

中心语素偏误有误代、遗漏两种。

1. 误代

偏正式复合词的中心语素被其他的语素所替代。如：

(1) *已经学期的中边已经到了，我不知道时间怎么会跑得那么快。(中间)

(2) *现在一般的一个妇女的工资低，力量少，反且照料老人，她一个人负担过重。(反而)

(3) *吃了午饭我们坐了半个小时的车去看冬游者。(冬泳)

(4) *有的人可能对你记了错误或者提出了坏意见，如果你的学问和品道没到一定的程度你就无法原谅他们。(品德)

2. 遗漏

偏误复合词与正确复合词相比缺少某个语素。如：

(5) *火车离开了上海，凭列车∧刻表我应该明天四点钟左右到达北京站。(时)

### (二) 修饰语素偏误

修饰语素偏误有误代、遗漏、误加三种表现。

1. 误代

偏正式复合词的修饰语素被其他的语素所替代。如：

(6) *海水很干净，演开着鲜艳的花。(盛)

(7) *我们的想法有不少的共有点。(同)

(8) *正好旁边儿有一个小买部，在那儿卖包子。(卖)

2. 遗漏

偏误复合词与正确复合词相比缺少修饰的某个语素。如：

(9) *我就很客气的向老板得到允许以后就拍了他站在饭店的门口烤羊∧串的布景。(肉)

3. 误加

偏误复合词与正确复合词相比，误加了某个修饰语素，使得双音节复合词变成了三音节复合词。如：

(10) *我没有念武艾英连夜替我起草的祝贺词，而是按老牛筋的意思讲的……

(11) *那里有一个跳舞会，在电视室举行。一个日本学生带来了录音机，别的学生们带来了磁带。

（12）＊在中国我认识一位朋友，他是中国人，当一名京剧的<u>表演员</u>。

### （三）修饰语素与中心语素相互错序的偏误

修饰语素和中心语素错序而形成的偏误。如：

（13）＊<u>馆饭</u>的菜这么贵。（饭馆）
（14）＊打开<u>本课</u>到20页。（课本）
（15）＊老师在<u>板黑</u>上写字。（黑板）

### （四）其他构词类型的偏误

复合词其他结构类型的偏误主要是联合式复合词语素的错序。也许是由于联合式复合词内部语素意义相同或相近，所以学习者在识记中容易发生语素颠倒错序。如：

（16）＊我们<u>续继</u>吃饭吧。（继续）
（17）＊吃完饭我们放好<u>椅桌</u>。（桌椅）
（18）＊我想念<u>乡家</u>的亲人们。（家乡）

## 三、偏误规律与教学建议

外国学生在复合词构造方面出现的偏误以偏正式复合词居多，占了复合词构造偏误的大部分；相对而言，联合式、述宾式、述补式、主谓式复合词的偏误则很少出现，有的甚至没有出现。偏正式复合词按照构成语素又分为中心语素偏误，修饰语素偏误和修饰语素、中心语素错序偏误三类。外国学生在中心语素、修饰语素方面的偏误较多，其中有些错用的中心语素与正确的中心语素共同构成一个常用词，例如"冬游（冬泳）"中的"游"和"泳"构成"游泳"，"反且（反而）"中的"且"和"而"构成"而且"，"品道（品德）"中的"道"和"德"构成"道德"等，这可能是学生在提取时错误地提取了某个语素而造成的误代。

教师在复合词构造的教学中应该把教学的重点放在偏正式复合词的教学上，重点讲解偏正式的类型，修饰语素和中心语素的正确搭配。此外还要注意在教授复合词时要正确示范、正确讲解，帮助学生准确记忆，对于记忆错误的词语要及时更正，避免形成"化石化"的现象，而出现"冬游"之类的词。对于复合词的联合式、述宾式、述补式、主谓式则要选择典型的例子讲解。从学生的偏误来看，这几种复合词出现的偏误很少，可见其教学难度相对于偏正式复合词较低，可以花费较少的精力让学生尽快掌握。由于其难度较低，教师可以先教这几种形式，但由于偏正式复合词在日常生活中使用频率较高，可以在开始的时候教一些简单的偏正式复合词，然后逐步加大难度，做到循序渐进。

（崔金叶　执笔）

# 叁 缩略语偏误案例

## 一、缩略语的界定

缩略语是现代汉语词汇的重要组成部分,是语流中使用频率较高的一些固定形式的多音词或短语。缩略语是在整体意义不变的前提下,出于表达简便的需要,截取短语中的部分成分缩略成一个简约的新形式来代表原形式的话语基本使用单位。缩略语的使用是不断创造新词、丰富现代汉语词汇的一个重要途径,对语言表达的简便经济、提高语言交际的效率具有积极的作用。

## 二、缩略语的类型

从构成方式看,缩略语大体可以分为分段提取、截段节除、省同存异、数词概括、综合简缩等几种形式。

### (一) 分段提取式简缩

分段提取指的是将词语的原形式分段,每段提取一个有代表性的语素来指代全称的简缩方法。此类方法在缩略语中所占比例最高,根据提取的语素位置不同可分为以下几个小类:

1. 提取每一段成分的第一个语素。如:
   父亲母亲—父母　初级中学—初中　家庭教师/家庭教育—家教
   地下铁道—地铁　超级市场—超市　科学技术—科技
   环境保护—环保　研究制造—研制　立体交叉桥—立交桥
2. 提取每段成分的末尾语素。如:
   威胁强迫—胁迫　丰富充足—富足　声音图像—音像
   电影明星—影星　电影电视—影视　教师学生—师生
3. 提取前段成分的第一语素和后段成分的末尾语素。如:
   高等学校—高校　空中小姐—空姐　互相帮助—互助
   自己料理—自理　简单履历—简历　扫除文盲—扫盲

4. 提取前段成分的末尾语素和后段成分的第一语素。如：

表演技巧—演技　　治疗效果—疗效　　对外贸易—外贸
准备战争—备战　　调查处理—查处　　人民警察—民警

## (二) 截段节除式简缩

截段节除式简缩即把原短语中某些成分整节略去，只保留最有区别性特征的成分。如：

个体经营户—个体户　　出租汽车—出租　　电视机—电视
飞机场—机场　　　　　清华大学—清华　　电冰箱—冰箱

## (三) 省同存异式简缩

省同存异，顾名思义即省略词语中相同的成分，保留不同成分。如：

青年少年—青少年　　中学小学—中小学　　理科工科—理工科
节日假日—节假日　　原料材料—原材料　　海内海外—海内外
进口出口—进出口　　东方西方—东西方　　祖父祖母—祖父母

## (四) 数词概括式简缩

数词概括是用数词概括一串并列结构的项数，再将共同语素提取出来，组成"数词+共同语素"的简缩方法。如：

父亲母亲—双亲　　　　　　　包修、包换、包退—三包
陆军、海军、空军—三军　　　春季、夏季、秋季、冬季—四季
身体好、工作好、学习好—三好
有理想、有道德、有文化、有纪律—四有
工业现代化、农业现代化、科学技术现代化、国防现代化—四个现代化/四化

## (五) 综合式简缩

有时候单纯使用分段提取法或截段节除法简缩后的词语仍然比较长，不能达到经济适用的效果，这时就得综合使用上述多种方法。此类缩略语大多是某些领域的专用词汇。如：

奥林匹克运动会—奥运会　　　联合国安全理事会—安理会
中国共产主义青年团—共青团　　特别便宜的价格—特价

## 三、外国留学生偏误案例

尽管缩略语的简略方式很多，且具有简洁方便、提高交际效率的功能，但这并不意味着它是个完全开放的系统。人们在交际中不能随意地使用和创造缩略语。缩略语的出现符合语言经济学原理——利用尽可能少的单位表达尽可能多的含义，但这是在不影响表义明确的前提下。缩略语的创造和使用需注意以下原则：缩略形式与原词语具有等义性；简缩以后的词语与其他词语具有区别性；原词语确实常用且形式复杂，有为其创造简缩形式的必要；该词语为使用该语言的大多数人所普遍采用，逐渐定型，向词凝结、过渡。

所以说，缩略语不完全具有类推性，只有适应社会交际需要，才能为人们所接受；一旦具有了约定俗成的形式，便不易改动。外国学生在不了解以上这些特点的情况下，在使用缩略语时很容易产生这样或那样的偏误。

分段提取是词语简缩时使用最多的方法，通过检索语料可以发现，学生在使用缩略语时产生的偏误多集中在分段提取式缩略语上，而在截段节除式简缩、省同存异式简缩、数词概括式简缩、综合式简缩几类中只发现零星的偏误用例；因此下文主要根据使用中出现偏误的情况进行分类，分为简缩语素选择有误、不该简缩而简缩、该简缩而未简缩、简缩语素顺序有误等几个方面。

### （一）简缩语素选择有误

该偏误是留学生掌握了该类简缩的规则，懂得将词语的原形式分段，每段提取一个语素来构造新词，但是没有认识到简缩形式约定俗成的特点，在选择语素时出现了偏误。如：

（1）*虽然世界越来越发达，人们的生活越来越丰足，还有些人因为缺少粮食而饿死。（富足）

（2）*我很了解三年前爸爸失职的时候，你们俩为了不影响我的学

习没有告诉我。(失业)

### (二) 不该简缩而简缩

此类偏误是学生泛化了汉语的简缩规则,将其错误地类推到一些汉语中没有简缩形式的词语上,导致了交际中一定程度的表义不明。如:

(3) *他很有语言天赋,可以说英语、汉语、法语、丹语、德语等等很多的语言。(丹麦语)

(4) *我先后去美国、中国学习,努力地学习英语、中语……(汉语)

### (三) 该简缩而未简缩

一些词语由于形式冗长或部分语素没有区别性,经常被人们缩略使用。这样的缩略语使用程度甚至超过了原形式,逐渐凝固和词化,在该使用时却未使用会造成偏误。如:

(5) *这位初中学的文学老师给我的印象简直深刻极了。(初中)

(6) *我有美元,要换日本元。(日元)

### (四) 简缩语素顺序有误

此外,还有一些语素错序的简缩形式偏误。如:

(7) *其实"第一任老师"的责任也可以由除了父母之外的人来承担,比如保姆和"祖母父"。(父母)

## 四、偏误规律与教学建议

通过对偏误用例的检索和总结,可以发现,学生产生偏误最多的是分段提取式缩略语,其他类型的缩略语偏误较少。究其原因,也许是分段提取是词语简缩时使用最多的方法,也是学生所学词汇中出现频率相对较高的简缩形式。其他形式如数词概括、综合式等简缩方式多用在专有名词上,一方面学生在教学中较少接触到,另一方面在学习时直接当作一个词语整体习得了,所以不易产生语素选择、语素顺序等使用偏误。

基于以上分析，对缩略语的教学建议有：

1. 让学生明确缩略语约定俗成的特点，了解只有确实有简缩必要并且为大多数人所普遍采用、逐渐向词凝结过渡的词语才可以简缩。在教学前要先让学生知道哪些词可以简缩、哪些词不可简缩，避免该简缩而未简缩、不该简缩而简缩的偏误。

2. 在对缩略语进行教学时，需要强调正确的简缩语素以及语素的正确顺序，避免学生造成简缩语素选择有误或简缩语素顺序有误等偏误。

3. 在教学中，还可以根据不同情况，有选择地讲解缩略语的原形式及简缩方法，帮助他们更好地掌握缩略语的意义和用法。

（杨奕　执笔）

# 肆 同素逆序词偏误案例

## 一、同素逆序词的界定

同素逆序词是指构词语素相同，但语素顺序互异的成对词语。在汉语中，只有少量词语的语素顺序变化后，在意义和使用上与原词的差别不大，如"代替—替代，喊叫—叫喊"等。受语言经济性原则以及语序是表达汉语语法意义的主要手段的制约，大部分同素逆序词在结构、词性、意义等方面都存在或大或小的差别。在外国学生的汉语词汇学习过程中，同素逆序词因其外形的相似性，往往难以辨认，在使用时存在不同种类的偏误。

## 二、同素逆序词的类型

对同素逆序词进行分类可从结构类型、词性、词义等不同角度入手。从结构角度看，同素逆序词可分为语素组合结构相同和组合结构不同两类；从词性角度，可分为词性相同和词性不同两类；从词义角度，可分为词义相同和词义不同两类。由于结构类型属于构词法的部分，词性属于语法部分，而本书主要涉及的是词语的使用，因此这里主要从词义角度将同素逆序词分为词义相同、词义相关和词义无关三大类。

### （一）词义相同的同素逆序词

随着语言的演变和规范化，一些词语在不同地区、不同时代可能有不同的语素顺序。这样的词语在语言动态发展的过程中，可能同时在现代汉语中留存下来，具有相同、相似的词语意义或义项。在对外汉语教学中可能涉及的此类词语有：

互相—相互　兄弟—弟兄　负担—担负　代替—替代　来往—往来
力气—气力　斗争—争斗　演讲—讲演　路线—线路　喊叫—叫喊
畅通—通畅　式样—样式　存储—储存　寻找—找寻　躲闪—闪躲
察觉—觉察　攀登—登攀　藏躲—躲藏　离别—别离　聚积—积聚

## (二) 词义相关的同素逆序词

词义完全相同的同素逆序词在现代汉语中只占少数,大多数同素逆序词的词义存在一定的差别。尽管一些同素逆序词的词义侧重点不同,但它们在词义上还存在一定的联系。外国学生在学习中接触到的此类同素逆序词有:

| | | | | |
|---|---|---|---|---|
| 产生—生产 | 语言—言语 | 感情—情感 | 面对—对面 | 女儿—儿女 |
| 年青—青年 | 达到—到达 | 实现—现实 | 自私—私自 | 回来—来回 |
| 见面—面见 | 面前—前面 | 水流—流水 | 适合—合适 | 犯罪—罪犯 |
| 心中—中心 | 和平—平和 | 发出—出发 | 前提—提前 | 孙子—子孙 |
| 为难—难为 | 产物—物产 | 色彩—彩色 | 开展—展开 | 连接—接连 |
| 蜜蜂—蜂蜜 | 变质—质变 | 回收—收回 | 光亮—亮光 | 中期—期中 |

## (三) 词义无关的同素逆序词

除上述词义相同或相关的词语以外,一些同素逆序词只是"碰巧"使用了相同的语素,或在词语演变过程中词义发生了较大的分化,它们在词语意义上完全没有联系。此类词语在对外汉语教学中有:

| | | | | |
|---|---|---|---|---|
| 喜欢—欢喜 | 人生—生人 | 愿意—意愿 | 科学—学科 | 度过—过度 |
| 为人—人为 | 人情—情人 | 工人—人工 | 渡过—过渡 | 会议—议会 |
| 动机—机动 | 计算—算计 | 产地—地产 | 来历—历来 | 盲文—文盲 |
| 基地—地基 | 人世—世人 | 音乐—乐音 | 办法—法办 | 称号—号称 |
| 地质—质地 | 万千—千万 | 错过—过错 | 戏说—说戏 | 灵机—机灵 |
| 发挥—挥发 | 明文—文明 | 用功—功用 | 转运—运转 | |

# 三、外国留学生偏误案例

受汉语语内干扰以及母语的负迁移影响,外国学生在使用汉语同素逆序词时会产生一定的偏误。根据上面的分类,词义相同的同素逆序词在使用中可以互相替换,因此不存在偏误现象。外国学生的同素逆序词使用偏误主要表现在词义相关的同素逆序词和词义无关的同素逆序词两方面。

### (一) 词义相关的同素逆序词使用偏误

(1) *在我的国家，我们早上吃蜜蜂涂面包。(蜂蜜)
(2) *同事每天吃他的妻子给他准备的饭盒。(盒饭)
(3) *中国早就已经到达十三亿人口。(达到)
(4) *面对实现，我们该去的方向在哪儿？(现实)
(5) *为了家庭的平和，我们应该解决代沟问题。(和平)
(6) *附近的居民对他出发警告。(发出)
(7) *这是解决压力问题的第一提前。(前提)
(8) *有些孩子的父母在孩子的前面抽烟，对孩子会有不好的影响。(面前)
(9) *如今每个国家都要对面经济发展的问题。(面对)
(10) *下一代的年青们应该孝顺长辈，体谅父母的养育之恩。(青年)
(11) *现在中国人家里都有了色彩电视机。(彩色)
(12) *我想代沟生产的原因在于两代人缺乏沟通。(产生)
(13) *她有两个儿子，一个女儿，工作都很忙……女儿们很少回家吃饭。(儿女)

### (二) 词义无关的同素逆序词使用偏误

(14) *这个寒假我在北京过度。(度过)
(15) *老师说下午有一个议会。(会议)
(16) *我个人很欢喜听音乐。(喜欢)
(17) *妻子晚归并不是一个错过，男人应充分了解这一点。(过错)
(18) *遇到困难要心虚地向老师提问。(虚心)
(19) *夏季两三个月不下雨，所以会工人降雨。(人工)
(20) *父母的一举一动都会被当做孩子人为的榜样。(为人)
(21) *我在生人的一个阶段，也曾生活在著名的古都——北京。(人生)
(22) *今天路上遇到交通故事，公共汽车撞了出租车。(事故)

## 四、偏误规律与教学建议

通过对外国学生同素逆序词的偏误分析发现，不管是意义相关还是意义无关的同素逆序词，在第二语言习得过程中都存在不少偏误，这说明学生在学习和记忆词形相似的词语时仍存在一定的困难，对汉语的构词规则和词语语序的重要性也缺乏必要的认识。对此，教师在教学中应当注意以下几点：

首先，要对意义不同的同素逆序词进行对比与分析，让学生意识到一些成对的同素逆序词在意义和用法上存在不同之处。在引进新词时，要注意旧词的复现及与旧词的对比，并且进行阶段性的比较与归纳。

其次，将语素教学与整词教学相结合，在教授词语时，不仅讲解词语的意义与用法，而且适当引入构词语素的教学，让学生意识到语素在词语中的含义与作用。

最后，结合语法教学，对构词法进行适当讲解，培养学生的语序意识，从而使学生可以自主辨析一些同素逆序词。

（杨奕　执笔）

# 伍 近义易混淆词偏误案例

## 一、近义易混淆词的界定

近义易混淆词，从汉语本体的角度出发，即近义词，是指意义（包括理性意义、色彩意义等）和用法相同或相近的两个或更多的词；从学习者角度出发，是指造成学习者混用的意义相同或相近的词语。近义词是一种语言活泼多彩、词汇系统丰富发达的标志，具有表义精确、突出强调、使语言富于变化美的作用。汉语作为世界上最古老的语言之一，必然积累了丰富的词汇来精确表达不同的事物或相同事物的不同方面。受语言经济性原则的制约，近义词之间往往在意义或用法上存在一定的差别，在不恰当的语境下换用近义词会造成一定的偏误。随着外国学生汉语水平的提高和词汇量的增加，近义词辨析必然会逐渐成为他们汉语学习过程中的一道"难关"。

这里主要探讨易混淆的近义词。对近义词的辨析主要从意义和用法两方面进行，其中意义方面主要从理性意义的差别和色彩意义的差别两方面入手，用法方面又分为词性的差别和组合搭配的差别。

## 二、近义易混淆词的辨析与外国留学生偏误案例

### （一）意义方面

1. 近义词意义辨析

近义词，顾名思义即词汇意义相近的词语。区分近义词的异同首先应从词语的意义方面加以比较，找出同中之异，这是学生准确理解和正确使用近义词的前提。

A. 理性意义的差异

理性意义表现的是事物的客观特征，是词义成分的基础。一些词语的理性意义虽然相似，但是在词义侧重点、词义轻重、词义适用范围和词义的具体与抽象等方面存在差别，这些都容易导致学生混用，产生词

语使用偏误。

B. 色彩意义的差异

色彩意义是词语的附属义,一般来说分为感情色彩和语体色彩两方面。汉语有些近义词在理性意义上区别不大,但是在感情和语体方面的细微差别往往会让学生在具体的词语使用中闹笑话。近义词在感情色彩方面的差别表现为褒义词、贬义词和中性词的不同,在语体方面的差别表现为书面语体和口头语体的不同。需要注意的是,汉语成对的近义词中,单音节词多半是口语词,而与它相应的双音节词则多是书面语词。

2. 近义词意义使用偏误

A. 理性意义偏误

a. 词义侧重点偏误

词义侧重点偏误是外国学生的近义词理性义偏误中所占比例最高的一种情况,它指的是意义有重合的两个词语表达的对象或强调的方面有所不同。如:

(1) *基督教的人认为上帝制造了地球和人。(创造)

(2) *偶尔看到贵公司的招聘启事,我希望八月份在贵公司当导游。(偶然)

(3) *我们长大以后,妈妈可以轻松一些,但她却再开始工作。(又)

(4) *我希望往往去很多地方旅行。(常常)

(5) *我告诉我妈妈明年我没回国,她很难过。(不)

(6) *他考试得到第一名的成果。(成绩)

b. 词义轻重偏误

词义轻重偏误即近义词表达的程度深浅上存在差别。外国学生的词义轻重偏误大多数是将词义程度较重的词用在语义较轻的语境中,造成了词义偏重。如:

(7) *我觉得我的父亲是个优异的医生。(优秀)

(8) *谁都不希望因为自己不努力让父母绝望。(失望)

(9) *有同学上课经常迟到,结果被老师批判了一通。(批评)

(10) *我睡觉时候我的同屋放音乐,所以我非常愤怒。(生气)

(11) *这双鞋只是旧了,但还能穿,扔了真是遗憾。(可惜)

(12) *大家都渴望老师今天不留作业。(希望)

c. 词义适用范围偏误

一些词语的含义涉及范围的大小。将范围较大的词用在较小的语境中，或与之相反，都不合适。如：

(13) *放假的时候我休息到早晨十点才起床。(早上/上午)

(14) *这场历史上有名的战斗打了四年才结束。(战争)

(15) *我们应该保护地球上所有动物的性命。(生命)

d. 词义具体与抽象偏误

即使是形容相同或相近事物的词语有时候也有具体与抽象的区别，有的指的是明确可见的事物本身，有的是抽象概括出来的笼统概念，一些学生在不了解词义基本义的时候，会出现此类偏误。如：

(16) *我家一共有两辆车辆，一辆爸爸上班时候开，一辆全家一起用。(车)

(17) *财产很重要，但是健康对人们更重要。(财富)

(18) *您的好意我不能接收。(接受)

(19) *大学时，一个老师常常问我们的奋斗目的是什么。(目标)

B. 色彩意义偏误

a. 感情色彩偏误

词语的感情色彩分为褒义、贬义和中性三种，外国学生易犯的偏误类型有褒词贬用、贬词褒用或赋予中性词褒贬义色彩。如：

(20) *这里的环境和空气得到了污染。(遭到)

(21) *我很羡慕他做决定时武断的态度。(果断)

(22) *我们希望有关部门干涉这件事。(干预)

b. 语体色彩偏误

任何语言的语体都有书面语与口语的差别。书面语是人们在书写和阅读文章时所使用的语言，比较文雅、正式；口语体只在口头语言中使用，词语更加随意、活泼。需要注意的是，汉语成对的近义词中，单音节词多半是口语词，而与它意思相近的双音节词则多是书面语词。外国学生常常在一些正式的语境中使用过于随意通俗的词语，而造成语体色彩的偏误。如：

(23) *我的爷爷死了，我很伤心。(去世)

(24) *人无完人，每个人或多或少都会有一些毛病。（缺点）
(25) *人的一生很短，我们每天都应该快活地生活。（快乐）
(26) *男子汉应该大胆地面对挑战。（勇敢）
(27) *通过看各种文学作品，我可以吸取知识。（阅读）

### (二) 用法方面

1. 近义词用法辨析

除了从词义方面考察近义词之外，在辨析近义词时还应注意词语在用法方面的差异。近义词的用法差别主要表现为词性的不同和组合搭配的不同两方面。词性不同，在句中能充当的句法成分也不尽相同，因此区分近义词的词性和语法功能也是近义词辨析必须重视的一个方面。除此以外，教学过程还应结合词语出现的语境对不同词语的搭配对象进行辨析，这样也可以帮助学生迅速建立起词语搭配网络，全面提高学生运用近义词进行交际的能力。

2. 近义词用法偏误

A. 词性及句法功能偏误

一些汉语的近义词，虽含义极其相近，但词性不同，在句中能充当的句法成分也就不尽相同。许多学生在使用汉语近义词时会产生词性及句法功能方面的偏误。如：

(28) *刚一个老人向我问路，我说"我不是中国人，不知道怎么走"。（刚才/刚刚）
(29) *这件事发生得太忽然了。（突然）
(30) *每天吃饭喝水要花钱，学习用品和衣服但不是每天要买啊。（却）
(31) *我对于他有一些话要说。（对）

B. 组合搭配偏误

汉语近义词的使用偏误还体现在词语与句中其他词的组合搭配上，一些词语的意思相近，词性、用法也类似，但描述的对象不同，与之搭配的词语也不同。

(32) *我喜欢吃蔬菜，不喜欢胖的猪肉。（肥）
(33) *从南京到上海要二小时。（两）

（34）*好的传统我们应当努力发挥，否则就会慢慢忘记前人的智慧。（发扬）

（35）*在非洲的很多地方没有充沛的食物。（充足）

（36）*老人附近没有什么人，所以他在地上躺了很久。（周围/旁边）

## 三、偏误规律与教学建议

总的来看，外国学生的汉语近义易混淆词习得偏误可以归结为意义和用法两方面，其中意义方面的近义词偏误表现为理性意义的偏误和色彩意义的偏误，用法方面的偏误体现为词性使用偏误和组合搭配的偏误。这些偏误的产生都是学生未能正确掌握近义词的词义差别和具体使用规则所致。

上述分析对教学的参考价值在于：

首先，教师在汉语作为第二语言的教学中应当有意识地引入近义词的辨析，学习新的词语时要注意与学生已掌握的近义词语进行异同的比较。

其次，在讲解近义词的意义时，教师既要将不同词语的词义侧重点、轻重、范围大小、具体与抽象等基本理性义传授给学生，还要注意词语的感情色彩与语体色彩，强调在不同的语言环境中根据说话人的态度选择色彩义合适的词汇。

最后，除了讲解词语的含义以外，教师还应让学生注意近义词的不同词性和搭配对象，结合词语出现的语境对不同词语的使用规则进行辨析。

只有在教师不断区别与强调以及学生自身反复练习与纠正的过程中，学生的近义词系统才能得以扩大和完善，从而真正达到有选择地运用近义词精确表达、灵活交际的目的。

（乔俊　执笔）

# 陆 同素同义易混淆词"帮""帮助""帮忙"偏误案例

## 一、"帮"组同素同义词概说

单音节词"帮"和双音节词"帮助""帮忙"是一组含有共同语素、基本义大致相同的动作动词("帮"组同素同义词)。孟琮等主编的《汉语动词用法词典》(1999:11-12)指出:①"帮""帮忙""帮助"都可以带时态助词"了/着/过",跟动/时量补语、结果补语、趋向补语;②"帮"和"帮助"还可以带名词宾语、双宾语,进入兼语结构,有重叠形式;③"帮"还能跟结果补语加宾语的形式,"帮忙"前还能加"很","帮助"还能跟动词宾语。王还主编的《汉语近义词典:汉英双解》(2005:27、462)指出:①"帮"常带直接宾语(指人)和间接宾语(指从事某事务),间接宾语也可以指钱物等;②"帮忙"与"帮"一般不能互换;③"帮助"可以组成兼语句、连动句,"帮助"较少作定语,但可说"帮助的时候""帮助的方式"等。

根据本族语者的语料发现,充当谓语是这三个词的典型句法功能。

1. "帮""帮助"后面带名词性宾语的用法是这二者占比最多的句法共性,这一用法在这两个词充当谓语功能中占绝对优势。其中,二者先带名词性宾语,后接动词性成分的句法序列(S+帮/帮助+N+VP)都高频使用,需注意的是,在这一句法序列中,"帮"倾向于连动句,而"帮助"倾向于兼语句。如:

(1) 请帮我拿一下快递吧!
(2) 这种顽强的性格帮助他渡过了一道道难关。

2. 后面带动词性宾语以及光杆形式受状语修饰的用法是"帮""帮助""帮忙"三个词同时具有的两种用法,但所占比重都较低。先看它们带动词性宾语的例子。如:

(3) 自己的事情自己做,他人的事情也帮着做。
(4) 大伙儿一起帮助争取到了参加比赛的名额。

(5) 请帮忙通知一下家属。

需指出的是,"帮"一般要带上时态助词"着"后再带动词性宾语。再看它们以光杆形式受状语修饰的例子。如:

(6) 通过一系列活动,大家相识、相知、相帮。

(7) 同学之间应相互帮助。

(8) 超过一半的家庭表示在有事发生时会与亲戚互相帮忙。

3. 其他有共性的句法分布所占比重都较低,且都不再囊括三个词,一般仅存在于两个词之间,这包括:①"帮忙""帮助"光杆形式能够进入连谓结构的后一个动词位置,如:"我赶紧到厨房帮忙。""这一政策的落地,在于新理念新思维来帮助。"②"帮""帮助"后面可以带补语,如:"帮/帮助一下。"③"帮""帮忙"的光杆形式可以单独作谓语以及二者能够进入固定的句法框架,如:"这件事帮不帮得上不知道,但是,我帮。""老张来了,他帮忙。""非帮/帮忙不可。"

4. "帮""帮助"都不具备的,仅"帮忙"所具备的独特用法是,可以作为离合词具有离析形式以及其光杆形式前面可以出现表关涉对象的介宾短语。如:"他帮了不少忙。""他替我帮忙。"

双音节词"帮助""帮忙"具备充当非谓语的句法功能。二者都可以充当宾语。如:

(9) 只要有了民心,部队处处可以得到百姓的帮助。

(10) 相信有了它们的帮忙,这件事就容易解决了。

而"帮助"还能进入"在N的V$_双$下"这一介词框架,并占据其中的V$_双$位置,充当中心语。如:

(11) 在他的帮助下,花旗走出坏账危机,股价扶摇直上。

## 二、外国留学生偏误案例

### (一)误代

"帮"组同素同义词都是误代偏误最多,误代是最主要的偏误类型。其中"帮忙"误代偏误率最高,"帮"次之,"帮助"最低。

1. "帮忙"误代偏误

"帮忙"误代偏误可分为三类：一是"帮忙"误代"帮助"进入先带名词性宾语、后接动词性成分的句法序列中；二是"帮忙"离析形式中的动词性语素"帮"由双音节动词"帮助"误代；三是"帮忙"合体形式误代其离析形式。

先来看第一类，学习者的偏误用例主要集中在初级阶段。如：

（1）＊我的哥哥很厉害，帮忙我的弟弟妹妹上学。（初级　老挝）

（2）＊成人和老师们要帮忙孩子们实现未来的梦。（中级　韩国）

上述两例中，都是"帮忙"误进先带名词性宾语、后接动词性成分的句法序列中。这两例均是名词性宾语同时兼主语成分，从句义上来说应归属于兼语句，因而都是"帮忙"对"帮"组其他词的误代。

再来看第二类，学习者使用"帮忙"一词最常用的用法就是其离析形式，而误代偏误用例也多集中于此类用法。如：

（3）＊我希望我们每天都帮助别人一个忙。（初级　蒙古）

（4）＊每次跟她在一起我很开心，因为我帮助她很多的忙。（中级　泰国）

（5）＊他帮助老人的忙，烧饭洗衣。（高级　韩国）

上述各例中，均为"帮忙"离析形式中动词性语素"帮"被动词"帮助"误代。主要问题在于学习者将"帮助"与"帮忙"离析形式这二者的用法杂糅在一起。

最后看第三类，学习者的偏误用例一般集中在初、中级阶段。如：

（6）＊我不知道怎么说，他热情地帮忙我。（初级　韩国）

（7）＊父母慢慢老了，所以他常常帮忙父母。（中级　蒙古）

例（6）应改为"帮我的忙"，例（7）应改为"帮父母的忙"。留学生对于"帮忙"离析形式中词内语素与独立动词的差异，随着汉语水平的提高，会有清晰的认识。

2. "帮"的误代偏误

主要表现为"帮"误代"帮助"，根据这些误代偏误分布的用法类型，进一步细分为三类：一是"帮"在先带名词性宾语、后接动词性成分的句法序列中误代"帮助"；二是在充当非谓语句法成分的用法中"帮"误代"帮助"；三是在光杆形式受状语修饰的用法中"帮"误代

"帮助"。

先看第一类。如：

(8) *他帮我去看医生。（初级　老挝）

(9) *电子词典对我很重要，它帮我学习。（中级　越南）

(10) *考试的分数帮我去中国留学。（高级　俄罗斯）

上述三例从句法上来说都是成立的，但"帮"在先带名词性宾语、后接动词性成分的句法序列（S＋帮/帮助＋N＋VP）中表达连动句语义，显然，各例中的主语"他""电子词典""考试的分数"不应是后面动词性成分的施事主语。"去看医生"的施事主语应是"我"，"学习"的施事主语应是"我"，"去中国留学"的施事主语应是"我"。所以从语义表达上来应选择"帮助"的兼语句。

再来看第二类。如：

(11) *当时我不会汉语，只好从朝鲜族接受帮。（初级　韩国）

(12) *在广州工作时候周围都说广东话，所以给我帮不太多。（中级　韩国）

(13) *我告诉他在老师的帮和关心下我汉语说得很熟练。（初级　坦桑尼亚）

"帮"没有充当非谓语成分的功能，而"帮助"充当非谓语成分功能主要表现在充当宾语及能进入"在N的$V_{双}$下"这一介词框架。学习者由于没有注意到这些差别，在初、中级阶段易犯此类偏误。

最后看第三类。如：

(14) *学习的时候我们也互相帮，我们的成绩越来越好。（初级　老挝）

(15) *如果世界一起互相帮，能处理这个问题。（中级　韩国）

"帮""帮助"的光杆形式均能受状语修饰，但二者在音节搭配上存在差异，即单音节词"帮"倾向于搭配单音节状语，而双音节词"帮助"倾向于搭配双音节状语，因而与"互相"搭配的动词应选择"帮助"。

3. "帮助"的误代偏误

"帮忙"误代偏误类型较为多样。在"帮助"误代偏误的用例中，数量最多的是"帮助"误代"帮"组词其他成员；其次是"帮助"自身用法之间的误代；第三是"帮助"误代其他动词或介词。

先来看第一类，"帮助"对"帮"组其他成员的误代用例中，以"帮助"误代"帮忙"居多。如：

(16)？我们不会的时候，请老师<u>帮助</u>。（初级　日本）

(17)？愚公叫家人一起<u>来帮助</u>。（中级　韩国）

(18)？妈妈做泡菜的时候，我<u>在一旁帮助</u>。（中级　韩国）

(19)？他都看见了，很想帮她，但<u>没能帮助</u>，因为他不太好意思。（高级　韩国）

以上各例的句法可接受度都较低，若将"帮助"替换为"帮忙"，则句子的接受度就提升了，且句义没有发生变化。此外，"帮助"的及物程度高，与宾语的结合度紧密，而"帮忙"是不及物动词，根据句法环境可以判断，这是"帮助"对"帮忙"的误代。

"帮助"对"帮"组其他成员的误代，还表现在"帮助"误代"帮"。如：

(20)＊我的朋友一看到她，就<u>帮助她拿着她的包</u>，让她受伤的手不拿东西。（初级　韩国）

(21)＊我看一位青年的人<u>帮助老人买面包</u>，然后送面包到老人的家里给他。（中级　不详）

(22)＊我很生气，但是我不能乱发脾气，因为他那天<u>帮助我办我的事</u>。（高级　韩国）

上述各例根据语境，学习者想表达的是"我的朋友""青年""他"是后续主要动词"拿""买""办"的施事，即表达的是连动句的语义，而非"帮助"所在的兼语句语义，因此这里应选择使用"帮"。此类误代在学习者初级阶段使用"帮助"时最常发生。

下面来看第二类，"帮助"自身用法之间的误代，指的是"帮助＋NP"对"帮助＋NP＋VP"的误代。如：

(23)＊她的朋友替她<u>帮助我的学习</u>。（初级　韩国）

(24)＊谢谢年轻人<u>帮助老人的回家</u>。（中级　坦桑尼亚）

(25)＊她的孙子<u>帮助她的生活</u>。（高级　韩国）

由于"帮助＋NP"中对NP的语义要求是须具备［＋有生性］的语义特征，而上面各例中的NP"我的学习""老人的回家""她的生活"

语义上都不具备［＋有生性］，为了不使句义发生变化，可去掉"的"，恢复 NP 中中心语的动词性，即变成了"帮助＋NP＋VP"的用法。此类偏误从来源来看，应属于"帮助"用法中自身两种用法的混淆。

第三类是"帮助"误代其他动词或介词，这指的是该使用其他动词或介词，但却用了"帮助"。如：

（26）＊我们给警察打电话，一下子警察跑过来帮助他送到医院了。（把）（初级　泰国）

（27）＊我要感谢你，帮助你想吃的吧。（请）（初级　刚果）

（28）＊我难过的时，朋友帮助我哈哈笑起来。（逗得）（初级　韩国）

例（26）根据句法环境，原句中的"帮助他"应是后面 VP 的状语成分，而"帮助"无法实现这一句法功能，因此可选择介词"把"来实现这个功能；例（27）（28）中被误代的动词都包含具体的动作行为义，对动作行为的陈述应更为精准生动，而"帮助"的语义相对较为空泛。

### （二）遗漏偏误

"帮"组同素同义词除了误代偏误外，还出现了遗漏偏误，但其他类型的偏误数量极少或在某些成员中没有出现。在遗漏偏误中，"帮助"较典型，而"帮""帮忙"出现遗漏的概率都较低。

1. "帮助"的遗漏偏误

"帮助"遗漏偏误的类型纷杂多样，按遗漏数量多少排序，可细分为五类：一是在"帮助＋NP"中时态助词"了/过"的遗漏；二是"帮助"作宾语时相搭配的谓语动词或介词的遗漏；三是在介词框架"在……帮助＋下"中所涉及的成分的遗漏；四是"帮助＋NP"中 NP 的遗漏；五是在"帮助＋NP＋VP"中主要动词 V 的遗漏。

先看第一类。如：

（29）＊她是好人，帮助∧我很多。（了）（初级　法国）

（30）＊他一直帮助我，我从来没帮助∧他。（过）（中级　韩国）

例（29）表述"她"在说话之前就已经帮助"我"很多，所以应插入"了"；例（30）表述"我"在说话之前的某种经历，所以应插入"过"。

再来看第二类。如：

（31）＊本来我觉得学习汉语不太重要，终于理解了学好汉语也对学专业∧一点儿帮助。（有）（初级　尼泊尔）

（32）＊她很热情，还有常常∧别人很多帮助。（给）（中级　韩国）

（33）＊他们的生话如果有时间的话，和孩子一起去看农村的生活，∧学习也有帮助。（对）（高级　韩国）

上述各例属于"给"类动词及"对……有帮助"框式结构的遗漏。

第三类是"帮助"作中心语进入介词框架"在……下"中所涉及的遗漏。如：

（34）＊他上台唱的时候∧二明的帮助下能唱完歌。（在）（高级　未详）

（35）＊在老师和中国热情的人帮助∧，我的汉语水平越来越好。（下）（初级　毛里塔尼亚）

（36）＊∧儿子们的帮助∧她的病状越来越好转了。（在……下）（初级　韩国）

例（34）属于介词框架"在……下"中介词的遗漏；例（35）属于"在……下"中方位词的遗漏；例（36）属于整个介词框架的遗漏。

第四类是"帮助"作谓语时相搭配的名词性宾语的遗漏，都出现在初级阶段。如：

（37）＊哥哥会英语，所以哥哥帮助了∧。（初级　日本）

上例根据作文语境，此处应是遗漏宾语"这个问路的外国人"。

第五类是在"帮助＋NP＋VP"句法序列中主要动词 V 的遗漏。如：

（38）＊中国的电影可以帮助我∧很多知识。（"了解"类动词）（初级　坦桑尼亚）

（39）＊这一些的经验可以帮助我∧人之间的关系。（"处理"类动词）（中级　韩国）

2．"帮"的遗漏偏误

"帮"的遗漏偏误主要分布在"帮＋NP＋VP"的句法序列中。如：

（40）＊他帮我∧事。（"做"类动词）（初级　韩国）

（41）＊他下车进宾馆，帮我们∧手续都办完了。（把）（高级　韩国）

（42）＊我的一只拖鞋飞到那边，你帮我捡∧给我。（回来/起来）（高级　韩国）

例（40）属于VP中主要动词的遗漏；例（41）属于VP中介词的遗漏；例（42）属于VP中后接的动词性成分的遗漏。

此外，"帮"的遗漏还表现为"帮＋NP"这一用法中时态助词"了"的遗漏。如：

（43）＊我觉得他对我很好，我心里还在感谢他很多："谢谢你，中国人已经帮∧我！"（了）

3."帮忙"的遗漏偏误

在中介语作文语料中仅发现偶例，即"帮忙"用作宾语时，遗漏谓语"需要"类动词。如：

（44）＊是不是孩子哪里不舒服啊？有什么∧帮忙的？（"需要"类动词）

### （三）误加偏误

跟误代、遗漏偏误不同的是，在"帮"组同素同义词的偏误表现中，仅有"帮""帮助"出现了误加偏误，且都数量较少，多见于初、中级阶段。

1."帮"的误加偏误

"帮"的误加偏误主要表现在"帮＋NP"用法上。如：

（45）＊从今以后很努力学习，请老师帮给我。（初级　韩国）

（46）＊我刚刚认识她时，我觉得可怜她，所以常常帮给她。（中级　韩国）

（47）＊我第一戏来中国的时候，不知道中国生活，她常常热情地帮了我。（中级　韩国）

例（45）（46）都是"帮"与宾语中间误加了介词"给"；例（47）是"帮"与宾语中间误加了时态助词"了"。

2."帮助"的误加偏误

"帮助"误加的表现较多样，可细分为三类：一是时态助词的误加；二是谓语动词或方位词的误加；三是宾语误加。

先来看第一类。如：

(48) *因为以前他帮助过了那个女孩。（初级　老挝）
(49) *老师希望能很大帮助了我。（中级　韩国）

例（48）中由于"过""了"共现，导致时态助词的误加，须根据语境，选择"过"或"了"；例（49）中谓语动词"希望"表示叙述的是未发生的事件，与表完成义的"了"存在语义冲突，所以应去掉"了"。

再来看第二类。如：

(50) *离不开我的中国朋友的帮助下，我有了快乐的生活。（中级　韩国）
(51) *多亏老师们的帮助下，我的汉语水平越来越高。（高级　日本）

上述两例均是学习者选择"帮助"作另一动词的宾语的同时，杂糅了介词框架"在……下"，从而造成了方位词"下"的误加。

最后来看第三类。如：

(52) *她们在考试的时候一直在互相帮助彼此。（高级　美国）

由于"帮助"在搭配表交互义的副词时，其自身不能再带宾语，须保持光杆形式，因此"帮助"后面出现的"彼此"应该删掉。

## (四) 错序偏误

错序偏误是数量最少的偏误类型，且仅在"帮""帮助"中发现偶例，见于初、中级阶段。如：

1. "帮"的错序偏误

"帮"的错序偏误表现在"帮＋NP＋VP"的句法序列上。如：

(53) *我想帮给她钱的，但她不让。（初级　塔吉克斯坦）
(54) *我那个老人帮打车到医院。（中级　韩国）

例（53）是"帮"的宾语与后续动词的错序，应改为"帮她给钱"；例（54）是"帮"和宾语的错序，应改为"帮那个老人打车到医院"。

2. "帮助"的错序偏误

"帮助"的错序偏误偶例表现在"帮助＋NP"这一用法上。如：

(55) *我刚来中国的时候，很多好的人我帮助了。（初级　韩国）

上例根据语境，可判断出"帮助"的施事应是"很多好的人"，而

"我"是受事，所以此例是宾语与"帮助"的错序。

## 三、偏误规律与教学建议

学习者"帮"组各词的偏误以误代居多，遗漏、误加和错序的数量都极少，甚至"帮忙"的用例中没有出现误加和错序两种偏误。对于留学生来说，"帮"组词成员之间的误代是习得难点，出现较多的是"帮"与"帮助"之间的双向误代、"帮助"对"帮忙"中动词性语素的误代、"帮忙"对"帮助"的误代；除此之外，"帮助"一词内部不同用法之间的误代以及"帮忙"离析形式被合体形式的误代也是习得难点。

为避免或减少"帮"组词之间的混淆误代，我们认为：第一，在"帮""帮助"同形异构的句法序列中，要对它们各自倾向的句式语义予以重点区分；第二，指出"帮""帮助"所带的名词性宾语具有［＋有生性］的语义特征，尤其注意"帮助＋NP"的用法易对"帮助＋NP＋VP"产生误代；第三，重点讲授"帮忙"一词有合体形式和离析形式，其合体形式是不及物的，若要共现动作的关涉对象，可采用前面出现介词引出关涉对象，或在离析形式中插入关涉对象的方式；第四，区别"帮"和"帮助"充当句法功能方面的异同，指出"帮"不能充当句子的非谓语成分，而"帮助"则可以；第五，区别"帮"和"帮助"充当句法功能方面的异同，"帮助"还能够作宾语以及中心语。

（乔佟　执笔）

# 柒 同素同义易混淆词"变""变化""改变"偏误案例

## 一、"变"组同素同义词概说

单音节词"变"和双音节词"变化""改变"是一组含有共同语素、基本义大致相同的状态动词("变"组同素同义词)。杨寄洲、贾永芬编著的《1700对近义词语用法对比》(2005：99)对"变""变化"和"改变"做了比较，指出：①这三个词都是动词，都可以作谓语。②"改变"和"变"是及物动词，"变化"是不及物动词，不能带宾语。③"改变"书面用得多一些，"变"是口语词。"改变"的宾语一般是双音节词语。④"变"和"变化"的是客观事物，"改变"强调主观行为。⑤"变化"可以作宾语，"变"不能作宾语，"改变"不能作动词"发生"的宾语。⑥"变化"有名词的用法，"改变"和"变"都没有这种用法。王还主编的《汉语近义词典》(2005：55—56)指出：①"变"可以不带宾语，能带的宾语有限，如果加上补语"为"等，再带宾语较自由；"变"一般不作主语、宾语，除非用于少数较固定格式；"变"加上"得"，再带形容词是相当自由的，而此时不能换成"变化"。②"变化"较正式，也略微抽象，如果带宾语，必须加上"成""出"等。③"改变"多是人为的，使事物与前不同，一般常比原来的好；名词"改变"多作"有""随着"等的宾语。

根据本族语者的语料发现，"变"组同素同义词的显著特点有：

1. "变""改变"具备显著的充当谓语成分的能力；而"变化"充当非谓语成分的能力强于其作谓语的能力。

2. "变""改变"都可以直接带宾语。如：

(1) 王子变青蛙

(2) 他变了个人似的。

(3) 他彻底改变了自己的命运。

3. "变""改变""变化"三者可以先加补语、再带宾语，构成

"'变'组词＋补语＋宾语"的句法序列。如：

（4）校园变成了空巢。

（5）他把农民变成"产业工人"。

（6）小鸟随时变化成人。

4. "变"带补语的能力强于"改变""变化"。

5. "变"虽然有作主、宾语的用例，但有严格的限制条件。动性较强的"改变"和动性最弱的"变化"都能作主语、宾语或定语。其中"改变""变化"作宾语时，高频搭配的谓语动词都有"有""发生"。

## 二、外国留学生偏误案例

### （一）遗漏偏误

从偏误量整体来说，遗漏的数量是最多的，但只有"变""变化"出现了此类偏误，其中"变"最典型，"变化"次之。

1. "变"遗漏偏误

在"变"遗漏偏误的用例中，主要是相关成分的遗漏。按出现数量的多少排序，可分为三大类：一是"了"的遗漏；二是结果补语"成"的遗漏；三是情态补语标记"得"的遗漏。

先来看第一类，主要分布在"变＋成＋宾语"的用法上，其中"成"和宾语之间遗漏"了"。学习者随着学时等级的增加，此类遗漏的数量也随着增加。如：

（1）＊暑假去云南玩得很开心，而且变成∧普洱茶的爱好者。（了）（初级　韩国）

（2）＊以前江的鱼吃污染的水，然后变成∧怪物。（了）（中级　韩国）

（3）＊三个人都在森林死去，变成∧槟榔，蒌叶和石头。（了）（高级　越南）

上述三例中"成"的后面应加上表动作完成义的时态助词"了"。当"变"先加结果补语"成"，再带表结果义、非目标义的宾语时，"成"后面一般要加"了"。（乔俠 2017）例（1）中的"普洱茶的爱好者"是游玩之后已然发生的结果;例(2)中的"怪物",是江里的鱼"吃"过污染的水之后的结果;例(3)中的"槟榔""菱叶""石头"是三个人死去之后的结果。

此外,学习者在"变+结果补语"后面也会出现"了"的遗漏。如:

(4) *发生那件事后,我和好朋友的关系变坏∧。(了)(初级 日本)

(5) *有很多女子,她们变老∧,但是她们不想有老人的样子,所以想做整容手术。(了)(中级 俄罗斯)

(6) *树上的枫叶都变红∧,好像火一样,好像红海一样。(了)(高级 韩国)

上面三例中的结果补语后面应加上表状态变化的"了"。这三例中的"坏""老""红"都是从没坏、不老、不红的状态转变过来的,是已然发生的现实结果,所以后面要出现"了"。

再来看第二类结果补语"成"的遗漏。如:

(7) *本来我们是同学现在我们变∧了好朋友。(成)(初级 喀麦隆)

(8) *可是,对于我到中国留学,他突然变∧了热情的人。(成)(中级 日本)

(9) *它的眼睛变∧了高兴、欢迎的样子,然后注视我的手,这是确认自己主人有没有好吃的东西。(成)(高级 韩国)

例(7)中的"好朋友"是从同学关系发展的结果;例(8)中"热情的人"是"他"变化后的结果;例(9)中"高兴、欢迎的样子"是"它的眼睛"变化后的结果状态。当"变"后面的宾语表示结果义时,应该在"变"和宾语之间加上一个表示结果义的补语,而"成"作为其补语的使用频率最高,因此,这三例"变"的后面可加上"成"。

最后再来看情态补语标记"得"的遗漏。如:

(10) *我希望不久以后我国的交通会变∧如中国一般方便。(得)(初级 坦桑尼亚)

(11) *来到中国以后我的身体变∧不好。(得)(中级 韩国)

(12) *夏天的几个太风过以后天变∧蓝晶晶,早晚空气越发的冷。

（得）（高级　韩国）

一般来说，偏正短语、状态形容词充当的是情态补语，如例（10）中的"如中国一般方便"，例（11）中的"不好"是偏正短语作情态补语；例（12）中的"蓝晶晶"是状态形容词作情态补语，而"得"是情态补语的重要标记，它将动词与表示动作结果状态的补语连接起来。因而上述三例都是缺少"变"与情态补语中间的助词"得"。

2. "变化"遗漏偏误

"变化"的遗漏偏误也主要是相关成分的遗漏。主要分为四类：一是跟"变化"相搭配的谓语动词的遗漏；二是"了"的遗漏；三是"成"的遗漏；四是"得"的遗漏。虽然"变化"遗漏偏误的数量不及"变"，但其遗漏表现的方面却比"变"要多。

先看第一类跟"变化"相搭配的谓语动词的遗漏，这类遗漏的数量最多，表现在"变化"充当宾语的用法上。如：

（13）＊因为人们的生活∧很大的变化。（"发生了"或"有了"）（初级　坦桑尼亚）

（14）＊来中国以后在韩国时的对工作的追求∧很大变化。（"发生了"或"有了"）（中级　韩国）

（15）＊叶子颜色∧明显的变化，随着气温下降，树叶由绿变黄，再变红。这好像人的一生一样。（"发生了"或"有了"）（高级　日本）

上面三例中，"人们的生活""对工作的追求""叶子颜色"都形成或实现"变化"这种状态，因而遗漏谓语动词"发生"或"有"。此外，这种"变化"的状态在叙述时是已然发生的，所以动词后面要加上"了"，即上述三例遗漏"发生了"或"有了"。

再来看第二类"了"的遗漏，仅出现在初、中级阶段。如：

（16）＊我来中国以后，我的爱好变化∧。（了）（初级　韩国）

（17）＊果然，子女去大学的时候，情况变化∧。（了）（中级　法国）

以上两例中，"我的爱好""情况"都是"变化"的对象客体，根据语境，"变化"关涉的对象客体都已然发生变化，所以要加上"了"。

第三类"成"的遗漏，都出现在高级阶段。如：

（18）＊很多人们是一只兔子的生活一样。我们变化∧一只乌龟吧。

然后我们慢慢走吧。而且经常努力吧。(成)(高级 韩国)

"变化"带宾语的能力有限，一般须借助补语后才能带宾语。例(18)中的"一只乌龟"是表目标结果义的宾语，应是遗漏了结果补语"成"。

最后，"变化"遗漏偏误还表现为补语标记"得"的遗漏，出现在高级阶段。如：

(19) *各个树都渐渐变化∧好像骷髅一样。(得)(高级 韩国)

上例中，"变化"后面的"好像骷髅一样"表示动作的结果状态，充当的是情态补语，因而，"变化"和情态补语"好像骷髅一样"之间应添加"得"。

### (二) 误代偏误

在"变"组同素同义词中，误代的偏误量居第二位。"变"组词各成员都出现了误代偏误，其中"变"的误代数量最多，"变化"次之，"改变"最少。

1. "变"误代偏误

"变"误代偏误主要表现为两大类：一是"变"自身用法之间的误代；二是"变"对"变化""改变"的误代。

先来看第一类，"变"自身用法之间的误代，可再分为两个小类，其一是"变＋补语＋宾语"误代"变＋得＋补语"，语言形式上表现为结果补语"成"误代补语标记"得"。如：

(20) *它要把现在的路变成宽点，这样一来会好点。(得)(初级 坦桑尼亚)

(21) *它趁这个时期进去我们的房间跑来跑去，把家里变成乱七八糟。(得)(中级 未详)

(22) *你应该真的喜欢所要作的东西，这样达到目标的路会变成更有意思，更舒服。(得)(高级 古巴)

上面三例中，"成"后面分别出现的"宽点""乱七八糟""更有意思，更舒服"这类动词性短语不能作宾语，只能作表结果状态的情态补语，因此，"成"都应改成"得"。

其二是"变＋得＋补语"对"变＋补语＋宾语"的误代，语言形式上表现为情态补语标记"得"误代结果补语"成"。如：

(23) *她的脸色变得白色。(成)（初级　韩国）
(24) *土豆自然而然变得比利时人的主食。(成)（中级　比利时）
(25) *在秋天的时候山里无数的树的叶子都变得很美丽的颜色，比如红色或黄色。(成)（高级　韩国）

上面各例中"得"后面的"白色""比利时人的主食""很美丽的颜色"这类名词性短语不能作情态补语，只能作宾语，因此，"得"都应改成"成"。

再来看第二大类，"变"对两个双音节词"变化""改变"的误代。其中"变"误代"改变"的用例略多于其误代"变化"的用例。

首先看"变"误代"改变"的情况。这表现为三个方面，其一是"变+宾语"误代"改变+宾语"，仅在中、高级阶段发现了此类偏误。如：

(26) *用他自己的能力，他变自己的命运。（改变）（中级　日本）
(27) *我从那时候以来慢慢变对老鼠的印象。（改变）（高级　日本）

一般来说，"变"的宾语表目标结果义；"改变"的宾语表对象客体义。（乔俊 2017）上面两例中的"自己的命运""对老鼠的印象"都是一种可被施加影响的对象客体，因而这是"变"对"改变"的误代。

其二是在"变+成+宾语"的用法中，"变+成"误代"改变"，出现在中、高级阶段。如：

(28) *人们都记住了东施以前的样子，没有人对东施变成他的想法。（改变）（中级　俄罗斯）
(29) *它帮助我变成我的想法。（改变）（高级　波兰）

其三是"变"在动作自主性强的句法环境中对"改变"的误代，仅在初级阶段发现了此类偏误。如：

(30) *我的想法被他们慢慢地变了。（改变）

例（30）中的"我的想法"需要在"他们"外力干涉操作下才能发生变化，因此"变"误代了"改变"。

再来看"变"误代"变化"的情况。这表现为三个方面，一是充当谓语主要动词时，"变"误代"变化"。如：

（31）＊我的身体逐渐变。（变化）（初级　坦桑尼亚）
（32）＊他们的关系在慢慢变。（变化）（中级　韩国）
（33）＊六个月我不知不觉地变。（变化）（高级　未详）

一般来说，"变"后面不出现其他成分时，其前面的状语音节数量基本是单音节的，而这里"逐渐""慢慢""不知不觉"作状语都非单音节词，因此"变"应改成"变化"。

二是充当宾语时，"变"误代"变化"，仅在初级阶段发现此类偏误。如：

（34）＊北京发生很大变的地方，就是高楼比以前多了。（变化）（初级　越南）

三是"变+成"这一动结短语对"变化"的误代，都出现在初级阶段。如：

（35）＊中国的气温变成很大，我不太习惯中国的气温。（变化）（初级　老挝）

"变+成"后面须带宾语，这一动结短语并没有作非谓语句法成分的功能，因此应将它改为"变化"。

2."变化"误代偏误

"变化"的误代偏误同样也是"变化"最典型的偏误类型，表现为三类：一是"变化"对"变"的误代；二是"变化"对"改变"的误代；三是"变化"对其他动词的误代。

先看第一类"变化"对"变"的误代偏误。这可再分为"变化"对"变"一词的误代以及"变化"对"变"和情态补语标记"得"组合而成的"变得"的误代。都出现在中级阶段。如：

（36）＊我和朋友聊会儿天，我的心情变化好了。（变）（中级　越南）

（37）＊这个晚上突然变化很有意思。（变得）（中级　以色列）

（38）＊中国和韩国一起重视的话，全球的环境会变化越来越好。（变得）（中级　韩国）

"变化"不具有带结果补语的用法，因而例（36）中结果补语"好"的前面要用"变"替代"变化"。例（37）（38）中的"很有意思""越来越好"作为情态补语，前面要出现带情态补语能力较强的单音节词

"变"及助词"得",因而应将"变化"改成"变得"。

再来看第二类"变化"对"改变"的误代。这表现为两个方面,一是在"改变+宾语"的用法中,"变化"误代"改变",此类出现在中、高级。如:

(39) *父母的态度是放下架子,孩子们的态度要是对父母感谢的心,一直不要<u>变化</u>这样的生活。(改变)(中级 韩国)

(40) *我有一位老师,她<u>变化</u>了我的人生。(改变)(高级 韩国)

二是在自主性强的句法环境中,"变化"误代"改变",仅在初、高级阶段发现此类偏误。如:

(41) *留学生的新的生活一定要<u>变化</u>了。(改变)(初级 韩国)

(42) *随着社会的发展,考试的方法一定得<u>变化</u>。(改变)(高级 韩国)

谓语动词前出现"要""得"这样的能愿动词状语,其后的动词须满足[+自主性]的语义特征,因此应将"变化"改为"改变"。

最后来看第三类,"变化"对其他动词的误代,出现在中、高级阶段。如:

(43) *吃饭的时候他说:"我今天说假话了但是你今天以后把这些毛病都<u>变化</u>的话,今天我说的不是假话明白吗?"(改正)(中级 韩国)

(44) *快到冬天,也快有强风,才<u>变化</u>的植物,马上要死了。(生长)(高级 韩国)

例(43)中学生想用"变化"表达由坏向好的方向发展,但"变化"无法搭配"毛病",此处可替换成"改正"。例(44)中的"变化"应该意味着"萌芽生长"的意思,可改成"生长"。

3. "改变"误代偏误

"改变"的误代偏误是"改变"最典型的偏误类型。它的误代表现为三类:一是"改变"对"变"的误代;二是"改变"对"变化"的误代;三是"改变"对其他动词的误代。其中前两种都属于"改变"对"变"组词其他成员的误代,也是最主要的误代类型。

我们先来考察第一类,"改变"对"变"的误代。

"改变"对"变"的误代也可再细分为"改变"对"变"一词的误代和"改变"对"变+成"动结短语的误代两个小类。如:

(45) *这样的爱情改变成个人的工作实力。(变)(中级 韩国)

(46) *学习生活不能总是放松,需要困难和危机,通过这种困难可以改变成更好的生活。(变)(高级 韩国)

(47) *我们的队终于进了一个球,把比赛改变一比一。(变成)(高级 古巴)

例(45)(46)是"改变"误代"变"的偏误用例;例(47)是"改变"误代"变+成"的偏误用例。对前者来说,"爱情""学习生活"都是[＋有生性]的对象客体,谓语动词应选择[＋自主性]的"变";对后者来说,"一比一"是表目标结果义的宾语,"改变"不能与它结合,只有将"改变"改为"变+成",才能与这类宾语结合。

再来考察第二类,"改变"对"变化"的误代。

这类偏误表现为两方面,一是"改变"在充当句子主要动词,且不带宾语、补语的句法环境中,对"变化"的误代,出现在中、高级阶段。如:

(48) *山脚的天气经常改变。(变化)(中级 韩国)

(49) *我感觉快下雨了,抬头向上看,天色都改变了。(变化)(高级 韩国)

此类用法中,客观对象主语"天气""天色"无法与"改变"搭配,因此应将"改变"改成"变化",或也可改为"变"。

二是"改变"在充当宾语的用法中,误代"变化",此类出现在高级阶段。如:

(50) *春天来了以后,天气有很大的改变。(变化)(高级 国籍不详)

最后,"改变"的误代偏误还表现为"改变"对其他动词的误代,出现在初级阶段。如:

(51) *我终于理解这些道理,为了他们的关系,我改变错误。(改正)(初级 坦桑尼亚)

"改正"高频搭配名词"错误",因此应将"改变"改为"改正"。

**(三) 误加偏误**

在"变"组同素同义词中,"变""变化"出现了误加偏误,未发现

"改变"出现此类偏误。

1. "变"误加偏误

"变"的误加偏误主要是相关成分的误加。从语言形式上表现为"成"的误加、"得"的误加及宾语误加。

先来看第一类。"成"的误加表现为两个方面,一是动结短语"变＋成"后面出现的是形容词补语,在初、高级阶段发现此类偏误。如:

(52) *我想把身体变成瘦。(初级　坦桑尼亚)

(53) *你所有的衣服就变成湿了。(高级　委内瑞拉)

上面两例中,形容词"瘦""湿"都是"变"的结果补语,而非其宾语,所以应将"成"去掉,改为"变瘦""变湿"。

二是动结短语"变＋成"后面出现表示事态出现变化的助词"了"。如:

(54) *我不了解他,外国的气氛使他变成了。(初级　尼泊尔)

(55) *她还不知道我的想法变成了,我会好好学习的。(中级　韩国)

上面两例中,学习者要强调"他""我的想法"出现了变化,与之前不同,并没有说明最终的结果,因此须去掉表结果义的补语"成"。

再来看"得"的误加。它在形式上表现为"变＋得＋结果补语",出现在高级阶段。如:

(56) *三个人谈得很开心,时间过得闪电一样,窗外已经都变得黑了。(高级　韩国)

上例中"黑"显然是结果补语,因此应去掉情态补语标记"得"。

最后来看宾语误加的偏误,出现在高级阶段。如:

(57) *我的车掉头的时候,正好红绿灯变灯了。(高级　日本)

上例中,"变"的对象客体"红绿灯"已经在其前面出现了,因此应将后面的"灯"去掉。

2. "变化"误加偏误

"变化"的误加偏误表现为两个方面:一是"得"的误加;二是"变化"一词的误加。

先来看"得"的误加,出现在初级阶段。如:

(58) *我觉得如果汽车再增加几番的话,交通会变化得很多。(初

级　老挝）

上例中,"很多"是作"变化"的结果补语,所以应将情态补语标记"得"去掉。

再来看"变化"一词的误加,即不需要使用"变化"而使用的情况,仅有偶例出现在高级阶段。如：

（59）我不知道签证资料需要变更变化的。（高级　韩国）

### （四）错序偏误

1. "变"错序偏误

"变"的错序偏误主要表现为两方面,一是"变"和结果补语或情态补语错序；二是"变"和情态补语中的修饰成分错序。

先来看第一类,出现在初、中级阶段。如：

（60）＊我好变以后回国。（变好）（初级　韩国）

（61）＊每次都感觉很幸福变得。（变得很幸福）（初级　韩国）

（62）＊去了公司以后,他穿衣服很时髦,干干净净的,性格也活泼变了。（变活泼）（中级　韩国）

例（60）（62）分别是初、中级"变"与结果补语的错序；例（61）是"变"与情态补语的错序。

再来看第二类,"变"与情态补语中的修饰成分的错序。出现在初、中级阶段。如：

（63）＊我的脸色越来越变得苍白。（变得越来越）（初级　韩国）

（64）＊于是努力向西施学,相貌越来越变得漂亮,但是还是没有西施漂亮。（变得越来越）（中级　韩国）

"越来越……"只能修饰形容词,它们结合形成的偏正短语充任情态补语。因此上两例中的正确顺序应是"变＋得＋越来越＋形容词"。

2. "改变"错序偏误

"改变"的错序偏误都表现为"改变"与宾语的错序,出现在初、高级阶段。如：

（65）＊他的性格很有意思,常常他的想法改变。（改变他的想法）（初级　韩国）

（66）＊不能得到爱情的人呢感到很自卑,逐渐对生活的态度改变。

（改变对生活的态度）（高级 老挝）

3."变化"错序偏误

仅在初级阶段偶见"变化"的错序偏误。如：

(67) *如果你自己觉得不幸福的话，你得<u>变化有点儿</u>吧。（有点儿变化）（初级 韩国）

上例中，"有点儿"作状语而非补语，学习者将其与"一点儿"混淆，从而出现错序偏误。

## 三、偏误规律与教学建议

"变"组各词的偏误中，遗漏和误代是重要的偏误类型。在遗漏偏误用例中，"变"和"变化"在语言形式上都表现为"了""成""得"的遗漏，此外"变化"还多出相搭配的谓语动词的遗漏；而"改变"只表现为带情态补语时"得"的遗漏。在误代偏误用例中，"变"主要表现为其自身用法之间的双向误代，而它对"改变""变化"误代的数量相对较少。"改变""变化"的误代偏误都主要表现为对"变"组词其他成员的误代，极个别用例是其对其他动词的误代。

对"变"组词的教学，我们认为，首先，要让学生认识到"变"组词各成员带宾语的能力，特别是直接带宾语用法中，宾语语义角色的区分，同时要注意带表结果义宾语时要添加结果补语"成"、时态助词"了"。其次，注意区分"变＋补语＋宾语"与"变＋得＋情态补语"的用法，由于学生经常出现二者相互误代的情况，需要对二者所带的句法成分的词性及语义特点进行强调。最后，要重点讲授"变""改变""变化"高频搭配的对象客体及谓语动词，以防出现搭配成分的误代。

（乔俊 执笔）

# 捌 同素同义易混淆词"考""考试"偏误案例

## 一、"考"组同素同义词概说

单音节词"考"和双音节词"考试"是一组含有共同语素、基本义大致相同的动作动词("考"组同素同义词)。卢福波编著的《对外汉语常用词语对比例释》(2000：359—363)指出,"考""考试"都可以用于对学习成绩的考查,用法上有一定差别,所以有时候不能换用。具体来说,首先功能上不同。"考"只作动词用,不能单独用来作主语或宾语;"考试"用作动词,也可以用作名词,所以它既可以作谓语,也可以作主语、宾语。其次由于意义有差别,词语搭配的范围有所不同。在考查学习成绩方面,"考试"可以用于平日小的考查,也可以用于阶段性的大的正式的考查;"考"有通过考试进入某部门、单位的意思,所以"考"连带的宾语除了有科目、项目、对象以外,还可以有通过考试进入的部门、单位等。最后是用法上的差异。"考"可以重叠使用;"考试"不能重叠使用。"考"后面可以接动量补语,如"考一下、考三次";而"考试"不能。杨寄洲、贾永芬编著《1700对近义词语用法对比》(2005：761)指出,"考试"有跟"考"相同的意思,因为音节的关系,"考试"多跟双音节词语搭配,"考"多与单音节词搭配。"考"是个动词,可以带宾语、补语。"考试"是个动宾词组,但是因为结合紧密,常常做动词用,有时候可以带宾语,偶尔也带补语,不过,所能带的补语很少。

根据本族语者的语料发现,"考"是典型的动作动词;而"考试"的动性特征较弱。

1. 二者都可以单独充当谓语中心,但"考"的使用频率高于"考试"。如：

(1) 没关系,咱们下一年再考!

(2) 我要考试了,回头再说吧!

2. 带宾语、补语是"考"的典型用法；而"考试"一般不能带宾语、补语。如：

(3) 他考上了一所重点大学，全家都很高兴。
(4) 考了三次，终于考上了！

3. "考试"的动性特征较弱，经常充当修饰语、中心语、主语、宾语。其中仅当"期中""期末"等词充当定语时，"考试"可替换成"考"。如：

(5) 考试时一定要仔细审题！
(6) 明天就是期末考试（考）了，希望大家好好复习。
(7) 考试完才能回家。
(8) 我一定会通过考试的！

4. "考试"是一个离合词，同其他离合词一致的是，既可结合在一起使用，也可分开使用，中间插入其他成分。如：

(9) 他考了一次试后，就打退堂鼓了。

## 二、外国留学生偏误案例

### (一) 误代

"考"组同素同义词都是误代偏误最多，误代是二者最主要的偏误类型。其中"考"的误代偏误率高于"考试"。

1. "考"误代偏误

单音节词"考"的误代表现可分为三类：一是"考"误代"考试"充当定语、中心语、主语和宾语；二是在"考试"作宾语中心语时，"考"误代其他动词而成为与之相搭配的动词；三是"考"带补语时其连带成分的误代。

先来看第一类。此类误代数量最多，且贯穿初、中、高级整个学时阶段。如：

(1) *他很聪名，因为他算的好，在数学他是个最好的同学，每个考他都得满分。（考试）（初级　尼泊尔）
(2) *HSK考今天结束了，我很高兴。（考试）（初级 韩国）

（3）*老师都劝我们不紧张，但学生的心里是这样的，一说到考，谁都会紧张起来。（考试）（中级　越南）

（4）她今天的样子很漂亮，因为她考成绩很好。（考试）（高级　韩国）

上面各例中"考"误代"考试"分别充当主语、中心语、宾语和定语。上文提到，只有动性较弱的双音节词"考试"才具备充当定语、中心语、主语、宾语等非谓语成分的功能。

再来看第二类。学习者的偏误表现为"考……考试"，此时"考试"处在宾语位置，"考"误代其他动词而与"考试"形成动宾组合。这类误代数量也较多，分布在各个学时阶段。如：

（5）*我学习一年的汉语终于快要结束了，现在我们已经考过汉语水平的考试了。（通过）（初级　老挝）

（6）*我在中国考了第一次 HSK 考试。（参加）（中级　韩国）

（7）*她21岁考了高中甄别考试，终于通过考试。（参加）（高级　韩国）

上面各例中"考"应分别替换为"通过"类、"参加"类动词。这类偏误之所以频发，虽形式上表现为"考"对"考试"相搭配的动词的误代，实质上应是学习者混淆了"考试"这个离合词离析形式与合体形式的用法，上述各例均无法修改为"考……试"，因为此时的"考试"一般在宾语中心语位置，与前面的定语成分紧密结合，成为一个固定组合，因此只能更改前面相搭配动词"考"为其他动作动词。

最后来看第三类。这类偏误数量较少，仅在初、中级阶段发现偶例。如：

（8）*我今天考好了一门课，明天还有一门。（完）（初级　日本）

（9）*您一定知道我去年考了不太好。（得）（中级　韩国）

例（8）中是"考"的补语成分的误代；例（9）中是"考"带补语用法中助词的误代。

2．"考试"误代偏误

双音节词"考试"的误代数量虽然不及"考"，但其表现较为复杂，可分为四类：一是"考试"充当宾语成分时与之相搭配的谓语动词的误代；二是"考试"对"考"的误代；三是"考试"一词对语素"考"或

"试"的误代;四是"考试"对其意义相关的其他词的误代。

先来看第一类。此类偏误数量最多,但仅在中、高级阶段出现。如:

(10) *既说得不错又得到汉语水平考试是最好。(通过)(中级 韩国)

(11) *国际大学为了错过机会的学生,开一次出国考试。(举行)(高级 老挝)

"考试"作宾语时相搭配的谓语动词的误代,上面提到过"考"参与形成的"考……考试",而此处是指除了"考"以外的谓语动词的误代,它们从本质上都属于一种误代类型。这类除了"考"以外的谓语动词的误代,仅出现在中、高级阶段,也反映了学习者词汇量不断丰富发展的情况。

再来看第二类,表现为"考试+宾语/补语"。如:

(12) *打算学五个月中文,然后几年打算准备入学考试语言系。(考)(中级 韩国)

(13) *今天早上我们又见面,她说"祝你考试好"。(考)(初级 韩国)

(14) *人们只想考试上政府的公务员。(考)(高级 韩国)

上面各例分别是带宾语、补语时"考试"对"考"的误代。上文提到,"考试"一般不能带宾语、补语,而"考"经常带宾语、补语。

第三类是"考试"整词对其内部语素的误代,仅在高级阶段发现偶例。如:

(15) *每个人从小到大都考各种各样的考试。(试)(高级 国籍不详)

(16) *可是到首尔的时候考试已经开始了,他继续敲考试场的门,谁也不让进考试场。(考)(高级 韩国)

例(15)中是"考试"对语素"试"的误代;例(16)是"考试"对语素"考"的误代。"考试"整词对内部语素的误代,说明学习者还未真正了解"考试"离合词的性质及"词"与"语素"的关系。

最后来看第四类,"考试"对其意义相关的其他词的误代,这仅见偶例。如:

(17) *只有老师没笑，而且从桌子上拿起来一张数学的<u>考试</u>伸出给我，我接着看，这很意外了。("考卷"或"试卷")（初级 老挝）

根据语境，此处的"考试"应是对"考卷"或"试卷"的误代。这些词都以"考试"为主题而展开，对于学习者来说，虽然词义词性方面有差异，但还是比较容易混淆的。

### (二) 遗漏

"考"组同素同义词都存在遗漏偏误，且都是数量居第二位的偏误类型。

1. "考"遗漏偏误

"考"的遗漏主要是句中相关成分的遗漏。主要有两个方面，一是补语或时态助词的遗漏，二是补语标记"得"的遗漏。

先来看第一类，贯穿初、中、高级各个学时阶段。如：

(18) *老师每次都愉快夸考∧好成绩的同学。（出）（初级 喀麦隆）

(19) *他说："种地并不是女人的工作，你最好考∧大学，成为有用的人材。"（上）（中级 古巴）

(20) *一件事情是我们考∧大学以后，去旅游了。（上）（高级 韩国）

根据语境，例(18)(19)(20)是"考"带补语，后加宾语时，中间结果补语或趋向补语的遗漏。

再来看第二类。"考"带情态补语时，情态补语标记"得"的遗漏，仅见偶例。如：

(21) *这次我考∧不太好，真是完蛋了。（得）（高级 越南）

由于学习者会混淆动词带结果补语和情态补语的用法，便产生了"得"的遗漏。

2. "考试"遗漏偏误

"考试"的遗漏偏误也表现在两个方面，一是量词遗漏，二是"考试"这个词中的某个语素的遗漏。

先看第一类，"考试"作中心语时，前面修饰的数量短语中，遗漏了量词。如：

(22) *一个学期，我们有两∧考试。（次）（初级　博茨瓦纳）
(23) *第一∧考试我考得不太好，我很担心。（门）（中级　坦桑尼亚）
(24) *刘义泰让许俊和刘道至参加这∧考试。（次）（高级　韩国）

"考试"作中心语时，除了表示科目、项目、领域、性质等内容作修饰成分外，数量短语作修饰的定语也较为常见。而在现代汉语中，数词和量词一般紧密结合起来共同修饰中心语。

第二类，"考试"一词中语素的遗漏，仅见偶例。如：

(25) *我打算准备 HSK 考∧。（试）（初级　泰国）
(26) * 比如说在期末∧试的时候，我跟女朋友分手肯定很难过。（考）（高级　日本）

上面两例都是"考试"用作中心语时，其内部语素的遗漏。

### （三）误加

"考"组同素同义词中，单音节词"考"存在误加偏误，未发现"考试"的误加偏误用例。

"考"的误加偏误主要表现在助词误加和补语误加两方面，其中助词误加又可表现为"得"的误加和"了"的误加。先来看助词误加的用例，都出现在初级阶段。如：

(27) *不管考得多少分，我都满意。（初级　老挝）
(28) *现在最重要事是当然考试考得好。（初级　蒙古）
(29) *今天我们有考试，我一定能考了好。（初级　美国）

例（27）是"考"带宾语的用例中，动词和宾语中间误加"得"，这是学习者混淆了带补语和带宾语的用法；例（28）是"考"带结果补语的用例，动词和结果补语中间误加"得"，这是由于学习者混淆了可能补语和结果补语而造成的；例（29）是"考"带结果补语时，动词和结果补语中间误加"了"，这是由于学习者不清楚动词加结果补语中间不得插入其他成分所导致的。

再来看"考"误加补语的用例，仅在中、高级阶段发现此类误加，且都表现为趋向补语"上"的误加。如：

(30) *不过考上大学时候，不料考试考得不好。（中级　韩国）

(31) *有一次我准备考上中学，可是要参加的考试真不容易，所以我心里很紧张。（高级　罗马尼亚）

根据语境，例（30）叙述的是"在考大学"过程中的事件；例（31）叙述的是"考中学"的事件。这两例中都非结果性叙述，都是进行的、未实现的，因此不能使用表示结果性的补语。

## （四）错序

"考"组同素同义词中，双音节词"考试"存在错序偏误，未发现"考"的错序偏误用例。"考""考试"在错序、误加两类偏误中恰好对立分布。

"考试"的错序用例虽然数量不多，但表现较为多样。一是"考试"作主语或宾语时与相搭配的动词错序；二是"考试"作中心语时与定语的错序；三是"考试"一词中名词性语素与补语的错序。

先来看第一类。如：

(32) *幸好我及格了考试。（考试及格了）（中级　日本）

(33) *上个月由于期中考试准备，没有及时回复。（准备期中考试）（中级　韩国）

例（32）是"考试"作主语时与搭配的谓语动词的错序，应为"考试及格了"；例（33）是"考试"作宾语时与相搭配的谓语动词的错序，应为"准备期中考试"。

再来看第二类，"考试"作中心语时与定语的错序，仅在初级阶段发现这类偏误。如：

(34) *他上大学的时候有考试去中国留学的奖学金他犹豫报了名，结果出来了他的愿望终于实现了。（去中国留学的考试）（初级　老挝）

再来看第三类，表现为"考试"中名词性语素"试"与补语的错序。如：

(35) *他用最好的办法，所以他的学生能考试好。（考好试）（初级　俄罗斯）

"考试"作为离合词与结果补语共现时，结果补语应插入"考"和"试"的中间。

## 三、偏误规律与教学建议

学习者"考"组同素同义词的偏误以误代居多，遗漏是二者较典型的偏误类型，而"考""考试"在误加和错序两类偏误中呈对立分布状态。对于学习者来说，在充当非谓语成分时，学习者对"考""考试"两词的选择是最显著的习得难点，"考试"作宾语时相搭配的谓语动词也是学习者容易混淆的项目。除此之外，"考"带补语再加宾语与"考"只带宾语这两种用法，以及"考试"整个词与其内部语素之间的关系，同样会使学习者产生混淆。

为避免或减少"考"组同素同义词的偏误，我们认为，首先，教学中应强调"考""考试"句法分布的典型差异，指出"考"可以带宾语、补语，而"考试"不具有这样的用法，但可以充当主语、宾语、定语和中心语。其次，讲授"考试"作宾语时相搭配的高频谓语动词，尤其要说明"考……考试"是不正确的搭配。再次，注意区分"考"带补语再加宾语与"考"只带宾语这两种用法，前者强调动作支配对象而产生结果，后者侧重动作支配对象的过程展示。最后，重点介绍"考试"整词使用和分开使用的句法环境，防止"考试"在其离析形式的使用中对内部语素的误代。

（乔俊　执笔）

# 玖 同素同义易混淆词"忘""忘记"偏误案例

## 一、"忘"组同素同义词概说

单音节词"忘"和包含相同语素的"忘记"称之为"忘"组同素同义词。吕叔湘主编的《现代汉语八百词》(增订本)(1999:549)将"忘""忘记"的差异归纳为三点:①"忘记"多用于书面,"忘"多用于口语;②"忘"后常带"了","忘记"后常不带"了";③"忘"可用于"得"字句,"忘记"不大这么用。杨寄洲、贾永芬编著《1700对近义词语用法对比》(2005:1188)指出:①"忘"和"忘记"都是及物动词,可以带宾语;②"忘"常用于口语,"忘记"口语和书面语都用。赵新、李英主编《商务馆学汉语近义词词典》(2009:474)比较"忘""忘记"的用法之后,指出:①二者都表示"没记住",可以带宾语、补语,经常可以互换;②带宾语时,"忘"的后面常常有"了","忘记"的后面很少有"了",有"忘记"的句子,"了"一般放在句末;③"忘"后面常带补语,如"忘得了、忘不了、忘掉、忘光、忘得干干净净","忘记"带补语的情况很少;④宾语为双音节词语时,一般用"忘记",不用"忘"。

根据本族语者的语料发现,"忘"组同素同义词都只具有充当谓语的句法功能。

首先,带宾语的用法是"忘""忘记"最重要的句法分布。二者可以带名词性宾语、动词性宾语及小句宾语。如:

(1)十年没见,他也没忘了你们。

(2)站起来的中国没有忘记历史。

(3)不知何时被窗外的风景吸引去了,他忘了继续练习。

(4)淑贞顾不上抹一把鬓发,甚至忘记了该向岳锐和银屏打个招呼,便把匆匆的身影撒到通往崂山的小路上了。

(5)我已经忘了我是怎么认识她的了。

(6) 我忘记1路车已经改回原来的路线了。

其中，当"忘"的宾语是代词宾语、多音节名词性宾语、多音节动词性宾语、小句宾语时，"忘"后的"了"须强制出现；带双音节名词性宾语倾向于其后出现"了"；当"忘记"带多音节名词性宾语及双音节动词性宾语时，"忘记"后才倾向于出现"了"。（乔俊 2017）

其次，"忘""忘记"还可以带补语，但"忘"带补语的能力强于"忘记"，这不仅表现在出现频次，还表现在所带补语类型上，即"忘"能带结果补语、可能补语、情态补语。如：

(7) 你怎么把这件事<u>忘掉</u>了？

(8) 这些古训，我们万万<u>忘不得</u>的。

(9) 我早把他<u>忘得一干二净</u>了。

再次，"忘""忘记"都可以进入"对象客体＋忘/忘记"的句法序列中，其中"忘记"出现的频次多于"忘"。如：

(10) <u>爸爸长什么样子</u>都快忘了。

(11) <u>那一幕</u>我还不能够忘记。

最后，"忘"组词在特殊语境中都可以省略宾语，此时"忘"所占比重超过"忘记"。如：

(12) "我和你的<u>那个约定</u>，你还记得吗？""我没<u>忘</u>。"

(13) 不巧在门口因换衣后没带出入证被拦，本来就厌烦这个三十年出入次次都得掏的<u>证件</u>，而这次又<u>忘记</u>了。

## 二、外国留学生偏误案例

### （一）遗漏

遗漏偏误是"忘""忘记"所在句子中相关成分的遗漏，是其数量最多的偏误类型。其中"忘记"的遗漏高于"忘"。

1. "忘记"遗漏偏误

"忘记"的遗漏偏误表现单一，即"忘记"后面"了"的遗漏。其分布用法表现为两类。一是带名词性宾语时"了"的遗漏。如：

(1) *你不要问我，我忘记∧那个地方的名字。（了）（初级　印尼）

（2）＊他完全忘记∧他不满意的环境和情况。（了）（中级　法国）

（3）＊我看到刚才初降的早雪，就完全忘记∧冬天的短处，白茫茫的一层雪遮盖了房顶，树木，电线。（了）（高级　俄罗斯）

例（1）中的"那个地方的名字"、例（2）中"他不满意的环境和情况"、例（3）中"冬天的短处"都是名词性宾语，因此"忘记"后应当添加"了"。

二是"忘记"处在"对象客体＋忘记"的句法序列中，"忘记"后面"了"的遗漏。仅在中级阶段发现此类偏误。如：

（4）＊上课的时间我忘记∧。（了）（中级　韩国）

在宾语（对象客体）前置的用例中，"忘""忘记"的前面没有出现表否定义的状语时，须加"了"。（乔俊 2017）因此，此例中"忘记"后面须加"了"。

2. "忘"遗漏偏误

"忘"的遗漏偏误表现同样单一，表现为"忘"后面"了"的遗漏，但这些遗漏偏误分布在五种用法中。一是带名词性宾语时遗漏"了"的偏误。如：

（5）＊现在自己生活得很愉快，有老师帮助我，有朋友关心我，让我开心，忘∧难过的地方，不常想念家了。（了）（初级　老挝）

（6）＊如果越来越多的美籍外国人忘∧他们自己的家庭历史，我们会变成没有历史的人。（了）（中级　美国）

（7）＊我们歇歇走走，一路美丽的风景使我们忘∧自己的疲劳。（了）（高级　日本）

前面提到，"忘"带多音节名词性宾语时，不管其形式长度或是否出现语音停顿，"忘"后面的"了"须强制性出现。

二是"忘"带动词性宾语时，"了"的遗漏，仅在中级阶段发现此类偏误。如：

（8）＊你来时，别忘∧多穿点衣服，要不然你一定会感冒。（了）（中级　日本）

"忘"带多音节动词性宾语时，不管陈述的事态是否为已然的，动词后"了"须强制性添加，上例中的"多穿点衣服"是多音节动词性宾语，因此"忘"后应当添加"了"。

三是在"忘"带小句宾语的用法中,"忘"后面遗漏"了",都出现在初级阶段。如:

(9) *我忘∧,她们的名字是 Jina 和 Beca。(了)(初级 印尼)

"忘"带小句宾语时,动词后"了"须强制性出现,它直接制约"忘"带小句宾语的能力。上例中,逗号后面是"忘"的小句宾语,不管是否有停顿,"忘"的后面都要加"了"。

四是在"忘"带结果补语的用法中,结果补语后遗漏"了",仅在中、高级阶段发现此类偏误。如:

(10) *不用说照顾小狗了,他自己连饭都忘掉∧,一直上网,他像一个上网虫似的。(了)(中级 韩国)

(11) *那个美景让我忘掉∧坐车的恐怖,我心情就好了。(了)(高级 韩国)

"忘"带结果补语时,当语境中的事态具有已然性,须在结果补语后面添加"了",表示已实现"忘"的结果状态。例(10)中的"一直上网"说明没有吃饭是已然的;例(11)中"我心情好了"说明前面小句中的美景发挥作用的已然性。因此上述用例中都应在结果补语后面加"了"。

五是在"对象客体+忘"中,遗漏"了",在中级阶段发现此类遗漏。如:

(12) *这件事儿他忘∧。(了)(中级 韩国)

上文提到,在"对象客体+忘/忘记"中,"忘""忘记"前面没有出现表否定义的状语时,它们后面都须出现"了"。此例"忘"是光杆形式出现,前面只有主语,没有表否定义的状语,因此须加"了"。

## (二) 误代

除了遗漏,误代也是"忘"典型的偏误类型。而在"忘记"的偏误用例中,误代偏误较少出现。

1. "忘"误代偏误

"忘"的误代偏误从语言形式上可分为两大类:第一大类是"忘"对"忘记"的误代;第二大类是"忘"自身用法之间或连带成分的误代。

先来看第一大类"忘"误代"忘记"的情况。

"忘"对"忘记"的误代是"忘"主要的偏误类型,这些误代偏误分布在带名词性宾语的用法上。如:

(13) *我不会忘她的。(忘记)(初级 韩国)

(14) *我这一辈子一定不能忘她。(忘记)(中级 越南)

(15) *总的来说,不管我在哪我肯定不会忘南京。(忘记)(高级 塔吉克斯坦)

上面三例中"忘"应改为"忘记"。前面提到,"忘"带代词宾语须强制性出现动词后"了",带双音节名词宾语一般倾向于出现动词后"了";而"忘记"带单、双音节名词性宾语时并没有其后带"了"的强制或倾向性。且上面各例处于较正式、书面的语境中,尤其是例(13)中出现省略关系动词"是"的"是……的"强调句,在这样的语体环境中,"忘记"比"忘"更适合出现,因而我们判定上述各例不是动词后"了"的遗漏,而是"忘"对"忘记"的误代。

再来看第二大类,"忘"自身用法之间的误代或其连带成分的误代。从语言形式上来看,表现为三小类:一是"忘"带情态补语的用法对其带结果补语用法的误代;二是"忘"带可能补语对其否定形式"不忘"的误代;三是"忘"后面时态助词"过"对"了"的误代。

其中,第一小类仅在高级阶段发现此类偏误。如:

(16) *把学过的东西忘得九霄云外了!(到)(高级 日本)

(17) *弟弟早把难过的经历忘得千里之外了。(到)(高级 韩国)

上面两例中情态补语标记"得"都应改为充任结果补语的趋向动词"到"。"到"搭配处所宾语,而"九霄云外""千里之外"都是表处所的词语,前面应搭配"到"。

第二小类是"忘"和高频搭配的可能补语组成的"忘不了"对"不忘"的误代。在高级阶段仅见偶例。如:

(18) *我也写好了今天的课程表,而且忘不了写上了几个目标。(不忘)(高级 越南)

"忘不了"表示"不可能忘","不忘"表示"没有忘记",而上例根据语境,要表达的是"没有忘记"。因此我们判定此例是"忘"带可能补语对"忘"否定形式的误代。

第三小类是"忘"后面的时态助词"过"对"了"的误代，也是仅在高级阶段以个案出现。如：

（19）＊我好像忘过时间似的。（了）（高级　日本）

"忘"搭配表示动作完成的时态助词只能是"了"，而"忘记"只有在否定句中才可以带"过"。但此例不是否定句，无法将"忘"替换成"忘记"，那么只能将"过"改为"了"。

2."忘记"误代偏误

"忘记"的误代偏误不是典型偏误，表现为"忘记"对"忘"的误代，在初、中级阶段出现偶例。如：

（20）＊以后一到了博物馆，古代的建筑物等等，有意思的地方就忘记了累。（忘）（初级　日本）

（21）＊早上走得太匆忙，手机忘记了带。（忘）（中级　韩国）

上面两例中"忘记"应改为"忘"。上文提到，"忘记"带单音节动词宾语时后面不能出现"了"，而"忘"带单音节动词性宾语须出现"了"，这两例是学生将"忘"带单音节动词宾语的用法类推泛化到"忘记"上，从而发生了误代。

### （三）误加偏误

仅"忘记"偏误用例中出现这一类型的偏误，表现为"了"的误加，在初、高级阶段发现此类偏误。如：

（22）＊虽然最近我的朋友忙，但是常常打电话，所以我没忘记了他。（初级　韩国）

（23）＊深夜山里的冷风永远不能忘记了。（高级　韩国）

由于"忘记"进入"没有/未""不"的否定句中作谓语时，"忘记"后面都不出现"了"，所以例（22）是"没"的否定句中"了"的误加。而在例（23）中，表对象客体的成分出现在句首时，且"忘记"前面出现表否定义的状语时，"忘记"后面不能出现"了"，因此也要将"了"去掉。

### （四）错序偏误

仅"忘"偏误用例中出现错序偏误，出现在高级阶段。如：

(24) *怎么还剩下一块蛋糕？妈妈吃忘了吧！（高级　韩国）
此例是"忘"后带"了"与动词宾语的错序，应改为"忘了吃"。

## 三、偏误规律与教学建议

误代和遗漏是"忘"典型的偏误类型；"忘记"的典型偏误是遗漏，误代数量较少。除此之外，"忘"仅见错序偏误的偶例，"忘记"少量偏误属于误加偏误。二者遗漏偏误都表现为"了"的遗漏，但此类偏误"忘"分布的类型较为复杂。误代偏误主要表现为"忘"与"忘记"之间的误代，其中"忘"误代"忘记"居多，此外，误代还表现为"忘"自身用法之间的误代或其连带成分的误代。

对"忘"组词的教学，我们认为，首先，要重点讲解"忘"组词带各类宾语时"了"隐现的情况，尤其是动词后"了"强制性出现的情况要特别关注。其次，注意区别带相同类型宾语用法下"忘""忘记"的差异及使用倾向。再次，要注意对象客体置于句首时，"忘""忘记"后添加"了"的条件。最后，要注意"忘""忘记"不同用法的句法特征及使用倾向。

（乔倓　执笔）

# 拾　同素同义易混淆词"互""相"与"互相（相互）"偏误案例

## 一、"互""相"与"互相（相互）"概说

"互""相""互相""相互"是一组表示交互义的方式副词，这组词的基本语义一致，但句法功能不完全等同。

"互"表示交互义，与其他语素搭配时，有的为不及物动词，如："互爱、互补、互惠"等；有的为及物动词，如"互换、互免、互问"等。"互"可修饰否定结构，如"互不搭理、互不干扰"。同时，"互"也可以构成"互$V_1$互$V_2$"的结构，但与"互"搭配的动词和与"相"搭配的动词多有不同。

"相"可以表示单向义，也可既表示单向义，又表示交互义。当仅表示"单向义"时，与"相"搭配的也是表示单向的动词，如"相传、相告、相看、相陪"等；而表示单向和交互义时，动词也一般是双向的，是一种交互行为，如"相爱、相伴、相差、相交"等。此外，"相"也可以构成一些固定结构，如"相$V_1$相$V_2$""从相$V_1$到相$V_2$"，其中"相$V_1$"和"相$V_2$"是顺承关系。

"互相"与"相互"用法基本一致，暂以"互相"为例讨论。"互相"相对于"相"来说，只有交互义，而没有单向义。"互/相"与同义的"互相"句法功能上的差异主要是单双音节造成的，双音节的活动空间大于单音节，但单音节不是双音节的子集，它部分地与双音节重合，也有些活动空间是双音节所不及的。它们的主要区别为：

（1）"互相"不能和光杆单音节 V 搭配，多与双音节 V 搭配，如"﹡互相爱、﹡互相助"，而"互/相"与双音节 V 搭配受限。

（2）"互相"可修饰并列的 V，如"互相观摩切磋、互相检举揭发"。

（3）"互/相＋单音节 V"和"互相＋双音节 V"互换，如"互相帮助"可变换为"互助"，但这种情况并不多见，很多情况是不能变换的，如"互相讨论"。

(4)"互"可以搭配否定结构,"互相"绝少与否定词共现。与"互"搭配的否定词只能是"不",不能是"没(有)",如"互不干涉"。

(5)"互相(相互)"可作定语,多用在"之间"前,"相互"也可直接修饰名词,如"相互关系"。

## 二、外国留学生偏误案例

留学生在使用"互""相"与"互相(相互)"时,偏误比较集中的是不当用而用和误代两类。这表现出学生对这些词的词义和功能掌握得不够,同时汉语语感还需加强,特别是对词语搭配的音节限制不够敏感。

### (一) 不当用而用

学生误用词语的原因主要是词汇量受限,词汇量的扩增与表达欲不平衡。现有的词汇难以满足其表达需要,且对现有词汇意义的掌握往往是知其大概而不精确。先看下例:

(1) *交朋友最好的方法是<u>互相相信</u>。(初级 韩国)

(2) *我们一家人都应该<u>互相生活</u>。(初级 印尼)

(3) *爸爸和女孩子之间,有<u>互相爱好</u>的感觉。(中级 韩国)

通读以上各例,都能明白学生大概想表达的意思,但这些句子都不当用"互相"。例(1)中的"相信"本身就已经包含了交互义,用"互相"显得冗余,但简单地删去"互相"原句依然不成立。考虑到学生水平,改为"互相信任"较为合适。例(2)中的生活不是强调两两交互的行为,而是一种共同的行为,此处不当用"互相",可改为"共同生活"。例(3)动词"爱好"既不能表达交互义,又不当用于父女关系,因此使用"互相"和"爱好"搭配极为不当,可改为"互相喜欢"。

### (二) 误代

误代类偏误是比较典型的交互类副词使用偏误,总体偏误量较多,主要分为三类,一是交互类副词后动词的误代,二是交互类副词互相误代,三是"互相"与"彼此"误代。前两类误代主要和词语搭配的音节规则有关,也涉及意义上的混淆。由于"互相"和"彼此"在意义和功能上有相通之处也有区别,且学生偏误较多,因而此处单分一类。

1. 交互类副词后动词的误代

(4) *学习的时候我们也互相帮,成绩越来越好……(帮助)(初级 老挝)

(5) *我的家人互相爱,而且我拥有很多好朋友。(爱护)(初级 韩国)

(6) *总之,父母和子女的关系有的时候比较难,但是无论有没有问题,他们都互相爱。(爱护)(中级 法国)

(7) *如果全世界一起来互相帮,应该能解决这个问题。(帮助)(中级 韩国)

(8) *第三个是除了亲戚以外,别的老人跟他们互相拜了。(高级 韩国)

"互相"后接双音节光杆动词,但学生会经常使用单音节动词,特别是"*互相帮、*互相爱"。虽然词义正确,但不符合汉语表达习惯,这说明学生还缺乏语感,特别是对汉语表达中音节的感知。

2. 交互类副词之间的误代

"互""相"和"互相"之间也会产生误代,这主要也跟单双音节有关,"互""相"误代"互相"如:

(9) *我们互帮助在每个地方。(互相)(初级 尼泊尔)

(10) *几个小时后他们相收到了对方的电话号码。(互相)(高级 韩国)

例(9)可以改为"互相帮助",也可以改为"互助"。根据学生水平和教学输入,改为"互相帮助"比较合适,且该例伴随着错序偏误,可改为:

(9)′我们在每个地方都互相帮助。

"互相"误代"互""相"的偏误。如:

(11) *二桥全线包括9座互相通立交,9座特大桥6座大桥……(互通)(中级 巴基斯坦)

(12) *我们的感觉互相通。(互通)(中级 韩国)

(13) *开斋节礼拜后穆斯林们互相致问候,共祝开斋节快乐……

（互致）（高级　也门）

### 3. "互相"与"彼此"误代

虽然"互相"受"彼此"侵染，在意义和功能上都有所关联，但"互相"的副词属性依然明确，还不能做主、宾语。学生的偏误主要分为两种，一是作状语修饰动词时，"互相"后应是光杆动词，若有宾语，则用"彼此"更妥当。如：

（14）＊日本的教育方式是集团方式，意味着对<u>互相提高能力</u>有好处。（中级　日本）

（15）＊这样一来我们可以<u>互相提高能力</u>。（中级　日本）

可以说"互相提高"，但不能说"互相提高能力"。两句可应改为"提高彼此的能力"。

二是"互相"误用作宾语，而实际应用"彼此"。如：

（16）＊没有前后左右，越生气越打<u>互相</u>。（彼此）（中级　韩国）

（17）＊虽然我跟他年龄不一样，想法不一样，但是我跟他之间没有轻视<u>互相</u>……（彼此）（中级　韩国）

（18）＊虽然在公园里的人都不认识<u>相互</u>，但我们都能感到对方的心情。（彼此）（高级　韩国）

### （三）遗漏

遗漏偏误主要包括两类，一是遗漏了交互类副词，二是在"互相＋V"的短语中遗漏了一些必要成分，使其难以完句。遗漏交互类副词的如：

（19）＊虽然我们从不一样的国家来，但是我们还∧帮助。（互相）（初级　印尼）

（20）＊所以每年11月11号的饼干节，男女爱人还有亲密的朋友∧送礼物。（互相）（高级　韩国）

（21）＊这样，我们互相帮助∧学习。（互相）（高级　韩国）

例（19）（20）缺少副词表达交互义，所以可加上"互相"使句义完整。例（21）中"互相"后面的"帮助"不能带宾语，所以这里只能是"互相帮助互相学习"，"学习"前面遗漏了"互相"。

在"互相＋V"的短语中遗漏了必要成分的如：

(22)＊我下课后回宿舍来的时候，学生们都互相说∧关于今天的新年晚会。（着）（高级　蒙古）

(23)＊虽然互相很爱∧，可是他们的精神世界不一样。（高级　韩国）

(24)＊我退役后他去军队，我来中国，所以互相更想∧。（高级　韩国）

例（22）（23）都是说某事，"互相"后面的单音节动词不能是光杆形式，"说"后遗漏了动态助词"着"。同时，与"互相"搭配的单音节动词即使带上状语往往也不能完句，必须再带上宾语或补语才能完句。这里的最后两句的"很爱"和"更想"后面都遗漏了宾语"对方"，补足以后才是合法的句子。例（23）（24）可改为：

(23)′虽然互相爱着对方，可是他们的精神世界不一样。

(24)′我退役后他去军队，我来中国，所以互相更想对方。

### （四）错序

错序偏误总体不多，主要是"互相"和其他状语的语序错误。"互相"的修饰性较强，一般紧贴着动词，所以应该用在"没有""怎样"和能愿动词的后面。如：

(25)＊这都是由于<u>互相没有</u>理解，尊重的态度。（没有互相）（中级　韩国）

(26)＊当时不知道<u>互相怎样</u>尊重。（怎样互相）（中级　韩国）

(27)＊一来这三个地区的经济很发达，二来在时间的方面，这些通货的主要"市场"<u>互相能</u>帮助。（能互相）（高级　日本）

### （五）误加

误加偏误主要有两类，一是"互相"用在含有交互义的"相"之前，显得冗余。如：

(28)＊反正我想说的是，婚姻后<u>互相相</u>处不容易。（高级　韩国）

(29)＊万紫千红的花色和青蓝的天空<u>互相相</u>映……（高级　越南）

二是"互相"修饰的词本身就包含了交互义或词义与"互相"完全不相容。如：

（30）＊一年的时间快结束了，每个人都要<u>相互</u>离开了。（初级　老挝）

（31）＊两个人<u>互相</u>恋爱。（高级　罗马尼亚）

例（30）中的"离开"没有必要与"相互"搭配，这是个体行为。例（31）中"恋爱"本身就是相互的行为，与"互相"搭配显得冗余。

## 三、偏误规律和教学建议

从偏误种类来看，误代是最主要的偏误，主要分为副词后动词的误代、交互类副词互相误代和"互相"与"彼此"误代等三种情况；其次为遗漏，但主要是相关成分的遗漏而非交互义副词本身的遗漏；错序和误加偏误都很少，说明学生对交互类副词语序的把握较好。从出现偏误的学生汉语水平来看，偏误率与汉语水平的提高成正比，即水平越高偏误率越高，且数量较多的误代类偏误也能从一定程度上说明这种单双音节的语内规则的相互迁移比语际迁移更难克服。

根据留学生的习得状况，教师在教学过程中应适当增加对"互""相"的教学安排和输入，这样既可丰富留学生的表达手段也可以尽量避免单双音节误代方面的偏误。同时，应该辨析"互相"与"彼此"的异同，说明"互相"不能充当主宾语。此外，语感的培养，是教学中的一大难点，通过交互类副词的偏误情况不难发现，学生在习得过程中的一大困难就是，虽然词义和句法掌握得比较好，但因为不熟悉音节搭配规则，从而产生诸多偏误。语感培养是在长期的教学过程中慢慢积累的，教师需要提供更多的语言材料和交际环境给学生，以模仿和替代为切入点，多进行情景交际练习。

（王梓秋　执笔）

# 拾壹 易混淆词"有点儿"和"一点儿"偏误案例

## 一、"一点儿"和"有点儿"概说

  副词"有点儿"和数量短语"一点儿"是初级汉语语法里的重点词汇，也是留学生经常混淆的两个语言点。它们在形式上相似、意义上有所关联，留学生在使用中经常出现偏误。

  "有点儿"主要是表示程度低，作为副词可以修饰形容词、心理动词等，而且"有点儿"所修饰的形容词/动词一般情况下表示消极义。"一点儿"主要是表示数量低，作为数量短语常修饰名词，表示量少，也可以作为补语，用于形容词或动词之后。当"一点儿"用于形容词后做补语时，句子常含有比较的意义。"一点儿"可以用于"比"字句，如"A 比 B+Adj+一点儿"。"一点儿"也用于句型"S+一点儿+也/都+不/没+……"表示完全否定。

  "一点儿"和"有点儿"的基本用法如下：

| | | |
|---|---|---|
| 有点儿 | 有点儿+A/AP | 今天有点儿冷。 |
| | 有点儿+V/VP | 你怎么看起来有点儿生病了？ |
| 一点儿 | V+一点儿（+N） | 妈妈买了一点儿吃的。 |
| | A+一点儿 | 我想要大一点儿的。 |
| | X 比 P+Adj+一点儿 | 这本书比那本贵一点儿。 |
| | S+一点儿+也/都+不/没+…… | 这儿的菜一点儿也不好吃。 |

## 二、外国留学生偏误案例

  "一点儿"和"有点儿"词形相似、词义相关，学生很容易混淆二者，出现各类偏误。学生偏误主要分为句式偏误和词语使用偏误两类。

### （一）句式方面的偏误

  "一点儿"可用于一些特殊句式，而"有点儿"没有此类用法。句式方面的偏误主要为不当用特殊句式而使用,当用特殊句式而未使用,句式结构成分的遗漏和错序,"一点儿"和"有点儿"在"比"字句中的互相误代。

1. 不当用而用

学生有时会出现滥用"S+一点儿+也/都+不/没+……",在某些不当用的情况下使用该句式。如:

(1) *她走进教室,<u>一点也不咧开嘴笑</u>,对我们提出很多学习的要求让我们一定要遵守。(中级 越南)

(2) *因为他坐在桌子上,别的人很不舒服,不过<u>他一点儿也不道歉</u>。(中级 韩国)

(3) *我觉得他们这么做,这么穿的衣服,<u>一点儿也没有什么可笑</u>,反而我觉得他们很可怜。(初级 印尼)

例(1)想说明"她"没有笑,但"咧开嘴笑"不适合用该句式表达,因此应当删去"一点儿",改为"没咧开嘴笑"。若保留"一点儿",则可改为"一点儿也没笑"。例(2)想表达"他"完全没有道歉,但"道歉"不能用在"一点儿"的特殊句式中,所以应当改为"他没有道歉"。例(3)中"一点儿也没有什么可笑"使用了两种句式,一是"一点儿"的句式,另一个是"什么"的特殊用法,二者取其一即可,可改为"一点儿也不可笑"或"没有什么可笑的"。

2. 当用而未用

当表达完全否定的时候,学生应该用句式"S+一点儿+也/都+不/没+……",但由于该句式的结构较为复杂,学生未能完全掌握,因而常出现直接只用"没/没有+一点儿+Adj"的偏误。如:

(4) *但是他的<u>没有一点儿高兴</u>……(初级 越南)

(5) *自己总觉得父母太保守了,<u>没有一点儿时髦</u>,做什么都是乡巴老。(初级 柬埔寨)

(6) *很多节目会让人们高兴看着它,<u>一点儿无聊都没有</u>。(初级 印尼)

根据句义,例(4)—(6)应当使用句式"S+一点儿+也/都+不+Adj",因此应当改为:

(4)′但是他<u>一点儿也不高兴</u>……

(5)′自己总觉得父母太保守了，一点儿也不时髦，做什么都是乡巴佬。
(6)′很多节目会让人看着高兴，一点儿也不无聊。

3. 句式结构成分遗漏

在句式"S+一点儿+也/都+不/没+……"中，学生常会遗漏某些成分。如：

(7) *我可能一点儿∧不冷静。（都）（高级）

(8) *……而且一点儿的事∧不肯帮您做。（都）（高级）

4. 句式结构成分错序

在句式"S+一点儿+也/都+不/没+……"中，动词后的宾语应放在"一点儿"后表示极小量，但学生依旧把名词放在动词后，形成"S+一点儿+也/都+不/没+V+N"的偏误句式。如：

(9) *那个时候，我一点儿都不学汉语。（一点儿汉语都不学）（中级 日本）

(10) *但是因为它一点也不吃饭……（一点儿饭也不吃）（高级 日本）

"一点儿"还可用于句式"S+一点儿+N+也/都+没有"，但学生会把N错放在"没有"之后。如：

(11) *我觉得男女分班式教育一点儿也没有好处。（高级）

(12) *我看电视的时候跟朝鲜人一点儿没有沟通问题。（高级 韩国）

根据句式规则，例(11)和(12)可以改为：

(11)′我觉得男女分班式教育一点儿好处也没有。

(12)′我看电视的时候跟朝鲜人一点儿沟通问题也没有。

例(11)和(12)也可将"一点儿"放在名词前，通过否定极小量来表达完全否定，因此也可改为：

(11)″我觉得男女分班式教育没有一点儿好处。

(12)″我看电视的时候跟朝鲜人没有一点儿沟通问题。

5. "比"字句中"一点儿"和"有点儿"的互相误代

"一点儿"和"有点儿"互相误代的偏误种类较多，此处仅讨论句式层面的情况。"一点儿"和"有点儿"在"比"字句中的误代偏误较为集中，学生常用"有点儿"误代"一点儿"，并伴随错序的情况。如：

(13) *她个子很高，比我有点儿小。（初级　韩国）
(14) *我觉得汉语口语比听力有点儿难。（初级　博茨瓦纳）

学生常出现"A 比 B+有点儿+Adj"这样的句式偏误，但根据"比"字句的使用规则，形容词前除了"更/还"等几个副词外，一般不加其他副词。若使用"一点儿"则应该使用句式"A 比 B+Adj+一点儿"，例（13）(14)应改为：

(13)′她个子很高，比我矮一点儿。
(14)′我觉得汉语口语比听力难一点儿。

### (二) 词语使用方面的偏误

"一点儿"和"有点儿"都分别有一些词语使用方面的偏误，包括误代、错序和误加，其中以误代和错序类的偏误最多。"一点儿"和"有点儿"常互相误代，有时也伴随着错序。

1. 误代

误代的情况比较复杂，常出现的是"一点儿"和"有点儿"互相误代的偏误，用"有点儿"误代"一点儿"时常伴随错序。

A. "一点儿"误代"有点儿"

"一点儿"一般不能放在形容词前直接修饰形容词，但学生经常出现此类偏误，用"一点儿"直接修饰形容词。如：

(15) *这是第一次我出国所以当然我觉得一点儿紧张。（有点儿）（初级　美国）
(16) *我觉得中文一点儿难可是很有意思。（有点儿）（初级　丹麦）

例（15）(16) 中的"一点儿"都应当改为"有点儿"。

B. "有点儿"误代"一点儿"

"有点儿"误代"一点儿"的情况分为两种，一种是错用"有点儿"修饰表示积极义的形容词，另一种是错用"有点儿"直接修饰名词。"有点儿"一般不修饰表示积极义的形容词，在表达比较时，应当在形容词后使用"一点儿"。此类偏误如：

(17) *他给太太打电话以后有点儿好。（初级　韩国）
(18) *我们应该给他们机会也让他们的生活有点儿高兴。（高级　古巴）

例（17）和（18）都暗含了两种状态的对比，应当用"一点儿"，应改为：

(17)′他给太太打电话以后好了<u>一点儿</u>。

(18)′我们应该给他们机会也让他们的生活<u>高兴一点儿</u>。

另一种误代是用"有点儿"直接修饰名词，"一点儿"可以修饰名词，构成名词性短语，而"有点儿"不行。此类偏误如：

(19) *打了四五年工，存了<u>有点儿</u>钱就开始想自己开一家饭店。（一点儿）（中级　委内瑞拉）

(20) *如果父母尊重孩子的看法，而且给他们<u>有点儿</u>自由的话，代沟问题并不是难以解决的问题。（一点儿）（高级）

(21) *但我英文呢说得不太好，他也会说<u>有点儿</u>的，所以我今天请一个会说英语的朋友跟我一起帮他。（一点儿）（中级　日本）

例（19）（20）中的"有点儿"应当改为"一点儿"，例（21）是一个"的"字短语，应当用"他也会说一点儿的"。

2. 错序

"有点儿"的错序偏误总体不多。"有点儿"应当放在形容词或心理动词、状态词的前面。如：

(22) *可是<u>有点儿菜不好吃</u>。（菜有点儿不好吃）（初级　韩国）

(23) *在韩国我想去中国的时候我的父母<u>反对有点儿</u>。（有点儿反对）（中级　韩国）

"一点儿"的错序偏误较多，类型也较为复杂。根据学生偏误用例，"一点儿"的错序偏误可分为两类。首先"一点儿"和形容词搭配使用时，应作为补语成分放于形容词之后，但学生常常把"一点儿"错放在形容词前。如：

(24) *过了几分以后，我觉得确实<u>一点儿舒服</u>了。（舒服了一点儿）（初级　韩国）

(25) *当初学习汉语很难后来<u>一点儿容易</u>……（容易一点儿了）（初级　韩国）

"一点儿"不能作形容词的状语，在表达比较含义时，"一点儿"应放在形容词后作补语。

当"一点儿"和名词搭配使用时，学生常出现两种偏误，一是错将

"一点儿"放在名词之后。如：

（26）＊所以她会说韩语一点儿。（说一点儿韩语）（初级　韩国）

（27）＊到现在我会写中文了一点儿。（写一点儿中文了）（初级　老挝）

（28）＊愚公和他的儿子、孙子用东西，每天搬土一点儿。（搬一点儿土）（中级　韩国）

例（26）—（28）都应该把"一点儿"改到名词前，表示量少。此外，学生还会出现把"一点儿"放在动词前的偏误。如：

（29）＊她能一点儿说英语。（说一点儿）（初级　韩国）

（30）＊但是四个月以后，我一点儿可以听也说。（可以听一点儿和说一点儿了）（初级　印尼）

（31）＊而且从小的时候，我一点儿学汉字。（学了一点儿）（中级　韩国）

（32）＊我在韩国做教师的话会多一点儿帮助学生。（帮助一点儿）（高级　韩国）

例（29）—（32）中的"一点儿"都被错放到动词前。"一点儿"应修饰名词，或者充当动词的宾语，指代某些事物的量少。

3. 误加

"一点儿"和"有点儿"的误加类偏误主要是它们与句中其他副词等词类或某些句式在语义上相冲突，使得句义不明。

A．"一点儿"的误加类偏误

（33）＊所以我学汉语一点儿学了三年了。（初级　比利时）

（34）＊天气越来越冷一点儿了。（初级　尼泊尔）

（35）＊那时我一点儿没有什么感觉……（中上　印尼）

例（33）中的"一点儿"和整个时量补语结构不兼容，应删去。例（34）中的"一点儿"和"越来越"语义冲突，应该删去"一点儿"。例（35）的"一点儿"和"没有什么"保留一种表达即可，否则语义重复，表达不明。

B．"有点儿"的误加类偏误

（36）＊得到的学习成绩使我在学校里不必说，甚至在整个镇子上很有点儿有名。（中级　芬兰）

（37）＊心里也变得有点儿暖暖的。（初级　印尼）

例（36）中"有点儿"和副词"很"语义冲突，二者留其一即可。例（37）中有形容词重叠"暖暖的"，形容词重叠形式不再受副词修饰，因此要删去"有点儿"。

## 三、偏误规律和教学建议

"一点儿"和"有点儿"的偏误主要分为两类，一类是句式层面，一类是词语使用层面。在句式上，学生对"S＋一点儿＋也/都＋不/没＋……"的意义和用法掌握得不够，常常出现使用语境不合适的问题。此外，学生在使用该句式时会出现句式结构成分遗漏和错序的情况，表明学生对句式中每个成分的意义和功能掌握得不够熟练，特别是"一点儿"所修饰的名词，常常被错放于动词之后。在"比"字句中，学生常常用"有点儿"误代"一点儿"，并伴随错序偏误。

词汇层面的偏误则主要集中在误代和错序两类。"一点儿"误代"有点儿"时，学生是常将"一点儿"错用为副词，修饰形容词或心理动词。而用"有点儿"误代"一点儿"时，学生则会错用"有点儿"修饰名词来表示量少。在表达暗含比较的语句时，学生也会错用"有点儿"误代"一点儿"，如"＊他给太太打电话以后有点儿好"。这反映出学生仅理解了"有点儿"和"一点儿"的表面含义，对于深层次的意义则掌握得不好，不能根据语境灵活地选用合适的词语。

错序类偏误主要集中在"一点儿"和名词、形容词的搭配上。"一点儿"做形容词补语表示比较时，常被学生错放在形容词前。而和名词搭配表示量少时，学生会错放在名词后和动词前两个位置。

"一点儿"和"有点儿"是初级汉语教学中的重点内容，也是留学生错误率较高的语言点，不少水平达到高级的留学生也会出现这两个词的使用偏误。"一点儿"和"有点儿"的词形相近、意义相关联，这是常常让留学生混淆的重要原因。教学中应当以此为出发点，着力让学生区分它们的不同功能。

"一点儿"的教学安排一般较靠前，学生在接触过"数词＋量词＋名词"后开始学习"一点儿"。"一点儿"的用法比较多，教学先是从

"一点儿+名词"这样的基本用法入手。教师要强调"一点儿"相当于"数词+量词"的用法,强化学生"一点儿"必须置于名词前的概念。在学完"一点儿"的基本用法后,随着学生形容词词汇量的增加,一般教材开始安排"有点儿+Adj"。从学习"有点儿"后,学生开始出现混淆,两个词仅一字之差,对于初级汉语学习者而言,非常容易混乱。教师应一方面强调二者所修饰的词的词性不同,另一方面可通过选词填空、看图造句等有针对性的练习来强化学生的记忆。

"比"字句和句式"S+一点儿+也/都+不/没+……"是初中级语法,但前期基本格式掌握得较好,就比较容易利用学生知识正迁移来引入相关句式。"有点儿+形容词"和"形容词+一点儿"是学生最容易混淆的语言点,这也是造成句式中大量存在误代、错序偏误的原因。教师应当使用语境教学,对比两个句式的差异,特别是"形容词+一点儿"暗含比较的语气。教师可通过小组对话练习、根据场景造句等,训练学生对该句式的掌握。

"S+一点儿+也/都+不/没+……"可细化为以下三个句式:

① S+一点儿+N+也/都+没有
② S+一点儿+N+也/都+不/没+V
③ S+一点儿+也不+Adj

教学时可根据难度,分层分步教学。教师可以利用实物演示法,从句式①入手,让学生体会通过否定最小量来进行完全否定的用法,然后循序渐进地进行句式②和句式③的教学。特别要注意的是,教学中要注意区分"不"和"没"的不同含义。

句式①②③均可分为4个组块:

① (a) 主语+ (b) 一点儿 (N) + (c) 也/都+ (d) 没有
② (a) 主语+ (b) 一点儿 (N) + (c) 也/都+不/没+ (d) V/VP
③ (a) 主语+ (b) 一点儿+ (c) 也不+ (d) Adj

教师可以运用连词成句的练习,打乱四个组块的顺序,让学生进行排序,从而强化对句式中各成分顺序的感知。随后,再进行看图说话等输出训练。

(王梓秋 执笔)

# 拾贰 易混淆代词"每"和"各"偏误案例

## 一、"每"和"各"概说

作为代词,"每"和"各"在意义上相近,但又有区别。它们都是指组成全体的内部任何一个个体,但又关涉到全体。"每"强调所指事物的共性,通常使用每一个个体的特征来指代整体;而"各"侧重于不同点,表示逐指,是整体内个体特征的加和。如:

(1) 每朵花都是红色的。

(2) *各朵花都是红色的。

"每"和"各"在用法上的区别比较明显,具体表现为:

1. 与名词搭配

"每"和名词搭配时一般情况下需要量词(M),即"每+M+N/每+Num+M+N",且通常和副词"都"搭配使用。部分兼为名词和量词的时间词可以和"每"直接搭配,如"年、日、天、分钟、秒"等。另一些时间词与"每"搭配时,量词可用可不用,如"月、星期、小时"等。

与"各"连用的名词主要是组织机构类名词,是否使用量词取决于所接名词的音节数量。单音节名词直接用在"各"后,双音节名词可用可不用量词。"每"也可以与组织机构类名词直接使用,但往往是单音节名词。

2. 与量词搭配

"每"与量词的搭配比较自由,而"各"则受限。"各"可与少量的量词搭配使用,如"个、种、类、样、位"等。

3. 充当的句法成分

"每 X"和"各 X"都可充当主语或主语的定语成分,在此情况下,两者通常可以互换,但"每 X"强调个体间共性,而"各 X"强调差异性。此外,"每 X"还可以充当句子的状语,特别是当 X 为时间词时。"各 X"还可充当句子的宾语或宾语的定语成分。宾语成分往往在句中提供新信息，与体现差异性的"各X"相符合。

## 二、外国留学生偏误案例

### （一）不当用而用

此类偏误主要是代词"每"。学生的偏误用例中，"每X"与句中某些成分在意义上冲突或者重复，使得全句表义不明或累赘。如：

(1) ＊所以，<u>每天</u>我们的关系越来越亲。（初级　韩国）
(2) ＊中国向世界的发展<u>每天</u>越来越好。（初级　韩国）
(3) ＊因为汉语难，所以<u>每天天</u>我很忙，学习很努力。（初级　老挝）
(4) ＊阿Q的<u>每一举一动</u>都明显地表现出这一特点。（高级　越南）

例（1）（2）是"每"和"越来越"同时使用，二者应当取其一即可。"每X"是静态地描述客观事实，而"越来越"是一个动态的过程，二者不兼容。例（3）是"每X"和量词重叠"天天"同时使用，二者在语义上有所重复，应当删去一个，并且在"很忙"前添加副词"都"。例（4）中，"每"和"一举一动"的语义重复，可以改成"每个动作"或者删去"每"。

### （二）遗漏

"每"和"各"都有遗漏类型的偏误，尤其是遗漏副词"都"，而"每"还有不少遗漏量词的偏误。根据语料，总体而言，"每"的偏误数量要远多于"各"。

(5) ＊我想现在中文很重要，每个人∧应该学习。（都）（初级　泰国）
(6) ＊每分钟∧很快乐。（都）（中级　加拿大）
(7) ＊我也知道每个人∧没有时间。（都）（高级　韩国）
(8) ＊"珍珠瀑布"、"犀牛海"各个∧有自己的秀丽。（都）（高级　泰国）

以上各句都遗漏了副词"都"。一般而言，在"每/各X"的句式中,都会使用"都"来强调总括和遍指。

(9) *他常常表扬努力的同学,也鼓励每∧同学。(个)(初级　喀麦隆)

(10) *每∧星期天她∧去电影院看韩国电影。(个,都)(中级　韩国)

(11) *在韩国5月15日是老师节,所以每∧学校∧纪念老师们。(个,都)(高级　韩国)

(12) *每∧出去的时候找一找好吃的东西。(次)(初级　韩国)

例(9)—(11)都遗漏了量词"个",例(12)遗漏了动量词"次"。它们都伴随有遗漏副词"都"的偏误。

### (三) 误代

误代类偏误总体不多,主要集中于"各",特别是"各"与"个"的误代,主要表现为两种,即学生用"各各"误代"各个"和用"各人"误代"个人"。如:

(13) *中国的各各地方都不一样。(各个)(初级　韩国)

(14) *还有目前世界各各国家面对很多危险的现象……(各个)(中级　俄罗斯)

(15) *以后,我要常常去中国各各地方旅游。(各个)(中级　韩国)

(16) *我的学生也越来越多,来自中国的各各地区。(各个)(高级　克罗地亚)

(17) *我认为这说明社会当中各各阶层有不同的人……(各个)(高级　蒙古)

汉语中"各"可以重叠为"各各",表示指代上文或生活中的不止一个的人或事物,"各各"之后往往不加名词。根据语境,可以判断上例(13)—(17)应当使用"各个"来逐指"各个"前整体中的每一个个体,因此都应换为"各个"。

(18) *幸福其实就是一种各人的感觉。(个人)(初级　韩国)

(19) *我想以此寓言来谈谈各人意见。(个人)(高级　蒙古)

例(18)(19)根据句义,表达的个体的"感觉"和"意见",而非逐指，所以应当将"各人"改为"个人"。

### （四）错序

错序类偏误主要集中在"每"，表现为两类偏误，一是"都"的错序，另一个是"每+时间词"的错序。

（20）＊九月十二日后，每天都从八点到十一点五十分上课。（初级 韩国）

（21）＊因为中国菜又便宜又好吃，所以每天都我吃中国菜。（初级 爱尔兰）

副词"都"应当在动词前使用，以上两例应改为：

（20）'九月十二日后，每天从八点到十一点五十分都上课。

（21）'因为中国菜又便宜又好吃，所以每天我都吃中国菜。

"每+时间词"的错序较多，学生往往把它放在句末，这可能来自母语负迁移。如：

（22）＊我有这个课每天。（初级 美国）

（23）＊他在房子里学习每个星期。（初级 也门）

（24）＊我每个星期五次有武术练习。（初级 韩国）

例（22）（23）应将句末的"每天""每个星期"放至主语后，且使用"都"更为通顺。例（24）的"五次"修饰的是"武术练习"。以上各例应改为：

（22）'我每天都有这个课。

（23）'他每个星期都在房子里学习。

（24）'我每个星期都有五次武术练习。

### （五）误加

误加类偏误主要是"每"。"每X"所描述的整体中的个体是均质的，且是一种客观情况，它一般不和表示时态的词连用。学生的偏误主要有三类。

1. 误加频率副词"常常/常"

在"每+时间词"的句子中，学生常常误加频率副词"常常/常"。"每+时间词"是一种动作的规律性发生，而"常常/常"虽然表示频

率,但并不能肯定动作是否具有规律性。它们在语义上重复,应当根据句义删去其一。如:

(25) *我每天常去图书馆看书和听录音课文。(初级 坦桑尼亚)
(26) *每年常常热,但是不太冷,气温20—26之间。(初级 老挝)
(27) *每星期我常常去教堂。(初级 韩国)

2. 误加动态助词"了/过"

"每X",特别是当X为时间词时,全句所描述的是客观事实,通常与时态关系不大。而动态助词"了/过"表示已然或过去的经历,在时态上与"每X"相矛盾,使得全句表义不明,应当删去"了/过"。如:

(28) *还有每课都明白过。(初级 韩国)
(29) *我们每天见面了,互相帮助。(初级 俄罗斯)
(30) *在韩国学中文的人每年增加了。(中级 韩国)
(31) *她为我们每天选择了对我们有兴趣的故事。(高级 古巴)

3. 误加量词

误加量词偏误总体不多。如:

(32) *我真祝她每个天开心和愉快。(初级 韩国)
(33) *妈妈曾经告诉我每个周给她打电话。(初级 越南)

例(32)中的"天"和例(33)中"周"本身为量词,与"每"连用时不需要再加量词"个"。

## 三、偏误规律和教学建议

"每"和"各"的总体习得情况较好,偏误类型较为集中。总体来说,"每"的偏误多于"各",且偏误类型较多,主要表现在不当用而用、遗漏和误加。在不当用而用的偏误用例中,"每X"和句中其他成分在语义上相矛盾,造成表义不明。"每X"的主要作用是通过遍指整体中的每个个体来总括整体特征,具有相对的静态性,而句中其他成分如"越来越"、表已然态或变化的"了"等在语义上与"每X"不兼容,从而造成偏误。

学生的遗漏类偏误主要是副词"都"的缺失,错序类偏误体现为学生常将"每+时间词"放于句末。这两类偏误类型与学生的母语背景有关,目的语中有而母语中没有的语言项目易被学生遗漏,如结构"每X……都……"中的副词"都"就很容易被学生遗漏。

误加类偏误主要有三小类,包括误加副词"常常/常"、动态助词"了/过"和量词。从误加成分的类型上看,学生对"每X"的具体语义掌握得不够全面深入,仅仅和"every"或自己母语的相应语言项目做了简单的对应,并没有理解"每"所表达的强调共性和整体。这也反映出教学的缺失。

在教学中,必须同时兼顾语义和句法。首先,在使用"每X"和"各X"时,教师需要着重强调副词"都",虽然某些情况下副词"都"可有可无,但针对初级汉语的教学以规范为主,可以要求学生必须使用。在语义上,"每X"强调整体和共性,而"各X"侧重于整体中每个个体的特性,教师可以通过下图的方式给学生直观地展示二者语义区别。

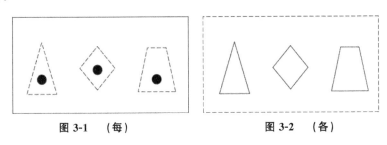

图 3-1 (每)　　　　　图 3-2 (各)

参考李文浩(2016),教师可利用图 3-1 和图 3-2 来解释"每"和"各"的语义内涵。实际运用中,两图中的图形可更换为更为直观的人物形象。图 3-1 可用来展示例句"每个人都有一本书",整体中的每个个体都拥有某种相同的性质或状态,那么通过遍指每个个体,就可以凸显出整体的共性。图 3-2 可用来展示例句"各个国家的文化都不一样",统一于"世界"这个整体的"各个"国家,在文化上的表现是不同的,因此"各"所凸显的是整体中的差异性。

教师可利用图示展示更多例句,使用归纳法,让学生自行画出相关图示,并说出例句,进一步理解"每""各"的语义差异。图示也可解释"每/各"是一种静态的客观描述,不具备动态性,因而不能与频率副词、动态助词同时使用,它们会在语义上产生矛盾。

(王梓秋　执笔)

# 拾叁 其他易混淆词①偏误案例

## 一、易混淆词的界定

易混淆词,是从学习者的角度来看,在汉语理解和使用的过程中,经常混用或误用的两个或更多的词语,比如,应当用甲的时候误用了乙,那么甲和乙就是一对易混淆词。

易混淆词与同义词、近义词之间是交叉关系,也就是说,易混淆词中包含一部分同义词、近义词,但并不是所有的同义词、近义词都是学习者的易混淆词。易混淆词是从学习者的视角来界定的,那些在学习者中介语中使用次数少且生僻的同义词、近义词不会导致混用。此外,导致学习者混淆词语的因素,除了语义,还有语素、词形、发音、母语负迁移、语言接触等等。

易混淆词中误用词出现的频率较高,那些偶尔出现的,没有什么规律可循的词语误用不能归入易混淆词中的误用词;易混淆词不是个别学习者分辨不清的词,而是广泛地分布在多数学习者的汉语中介语中;易混淆词不仅有一对一的混淆,而且还有一对多、多对多交相混淆的复杂情况;易混淆词的误用既可以是单向,也可以是双向的;易混淆词中的成员既可以是复合词,也可以是语素等等,地位层级不一定一致;易混淆词因学习者母语背景的不同会表现出不同的特色。

## 二、汉语中介语易混淆词的主要类型

由于在近义易混淆词偏误案例中已专门讨论了概念意义相同或相近的词语混用或混淆的情况,本案例则讨论近义易混淆词以外的其他易混淆词。分为如下 5 类。

---

① 参见张博等著(2008)《基于中介语语料库的汉语词汇专题研究》,北京:北京大学出版社,1—27。

## (一) 有相同语素的词

语义上关联，并且包含相同语素的词，学习者容易发生混淆。

1. 快乐：愉快

(1) *如果世界上没有困难，生活并没有意义，知道困难才认识幸福，打倒困难才有愉快。(快乐)

(2) *孩子的愉快是父母的幸福，孩子的困难是他们的悲伤。(快乐)

(3) *全家人周末在一起是我心中的愉快。(快乐)

2. 一会儿：一下(儿)

(4) *他们谈了一下儿，就开心地回家了。(一会儿)

(5) *做了一下早操，然后学习。(一会儿)

(6) *还有如果站在对方的立场想一会儿的话，就可以感到平静。(一下)

学习者有时会把"一会儿"误用成"一下(儿)"，有时会把"一下(儿)"误用成"一会儿"，它们是一对双向混用的一对一易混淆词语。

3. 天气：气候：气温

(7) *我们的国家天气很好。每天都很暖和。(气候)

(8) *印尼的天气跟中国的天气完全不一样。(气候)

(9) *哈尔滨的位置是东北边，这里的冬天气候非常冷。(天气)

(10) *西安的中午和晚上的气候差别很大。(气温)

(11) *当时哈尔滨很冷，气候在零下22度。(气温)

(12) *北京的秋天的气候变化太大了，很容易感冒。(气温)

(13) *我觉得，我们在西安玩得最开心，也许因为气温没有北京冷了。(天气)

学习者有时会把这3个词交替混用，它们是一组多对多的易混淆词语。

4. 用意：用途

(14) *我也不知道这种东西有什么用意。(用途)

(15) *从中国古代的词曲到十七、十八世纪欧洲古典音乐，再到现在流行歌曲，最终用意，我认为是帮助大众。(用途)

"用途"是丙级词,"用意"是丁级词,在学习者的偏误用例中,只发现了"用意"用如"用途"的单向误用。这种高等级词对较低等级词的误用,从一定程度上反映了学习者在词汇储备大量扩充的高级学习阶段,词语掌握情况不是十分稳定。

此外,单双音节对立的词也容易混用。如:

5. 看:看见/看到

(16) *我觉得我的女朋友很好,我爸爸妈妈<u>看</u>她肯定喜欢。(看见)

(17) *因为他收集各种刀,所以<u>看</u>那人带着刀,凭力气把那人的刀抢过来。(看见)

(18) *我又一次<u>看</u>没有门的厕所的时候,我要马上去外面。(看到)

(19) *国庆节的时候我总是看电视,因为在国庆节的时候我们可以<u>看</u>我们的英雄。(看到)

(20) *野牛正在野地上随便玩儿,看起来过闲静的生活,到处容易<u>看</u>甘蔗、椰子。(看到)

除了单双音节对立词易混淆外,中介语中有的双音节词还会分别与不同的单音节词混淆。如:

6. 说话:说/话

(21) *八哥可以<u>说话</u>早安,阿里先生,等等。(说)

(22) *老师对我<u>说话</u>了,今天老师不会上课。(说)

(23) *他<u>说话</u>西藏很有意思,他喜欢去佛教寺院。(说)

(24) *只是对熟悉的人说那么多<u>说话</u>。(话)

(25) *拿我的朋友的<u>说话</u>来说,只要画得很多次,就达到自己满足的画。(话)

(26) *他<u>说话</u>不多,但做事很认真。(话)

## (二) 读音相同或相近的词

读音相同或相近的两个或更多的词,也容易使学习者发生混淆,用别的词的词形来记录当用词。

1. 报道:报到

(27) *根据新闻<u>报到</u>,吃了这种食物有害健康。(报道)

(28) *我们也可以从各种各样的<u>报到</u>上知道,吸烟对青少年发育影

响恶劣。(报道)

2. 必须：必需

(29) *他只读到中三就必需出来工作维持家里的生计。(必须)

(30) *虽然我们家的经济条件没有那么好,但他一看别人处于困难的情况,那就不顾一切必需要帮助他们。(必须)

(31) *他要我一切都听从他,起居饮食、言行举止都必需他同意。(必须)

(32) *生活上所必须的英语已经学会。(必需)

3. 文明：闻名：有名

(33) *去中国的人都要去看看世界文明的万里长城。(闻名/有名)

(34) *最文明的是万里长城,很久以前万里长城被秦始皇建设。(闻名/有名)

(35) *南师大是文明的大学,我在这里学习。(有名)

4. 检查：检察

(36) *有什么不舒服,赶紧去医院检察检察吧!(检查)

(37) *我们可以检察妻子的病。(检查)

5. 功夫：工夫

(38) *过了一会儿功夫,他们就打扫好了。(工夫)

(39) *要想学好汉语,必须要花很多功夫。(工夫)

6. 相：像：象

(40) *相古人说过的,"路遥知马力,日久见人心"。(像)

(41) *他的脸上常常挂着相冬天里的阳光一般的笑容。(像)

(42) *父亲快六十岁了,不过他的面貌还象个不到五十岁的人。(像)

(43) *象世界上的任何人一样,我非常爱我的父亲。(像)

从检索到的偏误用例看,读音相同或相近的易混淆词,既有一对一的单向混淆,也有一对一的双向混淆,又有一对多的单向混淆。学习者一般用更常用或词形较简单的词来记录当用词,这样就使两个或更多读音上关联的词发生了混淆。

### （三）词形相近的词

对于拼音文字母语背景的学习者来说，学习汉字这种表意性较强的方块字比较困难。那些看上去相似或接近的词形，虽然在意思上差得很远，但学习者有时还是会混淆。

1. 年纪：年级

（44）＊我是日本人，从北海道来的女性，<u>年级</u>比较大。（年纪）

（45）＊当时差不多<u>年级</u>五十左右的男教师。（年纪）

2. 目前：日前

（46）＊我<u>于目前</u>在报纸上看到贵公司的招聘启事，所以要来应聘广告设计师。（日前）

（47）＊我<u>日前</u>是在美好旅行社当导游，到现在已经干了三年了。（目前）

（48）＊我对<u>日前</u>的工作很感兴趣。（目前）

### （四）母语一词多义对应的汉语词

学习者母语中的一个多义词，不同的义项可能对应汉语中的两个或多个词。学习者学过汉语中的其中一个之后，可能会用这个词表示其对应母语词的其他意思。

1. 用：乘/坐

英语中的 by 有时可以对译为"用"，如 "to pay by cheque（用支票支付）"；还可以对译为"乘坐"，如 "to travel by plane（乘/坐飞机旅行）"，因此，学生往往分不清"用"和"乘/坐"。如：

（49）＊市民应该<u>用</u>公共汽车。（乘/坐）

（50）＊<u>用</u> taxi 是最方便，可是很贵。（乘/坐）

2. 参观：访问/看望/拜访

英语中的 visit 有时对译为"参观"，如："to visit museums（参观博物馆）"；有时对译为"访问，看望，拜访"等相关意思，如："to visit a friend（看望朋友）"。学生有时会认为先学到的"参观"一词和母语 visit 完全等同。如：

（51）＊周末我常常<u>参观</u>我的朋友们。（看望）

(52) *山下的人们听说后,都拿一杯水上来,参观他们的大仙。(拜访)

此外,有些词语在汉语中不完全是同义词,但学生母语的对译词是同一个词。

3. 容易:简单

英语中的 easy 可以对译为"容易""简单"。二者都可以表示"做起来不费事",如:"这事简单/容易;说起来简单/容易,做起来难"。但它们还各有其他的意义,"简单"还有简略、简括的意思;"容易"还可以表示发生某种变化的可能性大。留学生有时会将这两个词在各自的其他意义上发生混淆,当用"简单"时误用为"容易";当用"容易"时又误用为"简单"。如:

(53) *现在我容易地向你介绍一下我们的学校。(简单)
(54) *不经常锻炼身体,很简单累。(容易)

4. 严重:厉害

英语中的 severe 可以对译为"严重",有时也可以对译为"厉害"。留学生很容易将这两个词误用混淆,在表示问题或错误"严重"时,留学生经常会不恰当地使用"厉害"。如:

(55) *也许在某个国家这个问题更厉害。(严重)
(56) *但是随着时间的推移,环境污染越来越厉害。(严重)
(57) *我认为他没有我的错误厉害。(严重)

母语一词多义对应不同汉语词造成的混淆,除了个别易混淆词双向误用之外,一般是用先学到的词表示后学到的词的意思,发生单向误用。但随着学习者词汇量的累积,误用现象会逐渐消失。那些个别双向误用的易混淆词,反映了学习者不完全清楚各个词语的联系和区别。

### (五) 汉外同形词

韩、日语言中都有大量与汉语词同形的汉字词,然而意义和用法却不相同。韩、日学生往往在表达中直接使用母语词,造成母语汉字词同对应的汉语词的混淆。

1. 人间(韩):人间(汉)

韩语"人间"指"人,人类",而汉语"人间"指的是"人世间"。

韩国学生往往表达"人，人类"的意思时选择使用母语词"人间"。如：

（58）＊人间出生后，随着智能的发达，首先对自己周围的事物感兴趣。（人）

（59）＊虽然自然之声是对人间来说最适合的声音，但是并不一定所有的人都喜欢它。（人/人类）

（60）＊要是不能满足粮食的要求，人间决不会幸福。（人类）

2. 新闻（韩）：新闻（汉）

韩语"新闻"指"报纸"，而汉语"新闻"则意为"社会上最新发生的消息"。韩国学生往往在理解和使用这一对同形词时发生混淆。如：

（61）＊根据新闻上的记载，世界人口中一半以上是在贫困生活中的难民，大多数的难民在非洲的恶劣环境下生活。（报纸）

（62）＊新闻、杂志和各种各样的医学研究报告，都说的一样，对身体一点好处都没有。（报纸）

（63）＊电视以及新闻等各种媒体对"吸烟与健康"的报道也引起了政府部门的关注。（报纸）

3. 经验（日）：经验（汉）

日语"经验"在意义和用法上大致对应于汉语"经验"和"经历"两个词，因此，日本学生常将"经验"用作"经历"。如：

（64）＊我来中国以后，第一次经验北京的夏天。（经历）

（65）＊电视给我们提供很多消息，让我们能够看到自己不能经验的各种情况。（经历）

（66）＊另外他经验过关东大地震和战争。（经历）

4. 试验（日）：试验（汉）

日语的"试验"既有汉语的"试验"的意思，又有汉语"考试"的意思，义项多于汉语，日本学生有时会将"试验"用作"考试"。如：

（67）＊星期四我们有汉语试验。（考试）

（68）＊这次听力试验成绩不好。（考试）

韩、日学生在学习这些韩汉、日汉同形词语的时候，较之非汉字文化圈的学生要容易得多，但这种"先入为主"的熟悉印象也容易造成母语负迁移，尤其是这些同形词在意义和用法上不完全一致或完全不一致时，韩、日学生便容易发生混淆。

## 三、偏误规律与教学建议

学习者学习汉语词汇的过程中，在其自身思维和认知图式的影响下，容易混淆意义相同、相近，声音相同、相近，构词语素相同或部分相同，词形相近，母语词与汉语词有极大关联等等诸多类型的词语。有些易混淆词语的影响因素是多重的，可能是意义、读音、词形等多方面相同或相近共同促使学习者在理解和使用上的混淆。学习者易混淆词中的单向误用多于双向误用，单向误用中误用词等级不一定比当用词等级低（如"用意/用途"）；一对一混淆的情况最多，一对多次之，多对多最少。学习者当用甲词的地方误用乙词，究其原因，一是词汇量有限，尚未学到当用词，只能在学过的词中选一个用于表达；二是学习者既学过甲词，也学过乙词，但他不完全清楚何时该用甲、何时该用乙，也不完全清楚何时不该用甲、何时不该用乙。第一种原因产生的易混淆词，会随着学习者词汇量的积累而自然消除；第二种原因产生的易混淆词往往发生双向误用，而且不会自然消除，这正是易混淆词需要关注的重点。

从上述各种易混淆词类型来看，前三类易混淆词的产生主要在于汉语词形音义的关系，后两类易混淆词的产生来自于学习者母语的影响；而且，词语意义相近、有相同语素、母语一词多义对应汉语词这些类型最为普遍。鉴于此，我们在讲解易混淆词语的时候，首先，应该了解一对或一组词发生混淆的地方在哪儿，然后针对具体的混淆点进行讲解，特别是讲解一对一单向误用的情况，不必面面俱到将误用词和当用词的所有义项和用法都重点讲解，而是有选择性地关注误用词误用时意义和用法的情况，然后再和当用词在这方面进行比较讲解，即我们应该"对症"辨析；其次，由于母语词汇知识对学习者影响较大，所以我们应该适当进行词汇的对比分析，找出汉外词语的异同，分析致误原因，重点讲解容易致误的意义和用法，特别是学生母语词不同义项对应不同汉语词的情况，在讲解的时候应该明确地让学习者了解。

（乔俊　执笔）

# 拾肆　熟语之惯用语、成语偏误案例

熟语指的是语言中定型的词组或句子，包括惯用语、成语、谚语、格言、歇后语等。熟语有约定俗成的特点，在使用过程中往往作为一个完整的单位，结构定型，意义完整。汉语熟语的独特之处在于这些固定结构所表示的意义一般不是语素字面意义的简单相加，绝大部分经过抽象概括化，蕴含着中华民族独特的文化传统、思维方式和价值观念，对外国学生来说有一定的学习难度。学习者学习熟语的重点是惯用语和成语。

## 一、惯用语偏误案例

惯用语是指人们口语中短小定型的习惯用语。它具有以下两方面特点：

1. 固定性。惯用语在结构上具有一定的稳定性，是固定词组，具有定型的结构，因此它无论是意义上还是结构上都是完整的、统一的。从语法结构来看，以动宾关系和偏正关系为基本形式。

2. 比较灵活和自由。惯用语的灵活性主要体现在使用时结构和构成成分的变异，内部结构的扩展，其他成分的插入以及像离合词一样的语序移动。惯用语中间可以插入其他成分，尤其是动宾式的惯用语，其内部可以变换不同的定语或补语成分。由于动宾式惯用语与离合词具有相似的语法功能，从这一点可以看出，动宾式惯用语具有离合性。

从使用上来说，惯用语的含义包含表层意义和引申意义两部分，人们在使用中通过表层的字面义，触发联想，从而引申到深层的修辞义，达到形象生动、通俗贴切的语言效果。惯用语具有很大的精练性和鲜明的修辞作用，一般反映着中华民族特有的社会生活、风俗习惯、历史文化等内容，在汉语作为第二语言习得的过程中有一定的挑战性。

### （一）惯用语构成规则

惯用语一般是由三个字构成的动宾短语。如：

1. 动宾式：爱面子、吹牛皮、穿小鞋、开绿灯、扣帽子、炒鱿鱼、挖墙脚、钻空子、挤牙膏、拉后腿、扣帽子、耍花招、敲边鼓、打游击

惯用语还有其他构成格式。如：

2. 述补式：矮半截、蒙在鼓里
3. 连谓式：吃不了兜着走、带着铃铛去做贼
4. 兼语式：赶鸭子上架、有眼不识泰山
5. 联合式：吹胡子瞪眼、穿靴戴帽
6. 主谓式：天晓得、鬼打墙
7. 偏正式：下马威、摇钱树、落汤鸡、满堂红

值得注意的是，动宾式的惯用语，其间可以根据表达的需要插入定语和补语。例如："扣帽子——扣了个大帽子""敲边鼓——敲了一阵子边鼓"。

下面我们从惯用语的内部结构偏误和语用偏误（即不当用而用了惯用语）两方面对偏误案例加以分析。

### （二）惯用语构词偏误

1. 语素误加

由于学习者不了解只有动宾式的惯用语才可以在中间加入定语或补语成分，其他结构类型的惯用语的结构是定型的，从而出现误加偏误。如：

（1）＊赶鸭子上架子。
（2）＊他就喜欢溜须拍马屁。

2. 语素错序

由于学习者不清楚惯用语的结构类型及语素排序，在记忆和习得的过程中出现偏差，从而出现错序偏误。如：

（3）＊这次终于是满红堂。（满堂红）
（4）＊他喜欢吹皮牛。（吹牛皮）
（5）＊每次都空放炮。（放空炮）
（6）＊老板拍桌子，给下级下个马威。（给下级个下马威）
（7）＊我现在成落了汤鸡。（成了落汤鸡）

而偏正结构的惯用语中由动宾结构充当的定语是不能像动宾式惯用

语一样加入定语或补语成分的，因而产生了例（6）（7）一类的偏误。这两例应该分别将"个""了"放到整个惯用语之前。

3. 语素误代

惯用语中的语素是固定的，约定俗成而不能改变的，而学习者往往并不了解，会根据自己的认知，用意义相关或读音相近的其他语素进行替代，从而出现误代偏误。如：

(8) ＊简历没做好，求职时容易踩钉子。（碰）

(9) ＊因为我迟到半个小时，老板就吹了我的鱿鱼。（炒）

(10) ＊谁说你都不听，这可不是在穿牛角尖儿吗？（钻）

(11) ＊这件事我不知道，我被藏在鼓里。（蒙）

### (三) 惯用语语用偏误

外国学生惯用语语用方面的偏误反映在不当用而用了惯用语方面。主要包括对惯用语理性意义的理解错误和对色彩意义的把握不准确。

1. 理性意义偏误

汉语惯用语的意义并不是字面意义的简单相加，而是在字面意义基础上引申、发展而来的新的意义，其中蕴含着中华民族独特的风俗习惯、思维方式、生活经验和价值观念。外国留学生受自身母语和文化环境的影响，在理解和使用汉语惯用语时会出现一定的问题。现将外国学生对汉语惯用语基本意义理解方面的偏误归纳为字面义误作实际意义、语义偏离、语义前后矛盾、语义重复4类。

A. 字面义误作实际意义

语义的双层性是汉语惯用语的一个基本特性。除了字面词语组合表达出来的表层含义以外，惯用语还通过比喻或者引申等手段得出新的深层含义。在生活中，人们往往使用的是惯用语的深层含义，这样就使得惯用语渐渐脱离了它的字面义，具有了约定俗成的引申义或比喻义。留学生在未能准确习得汉语惯用语时，往往不能准确把握隐藏在字面背后的深层含义，而是简单将字面义当作该惯用语的实际意义，在使用中造成偏误。如：

(12) ＊我今天穿小鞋很不舒服，中午打算回去换一下。

(13) ＊他掏腰包，拿出一本书来。

(14) *我晚上想吃炒冷饭。
(15) *他下班晚，每天开夜车回家。
(16) *我没有看见门口的绊脚石，摔了一跤。

B. 语义偏离

语义偏离是指惯用语在句中表意错误或含义不明确，让人在理解时产生困难或存在分歧。这也是学生在接触这类由比喻、引申或借代等方式衍生而来的惯用语时，未能准确把握潜藏在字面背后的基本含义造成的。有些语义偏离的惯用语偏误与说话人原本要表达的意思之间有一定的联系，也有的偏误与其真正含义毫无关联。如：

(17) *在公司他很能干，能顶半边天。
(18) *南京的天气走下坡路了，我们出去玩要多穿衣服。
(19) *老师，很抱歉，这次我没考好。下次我一定努力，走着瞧！
(20) *要是不快一点的话，就来不及参加考试了，老师肯定会炒我鱿鱼。
(21) *快走开，否则我给你敲警钟。

C. 语义前后矛盾

语义前后矛盾指的是在使用惯用语的上下文中，说话人所要表达的实际意思与所使用的惯用语意义完全相反，这也是留学生对惯用语的基本意义理解错误造成的。如：

(22) *他对中国文化这么熟悉，真是半吊子！
(23) *幸好罗丝及时告诉我，我才没有错过这场演唱会，她真是放了马后炮。
(24) *这个饭店非常糟糕，很吊胃口。

D. 语义重复

语义重复，顾名思义即句中使用的惯用语的含义与其他部分的语义相同或相似，构成了重复。如：

(25) *星期天我和我的朋友一起侃大山和聊天。
(26) *很多人说英语时候口头禅的一句话是"oh，my god"。

2. 色彩意义偏误

词语的色彩义是指词语在固有的词汇意义之外，包含的感情色彩、语体色彩、形象色彩、地方色彩、时代色彩等附加意义。在留学生的惯用语色彩义偏误中,以感情色彩和语体色彩两方面的偏误最为明显。

A. 感情色彩义偏误

词语的感情色彩是指词义中蕴含的人们对某事物的主观态度,有喜爱或憎恶、肯定或否定、赞许或贬斥等。惯用语大多是历史上沿用下来的,反映了中华民族的伦理道德观念,因此很多都有鲜明而强烈的感情色彩,且以贬义为主。在使用时若能分清褒贬,对其加以恰当运用,可以达到形象、地道的表达效果;若忽视或者错误地理解了其感情色彩,就会产生偏误,甚至闹出笑话。如:

(27)＊老师很热心,经常管我们的<u>闲事</u>。

(28)＊同屋<u>拍马屁</u>夸我的裙子很漂亮。

(29)＊犯罪集团的<u>主心骨</u>现在被抓住了。

B. 语体色彩义偏误

惯用语一般用在非正式的场合,在语体风格上的特点是浅显易懂,具有鲜明的口语色彩,所以一般在正式场合或政论、新闻等比较正式的公文材料中,我们很少使用惯用语,否则会给人不庄重、不严肃的感觉。留学生若不清楚惯用语的使用场合,就会出现偏差。如:

(30)＊我的爷爷三年前上了<u>西天</u>。

(31)＊他痛快地答应了我们的请求,真是<u>直肠子</u>,我们都非常感谢!

## 二、成语偏误案例

成语是具有结构定型性、意义整体性、文化习用性的固定词组,多为四字格。它与惯用语一样,是现代汉语熟语中的重要组成部分,在表达时具有言简意赅、形象生动的特点。对外国学生来说,成语中蕴含着丰富的历史文化内涵,是他们更深入地了解中国文化、提高汉语水平的一个窗口。但正是因为成语有较强的民族性、凝练性和修辞性,较多地保留了古汉语的成分,对留学生来说有一定的学习难度。在使用中,成语结构往往会产生遗漏、误加、错序和误代偏误;在语用上,往往产生不当用而用的偏误。这些偏误从语义角度来看,表现为理性意义偏误和色彩意义偏误。理性意义方面分为字面义误作实际义、语义偏离、语义重复、语义矛盾几个方面；色彩意义偏误主要表现为词语感情色彩不当。

### (一) 成语构词规则

成语一般由四个字组成，其结构有以下几类：
1. 并列结构：光明磊落、衣食住行
2. 偏正结构：世外桃源、后起之秀
3. 主谓结构：毛遂自荐、百花齐放
4. 动宾结构：包罗万象、顾全大局
5. 补充结构：重于泰山、逍遥法外

下面我们从成语的内部结构偏误和语用偏误（即不当用而用了成语）两方面对偏误案例加以分析。

### (二) 成语结构偏误

1. 语素遗漏

因为学习者不了解成语四字格的固定结构，往往将成语中次要语素忽略掉，从而出现语素残缺的偏误。如：

(1) *不但让来访的贵宾们宾至如归，也让他们对博∧深的中国文化有进一步认识。（博大精深）

(2) *因为那里人很多，特别是休息日的南京东路是∧人海。（人山人海）

(3) *在遇到困难时，只会唉声∧不是最好的解决办法，应该有乐观的精神。（唉声叹气）

(4) *一路上车水马龙，我在∧不觉之中居然在车上睡着了……（不知不觉）

(5) *他一个人生活的时候，对到山底下去挑水的工作他不但没有不满，而且把这件工作看成∧当然的事情。（理所当然）

(6) *它出山，便张开血∧大口，伤害人和动物。（血盆大口）

(7) *他们经常互相帮助，所以彼此之间的关系也越来越好……这给彼此带来的影响是无法∧量的。（无法估量）

(8) *天还没亮，学生和他们的父母带着好多东西，接踵∧来我们

住的破烂的那所小学送行。(接踵而来)

(9) *在地球范围内,每个国家、每个居民都∧无例外关注着环保的问题。(毫无例外)

(10) *贵公司是众所∧知的一家很有知名度,信誉好的旅游公司……(众所周知)

(11) *这条路很长很长,好像几辈子也走不到尽头似的!可是有小青在身边,我战战∧兢地向前赶路。(战战兢兢)

(12) *对于一些得不治∧症的病人,可能安乐死是他们的最好选择。(不治之症)

(13) *说起孩子的成长过程,父母毫无疑问对孩子有举∧轻重的作用。(举足轻重)

2. 语素误加

所误加的偏误语素往往与成语中语素意义相近、相关、搭配相符有关。如:

(14) *她每天过着以泪水洗面的日子。(以泪洗面)

(15) *所以我会不知不觉悟地回答"绿色食品比较重要"。(不知不觉)

(16) *父母跟子女对话的时候,他们不应该固执自己的意见。(固执己见)

(17) *孩子是父母的一部分,父母的一举手一动脚都会影响到孩子。(一举一动)

(18) *作为都市人群中的一小我,正如沧海里的一粟……(沧海一粟)

(19) *虽然王族的生活既痛苦又悲剧,但是他们始终而不渝王族的自尊心。(矢志不渝)

(20) *老师能教的都是一些理论或守则……这是一种潜移而默化的或者说是内化的一种修行。(潜移默化)

3. 语素错序

成语的错序往往是学生知道并想用某个成语,但对其构成语素的顺序记忆有误所造成的。学习者中介语中出现错序的成语有一部分是并列结构的成语,另外,由于有一部分成语中不相邻的两个语素可以组合成词，所以学习者会将这些他们熟悉的成词语素放在一起，改变原来成语的语素顺序，从而发生错序偏误。如：

（21）＊关于这件事我认为言不而喻。（不言而喻）

（22）＊有这样独得天厚的学习环境也是个好机会，怎么能这样动不动就放弃呢？（得天独厚）

（23）＊我的父亲现在开着一个五金行，生意还可以，有的时候供应不求。（供不应求）

（24）＊随着社会各个方面的日异月新地发展，随之而来，人的观念，思维等变化也很大。（日新月异）

（25）＊总之而言，吸烟是社会的一个大问题。（总而言之）

（26）＊在韩国年轻人认为老人是有理有条的。（有条有理）

（27）＊好在经过前几次去买东西，我们已会跟他们还价讨价。（讨价还价）

（28）＊天气非常冷的一个圣诞节夜，一群群人涌出路上，有笑有说……（有说有笑）

（29）＊他们穿着黄、红色的衣服在前面走，后面是年轻人边走边打锣敲鼓。（敲锣打鼓）

（30）＊飞机场里见到她们，我们高兴采烈地拥抱。（兴高采烈）

（31）＊曾经有一个深人感至的故事：在山上的一座庙里，住了一个和尚，他每天都要下山去挑水喝。（感人至深）

（32）＊综所上述，这几年制定的吸烟政策对大家都有很大的帮助，特别是让青少年养成了良好的生活习惯。（综上所述）

（33）＊但是我很喜欢香港的风情人土。（风土人情）

（34）＊三代同堂的家庭已经消失了，代之而取的是夫妻和孩子的核心家庭。（取而代之）

（35）＊周所众知，贩卖毒品是一项严重的罪行。（众所周知）

（36）＊可是老张慢语慢言地说："那好吧！我先来干吧！"（慢言慢语）

4. 语素误代

语素误代包括对汉语成语中一个语素的误代，也包括两个甚至多个语素的误代。偏误语素与目标语素往往是近义关系。如：

(37) *我叫阮德辉，男，是土生土活的海防人。（土生土长）

(38) *富贵和家珍不微不至地照顾凤霞，总是希望以后她有很好的生活。（无微不至）

(39) *她是一个温柔、慈祥、善操家务、非常爱丈夫和孩子的妇女，是一个好妻良母。（贤妻良母）

(40) *这一年我去的地方很多。虽然走马观山地去旅游，但是通过旅游比以前更了解中国文化和地理。（走马观花）

(41) *我认为，做任何事情都不要中途而废……（半途而废）

(42) *信基督教的人来说人的生命就是从上帝而来的。这是不言而晓的原理。（不言而喻）

(43) *看敦煌莫高窟等举世闻名的名胜旧迹、享受新疆独特的饭菜……（名胜古迹）

(44) *可是到三更三夜月亮升起来的时候，士兵们居然都睡觉了。（三更半夜）

(45) *在书柜的左边她种了各种各类的花，有兰花，茉莉花等等。（各种各样）

(46) *只要两代人互相了解，以心比心，互相尊重，我想，什么事情都会迎刃而解，从而使家庭更快乐。（将心比心）

5. 生造成语

主要由于学习者对于目的语规则的泛化而出现此类偏误。学习者通过已经习得的汉语成语的构词规则进行类比造词，因此生造了一些汉语中不存在的成语。如：

(47) *而且我们看不出来他高兴不高兴，他的脸每天一样，一直些显得似气非气的样子。（类比"似懂非懂"造词，但汉语中没有这个意思的对应词）

(48) *我吃得津津有味，在那时候，我乐极忘形，间接不断地吃个不停……（"乐极生悲"和"得意忘形"的杂糅）

**（三）成语语用偏误**

外国学生成语语用方面的偏误反映在不当用而用了成语。主要表现为理性意义偏误和色彩意义偏误。

1. 理性意义偏误

A. 字面义误作实际义

"表意的双层性"是成语的重要特征,大多数成语的意义不是其字面意义的简单相加,而是高度凝练的产物。成语的字面义具有的往往是比较形象的比喻作用或是让人产生联想的作用,引导人们透过字面义来理解其隐藏在内层的真实含义。外国学生使用成语时,往往会望文生义,将成语的整体意义理解为字面意义的简单相加,忽略成语的引申义和比喻义,从而产生偏误。如:

(49) *他沉默寡言了一会儿,又继续谈了下去。

(50) *由于流行歌曲好听,曲词有声有色,逐渐被人们所知。

(51) *游览长江,很多人同舟共济地玩。

(52) *所以我们自己的义务不能推给别人,应有尽有。

(53) *古丽老师每天忙得不得了,但她外强中干,终于病倒了。

(54) *你以后不要病了,天长地久地活下去吧!

B. 语义偏离

语义偏离指的是使用的成语的意义与所要表达的客观意思不相符。如:

(55) *有人认为,女人结了婚就应当把家打理得头头是道,以此来取悦丈夫。

(56) *因为生活的压力,孩子往往自身难保,两袖清风,哪有多余的钱养父母。

(57) *我们应该以身作则地去为他们设想,如果是自己遇到这样的情况呢?

(58) *他们从事的是那些见不得人的勾当,一旦被捕,后果将不堪入目,就算不判死刑也要去蹲监狱。

(59) *一家人过得一团和气,倒也乐呵。

(60) *老师让不省人事的学生考上大学。

(61) *祖父去年年中与世隔绝,我们全家都很悲痛。

C. 语义重复

语义重复即成语中部分语素或整体与句中已有成分构成重复,应该去掉成语或与其重复的成分。如:

(62) *他的言外之意的意思是不想和我交朋友。(言外之意是/意思是)

(63) *我认为这种情况是一言难尽、很难说的问题。(是很难说的问题)

(64) *因此,父母的每一举一动都会影响着孩子的行为举止。(每一个举动都/一举一动都)

(65) *如果得了一种不治之症、一种不可救药的病,那当然自己和周围的人都会感到十分痛苦。(一种不治之症/一种不可救药的病)

(66) *每个做父母的都希望自己的孩子望子成龙,因此,他们从小就给孩子最好的教育。(都望子成龙)

(67) *我想要去那里工作,可是心愿不能如愿以偿。(可是不能如愿以偿)

D. 语义矛盾

语义矛盾指的是所使用的成语的意思和句子中要表达的客观意思互相冲突。如:

(68) *他昨天三天两头去医院。

(69) *带着问题看书,你就会收到事倍功半的效果。

(70) *倘若贵社录用敝人,本人以一臂之力为贵社的发展赴汤蹈火、在所不辞。

(71) *她在闲暇时刻不耻下问地向饱读诗书的弟弟请教。

(72) *那些听了几十年都听不厌的歌曲,跟现在的流行歌曲比起,简直大同小异,以前的是那么深奥,现在的毫无意义。

2. 色彩意义偏误

所见用例主要是感情色彩偏误。如:

(73) *因为在一些富裕的国度里,浪费现象也是令人叹为观止的。

(74) *吸烟会给个人健康带来不良影响,例如举世闻名的癌症,不能怀孕或生残疾的孩子等等。

(75) *我们平常说话要注意学会巧言令色,这样才能和大家成为朋友。

(76) *无论在电视上,街上或是在朋友的家里,流行歌曲无孔不入。

## 三、偏误规律与教学建议

1. 惯用语结构偏误规律及教学建议

从发现的学习者中介语惯用语构词偏误用例来看，语素误代偏误最多，误加和错序次之。由于语料的限制，目前尚未发现惯用语结构成分遗漏的偏误用例。学习者不了解惯用语的构词特点及结构类型，是学习者出现惯用语构词偏误最主要的原因。鉴于此，教师在讲解惯用语时，要重点让学生牢记惯用语的固定结构和语素，采用语块教学的方法，使学生整体识记。对于可以拆解的动宾式惯用语，讲解时应类比离合词的教学，使学生了解如何加入成分，加入什么成分，在哪里拆解，从而使学生掌握惯用语，避免构词方面的偏误。

2. 成语结构偏误规律及教学建议

成语作为一种固定短语，具有稳定性，这表现在结构、语素、顺序等方面。学习者由于对于成语的性质特点没有充分的认识，错序、误代的偏误最多，误加、遗漏次之，生造成语最少。鉴于此，教师在讲解成语的构造时，要重点告诉学生成语一般是一种凝固的四字结构，必须沿用原型，不能随意变换和增减其中的成分，应该作为一个整体来让学生识记，从而使学生掌握成语，避免构词方面的偏误。

3. 惯用语、成语语用偏误规律及其教学建议

综合来看，外国学生对惯用语和成语的语用偏误主要体现为词语理性意义理解偏误和词语色彩意义的使用偏误。通过中介语语料的检索，我们发现学生在熟语的理性意义上常犯的偏误表现为将熟语的字面义误作实际意义、所用熟语语义不明、语义重复、语义前后矛盾等几方面，在色彩意义上表现为感情色彩使用偏误和语体色彩使用偏误。

对此，针对熟语的教学：

首先，要让学生在明确构词规则、词性的基础上，对熟语的字面意义和引申意义、理性意义和色彩意义有准确的了解，不仅明确熟语的具体含义，还通晓该词在何种语体下使用，体现的是什么样的感情色彩。

其次，在讲解熟语的意义时进行适当的文化导入，在语言教学的基础上进行文化教学，帮助他们了解熟语的文化背景或渊源，充分理解熟

语的内涵，达到更好地运用熟语进行语言交流、文化交际的目的。

再次，采用情景教学，不仅讲解熟语的意义，而且仿照真实的语境进行交际，帮助学生更深刻地体会熟语的形象性，更快地掌握词语的引申意义，并达到更好的记忆效果。

最后，结合大量的练习进行教学，鼓励学生在日常口语和书面写作中多尝试使用熟语，让其意识到熟语的使用可以让他们的汉语交际更加精确地道、生动活泼。

（林欣、杨奕、颜明　执笔）

# 第四编 汉语词类偏误案例

- 零　现代汉语词类概说
- 壹　方位词偏误案例
- 贰　数量词偏误案例
- 叁　代词偏误案例
- 肆　动作动词偏误案例
- 伍　能愿动词偏误案例
- 陆　心理动词偏误案例
- 柒　形容词偏误案例
- 捌　区别词偏误案例
- 玖　程度副词偏误案例
- 拾　频率副词偏误案例
- 拾壹　范围副词偏误案例
- 拾贰　时间介词偏误案例
- 拾叁　空间介词偏误案例
- 拾肆　对象介词偏误案例
- 拾伍　依据介词偏误案例
- 拾陆　缘由介词偏误案例
- 拾柒　并列连词偏误案例
- 拾捌　选择连词偏误案例
- 拾玖　递进连词偏误案例
- 贰拾　因果连词偏误案例
- 贰拾壹　转折连词偏误案例
- 贰拾贰　动态助词"了"偏误案例
- 贰拾叁　动态助词"着"偏误案例
- 贰拾肆　动态助词"过"偏误案例
- 贰拾伍　结构助词"的"偏误案例
- 贰拾陆　词语重叠偏误案例

# 零　现代汉语词类概说

词类是指语法上的词在语言结构中表现出来的类别。语法上区别词类是为了说明语言的构造规则。一般来说，词类的划分有形态、意义和功能三个标准。汉语词既缺乏严格意义的形态变化，意义的区分作用又十分有限，所以我们对汉语词类的划分主要采用词的语法功能标准。所谓词的语法功能，是指该词能够跟哪些词组合，不能跟哪些词组合的能力。

汉语词按语法功能分类，分为实词和虚词两大基本类别。实词能够单独充当句法成分，如"汉语、学习、认真"等；虚词不能单独充当句法成分，如"在、但是、了"等。虚词只能依附于实词才能进入句法结构。因虚词使用的不同，句子表达的意思也会不同。如："我吃着饭""我吃了饭""我吃过饭"。

实词大类中包括名词、动词、形容词、数词、量词、代词、区别词、副词、叹词、拟声词等。虚词大类中包括介词、连词、助词、语气词等。虚词与实词相比，具有封闭、黏着、定位的特点。一般来说，名词、动词、形容词是典型的实词；连词、助词是典型的虚词。

从我们对留学生中介语书面语料的偏误考察来看，实词的偏误倾向于同义易混淆词的误代及其搭配成分的遗漏或误加；虚词的偏误倾向于该词本身的遗漏、误加或与同类功能词之间的误代。

（乔俊　执笔）

# 壹 方位词偏误案例

## 一、方位词概说

方位词是名词的一个次类。方位词分为单纯方位词和合成方位词。其中单纯方位词16个，合成方位词70个。

单纯方位词：

上、下、前、后、左、右、东、西、南、北、里、内、外、中、间、旁

合成方位词：

"X头"：上头、下头、前头、后头、东头、西头、南头、北头、里头、外头

"X边"：上边、下边、前边、后边、东边、西边、南边、北边、里边、外边、左边、右边、旁边

"X面"：上面、下面、前面、后面、东面、西面、南面、北面、里面、外面、左面、右面

"之X"：之上、之下、之前、之后、之东、之西、之南、之北、之内、之外、之中、之间

"以X"：以上、以下、以前、以后、以东、以南、以北、以内、以外

并列：上下、左右、前后、里外、内外、东南、西北、东北、西南

其他：底下、周围、附近、中间

虽同属方位词，但不同词的语义和句法上存在差异，不同词的语义引申能力也不一样。"上、下"与"头、边、面、之"构成的合成方位词，"并列"合成方位词与"其他"合成方位词可以表示空间和隐喻义；"上、下"与"以"构成的合成方位词可以表示空间、时间和数量；"前、后"与"头、边、面、之"构成的合成方位词可以表示空间，与"以"构成的合成方位词可以表示时间；"东、西、南、北"与"头、边、面、之、以"构成的合成方位词只能表示空间；"里、中、内、外、间"与

"头、边、面"构成的方位词可以表示空间,与"之、以"构成的合成方位词可以表示空间、时间和数量;"上下、左右、内外"可以表示空间、数量和其他隐喻义,此外,"左右"还可以表示时间;"里外、东南、西北、东北、西南、周围、附近"只能表示空间。

不同的方位词在用法上也有同有异。单纯方位词一般不单用,只有在表示对称方向的特殊条件下才可以单用。合成方位词里"X头""X边""X面"和"其他"类可以单用;"之X""以X"类除了少数(以上、以下、以前、以后)可以单用外,一般不能单用;"并列"类除"上下、左右、前后、内外"不能单用外,其余都可单用。此外,方位词可与介词构成框式结构"P+Q+F"(P为介词,Q为其他成分,F为方位词),其中P主要为"在、从、向、往、朝、于","在+Q+F"结构使用频率最高。在这一固定结构中,方位词有时必加,有时不能加,有时可加可不加。

## 二、外国留学生偏误案例

### (一) 遗漏

遗漏是方位词的典型偏误,数量最多,在不同的学习阶段均有体现。

1. 主要是框式结构中方位词的遗漏,特别是"里、上、中"等使用频率较高的方位词最容易遗漏。如:

(1) *去年她在自己种的花园∧忙着。(里)(中级 古巴)

(2) *到处容易遇到像从电视箱∧走出来的一样漂亮的美女们。(里)(中级 韩国)

(3) *特别是今年1月6号,我从心∧觉得来到南京太好了。(高级 日本)(里)

(4) *在地球∧有很多生命体。(上)(中级 韩国)

(5) *有一天晚上,我躺在床∧看书。(上)(初级 韩国)

(6) *在火车∧我一个人是日本人。(上)(初级 日本)

(7) *在我的一生∧他是一个难忘的老师。(中)(初级 尼泊尔)

(8) *一天早晨马林点起火,她的小孩也在火炉∧,为了减轻冷的天气。(旁/旁边)(中级 泰国)

(9) *那时候是夏天的4、5点钟,我从飞机的窗户∧看见了很美丽的风景。(里)(高级 韩国)

(10) *但是现在比以前好多了,在老师的帮助∧,我的汉语水平越来越好。(下)(初级 毛里塔尼亚)

(11) *在奶奶家的大门∧有一颗大树。(前)(高级 韩国)

2. 单个方位词的遗漏,特别是"里、上、中"等日常生活中最常见的空间类型方位词。如:

(12) *有一天,在街上她看到一位老人,手∧拿着很多东西看样子很累。(里)(初级 越南)

(13) *高兴是生活∧最重要的事情。(中)(初级 尼泊尔)

(14) *介绍东京的杂志,电视节目∧经常会看到。(上)(中级 日本)

(15) *大城市鼠赶快带朋友进墙上的一个洞∧去。(里)(高级 韩国)

3. 框式结构中介词的遗漏,主要是"在"的遗漏。如:

(16) *坐∧火车上,朋友的脸色是苍白。(在)(初级 韩国)

(17) *所以我觉得∧这样的关系中父母对待孩子的方面上应该没问题。(在)(中级 韩国)

(18) *∧韩国悠久的历史上首尔是古代王朝的重要城市,所以有很多可看的名胜古迹。(在)(中级 韩国)

## (二)误代

误代是仅次于遗漏的比较典型的偏误。

1. 主要是方位词与语素相同或语义相近的其他语法成分的误代。如:

(19) *到黄山首先去饭馆吃饭,以后出发了。(然后)(初级 韩国)

(20) *我心地很痛苦。(心里)(初级 孟加拉国)

(21) *我的班中,除了我以外都是女学生。(上)(中级 日本)

(22) *我想每个孩子成人以后发现他所有的东西其中有唯一的、最

可贵的、特别的物体。(中)(高级 俄罗斯)

(23) *你想赛几趟跑,跌倒在柔软的雪里,让它周围你,以后仰面躺着看灿烂的太阳和蓝天。(包围)(高级 俄罗斯)

(24) *走路中一边吃水果一边聊天儿。(时)(高级 韩国)

2. 不同方位词的误代,主要是"上"和"下"的误用,"内"误代"里"或者"里面","之间"误代"之中","上"误代"上面","外"误代"外面"等。如:

(25) *在我朋友的鼓励上我很快适应了中国的生活,我的汉语说得也很熟练了。(下)(初级 坦桑尼亚)

(26) *但是这么悠久的岁月内造成的历史也现在为了人的原因来越来越破坏了。(里)(高级 日本)

(27) *我上的五门课之间,我觉得最难的是《报刊基础》和《新闻听力》。(之中)(中级 美国)

(28) *新家院子里摆着一张桌子,上放着许多水果、点心等。(上面)(初级 韩国)

(29) *在屋子外,一面喝咖啡,俯瞰着汉城的整个地方。(外面)(高级 韩国)

### (三) 误加

误加也是外国学生使用方位词常出现的偏误,分为以下3种情况:

1. 在国名、地名后加上"里""内"等词,以"里"最多。如:

(30) *她跟我说"我找到工作了。"我很高兴以为她工作的地方是在韩国里。(初级 韩国)

(31) *有时跟朋友们到南京里有名的地方去旅行。(初级 韩国)

(32) *海印寺是韩国内三大寺中之一……(高级 韩国)

2. 同时使用两个方位词,应去除其一。如:

(33) *我刚来南京时,心里里面有担心和期待,我从来没离开日本那么很长时间,所以我非常担心可不可以适应这边的生活。(心里/心里面)(中级 日本)

(34) *以后十年多她在我心里的中间。(心中/心里)(中级 韩国)

3. 其他不必使用方位词而造成的误加,主要是"里、中、上"等的误加。如：

（35）*对我家中来说跟父母说话时间不多，不习惯了。（中级　韩国）

（36）*我感到有人拍我的肩上，就被惊醒过来了。（高级　罗马尼亚）

### (四) 错序

错序是偏误最少的类型，多出现在初级阶段。

1. 主要是方位词与前面的名词性成分的错序。如：

（37）*一天，晚上买啤酒马路下灯我跟朋友喝啤酒。（路灯下）（初级　韩国）

（38）*以外我们去长城，颐和园，和天坛等等。（我们去长城以外，还去）（初级　韩国）

（39）*我学习很长的时间，每天左右四个小时，但是结果真不好。（四个小时左右）（中级　西班牙）

（40）*我不是不想跟他见面，心里我非常想念他。（我心里）（中级　吉尔吉斯斯坦）

（41）*西安是以前1000年的古代首都，所以名胜古迹也多。（1000年以前）（高级　韩国）

2. 合成方位词内部错序。如：

（42）*其中最想的旅行是在韩国南西的两种岛：红岛、黑山岛。（西南）（初级　韩国）

（43）*1945年8月6日离爆炸中心北西约150米严重破坏。（西北）（高级　日本）

（44）*朝鲜半岛北部的高句丽、西部的百济、南东部的新罗都希望占有中原地区。（东南部）（高级　韩国）

## 三、偏误规律与教学建议

从数量上看，方位词偏误类型从多到少的顺序是：遗漏—误代—误加—错序，各类偏误的规律很明显。

遗漏在不同的学习阶段均有体现，但初、中、高阶段逐级下降。遗漏主要集中于框式结构，包括框式结构中方位词的遗漏和介词的遗漏，这说明框式结构是教学的重点和难点，教师应该多加注意。日常生活中最常见的"里、上、中"等空间类型方位词的遗漏也较多，教学中应该引起注意，不能因为常见而忽略。

误代主要是方位词与形近或义近的词语之间的误代，其次是不同方位词之间的误代。其中，方位词与形近或义近的词语之间的误代在初、中、高阶段呈"U"形分布，教学中应该引起高度的重视。不同方位词之间的误代随学习阶段的发展呈逐级下降趋势，说明学生掌握情况较好。

误加是方位词常见的偏误，主要是在国名、地名后加上"里""内"等词，以及同时使用两个方位词所造成的冗余。这种偏误在初、中、高阶段随学习阶段的发展呈逐级上升趋势，但是规律性较强，从初级阶段就应引起高度重视，以减少此类偏误的出现。

错序的数量比较少，主要是方位词与前面的名词性成分的错序和合成方位词内部错序。这类偏误多出现在初级阶段，说明教师在教学初始阶段就应引起重视，注意讲解正确的用法，以减少偏误的出现。

（崔金叶　执笔）

# 贰 数量词偏误案例

## 一、数量词概说

数词表示数目和次序。表示数目的是基数词,包括系数词"一、二、三、四、五、六、七、八、九、十、两"和位数词"十、百、千、万、亿"等;表示次序的是序数词,典型的序数词由系数词或复合基数词前加"第"构成,如"第一、第二……第三十……"。量词表示计量单位,分名量词和动量词两类。名量词表示人或事物的单位,如"个、位、只、双、对、丈、尺"等;动量词表示动作的次数,如"次、回、下、番、遍、趟"等。

在数量词中,不同数量词的表义存在异同。"一"类基数词表示数目的多少,"第一"类序数词表示次序的前后,二者不存在互换关系。"俩"是"两个"的合音,不能再加量词,也不能互相替换。名量词表示人或事物的单位,以"个"最常用;动量词表示动作的次数,如"次、遍"等。

此外,不同的数量词的用法也有同有异。数词"二"和"两"都既可以用于数字中,又可以用于量词前。但用于表示数字、序号和号码时,一般用"二","两"只能用在"百、千、万、亿"之前;在量词和一些可以作量词的名词前一般都用"两",在表示重量、长度和容量的量词前也可以用"二"。量词总是出现在数词后边,二者组成数量短语,或者与指示代词组成指量短语。"口、名、位、个"都是可以用于人的量词:"口"用于人时,一般只用于说家里一共有多少人;"名"只用于说人的某种身份;"位"一般表示尊敬、礼貌;"个"用于人时范围很广,语气较随便,口语性很强;另外,"个"可以重叠。

## 二、外国留学生偏误案例

### (一) 数词

1. 误代

误代是数词的典型偏误,数量最多,主要是用"二"误代"两"。如:

（1）＊二年前，我去过西北大学在西安学习了一个月汉语。（两）（初级　日本）

（2）＊我二岁的时候，去日本了。（两）（初级　韩国）

（3）＊我没有中国朋友，我有二个英国朋友。（两）（初级　刚果）

（4）＊我去过那儿二次。（两）（初级　韩国）

（5）＊其中三门是必修课，另二门课是选修课。（两）（中级　蒙古）

（6）＊这部电影我看了二次。（两）（中级　韩国）

（7）＊大概二年前在大学校里见他。（两）（中级　韩国）

（8）＊他是个比我小二岁的男性。（两）（中级　日本）

（9）＊我在中国已经差不多二年半了。（两）（高级　韩国）

（10）＊大哥在京都大学附近看见了二只小猫。（两）（高级　日本）

（11）＊东京市场有二种代表性的股票指数。（两）（高级　日本）

（12）＊在屋顶上铺盖好瓦，上面有二个烟筒。（两）（高级　韩国）

其次是数词"两"和"俩"的相互误代，多出现在高级阶段。如：

（13）＊每天我们俩个喜欢去菜场买点菜。（两）（初级　老挝）

（14）＊我们两分手离开了，我也到中国来留学了，但我们还继续联系。（俩）（中级　老挝）

（15）＊他们两结婚以后不习惯岛国的生活习惯，那发生麻烦了。（俩）（高级　韩国）

（16）＊我们两一见面马上就开始谈恋爱。（俩）（高级　老挝）

（17）＊我们两12点钟一起去市场买东西。（俩）（高级　韩国）

（18）＊它对他们俩说"尊敬你们俩位，能不能带我去发生过的地方？"（两）（高级　老挝）

最后是基数词和序数词的相互误代。如：

（19）＊初中生的时候他来中国学习汉语，一次来的时候，他说汉语说得不好……（第一）（初级　韩国）

（20）＊还记得我上小学的第一年级的那年。（一）（高级　越南）

2. 遗漏

遗漏也属于比较典型的偏误，主要是系数词"一"的遗漏，多出现在初级阶段。如：

（21）＊我的∧个弟弟在银行工作，是职员。（一）（初级　布隆迪）

(22) *我最难过的∧件事是我的奶奶去世的事。(一)(初级 韩国)
(23) *那天我那么高兴,尽管我心里很难过但是那天是我最愉快的∧天,因为我来中国留学。(一)(初级 孟加拉国)
(24) *这天一定是很难忘的∧天。(一)(初级 美国)
(25) *所以登山前∧天晚上高兴得睡不着觉了。(一)(高级 韩国)

其次是位数词"十"的遗漏,这类偏误也多出现在初级阶段。如:
(26) *现在他是二∧一岁。(十)(初级 阿富汗)
(27) *每天四点半起床,他是四∧八岁,我的同屋。(十)(初级 韩国)
(28) *她是二∧二岁。(十)(初级 韩国)

3. 误加

误加主要是位数词"十"。如:
(29) *他的个子是一米七十,眼睛很小,样子还好。(初级 韩国)
(30) *他是我高中的时候的一位老师,他的身高超过一米八十,是一个身体很大的人物。(高级 日本)

其次是系数词"一"。如:
(31) *我想买一半斤苹果,多少钱?
(32) *他喝了一半杯水。

4. 错序

错序是出现最少的偏误类型,这类偏误多出现在初、中级阶段。错序有数词与前后搭配成分的错序,有数词内部成分的错序。

主要的错序类型是数词与前后搭配成分的错序。如:
(33) *她是岁四十。(四十岁)(初级 韩国)
(34) *我已经五个月多住南京,越来越习惯中国生活。(住南京五个多月)(初级 韩国)
(35) *我安慰他半多个小时。(半个多)(中级 韩国)

其次是数词内部成分的错序,这样的偏误较少。如:
(36) *那个城市是我一第次来的时候很小的一个城市。(第一)(中级 韩国)
(37) *二第,她喜欢足球。(第二)(初级 日本)

## (二) 量词

### 1. 误代

量词的典型偏误是误代，数量最多，在不同的学习阶段都有体现，主要是"个"泛化而误代其他名量词。如：

(38) *老师说CD便宜的事不好，可是对我来说是一个好事。(件)（初级　韩国）

(39) *山上有一个河叫"天河"。(条)（初级　韩国）

(40) *以前我读过什么书，那个书让我感动得说不出来。(本)（初级　韩国）

(41) *我的宿舍有八个楼。(层)（初级　斯里兰卡）

(42) *那个信不仅让我感动，还让我高兴。(封)（初级　韩国）

(43) *第二天我们去游泳的时候，我看到了几个吃草的马。(匹)（中级　俄罗斯）

(44) *我已经换了一个新电话卡，可是像被上面欺负似的，第一次第二次打不过去，但是还算我的钱。(张)（中级　泰国）

(45) *我的朋友带我到路边，等着那个车的主人。(辆)（中级　韩国）

(46) *天使就选了好几个花。(朵)（中级　越南）

(47) *我想学一个外国语。(种)（初级　韩国）

(48) *我在找那样又快又小的虫，我发现一个蜂，它就被我看中了。(只)（高级　韩国）

(49) *他们的农村后边有一个山，前边有一条河。(座)（高级　韩国）

(50) *我白天在几家药店买了70多个安眠药。(片)（高级　韩国）

其次是量词"个"与动量词的相互误代。先看用"个"误代动量词：

(51) *虽然我这个考试考得不太好，我更加了解了考试。(次)（初级　尼泊尔）

(52) *我的这个经历有一点帮我了解中国小孩的问题，我可能同情他们。(次)（初级　韩国）

(53) *在这个考试期间我心里一直很紧张，而现在放心一点。(次)（中级　日本）

（54）＊没想到妈妈发了大火叫我站起来，于是她拿着棍子打了我两个……（下）（中级　越南）

（55）＊但我一辈子忘不了我跟大象第一个会见。（次）（高级　俄罗斯）

此外，动量词误代"个"：

（56）＊虽然她是我的第一次女朋友，我不能陪她一起回国。（个）（中级　韩国）

（57）＊她是我的第一次中国朋友，还是我的好女朋友。（个）（中级　韩国）

（58）＊我常常说我的第一次中国朋友"李亮"的时候，我叫他"邮局朋友"。（个）（中级　韩国）

（59）＊开封给我的第一次印象是古老。（个）（高级　韩国）

2. 遗漏

遗漏也属于比较典型的偏误，主要是数量短语中量词的遗漏，其中以量词"个"的遗漏最为常见。如：

（60）＊我的五∧朋友在美国。（个）（初级　韩国）

（61）＊我们班有十五∧学生左右。（个）（初级　法国）

（62）＊我的国家只有30∧左右的城市。（个）（初级　老挝）

（63）＊来河内的游客最近也非常多，城委已经成立了一∧团为了帮助游客深刻地了解河内。（个）（中级　越南）

（64）＊春夏秋冬，四∧季节的景色都有特色，因此许多游客来往欣赏景色，古老的传统建筑和充满色彩。（个）（中级　韩国）

（65）＊前几天我准备晒全部冬天的衣服，然后把它们放在一∧箱子里。（个）（高级　越南）

（66）＊如果愚公，他的孩子，孩子的孩子，子孙不绝，他的家庭每天搬走那两∧山……（座）（中级　拉脱维亚）

（67）＊有一天，打伏击时，抓住了敌人的两辆汽车，但第三∧车逃跑的时候翻了。（辆）（高级　古巴）

（68）＊鲁迅纪念馆是由两∧楼构成的，屋顶把瓦片盖了。（层）（高级　韩国）

其次是指量短语中量词的遗漏。如：

(69) *我这∧中秋节跟韩国朋友一起去西安旅游了。(个)(初级 韩国)

(70) *放暑假以后,我想再去那∧农村。(个)(中级 日本)

(71) *从这∧夏营地开始了我们的徒步旅行。(个)(高级 蒙古)

(72) *遗憾的是现在这∧优秀古城只留下了佛教寺院。(座)(中级 蒙古)

(73) *这∧现象我们叫"樱花前线"。(种)(高级 日本)

3. 误加

误加多集中在"个、种、次"等量词上,其中以"个"的用例最为典型。如:

(74) *中国是发展最快的国家中的一个,我六个年以前学习汉语,因为我真的希望去中国,所以我学习努力。(初级 韩国)

(75) *第二,大概十个年后我想工作在中国。(初级 美国)

(76) *他的躯体的任何个部分都在正常地发挥职能,弄得这个人的心情舒适痛快。(中级 俄罗斯)

(77) *那是个段十分美好的时光。(中级 越南)

(78) *大概十五世纪左右,有一个人把它给国王奉送以后,成了个不可缺少的宫廷味。(中级 韩国)

(79) *不是因为我喜欢它,而是因为我是个它早上最先看到的,所以我当做每天给它早饭的任务就是我的任务。(高级 韩国)

(80) *但是,真奇怪,有很多人有不能治的种病。(初级 越南)

(81) *可是很多中国人一次看就知道我们是外国人。(初级 韩国)

(82) *对我国家很多壮丽的风景,作家感慨地说过很多欣赏的句话。(高级 波兰)

(83) *来中国以前,我认识大概三个位中国人,但是都住在我的国家。(初级 韩国)

(84) *听着他那口温暖的声音,面对着他敦厚的脸盘,看着他那双热情而真诚的眼睛,那么亲切。(高级 越南)

4. 错序

错序是偏误最少的类型,可以分为数量短语与其他定语成分的错序、数量短语与中心语的错序。先看数量短语与其他定语成分错序。如：

(85) *这是南京的又一个早晨，可是对我这是第一个南京的早晨。（南京的第一个）（初级　韩国）

(86) *第一个我的烦恼，这个是医院。（我的第一个）（中级　孟加拉国）

(87) *我有可爱的一个朋友。（一个可爱的）（中级　韩国）

(88) *"泡菜"呢，对韩国人来说是不可或缺的一个非常重要的饮食。（一个不可或缺的）（高级　韩国）

再看数量短语与中心语错序。如：

(89) *几年前我每个星期到一个"无家人中心"尽义务一次。（一次义务）（初级　瑞典）

(90) *但是这次是我来中国初次，我觉得中国跟韩国差不多。（初次来中国）（中级　韩国）

(91) *我有这样"离开家的时候"的事情两次。（两次这样"离开家的时候"的事情）（中级　韩国）

## 三、偏误规律与教学建议

从数量上看，数词的偏误类型从多到少的顺序是：误代—遗漏—误加—错序，各类偏误的规律很明显。

误代基本都是近义数词之间的误代，主要是用"二"误代"两"，以单向误代居多；数词"两"和"俩"的误代多是双向误代，且多出现在高级阶段；最后是基数词和序数词的相互误代，虽出现数量较少，但不容忽视。在教学中要着重讲解近义数词之间的区别，尤其是"二"和"两"、"两"和"俩"、基数词和序数词在表义和用法上的区别。

遗漏多出现在初级阶段，以系数词"一"的遗漏和位数词"十"的遗漏为主。对于系数词"一"，由于学生分不清其隐现规律，在不能省略的地方误将其省去，造成了"一"的遗漏；位数词"十"的遗漏，都是出现复合基数词中，这是学生口语中复合基数词错误表达的书面体现。教学中老师要讲解清楚系数词"一"的隐现规律。数词尤其是复合基数词的读法教师平时就要多加引导，及时纠正错误。

误加主要是位数词"十"和系数词"一",与遗漏正好相反。学生受目的语规则泛化的影响,对位数词"十"的用法还未完全掌握,教师可以帮助学生总结位数词"十"的用法,减少偏误的出现;对系数词"一",学生由于受其母语的影响,不明白"半"在汉语中是一个数词,在前面误加了"一",教师在学生刚接触数词时应该提醒他们由于母语负迁移的影响可能出现的偏误,练习中多加注意,避免这类偏误的出现。

错序偏误多出现在初、中级阶段,主要是数词与前后搭配成分的错序和数词内部成分的错序。这可能是由于学生刚接触汉语,对于汉语中数词和其他成分的语序及数词内部成分的语序不是很清楚,所以教师在学生刚接触数词时应该引导他们注意数词的语序问题,平时的练习中多加注意,减少错误。

从数量上看,量词的偏误类型从多到少的顺序是:误代—遗漏—误加—错序,各类偏误的规律很明显,主要集中在量词"个"。

误代在不同的学习阶段都有体现,主要用"个"误代其他名量词、"个"与动量词的相互误代,这充分说明了"个"的泛化,所以在教学中要讲明"个"的用法及其他名量词、动量词与相应名词、动词的搭配。

遗漏是数量短语和指量短语中量词的遗漏,集中于"个",体现了"个"的使用不足,在教学中教师要讲清楚什么情况下用"个",什么情况下不用"个",避免"个"的使用过量和使用不足。

误加集中在"个、种、次"等量词上,其中以"个"的用例最为典型,再次证明了"个"的泛化。"个"的讲解是量词教学的重中之重,在各个教学阶段都不应忽视。

错序可以分为数量短语与其他定语成分错序、数量短语与中心语的错序。这说明学生对于数量短语与前后语法成分的顺序掌握得不是很好,教学中语序的问题要引起高度重视,在学生明白数量短语与前后语法成分正确语序的基础上多加练习,进一步掌握。

(崔金叶　执笔)

# 叁 代词偏误案例

## 一、代词概说

代词是有替代和指称作用的一类词。代词可以替代实词和短语，因此代词的语法功能与其所替代的实词或短语大致相当。

按照不同的作用，代词可以分为人称代词、疑问代词和指示代词。

人称代词是替代人或事物的，如"我""你""他""大家""自己""其"等。人称代词可以分为第一人称、第二人称和第三人称。第一人称指说话人一方，如"我""我们""咱们"，其中"我们"只包括说话人一方，不包括听话人一方；而"咱们"既包括说话人一方，又包括听话人一方。第二人称指听话人一方，如"你""你们"。第三人称指对话双方以外的第三方，如"他""他们"。为了区分人的性别和事物，在书写时，男性写做"他"，女性写做"她"，事物写做"它"。

指示代词有替代和指示作用，可分为近指和远指两类。"这"是近指，"那"是远指。

疑问代词主要表示疑问，如询问人或事物的"谁""什么"，询问处所的"哪里""哪儿"，询问性质、状态的"怎么""怎么样"，询问数量的"多少""几"等。除了表示有疑而问，疑问代词还有无疑而问的用法，即反问和设问的用法。除此之外，疑问代词还有虚指和任指两种引申用法，虚指是不必说、不想说或说不出的人或事物，任指是人或事物在所说范围内没有例外。

## 二、外国留学生偏误案例

为了全面细致地分析外国学生的代词偏误，我们将其分为句法偏误、语篇层面的照应偏误以及疑问代词非疑问用法的偏误三大类。

### （一）代词的句法偏误

代词的句法偏误主要包括误代、误加、错序和遗漏。

1. 误代

代词的误代包括代词间的误代以及代词与其他词类的误代,其中代词间的误代数量和类型都是最多的,包括人称代词间的误代、指示代词间的误代、疑问代词间的误代以及疑问代词与指示代词的误代等。

A. 人称代词间的误代

(1) *他很亲切。咱们一起玩。咱们喜欢夫子庙。夫子庙夜影很漂亮。咱们常常去那儿玩。(我们)(初级 韩国)

(2) *今天到这写,祝你健康好。(你们)(初级 韩国)

(3) *董事长先生:我尊敬地向你们写此工作申请为在公司里当导游。(您)(初级 毛里塔尼亚)

(4) *在《三国演义》中给人印象最深刻的是诸葛亮,它已经被人们当作智慧的化身,如"事后诸葛亮",它的军事思想已成为诸多人研究的对象。(他)(中级 新加坡)

(5) *有很多得病的人知道他们快要死,他们得了一种不治之症,千分痛苦。他们不要麻烦自己和亲人,要求医生或者亲人帮助他们自杀。(自己)(高级 俄罗斯)

(6) *沙坡头又陡斜又热腾腾的。咱们跳跳蹦蹦差点儿滚下去。(我们)(高级 韩国)

人称代词中的"我们"和"咱们"时常出现混用,一般为单向误代,即应该用"我们"而误用为"咱们",且各水平均出现了此类偏误。

B. 指示代词间的误代

(7) *以前他和别的一个朋友每天一起玩儿,还有一起学习。(另)(初级 韩国)

(8) *比如说有两个人,一个人平时培养自己的才能,长大以后找到好的工作,工资也高。但是别一个人浪费时间,不培养自己的才能,长大以后找不到工作或者找到工资低的工作。(另)(中级 韩国)

(9) *刚来这遇到困难是难免的。(这儿)(中级 越南)

C. 疑问代词间的误代

(10) *他身体恢复得怎么了?(怎么样)(初级 韩国)

(11) *我现在知道你怎么生气了。(为什么)(中级 韩国)

(12) *请通知我,能否入学,怎么手续,需要的文件是什么。(什

么)(中级　韩国)

(13) *要什么办？请来信告知。(怎么)(中级　韩国)

D. 疑问代词与指示代词误代

(14) *老师也没想到我获得了怎么好成绩，我也自己佩服了。(这么)(初级　韩国)

(15) *我喜欢中国茶、中国文化、中国的什么东西。(任何)(初级　韩国)

(16) *我的人生为什么怎么残酷呢？(这么)(中级　韩国)

(17) *快看看说明书上是这么说的。(怎么)(中级　韩国)

(18) *我不这么舒服，明天的活动我就不参加了。(怎么)(中级　韩国)

(19) *要是陈奂生换了别的办法，应该没有怎么好的结果。(这么)(高级　韩国)

2. 误加

(20) *从小到大我的妈妈始终告诉我我要找一份可以帮助人的工作。(初级　日本)

(21) *这些孩子们从小到大都是由父亲母亲一把屎一把尿地拉扯他们长大的，而且时刻都在他们的身边。(初级　柬埔寨)

(22) *在每个孩子的眼中他爸爸是最了不起的，这也可以说是理所当然的事情。(高级　俄罗斯)

(23) *她身体怎么不舒服的时候也不说，自己一个人在忍耐。(高级　日本)

3. 错序

(24) *还有吸完了烟后的烟民的素质的问题，就是吸完然后哪儿把烟扔掉呢？(把烟扔到哪儿呢)(初级　日本)

(25) *那就是父母跟子女之间他们互相能多少了解的问题。(了解多少)(初级　韩国)

(26) *今天到这儿写，祝你健康好。(写到这儿)(初级　韩国)

(27) *父母怎么要教他们孩子到现在还是有很大的问题。(要怎么教)(初级　印尼)

(28) *你们的女儿这么长大了。(长这么大)(高级　韩国)

(29) *我没想到那么年纪大以后,开始没有经验的初中老师。(年纪那么大)(高级 日本)

4. 遗漏

(30) *她真不知道∧利用自己的时间。(怎么)(中级 韩国)

(31) *平日里,他是一个非常节俭的人,没想到今天能拿出∧些钱帮助我。(这么)(中级 俄罗斯)

(32) *我没有事的时候就去同学∧玩。(那儿)(中级 越南)

(33) *我在我父母身上学到该∧成为一个品德优秀的孩子,因为当我做了什么错事,他们总会给我讲我为什么做错了。(怎样)(中级 美国)

除以上各类偏误之外,还出现了应该用名词却误用了代词的情况,此类偏误主要涉及人称代词"人家"和名词"人""人们"之间的误代,且一般为单向误代,如:

(34) *人家一生如一只箭,是很短的意思。(人)(初级 韩国)

(35) *人家的心目中有怀念的地方,有可以休息的地方。(人们)(中级 韩国)

(36) *来过的人家写内心,大部分写想谁,跟男女朋友分手的内容。(人)(高级 韩国)

### (二)代词的照应偏误

代词的照应偏误是代词在篇章层面出现的偏误。照应是指语言表达中某个语言单位与上下文出现的另一语言单位表示相同的人或事物的一种语言现象。外国学生的代词照应偏误包括代词照应误用为零形式照应、代词照应误用为名词照应、零形式照应误用为代词照应以及名词照应误用为代词照应。

1. 代词照应误用为零形式照应

如果将该用代词照应的地方误用为零形式照应,往往会造成表义不太明确,语句的可接受性降低。这类用例在外国学生的照应偏误用例中所占比例较大。请看例句:

(37) *爸爸、妈妈啊,你们年纪比较大了,人家说年高体弱,∧要好好保重身体,不要作得太多。(你们)(初级 越南)

(38) *过了一年我回到了中国,可是觉得这个业务不能把我的所有的潜能力都发挥出来,所以∧换了公司,然后被录取到中国旅行社工作。(我)(中级 俄罗斯)

(39) *我知道你们多么爱我,也知道∧多么关心我。(你们)(中级 俄罗斯)

(40) *你想不想跟我一起去晚会?∧玩好了就一起回家。(我们)(中级 泰国)

(41) *他从小经历了许多沧桑,作为混血儿遭受了不少侮辱,但是∧并不因为这个而变得残暴或古怪,只是性格有些内向,不太喜欢说话,可同时善于思考。(他)(高级 俄罗斯)

2. 代词照应误用为名词照应

如果一个名词在始发句里作为话题,那么不管它在后续句中是否处于话题位置,一般都可以用代词作照应语,而不应总是重复名词。词语重复如使用过多,会给人以词汇贫乏、苍白无力之感。请看下面的例句:

(42) *建平要过去的时候,和尚叫住建平问……(他)(中级 越南)

(43) *阿二爬上来把苹果摘下。阿二陆陆续续把摘下的苹果扔在地上。阿二下到地上时,看到满地都是苹果核。阿二说:"怎么没有一个苹果呢!"(他)(中级 韩国)

(44) *我和你的妹妹在晚会认识了。你的妹妹很漂亮,但你比妹妹更漂亮。(她)(初级 泰国)

(45) *小姑娘不但是勇于打抱不平,充满正义的人,而且还是一个朴实、纯洁、高尚的人。姑娘的行为对"我"的卑微、小气、歉疚与委琐正是一种打击。我为了表示谢意并给姑娘一点"报酬"就想多买几把扇。"我"意想不到会碰上小姑娘的拒绝。(她)(中级 澳大利亚)

3. 零形式照应误用为代词照应

该用零形式照应的地方如果误用代词照应会产生赘言,让人感到啰唆。如:

(46) *我把伞撑开后向她跑去,到了她身边,她望了我一下又望了望那把伞,她眼眶里含着泪水。她一句话也没说推开我跑走了。

(47) *从此我就多了一位朋友。他那年是刚从农村来城市上学的。他本来是那院子主人的儿子。他从小跟爷爷在乡下生活。

(48) *我的论文范围是跟妇女形象和婚姻家庭观念有关的。我用很长的时间考虑关于论文的题目，我借这个机会，我就选了《小二黑结婚》这篇小说。

(49) *很久以前，有几个建筑工人。他们建筑技术很高，他们很有才能，也非常喜欢他们的工作。

这几例都是将该以零形式与代词照应的地方全都用代词照应，因而使篇章结构松散，连贯性不够。将句中有下画线的代词换为零形式，则可使结构紧凑、文气贯通。

4. 名词照应误用为代词照应

名词照应误用为代词照应，往往是为了避免重复使用名词，追求变化而产生的偏误。请看例句：

(50) *现在，虽然世界上科学技术不断发展，并制造出了可以穿越沙漠的汽车，可是撒哈拉人认为新技术比不上骆驼，所以到现在它仍是撒哈拉唯一的运输工具。（骆驼）（中级　法国）

(51) *妻子催我抱小爱，她虽然很小，但是抱在手里我觉得很沉重，可能这就是当了父亲的人才感到的责任的重量。（小爱）（中级　日本）

(52) *我认为流行歌曲让人很开心，让他平静，可是现在媒体的发展，副作用也不少了。（人）（初级　韩国）

(53) *事实上，我们在中国、韩国或者世界各地都能看到吸烟的人。这虽然对人的健康有害处，可是一旦开始抽烟，并不容易把它戒掉。（烟）（初级　韩国）

### （三）疑问代词的非疑问用法偏误

疑问代词除疑问用法之外，还有表示反问的非疑问用法以及表示任指和虚指的引申用法，外国学生在使用疑问代词非疑问用法及引申用法时也会出现误代、误加、错序等偏误类型。

1. 误代

(54) *因为三个人都不想抬水，所以一个人也不能喝水。（谁）（初级 韩国）

(55) *谁唱得好，就听他的歌。（谁）（初级 泰国）

(56) *只有努力把所有事都做到最好，才能让谁喜欢你。（别人）（中级 韩国）

(57) *汉语真的是非常难，不管什么努力都不明白。（怎么）（中级 韩国）

(58) *不管用怎么方法，应该增加农作物的产量。（什么）（高级 日本）

2. 误加

(59) *彼此互相帮助，这样好的友情永远谁也分不开的。（中级 韩国）

(60) *弯弯曲曲的小河顺着河道曲折的前进，即使遇到再多的艰难险阻也没有让它停下前进的脚步，这样的精神难道不值得让我们谁学习的么？（高级 韩国）

3. 错序

(61) *对他们来说，无论好吃的还是不好吃的，他们都渴望吃什么点儿。（吃点儿什么）（初级 韩国）

(62) *考虑饥饿的问题时，最重要的是那国自己生产食物，援助办法只有给食物，没有什么解决。（解决什么）（初级 日本）

(63) *每个人都是一样的，谁也没有跟谁差别，无论男还是女都一样。（谁跟谁也没有差别）（初级 泰国）

## 三、偏误规律与教学建议

在外国学生习得汉语代词的各类偏误中，误代偏误是其主要类型，尤其是代词之间的误用，如人称代词间的"咱们"和"我们"、疑问代词和指示代词间的"怎么"和"这么"、"什么"和"任何"等，都是偏误率较高的误用类型。

除结构类偏误外，代词的使用不当往往会产生语篇层面的种种问题，即代词的照应偏误。这类偏误会导致语篇的语义指向不明、意义含混不清、表达不连贯等，这是其他词类鲜少出现的偏误类型。因此，代词的教学除强调代词本身在句法、语义上的特征外，还要注重将代词的使用功能置于句群和语篇之中，特别是在中高级阶段，应加强语篇教学，明确代词在语篇中的照应回指功能，强化学生的成段表达能力。

代词中的疑问代词除表疑问的用法外，还有非疑问用法。疑问代词的非疑问用法难度较大，且处于教学的中高级阶段，在夯实疑问代词基本疑问用法的基础上才能有效开展非疑问用法的教学。从外国学生汉语代词的习得顺序看，无疑而问句及疑问代词的任指、虚指等引申用法都处于习得顺序中的最尾端，即习得难度最大、疑问程度最低，这就提示汉语教师在开展教学的过程中，应遵循外国学生的习得规律，对疑问代词非疑问用法中的任指、虚指、反问用法进行合理的分级教学。

（孙慧莉　执笔）

# 肆 动作动词偏误案例

## 一、动作动词概说

动作动词是最典型的一类动词,表示主体的动作行为,在动词中占多数。其内部成员在语法特征上有不少共性,如:

1. 一般可以带动态助词"着、了、过",但非持续性动作动词不能与"着"搭配。

2. 可以用"不"和"没"来否定,"不"一般表示主观意愿,而"没"表示客观情况。

3. 动作动词(短语)可单独使用,构成祈使句或命令句,如"走!""拿到这里。"

4. 对动作行为进行提问时,可以用正反疑问式提问,单音节动作动词是"A不/没A",双音节的可以是"AB不/没AB",也可以是"A不/没AB"。

5. 不能受程度副词的修饰,如不能说"*很写""*特别跑"等。

动作动词可有3种连带成分,即状语、宾语和补语。动作动词可与它们分别构成不同类型的动词短语。状语一般位于动作动词之前,通常是形容词、副词或介词短语,如"高兴地说""经常来""向前看"。根据能否带宾语,动作动词内部有及物动词和不及物动词之分;根据动作动词所带宾语个数不同,又可分为单宾动词和双宾动词。不及物动词有两小类,一类是完全不能带宾语的动作动词,如"休息""毕业"等,另一类是不能带受事宾语的动作动词。其中第二类动作动词可带表示动作行为的处所(如"来中国")、动作行为凭借的工具(如"吃大碗")和表示存在、出现、消失的事物(如"站了一个人")等一些非受事宾语。动作动词与不同类型的补语结合,可构成不同类型的动补结构。一个完整的动词谓语句,其谓语部分通常按照"状语+动词+宾语/补语"的语序排列。根据具体选取的动作动词和特定语义,宾语和补语可以只出现其一,也可同时出现或均不出现。

汉语还有一类特殊的动词，即离合词，它在句法上有一些特殊的表现，最突出的就是词中可插入一些其他成分。可插入的成分包括动态助词（"着、了、过"）、数量短语（如"一下、一次"等）、表示结果或可能性的成分（如"完、不了"等）和一些其他内容（如"什么、你的"等）。离合词的重叠形式也比较特殊，假设一个离合词为 AB，重叠形式可以为 AAB、A 了/一 AB，如"散步"的重叠形式可以是"散散步""散了散步"。

持续性动作动词和自主动作动词可以重叠，非持续性动作动词一般不可重叠。动词的重叠可分为有条件的重叠和无条件的重叠。无条件重叠的动词一般具备 3 个特点：语义上表动作、语音上是单音节、语体上倾向于口语。有条件重叠的动词通常为一些不及物动词、非自主动词等。动作动词重叠可表示短时、少量、尝试等意义，也可起到舒缓语气，表示命令或主观愿望，要求或希望在将来认真、反复进行的作用。根据动作动词的结构形式，重叠可分为 5 种类型：

1. VV 式（单音节为 AA，双音节为 ABAB）："我们一起挑挑衣服。""该问题要研究研究。"

2. V一V 式（V 为表示未然动作的单音节动词）："我要回家看一看。"

3. V 了 V 式（V 为表示已然动作的单音节动词）："他尝了尝新菜，赞不绝口。"

4. V 了一V 式（V 为表示已然动作的单音节动词）："她冲我笑了一笑就跑开了。"

5. 动宾式（即离合动词，重叠形式为 AAB）："他们每天吃过饭就去散散步、跳跳舞。"

动作动词及其短语可充当句子的各个成分。在作定语或状语时，一般要使用"的"或"地"。动作动词还可充当结果补语、趋向补语、可能补语、情态补语等类型的补语。动作动词还可构成"把"字句、"被"字句等特殊句式，但进入这两个句式的不能是光杆动词。

## 二、外国留学生偏误案例

### (一) 普通动作动词的偏误

1. 遗漏

遗漏偏误主要是动词相关的连带成分的缺失,从而导致句法或语义的不完整。

A. 动态助词遗漏

学生最常见的遗漏偏误是动态助词的遗漏,各水平学生都会出现这种偏误,为较难克服的一类偏误。如:

(1) \*学中国语后,我迷上∧中国的针灸医术。(了)(初级 韩国)

(2) \*可是我成∧妈妈以后,听到儿子哭的声音,很快醒来。(了)(初级 韩国)

(3) \*这里一直住∧我一个人,所以生病的时候感到痛苦和孤独。(着)(中级 韩国)

(4) \*奶奶站在那个地方一直看∧我们,我知道奶奶也是正在哭。(着)(高级 韩国)

B. 补语成分遗漏

补语是汉语特有的句法形式,动作动词多可带结果补语、趋向补语等,而学生易遗漏某些补语成分。一种是遗漏助词"得"。如:

(5) \*我刚刚来中国所以我汉语说∧不好。(得)(初级 韩国)

(6) \*我想在南师大学习后可以说∧更好。(得)(初级 以色列)

(7) \*所以我的汉语说∧越来越好。(得)(初级 斯里兰卡)

另一种是补语的遗漏。如:

(8) \*那几个月我可以看∧她。(见)(初级 韩国)

(9) \*我回家以后,带钱,钱取∧以后再买东西。(完)(初级 韩国)

(10) \*第三个我觉得非常重要的是把他的感情处理∧。(好)(中级 越南)

(11) *请放∧你们的笔,不要做了。(下)(中级 韩国)

C. 介词遗漏

有些动作动词需要介词来介引其动作对象,这些动词多为不及物动词,学生不仅将其误用为及物动词,同时遗漏了相关介词,因此这类遗漏偏误往往伴随着错序。如:

(12) *老师上课介绍∧我们了中国文化。(给我们介绍了……)(初级 韩国)

(13) *事情发生了,我们不敢∧妈妈说。(跟)(初级 孟加拉国)

(14) *昨天有一个韩国朋友介绍∧我他的中国朋友。(给我介绍……)(中级 韩国)

(15) *终于99年9月底,宣媚说∧我分手。(跟我说……)(高级 韩国)

2. 误代

误代是动作动词偏误中最为典型的一类,内部情况也最为复杂。

A. 汉语动词和形容词都属于谓词,但形容词一般情况下不带宾语,而学生存在将形容词误用为动词的情况,其中形容词的意义与动词的意义相近或相关。如:

(16) *随着交通变得发达,污染也一边高。(加重)(初级 尼泊尔)

(17) *因为这个我的兴趣,我想要高了汉语能力。(提高)(初级 韩国)

(18) *黄昏时,太阳灿烂了黄金色的大地。(让……变得灿烂)(中级 日本)

B. 近义词之间的误代是最为典型的误代类型。这一类误代通常发生在同一义类的动词之间,这些动词意义、用法相近,对学生而言很难辨别,因此极易产生误代。为更明确地展现这一类偏误,我们以表示言谈、说话的言说类动词为例。

a. 含相同语素且语义相关的近义词误代。如:

(19) *他说话:"《唯一》是很多的中国女性喜欢的歌。"(说)(初级 韩国)

(20) *每当我听不懂中国人的说话时我就想……(话)(初级 韩国)

(21) *平日说不是很多，做家务的时候，又仔细，又利落。(话/说话)(中级 韩国)

b. 无相同语素但语义相近的近义词误代。

这种误代类型的中介语表现较为复杂，一个词可能误代多个词或被多个词误代。如：

(22) *下面我说明我们同学中一位的样子。(介绍)(初级 韩国)

(23) *他们也可以给我说明生词、语法什么的。(解释)(初级 法国)

(24) *我们说明"是从山冈站一直走路来的。"她很吃惊。(说)(高级 日本)

(25) *上海的服务员介绍我们回家的办法。(告诉)(初级 韩国)

(26) *他用电脑介绍我最近他自己的生活和想法。(告诉)(初级 日本)

(27) *她想告诉中国的文化，所以带我到这里。(介绍)(初级 韩国)

(28) *虽然父母和他告诉了中国，但是我还没了解中国。(介绍)(中级 韩国)

c. 词形相近的动词误代。

这类偏误中的误代词与被误代词在意义上不甚相关，但由于词形相近，学生难以辨别，从而造成误代。如：

(29) *到下午他才提醒过来。(清醒)(初级 韩国)

(30) *如果提醒人的价值的话，不能看不起别人。(提到)(中级 韩国)

(31) *社会团体里也有很多女性政治者，这是女人的立场的明显发表。(表现)(高级 韩国)

C. 学生径用母语词或生造词来替代正确形式的汉语词，但他们母语中的汉字词跟汉语词在意义或用法上有所差别。这类偏误现象多发生于汉字文化圈的学生。如：

(32) *我看京剧后观览故宫了。(游览)(初级 韩国)

(33) *她已经有两个孩子，但是又入养了一个孩子。(收养)(初级 韩国)

(34) *但我不相信陌生人,于是一脸尴尬地拿受这药。(接受)(初级 韩国)

(35) *但是不知为什么,我心中想得到站在黄昏中定视着烟筒的情景。(凝视)(中级 日本)

(36) *经过教授的解释,轮到我要发表中原高句丽碑。(讲解)(高级 韩国)

3. 错序

错序类型的偏误多发生在动词及其宾语、状语或补语之间。

A. 动词有及物和不及物之分。及物动词一般直接加宾语,而不及物动词一般不带宾语或由介词引介其动作对象。动宾错序在及物和不及物动词中均有发生。

a. 及物动词动宾错序。如:

(37) *《还珠格格》看的时候,我觉得很有意思。(看《还珠格格》)(初级 韩国)

(38) *我们在图书馆汉语学习。(学习汉语)(初级 韩国)

(39) *我这句话同意了。(同意这句话)(中级 韩国)

(40) *为了我的感情表达,我送给她礼物。(表达我的感情)(中级 韩国)

b. 及物动词的宾语被错误地提前,成为状语。这类偏误伴随着介词的冗余。如:

(41) *那时,我去商店的时候跟一个男人碰到了。(碰到了一个男人)(初级 尼泊尔)

(42) *我在那儿跟很多中国人结交了。(结交了很多中国人)(初级 韩国)

(43) *所以我常常对韩国文化告诉了她。(告诉她韩国文化)(初级 韩国)

(44) *于是儿子对愚公建议了一起住。(建议愚公一起住)(中级 日本)

(45) *老师向我们责备,因为我们的考试成绩不好。(责备我们)(高级 韩国)

c. 不及物动词的状语被错误地后置,成为宾语。这类偏误伴随着介词的遗漏。如：

(46) *我想交流，说话∧各种各样的人。（和各种各样的人说话）（初级　日本）

(47) *我有时候在宿舍谈话∧朋友。（和朋友谈话）（初级　坦桑尼亚）

(48) *几天以后他见面了∧一个人。（跟一个人见了面）（初级　俄罗斯）

B. 与动词密切相关的状语错序主要体现在两个方面——介词短语错序和副词错序。

a. 介词短语错序。如：

(49) *我商量跟她后，她说"可以"以后，我们的关系越来越好。（跟她商量）（初级　韩国）

(50) *她唱歌、跳舞和我，所以我们很开心。（和我唱歌、跳舞）（初级　韩国）

(51) *来中国以后我还没说给父亲爱的话现在很想他。（给父亲说）（中级　韩国）

(52) *所以我跟他说修理的时候介绍给我这个村子。（给我介绍）（高级　韩国）

b. 副词错序。如：

(53) *常常我看书，跟我的同屋做练习。（我常常看书）（初级　泰国）

(54) *她学习英语也学习日语，常常她帮助我学习汉语，也看书。（她常常帮助）（中级　法国）

(55) *一直我小的时候我不会表现我的心。（小的时候我一直不会）（高级　韩国）

C. 动词与补语之间的错序表现为应当作动词补语的成分被错误地置于动词前，充当动词的状语。这类偏误也常伴随着助词"得"的遗漏。如：

(56) *我汉语不熟练说，所以我买东西的时很多误会。（说得不熟练）（初级　韩国）

(57) *离别时我跟妻子不太多说，只有小爱在她妈妈怀里直哭。

（说得不太多）（中级　日本）

(58) *其实不多说话，但有想法愿意就有很多时间说话。（说话不多）（中级　韩国）

(59) *如果陌生人看到我们这么热闹谈的样子……（谈得这么热闹）（高级　越南）

4. 误加

误加类偏误主要是一些与动作动词密切相关的功能词的误加，同时存在少量的动词误加。动词误加的原因可能是学生将后一个动词视为名词，因为误加的动词通常为泛义动词，但也不排除受英语等其他语言的影响。

A. 动词误加。如：

(60) *她在南京做工作。（初级　韩国）

(61) *当然我要做学习。（初级　韩国）

(62) *晚上我们一起去学校里草坪做学习口语。（初级　韩国）

B. 介词误加。如：

(63) *很多人常常问给我："你为什么学习汉语？"（初级　韩国）

(64) *现在我感觉到感谢对我的父母。（初级　韩国）

(65) *那么我准备对汉语考试，所以，两三年以后，我想当汉语老师。（中级　韩国）

C. 动态助词误加。如：

(66) *花了很长时间才到了，我们都高兴得不得了。（初级　韩国）

(67) *她比我小两岁，刚刚进入了大学。（中级　日本）

(68) *虽然我回韩国，但永远留着在我的心里。（初级　韩国）

(69) *这些建筑表明着那时候的人多么智慧。（中级　韩国）

(70) *她还说她来过德国的时候，她也认识了一位助人为乐的人。（初级　德国）

(71) *我想咱们不是第一次来过毛泽东纪念馆。（中级　印尼）

## （二）离合词的偏误

就离合词的习得来说，"合"是较容易习得的，难点在于"离"。有些情况下离合词的"离"与"合"差别不大，因此学生倾向于使用"合"

的形式。但由于汉语这类词的特殊性，学生常回避使用其离析形式，在必须使用离析形式时，学生的偏误也就随之出现。

1. 当用离析形式却未用。如：

（72）*回家的时候爸爸跟妈妈<u>吵架一会儿了</u>。（吵了一会儿架）（初级　坦桑尼亚）

（73）*我们表演得很精彩，观众们不停地为我们<u>鼓掌起来</u>。（鼓起掌来）（初级　老挝）

（74）*我们在一个饭店一起<u>吃饭过</u>以后，去了"兵马俑"。（吃过饭）（中级　韩国）

2. 插入成分处理不当。

一些偏误表明学生已有意识地使用离合词的离析形式，但并未完全掌握如何正确地扩展，从而造成偏误。这类偏误可细分为两种：

A. 当插入成分为趋向补语（如"起来""下来"等）时，离合词AB应当扩展为"A起B来""A下B来"等，但学生将其完全插入词中，错误地扩展为"A起来/下来B"。如：

（75）*他<u>害起来羞</u>。（害起羞来）

（76）*他<u>发起来烧</u>。（发起烧来）

B. 当插入表时量、动量的成分时，离合词AB应当扩展为"A+（了/过）+时量/动量+B"，但学生会错误地扩展为"A+（了/过）+B+时量/动量"。如：

（77）*他<u>结过婚两次</u>。（结过两次婚）

（78）*我今天<u>跑了步两个小时</u>。（跑了两个小时步）

（79）*他一生劳累，没<u>享福过一天</u>。（享过一天福）

3. 重叠形式不当。

离合词AB的重叠形式应当是"AAB"或"A了/一AB"，但学生将一般动词的重叠规则误推到离合词的重叠上，因而造出了"AB（了/一）AB"这样错误的离合词重叠形式。如：

（80）*我们到操场<u>散步散步</u>好吗？（散散步）

（81）*我们<u>握手了握手</u>。（握了握手）

（82）*你也可以去<u>报名一报名</u>吧。（报报名）

### (三) 动词重叠式的偏误

动词重叠也是动作动词较为特殊的句法现象,留学生大多较难体会动词重叠所包含的句法语义功能,因而常回避使用或使用不当。常见的动词重叠偏误包括以下几类:

1. 当用重叠而未用。

根据上下文语境制约,学生应当使用动词重叠形式却未使用,使得语句表义不通顺、表达不地道。如:

(83) *我喜欢在这儿谈谈话、用用电脑、<u>查</u>资料。(查查)(初级 老挝)

(84) *学生有什么事情都会跟这个老师说一说、<u>商谈</u>。(商谈商谈)(高级 韩国)

(85) ?我对他说:"<u>帮</u>我吧!"(帮帮)(中级 韩国)

(86) ?大城市老鼠说:"你也<u>收拾</u>你的东西吧!"(收拾收拾)(高级 韩国)

2. 不当用重叠而用。

这类偏误可分为两种。一种是句法上的误用,动词重叠式不可带数量短语作补语,且一般只在疑问句或双重否定句中才能有否定副词修饰动词重叠式,而学生未完全掌握这些规则,会产生如下偏误:

(87) *我们<u>找找</u>了一个小时,还没有找到。(找)(初级 哈萨克斯坦)

(88) *我不<u>看看</u>电视,我没有时间。(看)(初级 法国)

(89) *她说要给我们<u>看看</u>一个洞。(看)(中级 乌克兰)

(90) *我们<u>走一走</u>一条窄的土路,马上到小石桥。(走)(高级 韩国)

另一种是语义上的误用。动词重叠式常表示尝试义,且时量短、动量小,学生的误用有时体现为这种语义与上下文语义相冲突。如:

(91) *新郎的朋友们一直呼喊着<u>找一找</u>新娘家。(找)(中级 韩国)

(92) *我真受不了每天三个半小时一直<u>跑一跑</u>。(跑)(高级 韩国)

3. 重叠式之间的误用。

动词重叠式"V了V"可用于已然态语境下,而"V一V"则用于未然态，学生易将二者混淆，产生误用。如：

（93）＊这时，一位老大爷走过来了，很客气地问<u>问一问</u>小伙子，他可以坐一坐吗？（问了问）（中级　孟加拉国）

（94）＊第二天我们去了海边附近的鲁迅公园，晚上又去中心街<u>逛一逛</u>。（逛了逛）（高级　韩国）

4. 重叠形式的错序。

另有少量偏误为错序，主要是表示已然态的重叠式"V了V"中的"了"常被误置于动词之后。这表明学生虽有意识地使用动态助词"了"来表达已然动作，但未完全考虑到使用动词重叠式时的特殊要求。如：

（95）＊我们那天去公园<u>玩玩了</u>。（玩了玩）（初级　韩国）

（96）＊我听了他的话后，我<u>想想了</u>中国和韩国。（想了想）（中级　韩国）

（97）＊后来去广场<u>看一看了</u>。（看了一看）（高级　韩国）

## 三、偏误规律与教学建议

动作动词句法表现复杂，内部成员繁多，可从不同义类、语用功能等角度对其进行再分类来进一步了解其次类的特征。从其普遍共性上来说，动作动词的习得偏误主要包括句法和语义两个方面。句法上的偏误体现为动宾、动补、状动的搭配问题，以及一些功能词的使用（如动态助词）。但搭配问题往往牵涉到动词及其相应的搭配成分两个方面，因此应从这两个方面分别分析、综合考量。如例（2）"＊可是我成∧妈妈以后"，从动词角度来看，学生对汉语动词体态的表达方式尚不熟悉。汉语虽无严格意义的形态变化，但需通过一定的词汇手段来表达体态义。若从动态助词的角度来看，则是学生使用动态助词意识不强，不能灵活运用合适的动态助词表达相应的体态义。再如例（46）"＊说话∧各种各样的人"，可细分为两种偏误：一是动词不可带宾语，动作对象应前置为状语；二是当为状语的成分被错误地后置，且遗漏了对象介词。可见，这一句的偏误实质上牵涉到动词和状语两个方面，并非动词单方面不能带宾语就可以完全解释清楚的。再者，这两方面之间的关系如何，两种偏误是并列关系还是具有某种先后关系，这都需要进一步分析。虽然这两方面的关系因学习者本身的不可预测性而难以断定，但可以确信的是动作动词这一成员庞杂、功能繁复的词类，它的偏误原因是多方面的，在中介语系统中的表现也极为复杂。教师对学生偏误的剖析应当分对象、分层次，不可偏颇一方。

语义上的偏误多体现为动词的误代，这种误代有规律可循。首先，它集中反映在同义类的动词中。同义类的动词在词汇意义、用法上颇为相近，因而极易产生误代。其次，它反映在意义相关的一类词中。所谓"意义相关的一类词"并无词性的限制，学生汉语词汇量有限，且对每一个词的词汇意义、语法功能、感情色彩等很难完全掌握，因此在词汇量不足的情况下，学生很有可能在动词的词位上使用了意义有关联的名词或形容词。学生心理词库的联想模式与汉语本族语者有明显区别，他们往往依赖母语或媒介语（如英语）的翻译，并在此基础上建立汉语词汇网络，因而他们的词汇激活模式可能是基于语义的，也可能是基于词性的。这也导致了第三种误代类型，即词形相近产生的误代。汉语有大量含相同语素的词语，它们有时意义并不相关，但学生可能会由于其词形相近，而混淆词义及其句法功能。

对于离合词和动词重叠这些汉语特有的词法现象，学生接受较为缓慢，最直接的表现就是回避使用。学生往往不能很好地掌握离合词的离析形式，对什么时候该用、该怎么用还不明确，其中，插入成分的句法位置、离合词的重叠形式是比较突出的问题。动词重叠式有其特定的句法语义功能，且能重叠的动词有限制。学生在动词重叠式的习得方面反映出的主要问题是可使用重叠式的动词范围、动词重叠式的句法要求，此外学生由于缺乏汉语语感，因此较难把握动词重叠式所传达的语义、语用功能。

在教学中，教师应当准确地讲解每个动词的意义，尽量避免简单地用另一个近义动词互释，否则学生容易将两个动词的意义与用法等同起来。教师还应尽量使用汉语释义，避免学生过度依赖母语或媒介语，逐渐培养学生基于汉语语义的词汇联想模式。动词本身的及物与不及物，状语、宾语和补语情况等也是教师在教授每个动词时应当反复强调的内容。随着学习的深入，教师可逐渐加入一些句法成分相对复杂的语句，以促进学生对汉语句法序列的记忆和理解。对于离合词、动词重叠式这类特殊现象，教师可以多采用语境教学法，通过多种语境的展现，让学生通过记忆它们出现的句法环境来培养相应的语感。

（王梓秋　执笔）

# 伍　能愿动词偏误案例

## 一、能愿动词概说

能愿动词数目有限，是一个封闭的类，语法功能与非动作动词很接近，但又具备自身鲜明的语法特征。从语义上可将能愿动词分为两大类，第一类是表示意愿和对主客观条件、事理情理和准允与否的判断，如"要、想、肯、应、应该、能、可、可以"等；第二类是表示对事情发生可能性的判断，如"能、可能、会、要"等。在留学生汉语习得的过程中，较常用的能愿动词有以下 5 类，其中 A—D 为第一类，E 为第二类。

A. 表示主观意愿："想、要、肯、愿意"。
B. 表示对事理情理判断："应、应该"。
C. 表示准允："能、可、可以"。
D. 表示对主客观条件判断："能、能够、可以"。
E. 表示可能性："能、可能、会、要"。

能愿动词的主要功能是充当全句谓语，在对话过程中答话时可单独使用能愿动词或能愿动词单独作谓语，但是能愿动词不能重叠，亦不能带"着、了、过"等动态助词。进行是非问时，能愿动词可用"V 不 V"结构进行提问；在双重否定句中，能愿动词可构成"不 V 不"结构，表达强烈的肯定语气；意义连贯合理的前提下，能愿动词可以连用，如"外行管内行，总得要学才行"[①]"他明天可能会来"。

能愿动词仅限于带谓词性成分，即动词/动词短语、形容词/形容词短语，如"能写完吗""可以一直幸福下去"。其所带谓词性成分中的谓词可以根据实际语义带上相应的动态助词，如"不可能开着车打电话""他要去了上海再回北京"。

能愿动词的状语有一定限制，一般是副词或表示处所的介词短语；

---

① 例句出自马庆株（1988）《能愿动词的连用》，《语文研究》第 1 期。

能愿动词不能作"把"或"被"字句的谓语动词（但其所带的谓词性成分可包含"把"或"被"字引导的状语）；能愿动词的状语及其后接成分的状语不能随意调换，否则会使句义发生变化，如"我不能交作业"和"我能不交作业"。

能愿动词可被表语气、肯否等意义的副词修饰，都可用副词"不"进行否定，但不同的能愿动词被副词修饰的情况不尽相同。在以上5类能愿动词中，A类表示主观意愿、D类表示对主客观条件判断的能愿动词，以及C类表示准允的"能"，都可用否定副词"没"修饰。可受程度副词"很"修饰的能愿动词有"可能、想、愿意、应该"，在口语中可单独使用"很可以"或"很能"来表示某人极具做某事的才能，有时带有讽刺语气。

## 二、外国留学生偏误案例

### （一）遗漏

遗漏类型的偏误很多，主要表现为两类，即能愿动词的遗漏、能愿动词后接成分中动词的遗漏。

1. 当能愿动词前面有一些副词，尤其是表示肯否类或语气类的副词时，能愿动词很可能被遗漏。如：

（1）＊但是汉字那么难，我不∧学习中国语。（想）（初级　韩国）

（2）＊现今对基督的电影一定∧描绘他被逮捕的那天的场面。（会）（高级　韩国）

（3）＊在公园里的人相互不认识，但我们都∧感到对方的心情。（能）（高级　韩国）

两个能愿动词连用时，学生易错误地扩大前一个能愿动词的语义功能，造成后一个能愿动词的遗漏。如：

（4）＊生活的时候可能∧遇到困难的事情。（会）（初级　韩国）

（5）＊人类把自己看作地球的主人，我们可能∧随便破坏环境。（会）（中级　韩国）

（6）＊跨国婚姻的孩子长得跟别人不一样的话，可能∧被看不起。

（会）（高级　韩国）

2. 能愿动词后动宾短语中动词的遗漏。这一现象多在初级阶段出现，在不同的能愿动词中均有体现。学生错误地泛化了能愿动词的表义功能，被遗漏的动词也较为多样化，这一点与心理动词的偏误十分类似。如：

（7）＊我要∧中国的文学和中国语。（学）（初级　韩国）

（8）＊我想∧空中小姐。（当）（初级　韩国）

（9）＊可是，我大学后想∧用汉语的工作。（做）（初级　日本）

（10）＊我们可能∧好朋友。（成为）（初级　韩国）

（11）＊因为坐汽车时可以∧车外面大街上的风景，真有意思。（看见）（中级　韩国）

### （二）误代

误代类型的偏误规律性较强，主要发生于"可能/可以""要/想""能/会""应该/要"等几组能愿动词之间。它们用法相同，在意义上相近或有所交叉，因而较易混淆，从而产生偏误。

1. "可能"表示客观可能性，而"可以/能/会"则表示具备某种能力。"可能"作为误代词的用例如：

（12）＊我常常对他们说："你们两个人一定<u>可能</u>找到工作。"（可以/能）（初级　韩国）

（13）＊她<u>可能</u>做多种菜：中餐、西餐、韩餐。（会）（初级　韩国）

（14）＊我学了四年，我<u>可能</u>说："汉语是很有意思的语言。"（可以）（初级　意大利）

（15）＊我现在<u>可能</u>说一点儿汉语所以我<u>可能</u>买东西，吃饭。（可以/能）（初级　韩国）

"可以"虽能表示具备某种客观条件、能力，但多用于肯定句，表达否定时应分别用"不能""不会"。其中"会"表示的是通过学习而具备某种能力，也可以表示对将来事件的推测。"可以"作为误代词的用例如：

（16）＊先发展交通的情况，然后国家的经济才<u>可以</u>发达。（会）（初级　坦桑尼亚）

(17) *我这个月没有空儿，不可以来上海。（能）（初级　德国）

(18) *我想学中文很难，因为我不可以写汉字。（会）（初级　美国）

2. "要"表示主观意愿，"想"表示主观想法，打算、有心思做某事，"要"的意志性要远强于"想"。此外，"想"作为非能愿动词时还可表示"认为""觉得"。"要"作为误代词的用例如：

(19) *所以我要夏天快来了。（想）（初级　韩国）

(20) *我每天只有担心，心里焦急，不要学习。（想）（中级　韩国）

3. "应/该"表示的"事实或情理的需要"，更多的是指出于义务做某事，而"要"则表示由于各种因素不得不、必须做某事。"应/该"作为误代词的用例如：

(21) *我认为外国人去中国旅行的时候一定该说一点汉语。（要）（中级　韩国）

(22) *我的父亲为了全家人，应从早上5点到晚上12点卖东西。（要）（高级　韩国）

4. "可能"表示客观可能性，"可以/能"表示具备某种客观条件，能实现某种结果，而"会"不具备这一功能。"会"作为误代词的用例如：

(23) *老师给我们时间，但是在时间内我们不会写完。（可能）（初级　韩国）

(24) *阮爱国发现马克思列宁主义可以运用在殖民地国家，会解放工人阶级与人民。（可以/能）（高级　越南）

5. 表示意愿的能愿动词"愿意"也常误代心理动词"希望"。如：

(25) *我愿意说好汉语，所以经常和我的中国朋友谈话。（希望）（初级　韩国）

(26) *我愿意以后你回国时，比现在成熟。（希望）（初级　韩国）

(27) *真愿意我这两个事我都做，回国的时候没有后悔。（希望）（中级　韩国）

(28) *我非常愿意我的对象是充实完善的女人。（希望）（中级　韩国）

(29) *他的家里有4口人，有父母，一个弟弟，他愿意上学可是经济情况上不能继续上学。（希望）（高级　韩国）

(30) *LG公司金科长现在30岁了,他很愿意升迁。(希望)(高级 韩国)

### (三) 错序

1. 错序多发生于能愿动词及与其共现的主语、谓语和状语之间,主要原因在于未掌握能愿动词与这些成分之间的关系,因而常出现与主语、谓语、状语错位的偏误。如:

(31) *我来了南京因为我和他想结婚。(想和他)(初级 韩国)

(32) *以后他当想教师。(想当)(初级 韩国)

(33) *比如说在农村去哪儿都是没有汽车,要去哪儿都走路,因为地方不方便所以很少看见车。(去哪儿都要)(初级 老挝)

(34) *她是很美,还有做菜不错,可能我觉得世界上第一幸福的人是我。(我觉得世界上第一幸福的人可能)(初级 韩国)

(35) *最近很想妈妈,很期盼着放暑假,一放暑假就回国要探望母亲。(就要回国)(中级 韩国)

2. 多个能愿动词连用时也易产生错序。如:

(36) *我在中国的学习生活很愉快,我要应该参加新年晚会,我非常喜欢南师大!(应该要)(初级 韩国)

(37) *因为这个是我的兴趣,我要想提高汉语能力。(想要)(初级 韩国)

(38) *很多人遇到这样的情况会可能反抗的,但我跟那些孩子不一样。(可能会)(中级 韩国)

3. 也有部分偏误用例为否定词的错序,但数量不多。如:

(39) *他们应该不让动物受伤,应该关注这些动物的环境。(不应该)(中级 法国)

(40) *她是这样我怎么不能爱她。(能不)(高级 越南)

### (四) 误加

误加类型的偏误主要是由于添加了能愿动词后,全句在表达意义时显得冗余。如:

(41) *对我来说,幸福确实是无法能用语言表达的一种感觉。(初

级　韩国）

（42）＊他不但会说日语说得很流利，而且他会用日语开玩笑。（初级　日本）

（43）＊那时候我才能知道只凭智慧不能拿到珍贵的东西，但一直努力渴求的话可以拿到。（中级　韩国）

（44）＊为了解除这个诅咒应该需要诅咒的人的血液。（中级　日本）

（45）＊成人和老师们要帮孩子们能实现未来的梦。（高级　韩国）

（46）＊我从小就上单性学校学习，直到上大学的时候，我能考上了朱拉隆功大学文学院。（高级　泰国）

## 三、偏误规律与教学建议

能愿动词虽内部成员不多，但学生偏误用例较多，且初、中、高三个阶段偏误用例数量相当，可见是动词中较难习得的一类，在教学中应予以格外关注。遗漏和误代偏误用例最多，问题也十分集中，具有较强的规律性。

遗漏偏误主要分为两类：一是能愿动词后动宾短语中动词的遗漏，这一点与心理动词遗漏偏误类似；二是能愿动词本身的遗漏。从被遗漏能愿动词的前后句法环境来看，学生存在两种倾向：一是错误地扩大被遗漏能愿动词前副词或其他能愿动词的意义，误以为其前面的副词或其他能愿动词可涵盖被遗漏能愿动词的语义功能，从而造成偏误；二是错误地扩大能愿动词本身的意义，"能愿动词＋动宾短语"的表义结构为"有意向（能愿动词）＋做某事（动宾短语）"，而学生错误地扩大能愿动词的功能，认为其表义结构为"有意向做（能愿动词）＋某事（名词性成分）"。

能愿动词的误代用例较为规律，常常集中于"可能"和"可以"、"要"和"想"、"能"和"会"等几组能愿动词之间。这些能愿动词本身含有多个义项，存在意义交叠现象，而且词形相近，所以既存在义项误推导致的误代，又存在词形相近导致的误代，这些给留学生的习得造成了不小的障碍。能愿动词与心理动词由于用法和部分意义接近，因此学生容易混淆，以表主观意愿义的能愿动词"愿意"最为典型，常与心理动词"希望"混淆。

　　能愿动词本身一般不带补语或介词结构作状语，但错序往往发生在能愿动词和它后面的动词短语之间，如错把动词短语中的介词结构放在能愿动词前（*和他想结婚）。此外，在两个能愿动词连用时，学生易产生错序，因此教师应当关注连用的能愿动词之间的语序。否定副词与能愿动词之间的语序也要引起注意，偏误多因学生将应置于能愿动词宾语前的否定副词错误地放在了能愿动词之前，造成句义不明。

　　误加类型的偏误集中在不该用而用了能愿动词，造成语义上的冗余。误加表现为以下两种，一种是完全的词义冗余，即根据句义无须使用能愿动词；另一种是和其他表示可能义的词汇重复，如"无法能用语言表达"，或与一些句法环境冲突，如"能考上了大学"，"考上了大学"是已然态，而"能"是对是否具备"考上大学"能力的判断，既然事实已经发生，就无须对其进行判断了。

　　能愿动词数目不多，但功能丰富，部分能愿动词在意义、形式上十分接近，如"能、可能、能够、可以"，因此在教学过程中，教师应当注意归纳总结，将类似的能愿动词进行对比。能愿动词的学习重难点应当是其语义语用功能，同一个能愿动词或能表示可能性、允许、意愿等多种语义，教师需要对其逐一讲解，避免学生造出歧义句。能愿动词虽然在意义上可以多个连用，但连用是有一定规则的，不能随意搭配，教师应当给学生充分的正确用例，让学生在确保准确把握每个能愿动词意义功能的基础上进行使用。

（王梓秋　执笔）

# 陆 心理动词偏误案例

## 一、心理动词概说

心理动词是表示主体心理状态的一类动词，如"爱、喜欢、希望、恨、讨厌、想念"等。心理动词与动作动词有一些相同的语法特征，如可以用"不"和"没"来否定，可以用正反疑问式提问。与动作动词不同的是，心理动词可以被程度副词"很""非常"等修饰，通常都是及物动词，且不能构成祈使句、不能重叠。

心理动词可带动态助词"着、了、过"，表示心理状态的持续或已然发生。当心理动词与动态助词"了"连用时，往往还会带上时量补语，如"爱了一辈子""讨厌了好一阵子"等。表示爱憎一类的心理动词可以带趋向补语，如"下去"，其中"爱"和"喜欢"还可以使用趋向补语"上"。心理动词后接的趋向补语表示心理状态的开始或在时间上的延续，如"喜欢上那个人""恨下去"。

程度副词"很""非常"等可以修饰心理动词，既可构成"很不＋$V_{心理}$"的结构，也可构成"不很＋$V_{心理}$"的结构，其中，前者否定的程度要高于后者。当心理动词被程度副词修饰时，不能再带补语或动态助词。心理动词的宾语可以是名词性成分也可是动词性成分，如"喜欢篮球""爱学习汉语"。在否定句中，否定词应置于心理动词前。心理动词的宾语可以是否定的结构，如"讨厌他不说话""喜欢不去就不去"。由心理动词构成的动词短语可作能愿动词的宾语。程度副词既可修饰心理动词又可修饰能愿动词，因此应根据具体语义所要强调的成分进行排序。若强调能愿动词，则应是"程度副词＋$V_{能愿}$＋$V_{心理}$"（如"很可能喜欢你"）；若强调心理动词，则应是"$V_{能愿}$＋程度副词＋$V_{心理}$"（如"可能很喜欢你"）；若欲强调两者，则可同时使用两个程度副词，"程度副词$_1$＋$V_{能愿}$＋程度副词$_2$＋$V_{心理}$"（如"很可能特别喜欢你"）。

## 二、外国留学生偏误案例

### （一）遗漏

遗漏主要表现在三个方面：

1. 在并列结构中易遗漏第二个心理动词。如：

(1) *我喜欢中国也∧韩国。（喜欢）（初级　韩国）

(2) *他喜欢打篮球也∧跑步。（喜欢）（初级　韩国）

2. 心理动词后动宾结构中的动词易遗漏。学生易误将"V$_{心理}$＋N"与"V$_{心理}$＋V＋N"等同起来。如：

(3) *我希望跟她们一直∧朋友。（做）（初级　日本）

(4) *我希望∧导游的工作，因为我很喜欢旅游。（做）（中级　韩国）

(5) *比如说子女希望∧歌手，但是父母觉得歌手没有未来。（当）（中级　韩国）

(6) *我打算从南京师范大学毕业以后，我希望∧汉语教师。（当）（中级　韩国）

3. 由于缺少必要的语法知识，学生会将一些复杂的表达形式简化，即仅用一些关键词拼凑成"V$_{心理}$＋N"的结构，而遗漏了其他句法成分，实际上心理动词的宾语应当扩展为一个短语或小句。如：

(7) *我觉得这样的事情很好，也希望<u>这样的事</u>。（初级　韩国）

(8) *我不希望<u>她的财产、社会背景、性格</u>。（初级　韩国）

上两例中，例(7)中"希望"的宾语可以改为"我有这样的事"，例(8)中"希望"的宾语可以改为"有像她一样的财产、社会背景、性格"。

以下例句中的"爱"被副词"互相"修饰，但"互相"一般不修饰光杆单音节动词，应添加宾语"对方"构成动宾短语。

(9) *我的家人互相爱∧，而且我拥有很多好朋友。（对方）（初级　韩国）

(10) *父母和子女得互相爱∧，子女对父母要有恭敬的心。（对方）（中级　韩国）

(11) *虽然互相很爱∧，可是他们的精神世界不一样。（对方）（高级　韩国）

## (二) 误代

误代偏误主要可分为两种类型：

1. 能愿动词和心理动词之间常产生误代，如"想—希望""要—希望"。能愿动词主要表示主语的主观意向且其后多接动词性成分，而心理动词描述的是主语的心理感受。"想"作能愿动词时，表示主语"要做什么"；而作心理动词时，则表示"思念"。能愿动词与心理动词在意义上较为接近，且存在同音同形词，因此，学生偏误较多。如：

(12) *我妈妈想我的汉语很好。（希望）（初级　印尼）

(13) *我要她的身体是很好的。（希望）（初级　韩国）

(14) *我想他努力学习、身体健康。（希望）（初级　韩国）

(15) *我高中的时候换了学校，我不喜欢换，但是父母逼迫我。（想）（中级　蒙古）

2. 意义相近的心理动词内部也易产生误代。

一类是近义词之间词义及用法的误代，如"希望—期待""希望—喜欢"等。"希望"是主语想让某事发生，而"期待"是带有希望的等待；"希望"的宾语多为动词性短语，而"期待"的宾语既可以是动词性短语也可以是名词性短语，如"期待你的回信"。"喜欢"则表示对某件事的喜爱之情，并不含有"希望"的意义。如：

(16) *我们真的适合，还有父母也喜欢我们恋爱。（希望）（中级　韩国）

(17) *他们最喜欢父母觉得他们是大人。（希望）（中级　法国）

(18) *我希望你的回信。（期待）（中级　西班牙）

另一类是近义词之间情感色彩的误代，这些词意义和用法相近，但存在明显的情感色彩差异。如：

(19) *我热爱他们，他们也热爱我。（爱）（中级　俄罗斯）

(20) *我很怜爱我母亲。（爱）（中级　蒙古）

此外，也存在一些非心理动词和心理动词之间的误代，它们虽意义相近，但用法相异，尤以"爱好—喜欢"之间的误代最为突出。"爱好"

作为动词时不能被程度副词修饰，且宾语多为具体的对象，表述主语的兴趣。如：

（21）＊因为我爱好中国。（喜欢）（初级　韩国）
（22）＊来中国以后，我很爱好中国音乐。（喜欢）（初级　越南）
（23）＊我最爱好打高尔夫球没错，但不知道怎么去练习场。（喜欢）（中级　韩国）

一些词形、读音相近但意义不甚相关的词语之间的误代亦不容忽视，这对于非汉字文化圈的留学生而言是较大的障碍。如：

（24）＊有的司机很尊重交通规定，当遇到一个人就停下。（遵守）（中级　西班牙）

## （三）错序

错序的偏误总体不多，主要体现在心理动词与其主宾语之间的错序。如：

（25）＊我中国喜欢又汉语喜欢。（喜欢中国又喜欢汉语）（初级　韩国）
（26）＊我觉得南京师范大学真的喜欢。（真的喜欢南京师范大学）（初级　韩国）
（27）＊我对各种各样运动都很感兴趣，特别是足球和篮球非常喜欢。（非常喜欢足球和篮球）（中级　韩国）

也有少量用例表现为副词与心理动词之间的错序。如：

（28）＊我爱那么丈夫，非常非常多。（那么爱）（初级　韩国）
（29）＊人们喜欢常常对问题或事情用自己的看法或见解。（常常喜欢）（中级　韩国）

## （四）误加

误加偏误非常集中，大多是在心理动词后误加动态助词"了"。如：

（30）＊所以我喜欢了南京，我又喜欢了中国。（初级　也门）
（31）＊我开始学汉语的时候只知道了一百多个汉字，所以我不太喜欢了。（初级　韩国）
（32）＊我跟他用 email 见面了，我喜欢了他的 email 的内容。（初级　韩国）

## 三、偏误规律与教学建议

学生习得心理动词的整体情况较好，但偏误问题较为集中。偏误类型最多的是遗漏，学生很容易将心理动词后动宾结构中的动词遗漏。学生错误地扩大了心理动词的词义，比如"希望＋N"不等于"希望＋V＋N"；"喜欢＋N"不等于"喜欢＋V＋N"。

误代类型的偏误较为典型。学生在初级阶段习得的心理动词不多，但容易将心理动词与其他在形式或意义上相近的动词混淆，尤其是与表示意愿的能愿动词混淆，如"想""要"和"希望"。虽然在有些句法环境中是合法的，但其他动词并不具备心理动词的语法特征，因而还是会产生偏误，如用"爱好"误代"喜欢"，"爱好"就不具备受副词"很"修饰的语法特征。

错序类型的偏误总体不多，学生习得情况良好，主要问题是心理动词的主语与心理动词容易错序，如"希望我世上只有见面，没有离别"。这类偏误有些与学生的母语习惯有关，即误认为心理动词可以用作一种提示语，放于句首。另外，心理动词是表达主观感受的，因此主语应当是"人"而不是对象"事物"，学生混淆这两个概念后也容易造成错序。

心理动词后误加动态助词"了"也是较为典型的一类偏误，这在教学中应予以重视。心理动词后加动态助词"了"有较为严格的限制，即后面一般须有时间补语，如"爱了一辈子""喜欢了好久"。

从教学角度来看，心理动词的意义和用法对学生来说都不难掌握，但有两点教师应当强调。首先，意义相近的心理动词之间存在程度上的差异，如"喜欢"和"爱"，应当在教学中予以区分。其次，心理动词具备动作动词部分语法特征的同时还有自身的特点，如能够接受程度副词"很"的修饰。此外，心理动词的宾语可以是动宾短语，教师在教学中应当明确区分"$V_{心理}＋N$"与"$V_{心理}＋V_{动作}＋N$"的区别，避免学生错误使用。

（王梓秋　执笔）

# 柒 形容词偏误案例

## 一、形容词概说

形容词是描写事物性质状态的词，其语法特点主要有以下几点：
(1) 多数能够被否定副词"不"和程度副词"很"修饰。
(2) 常作谓语、定语和补语。
(3) 不能带宾语。
(4) 部分形容词能够重叠。
形容词一般可以分为性质形容词和状态形容词两类。

### （一）性质形容词

性质形容词表示事物的性质或属性，它分为单音节和双音节两类，其语法特点包括：
(1) 能够前加"很"。如："很大、很热闹"。
(2) 单音节性质形容词的重叠形式是AA（的）。如："大大（的）、高高（的）"。双音节性质形容词的重叠形式是AABB。如："干干净净、整整齐齐"。

### （二）状态形容词

状态形容词也叫形容词的生动形式，表示程度比较高的意义，用来表现事物的状态，带有明显的描写性。主要分为以下几类：
(1) 表示程度的语素＋单音节性质形容词："雪白、飞快"。
(2) 单音节性质形容词＋重叠后缀："黏糊糊、酸溜溜"。
(3) 双音节形容词的贬义变式："邋里邋遢、流里流气"。
(4) 性质形容词＋三个非重叠音节："黑不溜秋、黑咕隆咚"。
其语法特点包括：
(1) 前面不能加"很"。如："*很雪白、*很漆黑"。
(2) 充当谓语、补语、状语和定语时，后面一般要加结构助词。

如："眼睛大大的、金黄的麦穗、涨得通红、飞快地跑过去"。

（3）A类的重叠式是ABAB。如："冰凉冰凉、滚烫滚烫"。

## 二、外国留学生偏误案例

### (一) 误代

形容词的偏误中最常见的是误代，数量最多，在各阶段都有出现，而且误代的类型也很多。

1. 形容词之间的误代，包括双音节形容词之间的误代，单音节形容词之间的误代，单、双音节形容词之间的误代。

A. 双音节形容词之间的误代。如：

（1）*我觉得找工作的时候很<u>便利</u>。（方便）（初级　韩国）

（2）*张老师教得很<u>热烈</u>，她是我们四班老师，她还没结婚。（热心）（初级　韩国）

（3）*这里有山，有水，有很多<u>独到</u>的建筑，还有空气非常新鲜，一切造成了诗情画意的风景。（独特）（中级　越南）

（4）*这四位人很仔细地看看我，说几句很<u>静止</u>的话，然后大口大口地吃饭。（安静）（中级　美国）

（5）*手术成功后才知道了健康身体的<u>贵重</u>。（重要）（高级　韩国）

（6）*说到这里，他<u>热心</u>地告别……（热情）（高级　古巴）

双音节形容词误代产生的原因多是误代和被误代的词具有相同的语素和相近的语义。如"便利"和"方便"、"热烈"和"热心"、"独到"和"独特"、"静止"和"安静"、"贵重"和"重要"、"热心"和"热情"等。

B. 单音节形容词之间的误代。如：

（7）*中国和我的国家是好朋友，我们的国家的人口比中国<u>大</u>得多。（多）（初级　坦桑尼亚）

（8）*她比我<u>少</u>一岁。（小）（初级　韩国）

（9）*但是，过了一年多的期间，担心越来越<u>小</u>，开心越来越<u>大</u>。（少，多）（中级　韩国）

(10) *她的韩语发音很好,我说汉语的速度很晚。(慢)(中级 韩国)

(11) *这儿里的风景对那时的我留下了很大的印象,所以我觉得这个地方是欧洲的天堂。(深)(高级 罗马尼亚)

(12) *吴书记是一个比较重的干部。(胖)(高级 波兰)

单音节形容词误代产生的原因则是误代和被误代的词之间语义相近,但适用的场合不同,如"大"和"多"、"重"和"胖"。有一些词可能是因为在学生母语中的意思一样,而汉语中则用不同的词来表示,所以造成了误代,如"担心越来越少"中的"少"和"小"英语的比较级都是"less"。

C. 单、双音节形容词之间的误代。

a. 单音节形容词误代双音节形容词。如:

(13) *我来中国的时候天气很热,所以我很难。(难受)(初级 韩国)

(14) *我的一个朋友很高,很亮,所以女的爱他。(漂亮)(初级 韩国)

(15) *今年的压力我觉得很重。(沉重)(中级 西班牙)

(16) *城市的人们洗窗户洗得干干净净的,然后把它们关得很固,刮什么风都不会进来了。(牢固)(高级 蒙古)

(17) *人们常常认为猫是一种奸的动物,不像狗那么忠,但是我完全不同意。(奸诈,忠诚)(高级 乌克兰)

单音节形容词误代双音节形容词的原因多是学生采用了双音节形容词的某一个语素,如"漂亮"的"亮"、"沉重"的"重"、"奸诈"的"奸"等。

b. 双音节形容词误代单音节形容词。如:

(18) *我的朋友得了很重要的病。(重)(初级 尼泊尔)

(19) *甚至农村的周围都是稻田和旱地,没有一点的光,所以很漆黑。(黑)(高级 韩国)

2. 形容词与动词之间的误代,包括动词误代形容词和形容词误代动词两种。

A. 动词误代形容词。如:

（20）*在他的帮助下，我们的汉语水平越来越进步。（高）（初级　尼泊尔）

（21）*他是男人，他的样子很适合，不瘦不胖。（合适）（初级　老挝）

（22）*但是我越来越长大，要去当兵了，那个时候我第一次看到爸爸的眼泪。（大）（中级　韩国）

（23）*我的生活很规定的。（规律）（中级　韩国）

（24）*现在空气变凉快起来，万物似乎得到充满的能量，兴奋得跳起来。（充足）（高级　越南）

（25）*我和爷爷比父母更接近。（亲近）（高级　韩国）

此类偏误产生的原因多是学生没有分清两者不同的词性，而选用了含有相同语素、语义相近的动词。如"适合"和"合适"、"规定"和"规律"、"充满"和"充足"、"接近"和"亲近"等。

在动词误代形容词的案例中，以"越来越……"结构最为典型。如：

（26）*中国越来越发展。（好）（初级　日本）

（27）*我的学习成绩就是这样越来越下去了。（差）（中级　越南）

（28）*随着社会的进步，妇女的地位也越来越提高。（高）（高级　韩国）

出现在"越来越……"结构中的应该是形容词，学生多采用语义相近的动词代入此结构，说明他们对该结构的掌握情况并不理想。

B. 形容词误代动词的情况相对较少。如：

（29）*所以我趁放暑假去我也不知道的地方旅行了，当然对父母是秘密的。（保密）（初级　日本）

（30）*黄昏时，枯草色的大草原，奶白的羊群，玫瑰红的野花，雪白的包，人，马，就都灿烂了黄金色。（洒满）（中级　日本）

（31）*他穿的衣服样子很合适他的年纪。（适合）（高级　蒙古）

此类偏误产生的原因多是学生没有掌握需要用动词的结构，而误用了形容词。如"对某人……"结构中需要用动词，而不是形容词，所以（29）应该将"秘密"改为"保密"；（30）中是"V+了$_1$"[①]结构，所以

---

[①]　此处"了$_1$"表示结构助词"了"。

应将"灿烂"改成"洒满";(31)中有宾语"他的年纪",所以应该用动词"适合"更合适。

### (二) 错序

错序不是本节典型的偏误类型,但在语料中我们也发现了几种类型的错序案例。

1. 中心语与定语之间的错序。如:

(32) *来中国以后我了解很多<u>东西难忘</u>。(难忘的东西)(初级 卢旺达)

(33) *有个朋友说最近在韩国<u>下雨大</u>。(大雨)(初级 韩国)

(34) *他的家很热情地接待我,我觉得我们像一个家庭,我们一起聊天很渝快,让我知道<u>中国文化很多</u>。(很多中国文化)(中级 越南)

(35) *为了国家发展,现在有<u>中国人很多</u>到我们国家做生意,开公司所以我们觉得中文对我们的国家有好处。(很多中国人)(中级 老挝)

中心语与定语的错序是常见的错序类型。汉语的结构是定语在前中心语在后,但在有些语言中,中心语与定语的顺序与汉语并不相同,这就容易造成母语的负迁移,形成此类偏误。

2. 中心语与状语之间的错序。如:

(36) *因为我从来没有离开过妈妈,所以我对妈妈<u>好特别</u>。(特别好)(初级 韩国)

3. 主语与谓语之间的错序。如:

(37) *晚上,突然刮起了大风,下过一阵大雨,到了第二天才<u>晴天</u>,但海面还有汹涌的波涛。(天晴)(中级 韩国)

(38) *好运我<u>合格考试</u>。(考试合格)(中级 日本)

### (三) 误加

误加类的偏误多集中在形容词的误加以及形容词前后其他成分的误加上。

1. 形容词的误加。如:

(39) *我回忆小孩子的时候,跟我的父母在一起,我要吃什么他们就给我什么,我每天穿着<u>美好和好看</u>的衣服。(初级 坦桑尼亚)

（40）*有钱多的人能买一套家可是不够的时不要买，女人准备生活的一切东西。（初级　韩国）

（41）*所以骑自行车的人越来越小少。（初级　尼泊尔）

（42）*还想到顺化人很好客，很讲礼貌，而且顺化的姑娘有名是很温柔的。（中级　越南）

形容词的误加多是由于学生为了追求表义的丰富性而叠加语义相近的形容词，造成表义上的累赘和重复。如"美好"和"好看"、"小"和"少"等。

2. 其他成分的误加，多是一些助词的误加。如：

（43）*在南京大屠杀纪念馆，我感觉中国和韩国受到同样的疼，我很难过了。（初级　韩国）

（44）*但是我开始了表演时，我感到了幸福了。（初级　韩国）

（45）*这个字吸引了我的注意因为我觉得它的形状很不平常的。（中级　德国）

（46）*可是这次考试特别紧张了。（中级　韩国）

（47）*人使这些壮丽的而高傲的动物服从于自己。（高级　俄罗斯）

## 三、偏误规律与教学建议

从数量上看，形容词的偏误从多到少的顺序是：误代—遗漏—错序—误加。各类偏误的规律很明显。

误代的数量最多，种类也最为丰富，并且在初、中、高三个阶段都有分布。同义形容词之间的误代情况最为明显，究其原因，是由于学生没有掌握同义形容词在感情色彩、使用环境以及搭配对象等方面的区别，造成了两个词之间的混用，因此在教学过程中需要注意同义形容词的区别。

遗漏的数量也很多，尤其是形容词作为句法成分的遗漏，最常见的是"多"这个词，不论是在主要谓词还是定中结构中，"多"的遗漏都比较明显。在教学过程中教师应注意帮助学生明确形容词在句法结构中的作用。

错序的数量相对较少，主要集中在形容词和前面的修饰性成分的错序上。学生在使用过程中可能没有注意主次关系而导致顺序的错位,教师在教学过程中也应该注意让学生分清汉语中心语和修饰语的关系。

　　误加的数量很少,不属于典型的偏误,大部分偏误都是与形容词相关的助词成分的误加,也有少部分是形容词本身的误加,这可能是学生为了强调自己所要描述的中心语,而使用了几个意义相同又没有必要的形容词所造成的误加,在教学过程中教师也应该要注意。

(罗昕泽　执笔)

# 捌 区别词偏误案例

## 一、区别词概说

区别词表示人和事物的属性,有区分事物的分类作用。单音节的有"金、银、男、女、雌、雄、正、副"等;双音节的有"慢性、急性、上等、初级、万能、野生、人造、冒牌、首要、次要"等;多音节的有"流线形、综合性、多功能、多渠道"等。

不同区别词的用法存在差异:

1. 有的区别词作定语修饰名词时必有"的",如"亲爱、后起、天生、莫名"等;有的修饰名词时一般不用加"的",如"便民、常务、长篇、超级、初等、雌性、多边、高等、高难、高度"等;有的修饰名词时"的"可有可无,如"大型、额定、中程、正方、特定、暂行、国产、新兴、中式、远房"等。

2. 有的区别词能够加"的"构成名词性词组,如"长篇、旧式、慢性、男式、野生、成批、程控、初步、次要、大号"等;而有的不能加"的"构成名词性词组,如"边远、便民、棉纺、旁系、不法、超级、必修"等。

3. 有的区别词能够进入"是……的"框架,如"半封建、半自动、编外、便携式、长期、初步、次要、大型、独资、恶性"等;有的不能进入"是……的"框架,如"本来、赤贫、次级、大龄、低产、独幕"等。

## 二、外国留学生偏误案例

### (一) 遗漏

区别词的典型偏误是遗漏,遗漏可分为区别词修饰名词时"的"的遗漏与区别词进入"是……的"结构时"是"或"的"的遗漏。

1. 区别词修饰名词时应该加"的"却遗漏了"的"。如:

(1) *但是，这个社会不是我一个人生活的，而是一个共同∧社会。（的）

(2) *有了一个和自己目的一样的人时，往往两个人为共同∧目的而一起努力奋斗。（的）

(3) *亲爱∧父母，你们好！（的）

(4) *要说对我影响最大的一个人就是亲生∧娘，自小在她的谆谆善诱的哺育下，方才有我今日的成就。（的）

(5) *现代医学进步发达，着实随时能有新药能医治病人所谓∧"不治之症"。（的）

(6) *我不知道中国其他地方还有没有这种人，但是要找到真正∧上海人——就是他。（的）

2. 区别词进入"是……的"结构时遗漏了"是"。如：

(7) *这个故事说明的是资源∧有限的，所以人类应该保护资源，不要滥用。（是）

(8) *我觉得这个"安乐死"在现在中国法律上∧非法的，就一个人的人权来说我认为并不是非法的。（是）

(9) *第二点说明在世界上的资源∧有限的。（是）

(10) *另一个教训：钱不∧万能的。（是）

(11) *大部分的父母都望子成龙，但孩子的能力也∧有限的。（是）

3. 区别词进入"是……的"结构时遗漏了"的"。如：

(12) *我们早就知道资源是有限∧，可是人们发现的事情不太多，很容易忘记这一点。（的）

(13) *人的生命是宝贵∧，如果他们一家不能靠自己的生命力来活，现在有人可以选择用先进的医疗技术来活。（的）

(14) *我认为自然是有限∧，科学是无限∧。（的）

**(二) 误加**

1. 主要是区别词修饰名词时误加了"的"。如：

(15) *其实是一个动物，是一匹雌的犀牛。（中级　德国）

(16) *听说因为从前西安是国际的都市。（中级　韩国）

(17) *下课以后，我马上去五道口商场，买了收音机、录音机和黑白的电视机。

（18）＊但是，在这儿也发现了一个事情：所有的人员都是女的，没有男的医生或护士。

（19）＊现在我的国家日本幼儿园，男的老师越来越多。

（20）＊如果人们不去保护动物，不保持生态的平衡与和谐的话，想得到"绿色食品"将是"可望而不可及"的。

（21）＊成本降低也很重要，让绿色食品更接近于我们每个人的生活，保证生态的健康，做到地球全绿化。

2. 区别词前误加了"很、十分"等程度副词。如：

（22）＊因为爸爸穿的衣服是很旧式的，我在学校里躲起来了。

（23）＊吸烟对人的健康有很不良的影响，这是大家共同的认识。

（24）＊想的办法不是个人自身去想那么简单，还要顾及旁人，能够为他们设想，才是认同自己、推己及人的做法，才是十分正面的。

3. 极少的区别词的误加。如：

（25）＊她有一个男弟弟。（初级　韩国）

## (三) 误代

误代多是区别词和名词的相互误代。

1. 名词误代区别词。如：

（26）＊在韩国有一位女生旅行家。（女性）（初级　韩国）

（27）＊英语也是我们跟中国的发音不一样，韩国是美国发音，中国是英国发音。（美式，英式）（高级　韩国）

2. 区别词误代名词。如：

（28）＊因为不必三个人都抬水，两个人就够了，所以相互推给别人，这就是人类的一种恶性，只得一个人做的时候，一个人可以做，可是有许多人一起的时候都觉得他一个人不做也没关系。（恶习）

（29）＊因为金属性，电气性声音影响着生态。（生态环境）

（30）＊保护环境、保护生态是很重要的。（生态平衡）

## 三、偏误规律与教学建议

从数量上看，区别词的偏误类型从多到少的顺序是：遗漏—误代—

误加,错序偏误在语料中尚未发现,各类偏误的规律很明显。

遗漏偏误中,由于学生对区别词修饰名词时"的"的隐现和区别词进入"是……的"结构掌握得不清楚,以致区别词修饰名词时遗漏了"的",区别词进入"是……的"结构时遗漏了"是"或"的"。教学中,对于这两个知识点应该着重讲解,在学生理解的基础上多加练习,此类偏误则可以大量减少。

误加主要是区别词修饰名词时不该加"的"却多加了"的",这与遗漏偏误中区别词修饰名词时遗漏"的"恰好相反,再次证明了学生对于区别词修饰名词的用法掌握得不是很好,"的"的隐现问题仍然是教学的重点和难点。另外,区别词误加还包括在区别词前误加"很、十分"等程度副词,这说明学生对于区别词的特征掌握得不是很清楚,不知道区别词前不能加程度副词,教学中对此应该加以注意。区别词的误加比较少,学生只要多加注意还是可以避免的。

误代集中于区别词和名词的相互误代,说明学生对于区别词和名词的异同掌握得不是很好,不能清楚区分,在教学中应该多加注意。教师应该说明区别词与其他词类尤其是名词的不同之处,让学生学会如何辨别。

(崔金叶 执笔)

# 玖　程度副词偏误用例

## 一、程度副词概说

程度副词的主要语法功能是对形容词，部分动词及动词性结构，部分具有特定语义特征的名词所表达的性质、行为等的程度进行修饰和度量。常见的程度副词有"最、更、比较、稍微、还、很、极、非常、十分、相当"等，其中留学生最常使用，偏误情况也最多的几个程度副词为"最、更、比较、很、非常"。

根据有无比较对象可以把程度副词分为两类：相对程度副词和绝对程度副词。常用相对程度副词有："最、更、比较、稍微、还"等；常用绝对程度副词有："很、极、非常、十分、相当"等。相对程度副词可以用于比较，可以出现在比较句中；而绝对程度副词不能用于比较，不可以出现在比较句中。

在相对程度副词中，"最"的使用频率比较高，"最"是多项比较相对程度副词，要求的比较对象可以是具体明确的，但更普遍的是限定范围的泛指性的比较对象，表示在某一范围之内达到了极点。在绝对程度副词中"很"的使用频率特别高，多用在形容词、助动词、动词短语和一部分表现心理、情绪、评价的动词前，表示程度高，不用于比较句。

## 二、外国留学生偏误案例

### （一）遗漏

程度副词典型的偏误是遗漏，数量最多，在不同的学习阶段都有体现。

1. "很"的遗漏在所有程度副词的遗漏中所占比例最大且多发生在初级阶段。如：

（1）＊能买∧多的东西和看∧多的表演。（很）（初级　韩国）
（2）＊在西安我看到∧多古代做的事物。（很）（初级　韩国）

(3) *我没有∧多机会看我弟弟。(很)(初级 韩国)

(4) *但是我想跟朋友一起去∧多地方旅游。(很)(初级 韩国)

(5) *虽然不能继续努力学习,但是这次旅行给我∧多知识,我想有机会的话,去中国学习汉语。(很)(初级 韩国)

(6) *我喜欢安静,但是南京∧多人很多车,也很乱,我朋友对我说她喜欢这里。(很)(初级 泰国)

(7) *然后晚饮的时候跟妻子一起喝啤酒,我觉得∧幸福。(很)(初级 日本)

(8) *在德国我有∧多个好朋友,我喜欢我的学校。(很)(初级 德国)

(9) *阿米克的汉语进步很快因为每次考试他的成绩都∧高,他说汉语很熟练。(很)(初级 老挝)

(10) *我每天有很多的工作时候所以我有∧少的时间学习汉语。(很)(初级 加拿大)

(11) *公共汽车里很多人,好方法是坐地铁但是∧多地方没有地铁。(很)(初级 哈萨克斯坦)

(12) *很短的时间她的唱歌进步∧快。(很)(初级 尼泊尔)

(13) *跟她聊了几回便觉得她人∧有趣。(很)(中级 美国)

(14) *工作,上学,逛商店,看病,等等,要去的地方∧多。(很)(中级 德国)

(15) *导游对我们∧好,所以去北京的时候大部分人∧满意。(很)(中级 印尼)

(16) *而问题∧快地出现了。(很)(中级 西班牙)

(17) *在首尔有十多个地铁线,别的城市也有∧多的地铁线。(很)(中级 韩国)

(18) *孩子们越走越热闹,玩到∧晚才回家。(很)(高级 越南)

遗漏之处有时可以补充出不同的程度副词。如:

(19) *现在我的中国生活∧愉快!(很/非常/十分)(初级 韩国)

(20) *他们的武打镜头真的∧痛快。(很/非常)(中级 日本)

(21) *我们真的∧兴奋。(很/非常)(中级 韩国)

(22) *我参加五个课,所以最近∧忙。(很/非常)(中级 韩国)

(23) *孩子们越走越热闹,玩到∧晚才回家。(很/非常)(高级 越南)

2. 中、高级阶段,随着所学程度副词的增多,出现了一些其他副词的遗漏情况,如"更""最"等。如:

(24) *为了比别人有∧高的本领,会说外语是当然的,并且工资也会高一些。(更)(中级 韩国)

(25) *我以为这样的不同,中国比韩国∧重视基础。(更)(中级 韩国)

(26) *我认为欧洲的国家,这个方面∧先进。(更)(中级 日本)

(27) *这样的交流方式是在日本∧普遍的。(最)(高级 日本)

(28) *总之,这一天是我∧喜欢,最开心的节日。(最)(高级 日本)

比较句中用"更"时,先肯定某一事物已经具有某一性质状态,比如(24)肯定了"别人的本领高","更"表示所比事物的性质状态更进一层,即"为了比别人有更高的本领";(25)中肯定了"韩国重视基础",中国重视基础的程度比韩国更进一层。这两个例子中"更"不可缺少。(27)(28)是"最"的遗漏,两个例子的比较范围都是一个泛指性的比较范围。(27)是一种交流方式与其他的交流方式相比,(28)是今天这个节日与以往节日相比。

### (二) 误代

误代也属于比较典型的偏误,大多为程度副词内部成员之间的偏误。

1. 相对程度副词之间的误代。如:

(29) *看夜市比看别的有名的地方更开心,最愉快。(更)(初级 韩国)

(30) *所以我觉得中国比韩国生鱼片的价钱比较便宜。(更)(初级 韩国)

(31) *但是韩国的吃的东西比日本的比较贵。(更)(初级 韩国)

相对程度副词的误代主要集中在"比较、更、最"之间,如(29)—(31)。"最"表示极端,胜过其余,其语义要求比较的对象在两项以上，所以"最"不能进入含有"比"字的比较句中，如（29）。"比较"着重肯定对象具有某种性质，而不注重比较对象，其比较对象一般是不定的，因此，"比较"一般不出现在含有"比"字的比字句中，如（30）和（31）。

2. 绝对程度副词与相对程度副词之间的误代。主要表现在相对程度副词用于没有比较对象的语境中，而绝对程度副词则用于"比"字句中。如：

（32）＊我每次回忆我跟她在一起过的日子就感觉到最幸福。（很/非常）（初级　斯里兰卡）

（33）＊去年我来中国的时我能跟中国人说话，让我觉得更好。（很）（初级　以色列）

（34）＊我觉得汉语念比写很难。（更）（初级　越南）

（35）＊所以我觉得在蒙古虽然开车很方便，而且很舒服，但是走路比其他很安全。（更）（初级　蒙古）

（36）＊英语比汉语很难。（更）（初级　韩国）

3. 语气副词与程度副词之间的误代。

因为具有程度义的语气副词与程度副词语义相似，所以学生常常容易混淆而误代，这里一并讨论。表示程度的语气副词有"太、可、真"等。语气副词具有表述性，是动态的语言单位，只能用于具有表述性的谓语或补语部分，不能降格为状语或定语的修饰语。如果仅仅看到它们与程度副词表示程度义的共性而看不到二者之间的语法差异，就可能产生互相之间的误代。

A."太"的误代。如：

（37）＊天使太吃惊地说"在世界上母爱是最奇妙的"。（很/非常）（中级　越南）

（38）＊北靠太有名的山，南临好看的海。（很/非常）（中级　韩国）

（39）＊西施是太漂亮的人，所以人们都喜欢她。（很/非常）（中级　韩国）

（40）＊所以到现在我太感谢她。（很/非常）（初级　韩国）

（41）＊以前我很不喜欢，现在我太喜欢中国文化。（很/非常）（中级　孟加拉国）

"太"有两个基本义项:"太₁"表示程度高,相当于"非常";"太₂"表示超过适当的限度或标准,相当于"过分,过于"。"太"常用于句式"太+A/VP(+了)、不+太+A/VP、太+不/没+A/VP(+了)",这些句式中的"太"都是谓语的修饰成分。而(37)中"太吃惊"是谓语动词"说"的状语,(38)(39)中的"太有名""太漂亮"则为定语,都不具有表述性,其中的"太"都应该换成"很/非常"。(40)(41)中,句子都含有主观认定某种性状已然存在的意思,此时如果用"太"就要在分句或句子末尾加上表示已然状态的语气词"了",构成"太……了"的结构,如果没有"了"可替换为"很";所以(40)(41)中,可以把"太"替换为"很"或在分句或句子末尾加上"了"。

B. "真""可"的误代。如:

(42)＊那天也是真冷的天气而且下大雪。(很)(高级 韩国)

(43)＊希望我们国家能够,经过寒风的冬天,像这样好的春天一样,越来越发展,可高,可好的国家迈进。(更高,更好)(高级 韩国)

(44)＊为迎合爸爸的口味,我真痛苦了。(太)(中级 韩国)

(45)＊我觉得她像她的小猫似的,她跟她的小猫都真可爱了。(太)(中级 韩国)

(46)＊因为我在后悔过去的日子,我想得真单纯了。(太)(高级 韩国)

语气副词"真""可"也不能降级用在状语或定语前面作修饰语。因此,(42)中"真"应替换为"很",(43)中"可"应替换为"更"。"真+形容词"作谓语、补语,表达的是一种认同和确认;"太+形容词"作谓语、补语,表达的是一种主观评价;"太+形容词"常与句末语气词"了"共现,构成"太……了"的结构。而"真+形容词"不能与句末语气词"了"共现,(44)—(46)中"真"应替换为"太",或删除句尾的"了"。

### (三) 误加

1. 误加也是一种比较典型的偏误,多发生在"比"字句当中。如:

(47)＊特别是吃的东西日本比中国贵得很多。(初级 日本)

(48)＊我们国家比中国很小。(初级 韩国)

(49) *跟小时候相比节日的意义很消失了。(高级　韩国)
(50) *因为那样的习惯,事故发生率比中国很低。(中级　日本)
(51) *但是中国比韩国自行车太多。(中级　韩国)
(52) *我要很说汉语。(初级　韩国)
(53) *我被他很感动了。(中级　韩国)

比较句中程度副词误加偏误的产生是由学生对绝对程度副词和相对程度副词的使用方法掌握不足造成的,在比较句中不能使用绝对程度副词对形容词进行修饰。若需要对句子中的形容词加以程度上的限定,可以根据实际情况在形容词前加"更",或后加"得多"。

2. 副词连用造成的误加。如:
(54) *他们很非常努力。(很/非常)(初级　也门)
(55) *尽管是一段时间我见过她,但是我很经常回忆到那个老大娘。(经常)(初级　老挝)
(56) *到了冬天,我国的冬天不太很冷,最冷的时候是十度左右。(不太)(高级　越南)
(57) *我学习努力汉语,但是学得很太慢。(很/太)(初级　刚果)

"很"是客观性评价,"太"是主观性评价,两者不可连用。

3. 修饰动作性强、没有性状义的动词时的误加。如:
(58) *她告诉我不能因为我太病了,我可能一个星期后会去世。(中级　乌克兰)
(59) *我从今打算更努力学习,更提高我的文化程度,准备任用考试。(中级　韩国)
(60) *我跟她一起生活以后,我的中文水平十分提高了。(中级　韩国)
(61) *跟小时候相比节日的意义很消失了。(高级　韩国)

4. 修饰定量化成分时的误加。如:
(62) *对我来说,那个地方好像很乱七八糟,其实工作人员正确地知道每一件东西在哪儿,应该怎么穿,谁和什么时候穿。(中级　意大利)
(63) *我的大学教授大部分都对野生动物的情况很深感同情。(中级　加拿大)

### (四)错序

错序偏误是程度副词偏误当中相对较少的,主要有两种情况:

1. 程度副词与主语错序。如:

(64) *我和她一起吃饭的时候,<u>很我</u>高兴。(我很)(中级 韩国)

(65) *所以我们常常在新闻上或者报纸上看到<u>比较地位</u>高的人腐败的事情。(地位比较)(中级 法国)

(66) *我的家乡安山不是很有名的城市,并且不是<u>很经济</u>繁荣的地方。(经济很)(高级 韩国)

(67) *这部小说是我高中的时候读过书中<u>最印象</u>深刻的一部小说。(印象最)(高级 韩国)

2. 程度副词与动词错序。如:

(68) *有一天<u>很下雪</u>不方便交通,不过幼儿喜欢玩了。(下雪很)(初级 韩国)

(69) *在故宫的时候导游<u>很多讲</u>故宫的历史但是不能全部地听懂。(讲很多)(中级 印尼)

## 三、偏误规律与教学建议

从数量上看,程度副词的偏误类型从多到少的顺序是:遗漏—误代—误加—错序,各类偏误的规律很明显。

虽然遗漏这种偏误在程度副词偏误中所占比例最大,但是出现偏误的程度副词比较单一,绝大多数为"很"的遗漏,且这种偏误随着阶段的提高会逐渐减少,所以只要在教学中多加注意是可以大量减少的。在比较句中易遗漏"更",在表示极性关系的句子中易遗漏"最"。教学过程中对何时用"更",何时用"最"应多加讲解。

误代偏误数量居第二,初级阶段误代多为语气副词以及程度副词内部成员之间的误代,主要集中在"太"与"很"、"真"与"很"两组,也有"最"与"很/非常"、"最"与"更"、"比较"与"更"之间的误代。对于此类误代,需加强各个易发生误代副词的区分性讲解和练习,对各自表示的意义不断地强化、巩固。随着阶段的提高,误代的类型更加多样化，出现了与其他副词之间的误代情况。用来替代的其他类副词在用法和意义上与被替代的程度副词有或多或少的相似之处，对此进行区分性的讲解和练习不可缺少。

程度副词误加类偏误也不少，误加类偏误有很大一部分发生在比较句中，教师在教学过程中对这一方面要更加关注。由于程度副词"很"使用频率非常高，易出现误加，教学中对什么情况该用"很"，什么情况不该用"很"要讲解清楚。动作性强、没有性状义的动词没有表示程度的意义，故不需要程度副词。定量化成分已有表示量的多少的成分存在，此时出现程度副词就多余了。教学中对这两种成分的含义要解释清楚，防止偏误的发生。

错序类偏误类型最少，在每个阶段上的分布并不明显，主要是程度副词与主语、谓语之间的错序。说明学生在汉语句法顺序方面还存在一定问题，很有可能是其母语迁移或目的语规则泛化造成的，在教学中应当多加注意。

（钟亚　执笔）

# 拾　频率副词偏误案例

## 一、频率副词概说

频率副词指的是在单位时间内表现事件、行为、状态的副词，常用的频率副词有"常常、常、通常、一直、经常、向来、从来、从、一向、总（总是）、往往、偶尔、有时、间或"等。

按照频率的高低可以把频率副词分为：高频频率副词、中频频率副词和低频频率副词。高频频率副词主要有"一直、一向、历来、从来、从、通常、往往、总（总是）、向来"等；中频频率副词主要有"常常、常、经常、时常、时时、不时"等；低频频率副词主要有"有时、偶尔、间或"等。

频率副词中有一些表义、用法相近的词在一定的场合下可以互相替换。如："总"和"一直""经常"在一定场合下可以互换；"常常"和"经常""常"在一定场合下也可互换。但也存在一些意义相近、用法差别较大的词，如"从来"和"一直"都表示在一段时间内始终不变，但两者在用法上有一定的差别。学生如果意识不到这种差别就会产生偏误。

在不能替换的这些关系中，"从来"指的是从过去到现在的这段时间，多用于否定句，如："我从来不吃葱花"。而"一直"表示的是动作的始终不间断或状态始终不变，可用于否定句也可用于肯定句。容易因互相替换而产生偏误的频率副词还有"一向"和"一直"、"常常"和"一直"、"从来"和"向来"、"往往"和"常常"等。

## 二、外国留学生偏误案例

### （一）错序

错序是频率副词典型的偏误，有比较明显的规律。易产生错序偏误的频率副词有"常常、从来、经常、一直"，偏误主要集中在初、中级阶段。

A. 频率副词与主语的错序。如：

(1) *我觉得他的性格有意思，常常他的心思改变。(他的心思常常)(初级 韩国)

(2) *但是有一点担心，我跟老外朋友一起在外面玩儿，常常中国人问我们："你们从哪里来的？"(中国人常常)(初级 日本)

(3) *我不会做的事，常常他帮我了。(他常常)(初级 韩国)

(4) *从来在中午我不睡觉，常常我和朋友们一起去玩儿。(我在中午从来，我常常)(初级 孟加拉国)

(5) *常常我给您打电话。(我常常)(初级 韩国)

(6) *常常我自己做菜，但是不会做中国的菜。(我常常)(初级 韩国)

(7) *常常我想见他们。(我常常)(初级 韩国)

(8) *用他的"叫人器"后，经常服务员和找人的人之间发生的争执消除了。(服务员和找人的人之间经常/服务员经常和找人的人之间)(高级 蒙古)

B. 频率副词与介词短语的错序。如：

(9) *我是外国人，所以中国人对我常常说，但我很多话听不懂，所以我一定努力学习。(常常对我)(初级 韩国)

(10) *我也对他常常说：别失望吧，我们还年轻啊。(常常对他)(初级 韩国)

(11) *所以他对我常常说："一起去吧。"(常常对我)(初级 韩国)

(12) *下午的时，我跟朋友常去逛街和吃午饭。(常跟朋友)(初级 澳大利亚)

(13) *所以我感觉跟她一直在一起。(一直跟她)(中级 韩国)

C. 频率副词与（能愿）动词的错序。如：

(14) *我想常常问你，我给你打个电话。(常常想)(初级 韩国)

(15) *她家三口人是一直很幸福的样子。(一直是)(高级 韩国)

(16) *因为我本来就胆子小，性格也是不太喜欢和很多人交流、喜欢一个人在家读书，所以我认为当不了一位教师，原来我是一直这样想着……(一直是)(高级 日本)

这些错序偏误多发生在频率副词"常常"上,一种情况是"常常"与主语之间的错序,把"常常"放在了句子的开头,典型用例如例(5)—(7);一种情况是"常常"与其他介词短语前后位置不当,如由"对""跟"引导的介词短语,如例(9)—(12)。频率副词与能愿动词错序的典型偏误是例(14),"常常"作"想"的状语应放在动词前面。

## (二)误代

频率副词误代偏误比较复杂,内部规律性不如错序偏误。频率副词内部的误代,多发生在"从来—向来""从来——直""一向——直""总(总是)——直""一向—从来""往往—常常"几组相似频率副词中,且多发生在初级阶段和高级阶段。如:

(17) *我从来很爱孩子,突然孩子被我摔到了,一摔到我就脸红了,我感到很惭愧。(向来)(初级 孟加拉国)

(18) *她从来每天准时上课,好好地讲语法和生词,所以我们觉得她很认真。(向来)(初级 韩国)

(19) *南京从来是一个宽容的城市,南京人的最大特点也是宽容。(向来)(中级 越南)

(20) *我跟他说,我一向没有看过你哭……(从来)(初级 坦桑尼亚)

(21) *她从来觉得玻璃房子给房东一丝自由的感觉,同时让他以为是唯我独尊。(一直)(高级 罗马尼亚)

(22) *他从来对我很好,为什么一下子变得这么严格?(一直)(高级 日本)

(23) *在国内时我一向想出国去留学,但是不决定去哪个国。(一直)(初级 孟加拉国)

(24) *在我心目中,妈妈总是完美的人。(一直)(高级 越南)

(25) *许多年过去了,印娜总是在故乡一家公司工作,当会计……(一直)(高级 意大利)

(26) *山上的气温跟山下不一样,我一直没有感到这么冷。(从来)(高级 韩国)

(27) *我往往想念南师大和我的三位老师。(常常)(初级　孟加拉国)

(28) *这里的海边又安平又漂亮,所以暑假的时候,兴安往往很热闹。(常常)(中级　越南)

(29) *我小时候往往去奥运会公园游玩。(常常)(高级　韩国)

(30) *他往往去外国出差,工作实在太忙。(常常)(高级　韩国)

该类误代多发生于初级阶段是由于对这几组频率副词之间的差别不够了解,多发生于高级阶段应该是由于学习的频率副词增多,基础不牢固。

此外,"常(常常)"后的否定词容易发生误代,对惯常行为动作的否定应该用"不"而不是"没(有)"。如：

(31) *高中的时候他常常没回家,没来电话,一个月两三次回家。(不,不)(高级　韩国)

(32) *哥不要见父亲,所以常没回家,常来晚。(不)(高级　韩国)

(33) *哥去医院以后常没回家。(不)(高级　韩国)

### (三) 误加

误加不是频率副词的典型偏误。容易发生误加偏误的常见频率副词有"常常、从来、向来、经常、一向、常、往往"。如：

(34) *我每天常常吃南京的小吃。(根据语义,可以删除"每天""常常"中的任一个)(初级　韩国)

(35) *你从来肯定遇到了很多困难,但是你怎么克服呢?(初级　韩国)

(36) *但我知道妈妈的爱丝毫从来没改变。(中级　越南)

(37) *姐从来的成绩总是比我好。(中级　越南)

(38) *小狗粪见到新来的朋友高兴极了,很长时间从来没见过朋友,他感到很孤独。(高级　韩国)

(39) *我向来被春光明媚吸引住了。(高级　罗马尼亚)

(40) *但是我经常努力学习。(中级　韩国)

(41) *其实在发生这件事情以前我经常听说了与北韩江有关的许许

多多的传说。(高级　韩国)

(42) *挑战的双方,力量都很强,都一向激烈地彼此竞争着。(中级　蒙古)

(43) *我每天常在食堂吃饭。(根据语义,可以删除"每天""常"中的任一个)(初级　坦桑尼亚)

(44) *我往往希望她永远幸福。(高级　越南)

### (四) 遗漏

遗漏在频率副词偏误中比较少见,多遗漏"一直""常常"或与其相关的成分。如:

(45) *在这个节日之内,人人白天不能吃不能喝∧到晚上的五点多钟。(一直)(高级　巴勒斯坦)

(46) *如果可以的话我想从旭日东升到夕阳西下∧呆在这里。(一直)(高级　克罗地亚)

(47) *你去英国后,你的妹妹和我住在一起,她∧安慰我,所以我过得好。(常常)(高级　韩国)

## 三、偏误规律与教学建议

从数量上看,频率副词的偏误类型从多到少的顺序是:错序—误代—误加—遗漏,各类偏误的规律很明显。

错序偏误是频率副词偏误当中比较典型的偏误,规律比较明显,可分为副词与主语错序,副词与"对……""跟……"介词短语的错序。初级阶段常发生的偏误是频率副词与主语之间的错序,并且这类偏误多发生在日韩学生身上,这也许是受到母语负迁移的影响而造成的。教学过程中要强调汉语频率副词的位置。到了高级阶段出现了频率副词与"对……""跟……"错序的偏误,也是对频率副词位置不清楚所造成的。教学过程中对此类偏误也要不断强调,弄清楚频率副词同"对""跟"引导的介词短语的位置关系。

误代偏误情况稍微复杂一点儿,但也有规律可循。误代偏误可分为频率副词内部的误代、频率副词与其他副词的误代、频率副词后否定词的误代。频率副词内部的误代是对相近频率副词意义用法不清楚而造成的。对此,教学过程中对相近频率副词的意义用法要讲解清楚,并不断练习。频率副词与其他副词的误代情况比较少见,且多发生在初级阶段,教学过程中对使用频率较高的副词要注重讲解,防止学生出现此类偏误。频率副词后否定副词的误代发生在"常常"后用"没(有)"误代"不",因此,要说明对惯常行为动作的否定应该用"不"而不是"没(有)"。

误加偏误一般为频率副词本身的误加,可分为以下3种情况:第一,句子本身已有表示频率的词就不再需要频率副词了,如句子中已有"每天"表示频率,就不再需要"常常";第二,句子不需要表示频率的成分却使用了;第三,句子需要的是表示其他意义的副词而这个副词也用到了,但同时出现了频率副词,造成了偏误。教学过程中视不同的情况要进行不同的讲解和纠正。

遗漏偏误比较少见,一般为遗漏频率副词本身,或遗漏与频率副词相关的成分。遗漏的频率副词多是"常常""一直",这是使用频率比较高的两个频率副词。遗漏与频率副词相关的成分多发生在两个副词连用的情况下,教学过程中对这种情况要给予适当的讲解。

(钟亚 执笔)

# 拾壹　范围副词偏误案例

## 一、范围副词概说

范围副词是主要用在动词或形容词前表示范围的副词。常见的范围副词有"都、全、一共、只、光、仅"等。其中"都"有好几个意义，只有在表示"总括全部"时才是范围副词。

根据概括范围的大小和类别，范围副词可分为统括性、唯一性和限制性3类。统括性范围副词主要有"都、全、全都、尽、总共、一律、一概、统统"等；唯一性范围副词主要有"仅、仅仅、光、只、单、单单"等；限制性范围副词主要有"约、大约、大概、大都、大体、最多、最少"等。

同属于某一个下位分类的不同范围副词之间在表义和用法上也有所不同。"全"和"都"属于统括性范围副词，都可以表示所指范围内无例外，在用法上有很多相似之处，可以互换，但在语义、用法上也存在着差异。"全"除了具有副词词性外，还是一个形容词，意为"完备、齐全、全部、整个"。"都"是一个副词，表示总括全部。在用法上"都"比"全"更为复杂，即使两者可以互换，某些句子中也更倾向于用"都"而不用"全"。如："给谁都可以""怎么说都行"。唯一性范围副词"只"和"光"可置于动词之前，对动作行为加以限定，可与"不"连用，表排除他项，形成对立。"只"和"光"也可置于名词性成分之前，限定事物的范围。但"光"使用范围较窄，在口语中更为常见。限制性范围副词"大约"和"大概"都可用于对数量、时间的估计。但"大约"更强调近似性，及对时间、数量推断的客观性，"大概"更强调委婉性，具有个人的主观推断性。"大概"的使用范围比"大约"广，不仅用于时间、数量的估计，还表示大致的内容和情况。

## 二、外国留学生偏误案例

### (一) 错序

范围副词典型的偏误是错序,数量多,大部分出现在初、中级阶段。如:

1. 与所修饰的对象之间的错序。主要是"都"与总括对象之间的错序。如:

(1) *因为大家都想法不一样。(想法都)(初级 韩国)

(2) *还有都家人一起做传统娱乐。(家人都)(初级 韩国)

(3) *但最近现代的爸爸都工作很忙,所以常常忽视跟孩子们谈话。(工作都)(中级 韩国)

(4) *每天都我们一起聊天,很有意思。(我们都)(中级 日本)

(5) *看那个时候拍照片都他在我的旁边。(他都)(中级 韩国)

"都"所总括的对象一般放在"都"前,问句中的总括对象(疑问代词)一般放在"都"后。

2. 范围副词与"是"之间常发生错序。如:

(6) *她们是都大学生。(都是)(初级 韩国)

(7) *在这儿我交了许多朋友,他们是都我的宝贝。(都是)(初级 日本)

(8) *我和贞美是都学生。(都是)(初级 韩国)

(9) *我至今想爱情是都假的,可是我才知道有爱情。(都是)(中级 韩国)

(10) *这是都好记忆。(都是)(中级 韩国)

(11) *还有,现在的饥饿问题并不是仅仅农业的问题。(仅仅是)(中级 日本)

(12) *我的同学是一共十二个人,之中有韩国人,美国人,新加坡人,菲律宾人,还有日本人。(一共是)(日本 中级)

范围副词和判断动词"是"共现时,应放在"是"的前面作状语,

(6)—(12)中,范围副词都应放在"是"的前面。

3. 范围副词与其后的动词也容易发生错序偏误。如:

(13) *我有一共五门课,但是只是三门必须课:汉语、听说和写作。(一共有)(中级 韩国)

(14) *我参加了一共三次,还没通过六级。(一共参加了)(中级 韩国)

(15) *我们去了一共15个城市。(一共去了)(高级 日本)

(16) *她说公费生看病时付了只10%,所以她替我看病了。(只付了)(高级 韩国)

(17) *我想地球的资源是属于整个人类的,不能让只一些发达国家使用,而应该大家一起使用。(只让)(高级 日本)

(18) *比如说,保持市容整洁的方面,虽然吸烟者一下子扔掉只一根烟,但许多人如此做的话,我不会理解。(只扔掉)(高级 日本)

(19) *知识是一种相当伟大的工具,会利用它的人可以不断地发展自己,能够一律得到精神上的满足。(一律能够)(高级 意大利)

"一共"的典型用法是在后面直接加上数量词,学生可能受其影响,在看到数量词时习惯性地把"一共"加在数量词前面,忽视了"一共"与谓词之间的位置关系。(13)—(15)是"一共"与谓词之间的错序,"一共"应该放在谓词的前面。副词的一般语法功能是作状语,修饰动词或者形容词等成分,应该放在谓语动词的前面。(16)—(18)是范围副词"只"与所修饰的动词之间的错序。"一律"要放在能愿动词之前,与其他副词共现时,要放在语气副词之后,总括副词之前。(19)是"一律"与能愿动词"能够"的错序,正确的顺序应该是"一律能够"。

## (二) 遗漏

遗漏也属于比较典型的范围副词偏误。如:

(20) *每个人听到这个消息∧很感动。(都)(初级 韩国)

(21) *现在才能回答:对我来说,幸福不一定是有钱,什么东西∧没有的时候也会感到幸福。(都)(初级 意大利)

(22) *我刚来中国的时候,对在这里的衣食住行一切∧不习惯,不知怎么办才好。(都)(中级 韩国)

(23) *自我到中国以来，每天∧很想妈妈。（都）（中级　韩国）

(24) *无论发生什么情况，妈妈∧帮我，爱我。（都）（中级　加拿大）

(25) *我想每个国家∧有有些方面很才能的人。（都）（高级　日本）

(26) *每天她∧很准时叫我起来上课。（都）（高级　越南）

(27) *还有天空也变了红色，所以那时候的我的眼睛的面前的风景的所有的东西∧是红色，好像世界的全部∧是红色的样子。（都）（高级　韩国）

(28) *还有我们班的老师和同学∧很好。（都）（初级　也门）

(29) *湖的淡水量∧次于俄罗斯的贝加尔湖，居世界第二位。（仅）（高级　蒙古）

(30) *每年不是∧班第一名，就是∧班的第二名。（全）（高级　新加坡）

(31) *我跟朋友们∧七个人一起去的。（一共）（高级　日本）

(32) *在实际的生活里常常发生，为了别人做什么，后来给自己带来好处的事情，人不应该∧顾自己，顾别人才能活下去。（只）（高级　日本）

(33) *初中、高中的时候我们韩国人都学习汉字，虽然我学习过汉字，但是∧学繁体字，所以我到中国以后学汉语比较新鲜。（只）（高级　韩国）

(34) *这不是∧关系到两人而已，而一定会影响到孩子亲戚，离婚不但是一个家庭的问题，也是一个社会稳定的问题。（单单）（中级　新加坡）

当句中有表示逐指的"每"，有疑问代词或有表示统指的"一切、全部、所有"等词语，或有连词"无论""不管"等时，谓语中一般要用"都"与之呼应，如（20）—（27）。"都"表示的是总括全部，如果前边表示加而不合的并列关系，后边的谓语又指向其中的每一个，谓语前边就要加上"都"，如（28）。

（29）中"湖的淡水量"只比"贝加尔湖"的淡水量少，具有唯一性，是范围副词"仅"的遗漏。范围副词"全"所限定修饰的只能是主观全量，不能是主观大量或主观小量，（30）"全"在该句中修饰主观全量。(31) 指代不明,可以是"我"跟 7 个朋友,也可以是"我"和朋友加起来一共 7 个人,加上"一共"以后只能是"我"跟 6 个朋友,一共 7 个人一起去的。(32) 和 (33) 遗漏的是范围副词"只",在这两句中,"只"限定修饰后面的动词。(34) 根据整句话的意思,是范围副词"单单"的遗漏。

### (三) 误代

误代类偏误数量不是很大,但情况比较复杂,有以下几种情况:

1. 范围副词内部的误代。如:

(35) *我忘记了<u>都</u>地方的名字。(所有)(初级　印尼)

(36) *祝<u>全都</u>人们都幸福。(所有)(初级　韩国)

(37) *那世界上<u>全都</u>人们脸上都挂着笑。(所有)(初级　韩国)

(38) *我们的总统答应<u>都</u>人们我们的生活会有很大发展。(所有)(高级　乌克兰)

(39) *他们<u>一共</u>是好人。(都)(初级　韩国)

(40) *妹妹笑着回答:"姐姐,女子学校<u>凡</u>是这样的。"(都)(中级　日本)

(41) *他家<u>总</u>四口人。(总共)(中级　韩国)

(42) *其实她所渴望和比里过的日子<u>光</u>是一个梦想。(只)(高级　罗马尼亚)

(43) *<u>大约</u>内容是这样:"你虽然现在很难过,可是你看在天上的那么多的星星,都是为你而亮。"(大概)(中级　韩国)

(44) *我支持的理由<u>大约</u>以下三个。(大概)(高级　日本)

这些出现误代情况的偏误大多由于两个词之间在意义上存在着某种一致性,学生只是记住了两者之间相同的部分,而忽视了意义和用法上的不同,从而导致了偏误。

2. 范围副词与其他类副词的误代。如:

(45) *一天晚上我们坐在一个大酒店的外面,空气很好,风景<u>都</u>美丽,我们很高兴,说了很长时间的话。(也)(初级　韩国)

(46) *可是现在不但英语而且汉语<u>都</u>重要。(也)(中级　韩国)

(47) *他做什么<u>也</u>很精细,谁要他帮忙什么的他都好好儿做,所以

他朋友很喜欢他。(都)(中级　越南)

(48)＊照片里的爸爸妈妈也穿着游衣就在岛上的砂石滩上拍了一张照片。(都)(高级　韩国)

(49)＊我看了一下地图，就看中了南京，为什么我到现在还不清楚，可是我一次还没有后悔。(都/也)(高级　俄罗斯)

(50)＊因为我国的秋天的风景比什么季节更美。(都)(高级　蒙古)

(51)＊同时我的一切烦恼、忧虑都已白白解除了。(统统)(中级　日本)

范围副词"都"易与副词"也、还、更"等发生误代。前面有表示任指的指示代词，有"无论……"的意思，表示"甚至"含义时，句中可用"也"，也可用"都"。除此之外，"也"还表示两事相同，用在"虽然（尽管、既然、宁可）……也……"的结构中表示无论假设成立与否，后果都相同，是委婉语气。(45)(46)表示的是前一事物与后一事物有相似之处，应该用"也"，不能用"都"。"都"有总括全部的含义，当"也"与副词连用时表示前一事物与后一事物具有共同的特点，所以(47)中应该用"都"总括"他"做的所有事情。(48)中"也"不能总括"爸爸妈妈"，应换成具有总括含义的"都"。(49)中"一次"具有任指的含义，表示"任何一次"，所以这里的"还"应该换成"都"或"也"。在"都"与"更"的误代中，如果疑问代词用在"比"字句中，此时的疑问代词具有任指的含义，后面应由"都"与之相呼应而不能用"更"，如(50)。"白白"作为副词使用时，其义为"徒然、无偿地、无代价地"，(51)中显然不是这个意思，(51)需要的是一个表示全部的范围副词，应把"白白"换成"统统"。

### (四) 误加

误加类偏误在范围副词偏误中比例最小，且集中在"都""只"。如：

(52)＊在这儿发生的都什么事情我都忘不了。(初级　韩国)

(53)＊你都放心吧，你别担心我们，知道了吗？(初级　韩国)

(54)＊昨天星期天我们都一起去一座山，人很多。(初级　法国)

(55)＊毫不夸张地说，我被西藏所具有的特殊的魅力都吸引住了。(中级　俄罗斯)

（56）＊由于他不会说话，所以这件事大人都感觉都是他做的。（高级　韩国）

（57）＊他们都什么都不说，不过他们的眼睛里已经热泪盈眶。（高级　韩国）

（58）＊我的家人不太多，我们都是十四个人，当然我哥哥姐姐的孩子都不算。（初级　也门）

（59）＊所以中医的基础是中国语，这个是谁也都知道的。（初级　韩国）

（60）＊看它的时候，我什么都也想不起来，很幸福。（初级　韩国）

（61）＊谁都很害怕，谁也都不喜欢这个字。（高级　韩国）

（62）＊然后我知道了只恰当的运动，对身体有好处。（中级　韩国）

（63）＊由于一种不好内容的歌曲，现代人认为爱情不是只美的，而是一种游戏。（中级　韩国）

（64）＊只通过选手的血和汗，球迷们的热情成就了韩国足球的发展。（高级　韩国）

（65）＊本来冬天时一切都躲的样子，找不到形形色色的叶子，只找到的都是雪。（高级　韩国）

（66）＊他从小一直听美国音乐，同时只一个人开始练习弹乐器。（中级　日本）

（67）＊他们三个人都是懒惰的，天天起晚后，只一个人都不打扫寺庙。（中级　日本）

（68）＊这一律完全是为我好，但我老跟您吵架。（中级　韩国）

（69）＊我从小特别漂亮而全影响到我周围的所有的女人，所以我父亲决定送我上业余模特大学。（中级　奥地利）

（70）＊现在你们觉得全农作物比以前少得多，可是随着科学不断地发展能满足世界的农作物需求量。（高级　韩国）

"都"的误加多产生于初级阶段，在"疑问代词＋都/也"的格式中，"都"和"也"可以互换，（59）—（61）是"也"或"都"的误加，只要去掉其中一个即可。

"只"一般限制的数量较少或程度较轻。（62）—（65）中不含有数量较少或程度较轻的含义，所以"只"误加；（66）只是客观地描述

"他"是一个人练习弹乐器，并没有别人的帮助，"只"误加；（67）中"一个人"是遍指，表示"每个人"的意思，前面不能使用表示限定范围的"只"。

"一律"所总括的对象必须是复数事物，（68）不是，误加了"一律"。"全"作为范围副词，一般情况下不能用于总括动作行为发生的处所和条件，所以（69）误加了"全"。"全"是范围副词，不能修饰名词"农作物"，所以（70）中也误加了"全"。

## 三、偏误规律与教学建议

从数量上看，范围副词的偏误类型从多到少的顺序是：错序—遗漏—误代—误加，各类偏误的规律很明显。

错序是范围副词出现最多的偏误，且多集中于"都"，并且在各个阶段都有分布，说明学生对"都"在句子中的位置还没有一个清晰的认识，需要在教学中多加强调。"都"的错序偏误可分为3种情况：第一是"都"与所总括对象之间的错序，教学中要让学生明白什么是"都"所总括的对象；第二是"都"与谓词"是"之间的错序，多发生在日韩学生中，这是母语的负迁移作用造成的，教学中要多加注意；第三是"都、一共、只、全、才、仅仅、一律、光"等与其后动词发生的错序，教学中要对范围副词与动词的位置关系进行讲解。

遗漏偏误也集中发生在"都"这一范围副词上。句子前半部分有"每、每天、一切、全部、所有、什么、无论"等词时后面要用"都"，教学中对"都"的这种用法应进行强调。其他易发生遗漏偏误的范围副词还有"仅、全、一共、只、单单"等。发生这些偏误最主要的原因是学生对这些词出现的条件掌握不清楚，在教学中要加强这些词的用法教学并辅之以适当练习。

误代类偏误多产生于具有相似意义的副词之间，多发生于中、高级阶段。首先是范围副词内部的误代，这类范围副词之间有一定的相似性，教学中要注意区分性教学；其次是范围副词与程度副词"更"的误代，范围副词与"也""还"的误代；再次是"都"与"也"之间的误代，由于二者意义和用法上有极大的相似性，学生易产生误代，教学中对这两个词的用法要进行重点讲解。

误加类偏误集中发生在"都、也、只"等词上。各个范围副词在偏误上表现出来的规律各不相同:"都"表示总括,但并不是主语只要是复数就需要用"都"进行总括,对此教学中要多加注意;"只"表示对范围的限定,只有在句子需要进行范围的限定时才能用"只";"都"与"也"在很多情况下意义、用法都相同,有的时候甚至可以连用,对这两个词的用法要重点讲解。

(钟亚　执笔)

# 拾贰　时间介词偏误案例

## 一、时间介词概说

时间介词指在句中介引时间成分的介词，主要有："当、在、于、从、自、自从、打、离、临、趁"等。其中"在、于、从、自、打"等还可介引空间成分，在教学中要区别对待。

虽同属时间介词，但不同介词的表义和用法存在差异。"当、在、于"表示动作发生的时间点，"当"和"在"、"在"和"于"有一定的互换关系，而"当"和"于"没有互换关系；"从、自、自从、打"表示动作发生的时间起点，四者存在一定的互换关系，其区别主要受单双音节影响。另外三个时间介词"离、临、趁"表义都各有特点，不存在互换关系。

使用数量最多的时间介词是"当、在、从"，它们的相同之处是都可构成介词框架。"当"和"在"都可构成介词框架"当/在……时/的时候"和"当/在……（以/之）后"，而"从"可以与"……开始/起""……（以/之）后"等构成介词框架，也可以构成"从……（一直）到……"介词框架。不同之处是"当"可与"每、正、就、都、才"等副词连用，而"在"不可以；"在"可以与"……（之/以）前""……的＋时间词语"构成介词框架，而"当"不可以；"在"可以只与时间词语构成介词短语，而另外两个则必须使用介词构架。

## 二、外国留学生偏误案例

### （一）遗漏

时间介词的典型偏误是遗漏，数量最多，在不同学习阶段都有体现，主要是介词框架构成成分的遗漏。介引时间点的"当"和"从"构成的介词框架成分的遗漏比较典型。

1. 介引时间点的"当"构成的介词框架成分的遗漏。如：

(1) *当我选择大学的科目∧，1998年，中国的全部分越来越发展，而且我感兴趣中国的文化。(时/的时候)（初级　韩国）

(2) *当我们遇到困难∧，有什么不好解的就去找老师。(时/的时候)（初级　罗马尼亚）

(3) *当别人待他不怎么样∧他却显出原谅的样子……(时/的时候)（中级　古巴）

(4) *当人们进入庙宇或是私人住宅∧，习惯上要脱鞋。(时/的时候)（中级　老挝）

(5) *当银行的行情一不稳定∧他就裁员，减工资。(时/的时候)（高级　泰国）

(6) *每当中国人听不懂我的话而且我听不懂他们的话∧，我就感到伤心。(时/的时候)（高级　日本）

(7) *在刚开始学汉语∧，我发现了汉字很奇怪。(时/的时候)（初级　德国）

(8) *在上课∧我们的老师教我们汉语而且帮助我们掌握生词。(时/的时候)（初级　坦桑尼亚）

2. 介引时间起点的"从"构成的介词框架成分的遗漏。如：

(9) *从那时∧喜欢学习汉语。(起)（初级　韩国）

(10) *从那天∧如果我有问题他来帮助我。(起)（初级　美国）

(11) *从小时候∧我不能提出来我的意见或方法，我必须按照爸爸和我们国家社会的规定做。(起)（初级　巴巴多斯）

(12) *从这时∧他们的关系越来越好。(起)（中级　日本）

(13) *就从那刻∧，我感觉很高兴，因为我又有一个好朋友了。(起)（中级　越南）

(14) *在古巴，女儿子从小时∧跟妈妈学。(起)（高级　古巴）

(15) *我母亲从小时候∧也没过生日，她每天都一边忙工作一边忙家务。(起)（高级　越南）

3. 介词本身的遗漏，这类偏误多出现在初级阶段。如：

(16) *日本的学校、公司，∧四月一号开始。(从)（初级　日本）

(17) *爸爸∧早到晚一直找工作。(从)（初级　孟加拉国）

(18) *"我"的父亲∧"我"出生之前已经去世了。(在)（初级　韩国）

## (二) 误代

误代也属于比较典型的偏误，主要体现在以下几个方面：

1. 介词框架成分的误代比较严重。如：

(19) *当孩子时间，我看中国的电视和电影很有意思。(时)（初级　韩国）

(20) *在下雪中一个人去散步真好。(时)（中级　日本）

(21) *我在南京生活中得了病，那时候我很难受。(时)（中级　韩国）

(22) *我在寒假之间天天过这种生活。(之中)（高级　日本）

(23) *从跟他找房子的时间暗暗地发现了他的真面目。(时候)（初级　日本）

(24) *我想从明天然后努力学习。(起)（初级　韩国）

(25) *妈妈，自从我出国留学时，这是我第三次给您写信。(开始)（中级　越南）

2. 时间介词本身的误代，主要集中在"从、于"和"在"之间的误代。如：

(26) *这故事，大部分的小孩子都知道，我也从小时候已经看过的。(在)（高级　韩国）

(27) *于这段时间之内人从孩子发展成一个大人，大人的性格基本特点得到形成和改变。(在)（中级　俄罗斯）

## (三) 错序

错序不是典型偏误，但规律性较强，以"从"和"在"两个介词的用例最为典型。

1. 介词短语和谓语之间的错序。如：

(28) *我父母认识他从高中起，那时他住在我们邻居的家。(从高中起认识他)（高级　蒙古）

(29) *我要很好的成绩在考试的时候。(在考试的时候要很好的成绩)（初级　也门）

(30) *我最喜欢的花也是开花在春天，那个花就是白色的牡丹。

(在春天开花)(中级　韩国)

(31) *我心里一直觉得很内疚，觉得对我国或中国文化，<u>我要多多学习在南京期间</u>……(在南京期间要多多学习)(高级　韩国)

2. 介词短语与主语之间的错序。如：

(32) *<u>从八月我</u>住中国。(我从八月)(初级　加拿大)

(33) *有的时候老师常常批评我们，因为我们班的某个同学生气她，<u>从今天保证我</u>也努力学习。(我保证从今天)(初级　尼泊尔)

(34) *<u>从来在中午我</u>不睡觉，常常我和朋友们一起去玩儿。(我在中午从来)(中级　孟加拉国)

### (四) 误加

误加偏误集中在"从、当、在、自（从）"等少数介词上。如：

(35) *经济发展了，<u>从</u>目前比以前变化很多。(初级　老挝)

(36) *我<u>从</u>第一次住在外面，我的家离学校很远，所以没有韩国人。(初级　韩国)

(37) *<u>从</u>以前，对中国的历史和文化有兴趣，所以开始学习汉语。(中级　美国)

(38) *<u>从</u>以前每次我有烦恼，有问题的时候，给我出主意，安慰我，激励我。(中级　日本)

(39) *<u>从</u>我童年在我们家的照相册里有了一个年青的陌生人的照片。(高级　蒙古)

(40) *<u>当</u>我住过的家是朝鲜族的宾馆。(初级　韩国)

(41) *<u>当</u>我来中国的最后一天是无可忘记的。(初级　澳大利亚)

(42) *<u>当</u>我开始上高中那年，奶奶过世了。(中级　越南)

(43) *<u>自</u>三十多年以来，在西方，东方的文化非常流行。(初级　加拿大)

(44) *我听说，<u>自</u>150年以来，这是最热的夏季，太阳真毒，晒得人热辣辣的。(高级　乌克兰)

(45) *<u>自从</u>我的希望是毕业以后做一个像她那么好的老师。(高级　罗马尼亚)

## 三、偏误规律与教学建议

从数量上来看,时间介词的偏误类型从多到少的排列顺序是:遗漏—误代—错序—误加。时间介词的偏误主要集中在"当、在、从、自(从)"等少数几个常用介词上。

遗漏偏误是时间介词出现数量最多的偏误,主要是介词框架成分的遗漏,而介词本身的遗漏并不多见,因此在时间类介词的教学中介词框架的构成教学十分重要。

误代偏误的数量居第二,在初、中、高三个阶段呈"U"形分布,且所占比例逐级升高,说明这是一种很难纠正的偏误。其偏误规律主要表现在介词框架中后半部分的误代,多与方位词以及时间词语的使用有关,教学中应予以注意。

错序是各语序类型学生都容易犯的错误,说明这类偏误具有共性,以"在"和"从"两个介词的偏误最为典型,大部分是介词短语与谓语之间的错序,介词短语与主语之间的错序比较少。

误加偏误都是在不该用的地方错误地使用了时间介词,说明学生对时间介词的使用有泛化的倾向,且多集中在"从、当、在、自(从)"等少数介词的误加上,教学中强调这几个时间介词的限制使用条件即可。

(周文华 执笔)

# 拾叁 空间介词偏误案例

## 一、空间介词概说

不同的语言表达空间关系的手段不同,汉语主要是借助介词和方位词来表达。因此,空间介词作为介词的一类,在语言表达中起着非常重要的作用。教学中常见的空间介词有"在、于、从、自、打、由、朝、向、往、对着、冲、沿、顺、离"等。不过,大部分空间介词也可作时间介词,它们是"在、于、从、自、打、离",在教学中要注意区分。

空间介词在表义上大体上又可以分为5个小类:"在"和"于"可归为一类,都是介引动作发生的处所;"从、自、打、由"可归为一类,都是介引动作行为的起点或经由点;"朝、向、往、对着、冲"可归为一类,都是介引动作的方向;"沿"和"顺"可归为一类,都是介引动作行为经过的路线;"离"自成一类,表示处所间的距离。这些小类之间的表义稍有差异。小类内部的介词一般具有互换性,跨类介词之间一般没有互换性。

## 二、外国留学生偏误案例

### (一) 遗漏

空间介词的遗漏偏误主要集中在"在、从、于"上。数量比较多且在各学习阶段所占的比例逐渐上升,是空间介词最顽固的偏误。

1. "在"

"在"在使用中出现的遗漏主要有两种情况:

A. 介词"在"的遗漏。如:

(1) *∧老师的帮助下我终于习惯了。(初级 孟加拉国)

(2) *他住∧一个很远的地方。(初级 法国)

(3) *我的爸爸是∧公司工作,我的妈妈也是∧公司工作。(初级 韩国)

(4) *从八月起我住∧中国。(初级 加拿大)

(5) *现在她∧饭店打工。(中级 韩国)

(6) *你们交了一年朋友,不料他该到很远的地方去做买卖,∧那里跟别的姑娘搞对象了。(中级 古巴)

(7) *但是∧大部分老师的课上,我想:"如果我是一位老师,我的课比这位老师的课会好得多。"(高级 俄罗斯)

(8) *"没事,没事",小玫∧心里鼓励自己。(高级 罗马尼亚)

B. 与"在"构成介词框架的方位词的遗漏。如:

(9) *母亲说:"衣服已经收好了,放在行李箱∧了。"(里)(初级 韩国)

(10) *在火车∧我们一边吃我们带来的东西一边说话……(上)(初级 巴基斯坦)

(11) *在火车∧跟中国人聊天,开玩笑,太有意思了。(上)(中级 古巴)

(12) *恐怕还有一个人留在我的记忆∧。(中/里)(中级 日本)

(13) *前几天我准备晒全部冬天的衣服,然后把它们放在一箱子∧。(里)(高级 越南)

(14) *因为平时在课堂∧老师教的内容不是那么好,而且人也比较多,没时间去管每个人。(上)(高级 老挝)

2. "从"

"从"的遗漏偏误主要有两种情况:

A. 介词"从"的遗漏。如:

(15) *我∧汉阳女子大学中文系毕业了。(初级 韩国)

(16) *我∧多个学校中选这个南京师范大学。(初级 韩国)

(17) *女人出来∧公安局以后他们一起去别的地方。(从公安局出来)(中级 瑞士)①

(18) *∧他的眼睛里可以看到他说真心或是假话。(从)(中级 韩国)

(19) *黄山可真险,一座座山兀立,几乎是九十度垂直的石梯,让

---

① 例(17)除了遗漏介词以外,还存在整个介词短语的错序偏误。

人心惊胆寒,仿佛失足会∧山崖跌下。(从)(高级　日本)

(20) *但我高中二年级末我家搬走了∧仁川。(从仁川搬走了)(高级　韩国)①

B. 介词框架成分的遗漏。如:

(21) *从宿舍∧我的教室不太远。(到)(初级　孟加拉国)

(22) *我从我的行李∧拿出来我的文件……(里)(初级　韩国)

(23) *这一点是我从她∧学的东西。(那里)(高级　日本)

(24) *我家的这老两口拉着手一起爬山捡到从树∧掉到地上的野毛栗……(上)(高级　韩国)

3. "于"

"于"的使用偏误主要是介词"于"和方位词的遗漏。如:

(25) *幸福不在远的地方,总是存在∧各个人的内心深处。(于)(中级　韩国)

(26) *有一个风景铭刻于我的心∧。(中)(中级　日本)

(27) *沉浸于漂浮无定的云霜∧让人感觉到沙巴是"霜中之县"。(中)(高级　越南)

**(二) 错序**

空间介词的错序是初级阶段学生最容易出现的一种偏误类型,主要集中在"在""从"的使用上。

1. "在"

学生的错序偏误主要是"在"构成的介词短语和谓语之间的错序,学生往往把不该放在谓语之后的介词短语放到谓语之后,操各种语言的外国学生都会产生这样的偏误,而且数量较多。如:

(28) *她的工作很忙,她不停地参加很多展览在法国。(在法国参加很多展览)(初级　法国)

(29) *所以我一定学习汉语在中国。(在中国学习汉语)(初级　韩国)

(30) *他学习在南京师范大学。(在南京师范大学学习)(初级　越南)

---

① 例(20)除了遗漏介词以外,还存在整个介词短语的错序偏误。

(31) *我不喜欢早起床,但是我爱出去散步在大学。(在大学散步)(初级　美国)

(32) *后来我知道了:他跟家人一起住过在俄罗斯7年……(在俄罗斯住过)(中级　蒙古)

(33) *没想到,我看她和别的男人一起走,我就过去问她这个人是谁,结果她交了男朋友在中国。(在中国交了男朋友)(中级　印尼)

(34) *这样的交流方式是在日本普遍的。(在日本是)(高级　日本)

(35) *皇宫周围都是森林,有很多猴子走来走去在那儿附近。(在那儿附近走来走去)(高级　泰国)

2. "从"

"从"的错序偏误主要也是介词短语与谓语的错序。如:

(36) *我回答:"我吃过了葡萄,偷了从妈妈的篮子。"(从妈妈的篮子里偷的)(初级　坦桑尼亚)

(37) *进城从我的朋友家有的时候要一个小时左右。(从我的朋友家进城)(初级　瑞典)

(38) *因为幸福是心里的满足所以幸福开始从自己的心里。(从自己的心里开始)(中级　韩国)

另外,还有介词短语与主语的错序。如:

(39) *从医院我回家很晚了。(我从医院)(中级　孟加拉国)

(40) *从山下我们坐车去山上。(我们从山下)(初级　韩国)

(41) *每年从国外很多游客来到这里,游玩,休息。(很多游客从国外)(初级　吉尔吉斯斯坦)

(42) *目前从国外,很多人旅游旅游西安。(很多人从国外)(高级　韩国)

(43) *那时,从车里一团黏土掉下来。(一团黏土从车里)(高级　韩国)

(三)误加

误加偏误无论从数量上还是比例上都远不如上面讨论的两种偏误类型多,但从3个学习阶段的比例看,这种偏误也是逐级增高的。虽然数量不多，但仍能说明误加这种偏误也似遗漏偏误那样比较顽固。此类偏误中"在、从、于"比较典型。

1. "在"

"在"的误加类型比较多，主要有以下几种：

A. 整个介词框架或介词框架中方位词的误加。如：

(44) *糟糕，在中国<u>里</u>英语书很贵，也很少。（初级　芬兰）

(45) *如果相信自己的话，在世上<u>里</u>没有难事。（初级　韩国）①

(46) *因为在城市<u>上</u>地铁很便利，所以大家坐地铁出去。（中级　日本）

(47) *但是在南京<u>里</u>一个日本饭店也没有，所以我的计划还没实现。（中级　俄罗斯）

(48) *几天后她下了决心，在心里<u>上</u>说，"我应该找工作，还有再也不可流眼泪。"（高级　韩国）

(49) *这个旅游从客观的角度来看又浪费时间又白消耗体力，没有什么好处，但在我心里<u>上</u>却有很大的意义。（高级　日本）

B. 句中相关动词的误加。如：

(50) *他住在宿舍<u>生活</u>。（初级　韩国）

(51) *我住在这儿<u>生活</u>很高兴，有好朋友有好老师，但有一点儿想家呢。（初级　韩国）

(52) *所以这部电影深刻地留<u>下</u>在我的脑海里了。（中级　韩国）

2. "从"

"从"的误加偏误主要是介词本身的误加。如：

(53) *下课了以后我常去食堂吃饭，<u>从</u>去图书馆看书。（初级　斯里兰卡）

(54) *我们两个人是<u>从</u>在南京最好的朋友。（初级　韩国）

(55) *如果<u>从</u>这个世界上不消灭侵略、战争，就永远不允许风化的沉重的题目。（中级　日本）

(56) *两百<u>从</u>世界不同国籍的华裔相约在香港而参加由本地八所著名大学组织的"文化旅游"，这个文化旅游包括什么呢？（中级　瑞士）

---

① 例（44）（45）可理解为整个介词框架的误加，也可理解为介词框架中方位词的误加。

(57) *岩石圈是指从地表下面100km左右的厚度……（高级　韩国）

3. "于"

"于"容易出现与"在"连用的误加偏误。如：

(58) *大田是韩国第六大城市，地理上看在于韩国的中心……（中级　韩国）

(59) *我的家乡是在于韩国南部一个安静的农村。（高级　韩国）

(60) *公主的尸体埋在于一个管子里……（高级　巴基斯坦）

**（四）误代**

误代偏误数量最少，不是空间类介词的典型偏误，以相关介词的误代居多，具体表现如下：

1. "在"与"从"的相互误代。如：

(61) *在这儿到家乡4个小时。（从）（初级　韩国）

(62) *从学校她的成绩比我好。（在）（初级　尼泊尔）

(63) *我们又见面从南京了。（在）（初级　韩国）[①]

2. "离"与"从"的误代。如：

(64) *从这里不远的地方有一个叫孤残湖公园。（离）（高级　韩国）

(65) *她告诉我离我的大家到那个商店很近。（从）（初级　尼泊尔）

(66) *没想到离广州到深圳那么近，坐汽车两个小时就到了。（从）（中级　日本）

(67) *毕业以后我找到了工作，离我家到公司比较远。（从）（中级　泰国）

3. "于"与"在"的误代。如：

(68) *内容觉得很可惊，于一个农村一个男孩一见钟情了一个女孩。（在）（中级　蒙古）

(69) *我到贵国来学习汉语于南京师范大学。（在）（中级　越南）[②]

---

① 例（63）除了误代以外，还存在介词短语与谓语的错序。
② 例（69）除了误代以外，还存在介词短语与谓语的错序。

4. 介词框架中方位词的误代。如：

（70）＊电影里的背景是在地球里有三种类的生物，一种是机器，一种是就是我们人间，还有一种是电脑里的程序，表现不远的未来。（上）（中级　印尼）

（71）＊在中国电影上，我可以听中国人的对话。（里）（中级　韩国）

（72）＊我了解她的想法，因此我从两天前在我的生活下发生了一个小革命。（里）（高级　葡萄牙）

## 三、偏误规律与教学建议

从数量上看，空间介词偏误类型从多到少的排列顺序是：遗漏—错序—误加—误代。在空间类介词的偏误中，以"在、从、于"等最具代表性。

遗漏偏误以空间介词的遗漏及与空间介词搭配使用的方位词的遗漏为主，其原因是学生对于汉语空间表达方式比较陌生，尤其不太习惯空间类介词与方位词的搭配使用，在教学中要特别注意。

在错序偏误中，学生最容易出现空间介词短语后置的错序，且各个国别的学生都易犯这样的错误。"从"的使用中，还会出现介词短语与主语的错序，在教学中要加以注意。

误加偏误以"在、从、于"3个介词最为突出，其中"在"的使用中出现最多的是方位词的误加。结合方位词的遗漏可以发现，学生很容易在空间介词与方位词的搭配方面出现偏误。因此，在教学中要注意空间介词与方位词的组配教学。

误代偏误主要是"在"与"从"、"离"与"从"、"于"与"在"以及介词框架中方位词的误代。另外，"于"的各种偏误多与"在"的使用存在一些关联，因此，在教学中要特别强调"在"与"于"在使用上的差异。

（周文华　执笔）

# 拾肆　对象介词偏误案例

## 一、对象介词概说

对象介词指介引动作对象成分的介词,是所有介词类别中数量最多、句法语义功能最复杂的一类,主要有"对、向、冲、朝、于、对于、关于、至于、给、为、替、跟、和、同、与、随、比、由"等。所谓动作对象,包括动作的指向对象、协同对象、关涉对象、给予对象、替代对象和比较对象等;因此,对象介词又可继续细分类别。指向类对象介词有"对、向、冲、朝、给、于、由",协同类对象介词有"跟、和、同、与、随",关涉类对象介词有"对、对于、关于、至于",给予类对象介词"给",替代类对象介词有"给、为、替",比较类对象介词有"比、跟"等,同一类别的对象介词在使用中存在异同。此外,一些对象介词还有不同的表义功能,如"对"还可细分为"针对、对待、涉及"3种表义功能,"给"可以细分为"给予、服务、指向"3种表义功能,"跟"也可细分为"协同、关联、比较、指向、索取"等表义功能。在教学中要注意区分不同介词及介词内部表义功能的异同。

在对象介词的互换关系中,需要注意以下几个方面:"跟""和"与"同"具有相对自由的替换关系;"替"和"为"替换相对自由,除了介词短语由动词性成分或小句构成的不能替换以外,其他的情况几乎都可互换。但"替"与"给"的互换是有限制的,"给"与"替""为"基本只存在单向的替换关系,反向替换往往不行。比如,"替""为"介词短语可以修饰形容词,而"给"不可以;当修饰具体行为动词时,"替""为"的表义单一,皆为引出动作的替代对象,而"给"的表义有歧义,既可表引出动作的指向对象,也可表引出动作的替代对象,但该表义往往需要语境支持,不如使用"替""为"理解起来顺畅。

## 二、外国留学生偏误案例

### (一) 误代

1. 在介引指向类对象时,学生易混淆同类介词的使用,从而产生误代。如:

(1) *我和某个同学在路上遇到一个中国人朋友,向我说你看那个人好像我。(对)(初级　坦桑尼亚)

(2) *但是宠物向人也有好的影响。(对)(中级　日本)

(3) *所以现在我不努力学习的时候心里不安,因为我怕辜负父母的信任,我希望回国的时候跟自己很满意。(对)(初级　德国)

(4) *我闹的时候她跟我很严厉,我记得她打了我两次……(对)(中级　古巴)

(5) *刚开始的时候,我好奇地看着他们,可是越来越习惯了那样的事情,最后跟外语感兴趣,于是我开始努力学习英语。(对)(高级　日本)

(6) *她一定给我说:"你……"东施的心脏越来越快。(对/跟)(中级　韩国)

(7) *在南京我可以对本地人聊天,练习我的汉语。(跟)①(初级　澳大利亚)

(8) *对年纪大的人一起喝酒,不能对着对方喝酒,应把身体扭过来喝酒。(跟)(中级　韩国)

(9) *然后他对我们介绍自己的姓名和姓名的意思,也介绍了自传,然后让我们介绍各人的自传。(向)(高级　蒙古)

(10) *我想给他表示感谢,他很帮助我。(向)(中级　俄罗斯)

(11) *她对我来信说她很想念我,现在我开始明白阿尼亚是我真正的朋友。(给)(高级　俄罗斯)

(12) *每年2月14号的情人节,女人向心爱的男孩子送礼物,巧

---

① 此处不仅可以改为"跟",也可改为"和""同",本书仅以"跟"为例。

克力、香水等等。(给)(高级　韩国)

2. 介引关涉对象时，学生可能在"关于""对"和"对于"之间产生误代。如：

(13) *在文献资料里经常看到一些对于北京的介绍。(关于)(初级　老挝)

(14) *爸爸喜欢跟我谈话，对学习、电影、音乐等多方面的话题。(关于)(中级　韩国)

(15) *这本书是对于一个女的回忆以前她的未婚夫。(关于)(高级　韩国)

(16) *他对于我的爱战胜了怕高，所以他来到这儿。(对)(初级　德国)

或用"对……来说"来误代"拿……来说"。如：

(17) *对我来说，我也是个幸福的人。(初级　韩国)

(18) *对这个题目来说，真有意思。(初级　蒙古)

(19) *对妈妈来说，妈妈是我们最爱的人。(初级　老挝)

3. 介引比较对象时，学生很容易用"比"误代"跟"①。如：

(20) *中国比瑞典很不一样，可是中国人很友好……(跟)(初级　瑞典)

(21) *我的国家比南京有点儿不同。(跟)(初级　越南)

(22) *在中国，学年的情况比我们国家的完全不一样。(跟)(中级　古巴)

(23) *但他的身体依然比以前一样，很好。(跟)(中级　日本)

(24) *我国的春天时期比中国差不多长，但我们那边天气更暖，有地中海全年暖和天气的情况。(跟)(高级　巴勒斯坦)

## (二) 遗漏

1. 学生使用对象介词时往往会把一些不能直接加宾语的动词直接加上宾语，从而遗漏介词，且整个介词短语与谓语之间存在错序。如：

(25) *我的心中充满了感谢∧她。(对)(初级　斯里兰卡)

---

① 关于"比"的其他偏误请见第五编中"比"字句偏误案例。

(26) *我的中国朋友好∧我，她帮助我。（对）（初级　比利时）
(27) *我一见钟情∧他。（对）（中级　韩国）
(28) *我记得从十五岁前后开始感兴趣∧故事片。（对）（中级　韩国）
(29) *然后见几次后我说∧她："我们交往吧。"（对）（中级　韩国）
(30) *她立刻回答："老师我会的，担心怎么交待∧父母吧。"（向）（高级　日本）
(31) *我记得北京的太阳，它愉快地微笑了∧我们。（向/朝/对）（高级　俄罗斯）
(32) *她打电话∧我。（给）（初级　意大利）
(33) *你常常写信∧我，我很感谢你。（给）（中级　蒙古）
(34) *从前我在南京打交道∧一个女大学生。（跟）（初级　韩国）
(35) *我非常高兴见面∧我的中国朋友。（跟）（初级　坦桑尼亚）
(36) *还在这儿，我想交流∧很多中国人。（跟）（中级　日本）
(37) *他告诉她：你可以不可以结婚∧我。（跟）（中级　乌克兰）
(38) *比较∧中国，美国的交通非常讨厌。（跟）（中级　美国）

学生用"对"介引关涉对象时，容易遗漏介词框架中的构成成分"来说"。如：

(39) *所以我觉得这天对我们∧很愉快，就是愉快的一天。（来说）（初级　老挝）
(40) *兵马俑以外的名胜对我∧不太有意思。（来说）（初级　日本）
(41) *我刚刚来中国，对我∧什么都是新的。（来说）（中级　越南）
(42) *以前，婚姻对女人∧是个被动的事情。（来说）（中级　加拿大）
(43) *主席对越南革命∧是一个伟大的老师，对阶级工人与越南民族∧是亲爱的领袖……（来说）（高级　越南）

2. 学生使用"关于"介引关涉对象时，容易遗漏介词短语所修饰的中心语。如：

(44) *为了写关于夫子庙∧，我看了一本书，这本书内容是南京的

历史。(的文章)①（初级　法国）

（45）*在本学期学过的课文中，我最感兴趣的是关于祥子∧。(的课文)（初级　德国）

（46）*这个以后，我看各种各样关于中国∧：书，报纸，杂纸，电视新闻，网站。(的媒体)（中级　日本）

（47）*以后我有了对中国文化感兴趣，我想知道关于中国∧。(的文化)（中级　韩国）

（48）*我下课后回宿舍来的时候到处学生们都互相说关于今天的新年晚会∧。(的事情)（高级　蒙古）

（49）*这广告是韩国教会推出关于自愿为印第安人服务∧。(的倡议)（高级　韩国）

3. 学生在使用"跟"时还容易遗漏协同副词"一起"。如：

（50）*她每天跟我∧做饭、吃饭。（初级　越南）

（51）*我的责任是跟妈妈∧打扫房间，洗衣服。（初级　老挝）

另外，学生在使用对象介词时也经常遗漏动词，可能是学生把介词短语后的成分误当成动词使用所致。如：

（52）*一边哭着大喊着叫她的名字，一边对老师∧骂人话。(说)（高级　韩国）

（53）*通过这件事，我十分懊恼，对老师∧十分抱歉。(感到)（初级　韩国）

（54）*跟子女当朋友吧，子女不喜欢跟父母交谈的话，对孩子性格∧不好影响。(有)（中级　韩国）

（55）*还有向我的朋友∧感谢。(表示)（初级　韩国）

（56）*我希望大学毕业以后我就找到跟中文∧联系的好工作。(有)（初级　俄罗斯）

（57）*所以不容易跟陌生的人∧亲密的关系。(有)（初级　韩国）

（58）*他很乐于助人，做什么事儿都很认真，很尊重老人，对孩子和妇女的态度很温柔，跟同辈人∧很友好的关系。(有)（高级　蒙古）

---

① 此类例句后的修改仅供参考，并非唯一正确形式。

## (三) 误加

1. 误加偏误主要是不该用对象介词而用的情况，产生的原因与遗漏偏误用例中的例（25）—（38）正好相反，即句中动词可直接加宾语，而学生认为它们必须使用介词来介引动词的宾语。所以删除误加的介词以后，介词的宾语还需移至谓语动词之后，方为合法的句子。如：

（59）＊突然我们旁边坐的人对我们问："你们都是外国人吗？"（问我们）（初级　韩国）

（60）＊我回国前对他送给一张的照片。（送给他）（初级　韩国）

（61）＊她对我热情地回答。（热情地回答我）（中级　蒙古）

（62）＊一位年老邻居对愚公嘲笑着。（嘲笑着愚公）（中级　柬埔寨）

（63）＊但是朋友对我劝说得所以也不能拒绝，终于我看这个箱子。（劝说我）（高级　日本）

（64）＊有一天我们终于找到那个凶手，那时候他对我们把枪瞄准。（把枪瞄准我们）（高级　韩国）

（65）＊我不一定有很多朋友但是我一定要对他们相信。（相信他们）（初级　加拿大）

（66）＊我索性跟坐在对面的小姐问一问，"这辆车几点到南京？"（问一问坐在对面的小姐）（中级　日本）

（67）＊跟韩国人的同屋一起生活，每天吃中国菜，跟很多外国留学生交流，聊天，向中国人教日语。（教中国人日语）（中级　日本）

（68）＊把行李近房子后我就开始找电话打回国，但是这是第一次来南京于是不知道怎么办手续就向我的同屋问一问。（问一问我的同屋）（中级　泰国）

（69）＊我上高中后的一天向我母亲问到那照片上的陌生人是谁。（问到我母亲）（高级　蒙古）

（70）＊说起这篇故事，我向大家告诉一种日本人的传统习惯。（告诉大家）（高级　日本）

2. 还有少数的介词误加与动词的使用无关，也许是介词短语可后置与动词规则的泛化所致。删除误加的介词，便是合法的句子。如：

(71) *当初他们非常担心对我的前途。（初级　韩国）
(72) *我很谢谢跟他们，因为给我很多记忆。（初级　印尼）
(73) *我喜欢中国的生活，很容易会理解跟中国人。（初级　尼泊尔）

3. 在涉及话题或谈论的对象时，学生很容易误加介词"对于"或"关于"。如：

(74) *对于小的事让我感到很幸福。（初级　韩国）
(75) *这句话表示越南人的由衷尊敬对于老师。（中级　越南）
(76) *有很长时间我没想关于他们，所以现在我感到很高兴！（初级　哥伦比亚）
(77) *他不太喜欢关于说话，所以他不大说。（初级　韩国）
(78) *关于电影情节是，在火车里遇到的贼们之间热烈的进行。（中级　蒙古）
(79) *通过小说读者能够去幻想关于另外一种生活、另外一种世界。（中级　法国）
(80) *开始写这篇作文以前我花了很长时间为了决定关于写谁最好。（高级　俄罗斯）
(81) *然后我母亲讲述了关于他的较短的人生。（高级　蒙古）

4. 学生还会在一些介词短语后误加动词"有"，其后多为"感兴趣、反感"之类词语。如：

(82) *每个孩子的父母对自己的孩子有充满希望。（初级　尼泊尔）
(83) *毕业以后我一直对汉语有感兴趣。（初级　韩国）
(84) *因为我对秦始皇有很多感兴趣。（中级　韩国）
(85) *大王对俄罗斯文化有感兴趣。（中级　俄罗斯）
(86) *如果某一个国家对体育有感兴趣的话，提高体育水平的关键问题是到底投资多少钱。（高级　韩国）
(87) *李石清对有钱的人有反感。（高级　日本）

## （四）错序

错序是对象介词使用中出现最少的一种偏误形式。

1. 主要是介词短语与句中谓语之间的错序，且各国学生都以介词短语后置为主①。如：

(88) ＊所以我觉得南京真不错，我说对瑞士朋友"在南京汽车不好，人口很好！"（对瑞士朋友说）（初级　瑞士）

(89) ＊老师说对我们"多说多听"，我总做作业，但是没有进步。（对我们说）（初级　蒙古）

(90) ＊不但中文系，而且我有兴趣对中国。（对中国有兴趣）（初级　韩国）

(91) ＊我很喜欢汉语，中国和中国人，我有很多兴趣对中国文化生活等。（对中国文化生活等有兴趣）（初级　南斯拉夫）

(92) ＊人的感情不能随便，所以灰心对他的爱情。（对他的爱情灰心）（中级　韩国）

(93) ＊我住在中国已经十个月了，这是对我一件难忘的经历。（对我是）（初级　法国）

(94) ＊来中国是对我非常幸福的事。（对我是）（初级　韩国）

(95) ＊这时整容是对我非常需要的手技。（对我是）（中级　韩国）

(96) ＊九月一号发生的事情是对我来说很难忘的。（对我来说是）（高级　日本）

(97) ＊去年的夏天，是对我不能忘记的回忆的季节。（对我是）（高级　韩国）

(98) ＊向他们替我问好。（替我向他们）（初级　韩国）

(99) ＊看这番景象中国由自行车王国转变向汽车王国。（向汽车王国转变）（初级　尼泊尔）

(100) ＊我想一起去跟你美丽的风光看看。（跟你一起去）（初级　韩国）

(101) ＊小的时候，我来过中国跟我妈和我二哥，那时候，我真的很喜欢中国，所以从小学我学汉字到高中二。（跟我妈和我二哥来过中国）（初级　印尼）

(102) ＊晚上做练习，看看书，看看电视，聊天跟朋友。（跟朋友聊天）（初级　南斯拉夫）

---

① 这种使用习惯也是上文例（71）—（73）偏误产生的原因。

(103) *她常常谈话跟我。(跟我谈话)(初级 泰国)

(104) *我说跟朋友今天晚上我要休息在你家可以吗?(跟朋友说)(初级 越南)

(105) *在一个小漂亮的农村他就看我跟我想说话。(想跟我)(中级 以色列)

(106) *不是从家出去的时候,就是离别跟爸爸,妈妈很长时间得时,我的心情很难受。(跟爸爸离别)(中级 韩国)

(107) *我以后有时间的时候常写给你信。(给你写)(中级 韩国)

(108) *生病的时候,买给我药,发生了问题的时候,帮我。(给我买)(中级 韩国)

(109) *我是女儿所以我一个人自己做给母亲很多种菜我看书和在电视上学过。(给母亲做)(高级 越南)

(110) *我每次回国的时候,为了她的健康买给她"维他奶"。(给她买)(高级 日本)

2. 其次是句中副词等状语性修饰成分的错序。学生习惯于把修饰成分置于介词短语之后,动词之前。如:

(111) *我也对他常常说:"别失望吧,我们还年轻啊。"(常常对他)(初级 韩国)

(112) *我们一起坐火车上,突然对我开始说话。(开始对我)(初级 意大利)

(113) *他的妈妈对他常常说,你是我的无价之宝。(常常对他)(中级 日本)

(114) *同时爸爸对我用中文说"我爱你"说完就挂了电话。(用中文对我)(中级 韩国)

(115) *我想再一次向她道歉,想解释我当时为什么对她要说这种话,可是现在无法跟她联系。(要对她)(高级 日本)

(116) *甚至对常常来的客人经常汪汪地叫,所以有时候真不好意思他们。(经常对常常来的客人)(高级 韩国)

(117) *现在我跟偶尔他们一起去吃饭。(偶尔跟)(中级 日本)

(118) *她跟我常常说尼泊尔语。(常常跟我)(初级 尼泊尔)

(119) *有时间,请给多我来信。(多给)(中级 日本)

(120) *以后他再给我没有打电话,再也我们没见过面。(没有给我)(中级 蒙古)

3. 学生在使用"关于"时,还容易把介词短语置于其所修饰的中心语之后。如:

(121) *从去年开始我们的政府有了计划关于交通改革。(关于交通改革的计划)(初级 坦桑尼亚)

(122) *他告诉了我好些东西关于中国的文化。(关于中国文化的东西)(初级 捷克)

(123) *我从小时候看电视关于中国的文化。(关于中国文化的电视)(中级 韩国)

(124) *这课文是讲一个故事关于"假小子"。(关于"假小子"的故事)(中级 美国)

### 三、偏误规律与教学建议

从数量上看,对象介词的偏误类型从多到少的顺序是:误代—遗漏—误加—错序,各类偏误的规律很明显。

误代基本都是具有相似表义功能的同类介词之间的误代,以指向类和关涉类对象介词的误代居多,且多是双向误代;比较类对象介词的误代基本都是用"比"误代了"跟"。所以,教学中要着重讲解指向类、关涉类和比较类对象介词的用法区别。

遗漏偏误中,大部分介词遗漏的根本原因是学生在不能直接加宾语的动词后面直接加上宾语,从而遗漏了介词并造成错序。在使用个别介词时也容易出现特殊的偏误倾向,比如学生使用"对"介引关涉对象时,容易遗漏介词框架中的构成成分"来说";使用"关于"介引关涉对象时,容易遗漏介词短语所修饰的中心语;使用"跟"时容易遗漏协同副词"一起"等。需要在教学中加以注意。

误加偏误出现了大量与遗漏偏误相对的情况,即对于一些可以直接加宾语的动词,学生又用介词来介引动词的宾语。这说明学生对哪些动词在使用中需要用介词来介引宾语,哪些不用的情况非常模糊,所以对象类介词与动词的搭配规则的教学十分重要。另外,在句中出现"感兴趣、反感"之类词语时，学生又容易把它们当作名词使用，从而误加动词。这从一个侧面说明，在对象介词的使用中，与之搭配的谓词性成分的使用规则很重要。

错序的一个显著规律是介词短语与句中谓语之间的错序，且各国学生都以介词短语后置为主。说明介词短语的错序不受国别的影响，教学中应强调介词短语前置于动词的规律性，而对于介词短语后置的情况要做特殊处理，以避免学生产生介词短语后置的偏误。另外，学生还习惯于把修饰成分置于动词之前，介词短语之后，这可能是学生受副词等状语性修饰成分一般直接修饰动词语法规则的影响。在教学中要强调出现介词短语时状语性修饰成分置于介词短语之前的语法规则。最后，学生在使用"关于"时，还容易出现把介词短语置于其所修饰的中心语之后的错序，在教学中也要注意。

（周文华　执笔）

# 拾伍　依据介词偏误案例

## 一、依据介词概说

依据介词可以介引某种事理、情理或依据，也可以介引评说、议论的主体，主要有"按、照、按照、依、据、根据、以、凭、论、在（……看来）、随（着）"等。其中，"按、照、按照"的意思相近，其差异主要是单双音节的限制造成的，主要表现在"按照"后不能加单音节名词，这也是它与"按"最大的区别；"按照"后也不能加"着"构成"按照着"；"按照"也不能与"（来）说、（来）讲、（来）看"等构成介词框架，而"按"可以与"说、讲、看、来看、来说、来讲"构成介词框架，"照"可与"看、讲、说"等构成介词框架。"依、据、根据"的意思相近，其差异也主要是单双音节的限制造成的，主要表现在"据"构成的介词短语通常都与"回忆、介绍、追述、说、讲"等言语动词或与"考察、调查、研究"等动词连用；"根据"只能与具体名词构成介词短语，若是抽象名词一定要加上定语之后才能与"根据"构成介词短语；"依"可与"看、说"构成"依……看/说"介词框架，在日常使用中"依"的使用频率较低。

另外，"以"常与"为"构成"以……为"框架，"随着"与"而"连用构成介词框架时"着"可以省略，其他情况下"着"不可以省略。

## 二、外国留学生偏误案例

### （一）误代

误代是依据介词的典型偏误，不仅数量多，而且在不同学习阶段的频率逐级增加。

1. 相关介词之间的误代。如：

（1）*在课本上，不明白，但是根据电影上说，虎妞说了自己怀孕的假话。（据）（初级　越南）

(2) *据他的名声,不再需要别的说明。(凭)(高级 韩国)

(3) *凭这样的情况,我们可以看见中国人用汽车代替自行车了。(根据)(初级 老挝)

(4) *凭统计,主要原因是韩国人的快的性格。(据)(中级 韩国)

(5) *那个时候我妈妈凭着悠远的风俗把巧克力的鸡蛋藏在草里。(按照)(高级 比利时)

(6) *随着孩子受的教育他们的未来不一样,一旦自己的性格难以变了。(根据)(中级 韩国)

(7) *随着电视报道中国一种火车有速度很快一个小时可以跑两百到两百五十公里……(据)(初级 老挝)

(8) *所以上面我介绍的以外可以随着自己的胃口放别的东西。(依据/按照)(高级 韩国)

(9) *随经济的发展人们的收入也增加了。(随着)(初级 坦桑尼亚)

(10) *因为随经济的发展人们越来越有钱,买汽车越来越多……(随着)(初级 老挝)

2. 误用介词框架。如:

(11) *据一个说吸毒的电视节目来说,一个人一尝试吸毒的时会很难受的。(据……说)(中级 韩国)

(12) *据这个古来的神话来说,天神的子孙降临在这个地方。(据……说)(高级 日本)

### (二)遗漏

遗漏在三个学习阶段呈倒"U"形分布,在中级学习阶段最容易出现遗漏。

1. 介词框架成分的遗漏。如:

(13) *据网上∧,现在,巴巴多斯的人口与车的比例是2∶1,显然有很多车。(报道)(初级 巴巴多斯)

(14) *随着时间∧,南京正越来越改变。(推移)(中级 越南)

(15) *……据她妈妈∧,从得癌症的那天起,他的微笑就消失了。(说/讲)(高级 巴基斯坦)

2. 介词的遗漏，以"以"的遗漏最为突出。如：

（16）*奥地利跟英国、美国人不一样，在圣诞前夕他们不是吃火鸡，而是∧吃鱼为传统。（以）（中级　奥地利）

（17）*如果没有南京师范大学国教院的老师努力，我也无法∧一位自费生的身份申请到中国政府优秀生奖学金，继续攻读硕士学位。（以）（高级　马来西亚）

（18）*但是∧他们的目光我还是小孩子。（以/按）（初级　老挝）

### （三）误加

误加偏误随着学习阶段的提高而逐渐减少，这说明误加不是困扰学生的主要偏误。主要是介词的误加，以"以"的误加最为突出。如：

（19）*中国以一向被称为"自行车王国"。（初级　喀麦隆）

（20）*藏族文化很丰富，以我们普通的人不会随意损害风俗。（中级　俄罗斯）

（21）*以淡水钓鱼处也有名。（高级　韩国）

## 三、偏误规律与教学建议

从数量上看，依据介词各偏误类型从多到少的排列顺序是：误代—遗漏—误加。错序的数量不多，规律也不强，说明学生一般不存在依据介词的语序问题。

误代偏误，主要集中在"凭、随（着）、据"与"按"之间的相互误代，说明学生并不清楚这几个依据介词之间的用法区别，在教学中要重点讲解。另外，学生也容易出现"据……来说"这样的误代形式，在教学中也要注意。

遗漏偏误多与介词框架的使用有关，学生经常会遗漏介词框架中的构成成分，说明学生对介词构架的构成意识不强，因此教学中要讲清楚各个依据介词框架的组配规则，这样才能有效地帮助学生避免偏误，尽快习得各个依据介词。数量不多的依据介词的遗漏多集中在"以"上，说明学生对这个介词的掌握不好，教学中需重点讲解。

误加偏误不是困扰学生的主要偏误，基本都是介词误加，以"以"的误加为最，而"以"的遗漏偏误也较多，说明"以"的确是学生的学习难点，在教学中需详细讲授。

（周文华　执笔）

# 拾陆　缘由介词偏误案例

## 一、缘由介词概说

缘由介词是介引原因、目的等语义成分的介词，主要有"因、因为、由于、为、为了、为着"等。这些缘由介词同时也有连词的用法，有时不太容易区分。学界对介词和连词的用法区别，一般有两种观点：一是介词之后只能加名词、代词或相关短语，如果加其他成分如谓词性成分或小句，就不是介词而是连词了；二是介词之后可加谓词性成分，甚至是小句，因为谓词性成分或小句通常都可以用一个体词性成分复指。从整个介词系统的一致性考虑，不能把加谓词性成分或小句的成分排除在介词之外，因为有些介词的确可以加谓词或小句。若把带谓词性成分与带体词性成分认为是介词的兼类现象，那么介词的兼类就过多，不利于语法研究。应用到教学中，不仅会破坏介词教学的整体性，还会增加学生的学习负担。因此，无论从汉语语法本体研究，还是从对外汉语教学的角度，在教学中主要以短语和小句的形式来区分介词和连词：出现在短语中但不统领小句的是介词，统领小句的是连词。

在缘由类介词中，"因、因为、由于"介引表原因的语义成分，"因"和"因为"的用法区别主要是单、双音节的差别，如"因"后可加单音节名词，"因为"则不可以；"由于"构成的介词短语在句中只能位于句首作状语。"为、为了、为着"介引表目的的成分，"为了"是专表目的的缘由介词，在使用限制上比"为"少，能用"为"的情况基本都可替换为"为了"；"为着"不能构成任何形式的介词框架，除此之外，其用法与"为、为了"没有区别，只是在现代汉语中使用量较少。

## 二、外国留学生偏误案例

### (一) 误代

从数量来看，误代最多，是典型的偏误类型。

1. 主要是缘由介词之间的误代。如：

(1) *我爸爸为了身体不太好，所以不能跟我妈妈工作……（因为）（初级 韩国）

(2) *我可以得到到中国留学的机会也是为了妈妈的帮助。（因为）（中级 越南）

(3) *他只想把丽其打扰他睡觉，"为了不礼貌的表现，我要吃你"没有内疚的老虎喊起来。（因为）（高级 老挝）

(4) *难道它们为了太想家，想亲戚朋友而死，还是为了我照顾不太周到？（因为，因为）（高级 韩国）

(5) *香山这个地方为自己的红叶而有名的。（因为）（中级 乌克兰）

(6) *由于这个场合，安全的方面是应该注意的。（因为）（初级 喀麦隆）

(7) *而且他为了我准备了几句祝福的话。（为）（中级 韩国）

(8) *在最后的部分是母亲为了孩子做了晚饭。（为）（中级 越南）

(9) *为了别的软弱人着想，分给他们自己的东西。（为）（高级 韩国）

(10) *老师们都放弃了我，但是我妈一直为了我祷告了。（为）（高级 韩国）

2. 缘由类介词误代其他词语，没有多少规律性，似可看作失误而非偏误。如：

(11) *我为了中国感兴趣，我在这儿我认识很多外国人，我们都会互相帮助。（对）（初级 老挝）

(12) *由于他们很忙，还是来帮助我学习。（虽然）（初级 斯里兰卡）

## (二) 错序

错序在缘由介词中是次要的偏误形式，包括3类：

1. 主要是介词短语的错序，以介词短语与谓语的错序为主。如：

(13) *我利用上网学习为考HSK。（为考HSK利用上网学习）（初级 韩国）

(14) *我现在也努力为不改变初心。(为不改变初心努力)(中级 韩国)

(15) *所以我决定从泰国到中国为了学中文。(为了学中文从泰国到中国)(中级 泰国)

(16) *在中国每年七十五万名死了因为环境的污染。(因为环境的污染死了)(中级 韩国)

(17) *那天我停课了,我提心吊胆地回去,每天祈祷为老师的身体健康。(为老师的身体健康祈祷)(高级 斯里兰卡)

2. 介词短语内部的错序,多是小句中动词性成分的错序。这是由于学生受介词后多为名词性成分这一搭配的影响,把动词性成分当作名词性成分使用所致。如:

(18) *上个月由于期中考试准备,没有及时回复。(准备期中考试)(中级 日本)

(19) *为那比尔的病治好又打算向别人求钱,可这时他们想了一个办法。(治好那比尔的病)(高级 巴基斯坦)

### (三) 误加

误加偏误在缘由类介词中不是典型偏误,主要是介词的误加。如:

(20) *去洗手间,去别的地方为找他可是找不到,我一下子发现在水下面有我的朋友。(初级 韩国)

(21) *我的妈妈由于生了我们之后变得有点儿胖。(中级 韩国)

(22) *对他们来说,为了休息最好的地方,就是海滩。(高级 古巴)

### (四) 遗漏

遗漏偏误在缘由介词中不是典型偏误,主要是介词短语及其框架构成成分的遗漏。如:

(23) *为了∧中国留学,我打工了,所以意义更深刻。(来)(初级 韩国)

(24) *他为了∧好的大学现在努力努力学习。(上)(中级 美国)

(25) *然后为了明天∧,睡得早。(早起)(高级 韩国)

(26) *胜浦市这地方由于海水浴∧很有名。(而)(中级　日本)

## 三、偏误规律与教学建议

从数量上来看，缘由介词的偏误类型从多到少的排列顺序是：误代—错序—误加—遗漏。

缘由介词的误代以介词的误代为主，分为两种情况：一种是缘由介词之间的误代，尤其是"为了"与"因为""为"之间的误代最多。"为了"和"因为"之间的误代说明学生对这两个介词表目的还是表原因比较模糊；而"为了"和"为"的误代是由于对这两个介词的用法规则掌握不好，通常简化语义表达与形式的对应关系，选择他们熟悉的词语代替不熟悉的词语。在教学中应该注意"为了"和"因为"的表义区别以及"为了"和"为"的用法区别。缘由介词误代为其他介词的情况也是学生对介词表义不甚清楚的表现，在教学中要加以注意。

缘由介词的错序偏误以介词短语与谓语动词的错序为主。这是由于汉语缘由介词短语的特点导致的，因为汉语中表缘由的成分有的可前可后，有的必须在前，有的必须在后，学生往往对此掌握得不好。因此，缘由介词短语的语序规则教学也很重要。而介词短语内部的错序，多出现在介词后为小句的情况，说明学生对缘由介词加小句构成介词短语的情况掌握得不好，教学中要着重讲解。

缘由介词的误加主要集中在"为了"的误加，说明学生在表达中倾向于目的的表达，但在何时该用"为了"介引表目的的成分并不十分清楚，从而产生误加。

缘由介词的遗漏基本都是遗漏介词短语中的动词，其原因也是对介词短语中小句的构成掌握得不好。结合上文错序偏误的情况，可以看出小句与缘由介词构成介词短语的情况是学生学习的难点，教学中应予以注意。

(周文华　执笔)

# 拾柒　并列连词偏误案例

## 一、并列连词概说

并列连词是用于连接具有并列关系的词、短语、小句乃至句子的一类连词。常见的并列连词有"和、同、跟、与、及、以及、而、既/又……又、一边……一边……、一面……一面……、一方面……另一方面……"等。

并列连词数量较多，内部个体之间在使用上既有交叉又有对立。从连接单位的大小来看，有的并列连词只能连接词或者短语，如"和、同、跟、与、及"等，有的还可以连接小句或句子，如"以及""一方面……另一方面……"等；从连接成分的词性来看，有的并列连词一般连接体词性成分，如"和、同、跟、与、及、以及"等，有的一般连接谓词性成分，如"而、既/又……又……、一边……一边……、一面……一面……"等。

"和、同、跟、与"有一定的互换关系，但在使用频率和适用语体上存在差异。"和"相对于其他三者而言，出现频率最高；"跟"多用于口语；"同、与"多用于书面语，"与"还常常在书名或标题中出现。

"及""以及"与"和、跟、同、与"不同的是，"和、跟、同、与"连接的各成分之间多为平等关系，而"及""以及"连接的可以有主次轻重的分别。"及"和"以及"之间还有细微的差别，"以及"可连接小句，但"及"不能；"以及"前可以有停顿，而"及"不能。

另外，并列连词与递进连词之间也存在一定的关系，最为常见的是"和"与"并、并且、而且"的关系。这四者的区别是："和"所连接的成分之间语义对等，而"并""并且"或"而且"连接的成分间后者的语义比前者更进一层；"和"多连接名词性成分，"并、并且、而且"一般连接动词性成分；"和""并"只能用于连接词或短语，"并且"和"而且"还可以用于连接小句和句子。

## 二、外国留学生偏误案例

### (一) 误代

并列连词的典型偏误是误代,数量最多,在不同学习阶段均有所体现。

1. 不同并列连词之间用法有同有异,因而它们之间的误代也时常发生。如:

(1) *其实男孩子及女孩子可以互相帮助的。(和)(初级 新加坡)

(2) *所以父母应该当朋友而老师。(和)(中级 韩国)

(3) *我们应该考虑世界而地球整体的利益,这样,人在地球上才能继续存在。(和)(中级 韩国)

(4) *我觉得我的同学有意思和可爱。(既有意思又可爱)(初级 泰国)

(5) *我妈妈一边是我的母亲,一边是我最好的朋友。(既……又……)(中级 加拿大)

(6) *我想写一写那个一面过得很快乐,一面过得很难受的"我的寒假"。(一方面……一方面……)(中级 韩国)

(7) *他性格天真、纯真与调皮。(而)(高级 韩国)

2. 并列连词与递进连词之间也存在误代关系,最常见的是用递进连词"而且"误代并列连词"和""以及"。如:

(8) *他打工二十年以后,买了土地而且自己的房子。(和)(初级 韩国)

(9) *我们去的地方都是与南京大不一样的地方,景点的风景、吃的东西而且生活的方式都不一样。(和/以及)(初级 日本)

(10) *因为一般的周围人不明白病人的痛苦而且跟病人有关系的人的痛苦。(以及)(初级 日本)

(11) *现在我的汉语水平不高,所以我要努力学习,一年后我和他见面的时候,我一定要告诉他我的经历,而且我的愿望。(以及)(初级 日本)

（12）*我们家以前家没有什么钱，妈妈为了养我们很努力地做生意，我从她的身上学会了怎么面对困难而且怎么变得勇敢。（以及）（中级　日本）

（13）*很多人在农村里饲养牛、羊、鸡，而且其他各种各种各样的植物。（以及）（中级　塞尔维亚）

3. 并列连词与选择连词之间也存在误代现象，最为常见的是用选择连词"或""或者"误代并列连词"和"。如：

（14）*现在在中国有很多日本企业或其他国家的公司。（和）（初级　日本）

（15）*通过两个月的打工生活，我了解了生产者的努力或辛苦。（和）（初级　日本）

（16）*除了在初中或高中男女分班以外，我想大学也要男女分班。（和）（初级　泰国）

（17）*她不仅教了我课文，还教了我很多中国的历史、中国人的思想观念、道德和文化，这些知识使我更了解中国或中国人，使我进一步地体会了中国人的一些行为。（和）（中级　印尼）

（18）*虽然学汉语时有很多很多困难，但是不管怎么样，我要把我的汉语水平提高到分不出中国人或外国人这个程度。（和）（中级　韩国）

（19）*让他们知道在社会上可做或不可做的事，哪一些行为会引起别人反感，哪一种生活态度才不会使别人讨厌，什么样的价值观念才是正确的。（和）（高级　印尼）

4. 并列连词与副词的误代。该类偏误多出现在初级阶段，以并列连词"和"与"也"之间的误代居多。如：

（20）*她喜欢看电视也听音乐。（和）（初级　韩国）

（21）*他喜欢韩国饭也韩国歌。（和）（初级　韩国）

（22）*那给了我学中国文化的好机会也忘不了的回忆。（和）（初级　美国）

## （二）遗漏

遗漏也属于比较典型的偏误，常常出现在汉语学习的初级阶段。

1. 容易遗漏的多为常单独出现的并列连词，如"和、跟、同、与、以及"等，尤其是多项并列成分的最后一项前需要用"和"的规则掌握不好。如：

(23) *每天她∧我一起去图书馆看书。(和/跟/同/与)（初级　越南）

(24) *在学校里也有很多大树∧漂亮的花。(和)（初级　韩国）

(25) *人∧人之间需要理解、让步和宽容。(与)（初级　韩国）

(26) *谢谢南京，谢谢朋友们和老师，他们一向对我很好，给我留下很深刻的印象∧美好的记忆。(和)（初级　老挝）

(27) *我们班有十八个同学，有韩国人、日本人、∧泰国人。(和/以及)（初级　越南）

(28) *我去过北京、天津、上海、∧苏州。(和/以及)（初级　韩国）

例(27)(28)还要将其中的"日本人""上海"后面的顿号去掉。

2. 遗漏搭配使用的连词，例如"既……又……""一边……一边……"中的一个或全部。如：

(29) *但是，结婚以后，我认识到他∧智慧过人，又才能惊人。(既)（中级　韩国）

(30) *我妈妈∧不是民族的英雄，∧不是管理委员会委员，但同时我小城市的市民差不多都认识我妈妈。(既，又)（高级　俄罗斯）

(31) *有外地人觉得蒙特利尔人不太友好，但是我认为这个城市的人万分有意思，∧时髦，∧现代。(既，又)（中级　加拿大）

(32) *他一边还债∧教育我们子女。(一边)（中级　韩国）

## (三) 误加

并列连词的误加以"和"为主，普遍出现在汉语学习的初级阶段。

1. 误加偏误较为常见的是在有三项及以上并列成分时，在除了最后一项的其他并列成分之间、谓词性成分之间或小句与小句之间加上了连词"和"，而这些成分之间用顿号或逗号连接即可。如：

(33) *听力和汉语①和口语，都很难。(、)（初级　韩国）

---

① 一般将"综合汉语课"简称为"汉语"。

(34) *我在家看电视和上网和预习生词。(、)（初级　韩国）
(35) *我是留学生和有一个留学生办公室。(,)（初级　法国）
(36) *她的个子高高的和头发长长的。(,)（初级　美国）
(37) *我的爸爸在大学当老师和妈妈是一个小提琴家。(,)（初级　爱尔兰）
(38) *哥哥姐姐们去外岛念大学了，只剩下我和弟弟和妹妹和一个哥哥跟父母生活在一起。(、,、)（中级　印尼）

2. 多种并列连词共现或并列连词与副词"也"共现。如：

(39) *最好是如果我找到一个房子，又很好的条件和又不太贵。（初级　比利时）
(40) *以前她去过英国与也在英国生活了两年，所以她的英语很好。（初级　越南）
(41) *我向很多中国人打听到南师大的路，有的中国人温柔而和热情，不过很冷淡的中国人也有。（高级　日本）

### （四）错序

错序不是典型的偏误，在4类偏误中最为少见，一般为搭配连词如"一边……一边……""既……又……""与"等与主语或者谓语的错位。如：

(42) *那天我和妈妈一起，一边我织毛衣，一边学习。（我一边）（初级　韩国）
(43) *三姓穴是既济州岛的出发点又是它精神上的故乡。（既是）（高级　韩国）
(44) *此外，我亦与这几国的移民局工作人员有深入的认识与交流、联系。（认识、交流与联系）（高级　新加坡）

## 三、偏误规律与教学建议

从数量上看，并列连词的偏误类型从多到少的顺序是：误代—遗漏—误加—错序，各类偏误的规律很明显。

误代偏误构成复杂，在初、中、高三个学习阶段呈"U"形分布，是学生易犯且较难改正的偏误类型。它既包括并列连词之间的误代，也包括并列连词与递进连词、选择连词甚至某些副词之间的误代。并列连词之间的误代多因学生不完全了解不同并列连词的使用规则所致，较容易混淆的有"而"与"和"、"和"与"既……又……"、"一面……一面……"与"一方面……一方面……"等。教学时，应该着重强调这些词在连接语法单位的词性、数量、大小、层级上的差异。并列连词与递进连词之间的误代主要集中在"而且"与"和""以及"上，在教学时，需要着重对其进行区分。并列连词与选择连词之间的误代以"和"与"或（者）"为主，教学时需要提醒学生分辨并列关系与选择关系的不同。

遗漏偏误的数量虽然位居第二，但主要集中在初级阶段，且数量随着学习阶段的提升而减少。较容易遗漏的连词有"和、跟、同、与、以及、既……又……、一边……一边……"等。在教学时若加以注意则可以避免该类偏误的产生。

误加偏误规律性强，主要集中在连词"和"上，多为在表三种及以上并列项时除了最后一项以外，在其他并列项之间，或者在谓词性成分之间、小句与小句之间误加了连词"和"。因此，教学中需要着重强调汉语谓词性成分并列或小句并列时的规则，"和"后可带语法单位的大小与层级以及"和"表三项及以上并列时的使用规则。

错序偏误多为搭配连词如"一边……一边……""既……又……"与主语或者谓语的错位，教学时需要单独强调上述结构在句中的位置，以避免该类偏误的产生。

（张艺凡　执笔）

# 拾捌  选择连词偏误案例

## 一、选择连词概说

选择连词是用于连接具有选择关系的词、短语、小句乃至句子的一类连词。常见的选择连词有"或、或者、还是、要么、宁可、宁愿、宁肯、与其、不如、不是……就是……"等。

现代汉语选择连词主要分为未定选择和已定选择两大类型。未定选择是指说话人在几样事物中还没有选定,已定选择是指说话人在几样事物中已经选择停当。未定选择连词又可分为任选式和限选式两种。任选式连词以"还是、或、或者、要么"为代表,限选式连词以"不是……就是……"为代表。已定选择连词又可分为先取后舍和先舍后取两种。前者以"宁可、宁愿、宁肯"为代表,多组成"宁可/愿/肯……也不……"格式,后者以"与其"为代表,多组成"与其……不如……"格式。

在选择连词中,"或者"与"还是"这组连词需要加以区分。"或者"主要用于陈述句中,可单独使用,表示两种情况下的选择;也可重复使用,构成"或者……或者……(或者……)"格式,表示两种以上情况下的选择。"还是"则主要用于疑问句中,只有表示不确定的看法时才可用于陈述句,常构成的格式有"还是……还是……"或者"是……还是……"。

"不是……就是……"与"不是……而是……"两个格式表面十分相似,仅一字之差,但意义却极为不同。"不是……就是……"表示选择关系,是在两者之中选其一;"不是……而是……"表示并列关系,是先否定再肯定,以强调"而是"后的内容。

## 二、外国留学生偏误案例

### (一) 误代

1. 选择连词的典型偏误是误代。首先是选择连词之间的误代,最为常见的是"或""或者"与"还是"的双向误代。其中"还是"误代"或""或者"的数量较多，且多分布在初级阶段；"或""或者"误代"还是"的较少，主要分布在中、高级阶段。如：

(1) *吃完晚饭，我有时候做作业，如果没有作业，我看电视<u>还是</u>跟同屋用汉语说话。（或/或者）（初级　越南）

(2) *我十一点<u>还是</u>十二点睡觉。（或/或者）（初级　越南）

(3) *我将来想做会计<u>还是</u>财政。（或/或者）（初级　澳大利亚）

(4) *晚上，他常常做练习<u>还是</u>听音乐。（或/或者）（初级　越南）

(5) *在这个季节里你穿冬天<u>还是</u>夏天的衣服都可以，就是春天给你机会穿你觉得漂亮、自己喜欢的衣服。（或/或者）（中级　越南）

(6) *来中国以后，常常想在教室读书好<u>或</u>跟中国朋友聊天儿好。（还是）（中级　韩国）

(7) *你暑假想去学院学汉语<u>或者</u>学英语？（还是）（中级　韩国）

(8) *一旦你们想来这里的话，先要选择坐火车<u>或者</u>坐长途汽车。（还是）（高级　韩国）

2. 选择连词与并列连词之间的误代，最常见的是用并列连词"和"误代选择连词"或""或者"。如：

(9) *首先她以为我是日本人<u>和</u>越南人，我对她说我不是日本人，而是老挝人。（或/或者）（初级　老挝）

(10) *所以上司打电话<u>和</u>发 e-mail 找我。（或/或者）（初级　日本）

(11) *还有那些作词、作曲的人都用音乐来表达自己<u>或</u>其他人的情感，对社会的赞赏和不满。（或/或者）（中级　蒙古）

(12) *我们不应该去区分把什么歌看成高等的<u>和</u>低等的。（或/或者）（中级　泰国）

(13) *我会尽我最大的努力把我的孩子培养成龙<u>和</u>凤。（或/或者）（中级　菲律宾）

(14) *我朋友与我时常冷得不得不唱起歌来<u>和</u>互相打一打身体，打得脸都红了！（或/或者）（中级　比利时）

另外，留学生还常常用选择结构"不是……就是……"来误代并列结构"不是……而是……"，该类偏误多出现于汉语学习的初、中级阶段。如：

(15) *我认为幸福不是有很多钱，就是我和别人都充满信心。(而是)(初级 韩国)

(16) *我只记得爸爸下班以后在家里不是帮助妈妈，就是看电视，从来不做家务。(而是)(初级 韩国)

(17) *在我留学的这些年让我最想念的不是我的家人，就是我的好朋友：妙妙。(而是)(中级 越南)

(18) *她再三说吸毒不是一个人的问题，就是关系到社会的大事。(而是)(中级 韩国)

(19) *不过现在人类继续野蛮地捕杀野生动物，更要命是，不是为了需要，就是为了自己的娱乐。(而是)(中级 俄罗斯)

## (二) 遗漏

遗漏不是选择连词的典型偏误，遗漏的一般是单用的"或""或者"或者连用的连词如"不是……而是……""与其……不如……"中的一个。如：

(20) *老师刚开始不同意和他来往∧和他有什么其他关系。(或/或者)(初级 蒙古)

(21) *如果一天又发生什么跟他有关的事情，∧发现什么跟他的共同点，那么脸上带着兴高采烈的神气给我讲。(或/或者)(高级 日本)

(22) *不是因为她很忙，∧因为她受不了看着妈妈的病越来越严重。(而是)(中级 日本)

(23) *刘义泰不是自己去，∧使许俊去知事的家看夫人的病。(而是)(高级 韩国)

(24) *与其坐公共汽车，∧我走路。(不如)(高级 日本)

## (三) 误加

误加也不是选择连词的典型偏误，在语料中十分少见，一般是误加"或""或者"。如：

(25) *我怕我的头发变绿色或我脸上有一个奇怪的鼻子或我皮肤变黑或等等。(中级 美国)

(26) *比如从小时候开始，父母或老师或其他人也会看到或发现到

这个孩子很特别，对运动也感兴趣，总是取得好成绩。（初级　印尼）

（27）*我以前在韩国的时候性格比较内向，所以和陌生人见面的时候要么他先跟我打招呼，或者要么我就不跟他打招呼了。（中级　韩国）

（28）*因为，即使在单性的校内上课，学生们也能在校外结交到异性或者甚至损友。（高级　新加坡）

## 三、偏误规律与教学建议

从数量上看，选择连词的偏误类型从多到少的顺序是：误代—遗漏—误加，各类偏误的规律很明显。

误代偏误以"或""或者"与"还是"的双向误代居多；选择连词和并列连词之间也有误代现象，较为普遍的是用"和"误代"或""或者"，或用"不是……就是……"误代"不是……而是……"。在教学中，需要着重讲解"或""或者"与"还是"、"和"与"或""或者"、"不是……就是……"与"不是……而是……"这三组连词的区分。虽然误代是选择连词出现数量最多的偏误，但该偏误主要集中在初、中级两个学习阶段，高级阶段偏误数量明显降低，说明只要在教学中多加提醒就可以减少该类偏误发生的概率。

遗漏偏误规律较为明显，遗漏的一般是单用的"或""或者"或者由两个连词组成的结构如"不是……而是……""与其……不如……"中的一个。因此，在教学中要突出强调连词"或""或者"的作用，并帮助留学生巩固选择连词的搭配意识。

误加主要集中在连词"或""或者"上，且常出现在具有三种及以上选择项的情境下，此时留学生容易在句末的"等""等等"前或者在除最后一项以外的选择项前误加"或""或者"。因此，在教学中需要格外强调用"或""或者"表三种及以上选择情况时的规则。另外，误加也会因两个相近或相关连词的共现而造成，在教学中可以加以提醒。

（张艺凡　执笔）

# 拾玖　递进连词偏误案例

## 一、递进连词概说

递进连词是用于连接具有递进关系的词、短语、小句乃至句子的一类连词。常见的递进连词有"不但、不仅、不单、不光、不只、不止、并、并且、而且、况且、何况、尚且、别说、再说、甚至、以至、乃至、反而"等。

从连接单位来看，大多数递进连词都可连接小句或句子，但有个别如"并"只能用来连接词和短语；从递进连词在话语中的位置来看，"不但、不仅、不单、不光、不只、不止、尚且"等一般为先行递进连词，而"并、并且、而且、况且、何况、别说、再说、甚至、以至、乃至、反而"等一般为后续递进连词。

不同递进连词之间多可搭配使用，最为常见的是"不但、不仅"与"而且、并且"的搭配。不少递进连词连用还可以表示较为复杂的递进关系，如"不但不（没）……，而且不（没）……"表示逆向递进，"不但不（没）……，反而……"表示反向递进，"不但……，而且……，甚至……"表示多重递进，"尚且……，何况……"表示让步递进等。

在递进连词中，有几组词既相互交叉又互有区别：

1."不但、不仅、不单、不光、不只、不止"在与"而且"或"并且"连用时多可替换，但在表示反向递进时，一般用"不但"。

2."并、并且、而且"在很多情况下可以换用，但存在以下差别："并""并且"更倾向于连接动词和动词短语，"而且"更倾向于连接小句或句子。在前后动词间隔较短、联系紧密的情况下，"并"比"并且""而且"更为适合。

3."甚至、乃至、以至"在表递进时存在替换关系，但"甚至"强调其后的内容，侧重于指出最极端的情况，"以至"和"乃至"强调前一分句的内容，表示时间、程度、范围等方面的延伸。

4."何况"和"况且"都可以用在后续小句中申述或追加理由，此时两者可互换，但"何况"还可用在反问句中表示经过比较不必再说，此时不能换成"况且"。

## 二、外国留学生偏误案例

### (一) 误代

递进连词的典型偏误是误代。

1. 最为常见的误代是递进连词"而且"误用成"而"，该类偏误在初、中、高级阶段都大量出现。如：

(1) *实际上他不但想去南京旅游而想去广州、北京等许多城市看一看。(而且)（初级　韩国）

(2) *现在全国都爱骑自行车，因为骑自行车比较方便，很便宜，而自行车不用汽油。(而且)（初级　老挝）

(3) *不但要非常努力学习，而要跟中国人多说话。(而且)（中级　韩国）

(4) *虽说吸毒者的生命是自己的事，可是如果他连自己的事都控制不了的话他不但会损害自己的前途而会损害别人的生活。(而且)（中级　韩国）

(5) *如要买的东西买不到，把钱花在别的地方的话，我不但会担心，而会哭。(而且)（高级　韩国）

(6) *怪不得城市里边的人都喜欢而称赞秋天。(而且)（高级　俄罗斯）

2. 并列连词"和"误代递进连词"并""并且"，该类偏误多出现在初级阶段。如：

(7) *这以后她带我玩儿，旅行和教给我汉字。(并/并且)（初级　韩国）

(8) *那时候就决定了，尽管得到奖学金很难，我还是要得到和来中国留学。(并/并且)（初级　孟加拉国）

(9) *学习中文以后我要回孟加拉国和做好我的工作。(并/并且)（初级　孟加拉国）

(10) *他每天学习四个小时和每天锻炼身体。(并/并且)(初级　法国)

(11) *子女向父母拜年之后父母给子女发红包和送给子女们祝福。(并/并且)(中级　韩国)

(12) *第一次来中国时就决心一定要努力学习和找好工作。(并/并且)(中级　韩国)

3. 递进连词"反而"替代转折连词"但是"。如：

(13) *我回家以后告诉爸爸，我觉得他不会同意反而他同意了。(但是)(初级　尼泊尔)

(14) *我觉得他是很好的朋友反而他是很不好的人。(但是)(初级　蒙古)

(15) *因为我以为一毕业就会找到好的工作反而事情跟我想得不一样。(但是)(初级　坦桑尼亚)

(16) *他们的家离我们的学校比较远反而他们来得很早。(但是)(初级　尼泊尔)

(17) *我以前的朋友们都在美国，我问他们的时候他们原来说在美国是因为在那里学习最好，反而现在他们跟我们说在美国没有什么好处。(但是)(初级　尼泊尔)

4. "而是""就是"误代"而且是"，该类偏误多出现在中、高级阶段。如：

(18) *她现在在越南，她不只是我的好朋友而是我家的成员。(而且是)(中级　越南)

(19) *通过这次旅游我明白了人生的目的不仅是为了钱、名誉和权利，而是为了爱。(而且是)(高级　韩国)

(20) *现在重要的不仅是学历，而是个人的技术，比如说，会外国语、会电脑、会设计、有什么技术资格等等。(而且是)(高级　日本)

(21) *人心被芽庄吸引不仅是因为他自己的美丽而是因为他独特的气候。(而且是)(高级　越南)

(22) *再三说吸毒不仅是一个人的问题，就是社会上的大事。(而且是)(中级　韩国)

(23) *现在我们生活不仅是为了吃饭、生存，就是为了更好地享受

生活。(而且是)(高级 韩国)

## (二) 错序

错序也属于比较典型的偏误,多分布在中、高级阶段,最为常见的是"不但""不仅"与主语或谓语的错位。如:

(24) *西安<u>是不但</u>中国古代的首都,而且是跟西方国家贸易的基地。(不但是)(中级 新加坡)

(25) *<u>不但钱不</u>是人生的全部分,而且不能带来幸福。(钱不但)(中级 韩国)

(26) *<u>不但他们俩</u>都很潇洒,而且也有幽默感。(他们俩不但)(中级 日本)

(27) *<u>不但我</u>总带 MP3 听音乐,而且无论在哪里,都喜欢哼着歌。(我不但)(中级 韩国)

(28) *<u>不仅人们</u>要合作,而且要有合一的心志。(人们不仅)(高级 韩国)

(29) *我想,这不是"中文系",而是"中国系",中国系<u>需要学习不仅</u>汉语,而且需要学习中国的经济、文化、地理、历史、习惯等等。(不仅需要学习)(初级 日本)

(30) *我喜欢中国文化,我想<u>学不仅</u>中国语而且想学中国的文化。(不仅想学)(初级 韩国)

## (三) 遗漏

遗漏的用例不多,几乎都是遗漏"不但/不仅……而且……"结构中的一个连词。如:

(31) *不仅想对教中国语的老师,∧想对中国说很好的话。(而且)(初级 韩国)

(32) *抽烟不仅对自己的身体有不好的影响,∧会伤害别人的健康。(而且)(初级 日本)

(33) *朝鲜由于饥饿每年死很多人,但他们还能活下去的原因之一是玉米,玉米价格∧不高,而且收获还很多。(不但/不仅)(中级 韩国)

(34) *在孩子的立场来看,父母∧是自己的保护者,而且是自己模仿的老师。(不但/不仅)(中级　日本)

(35) *古代书法艺术是只有贵族等高位层才能拥有的东西,当时书法∧代表该书家的文化程度,而且代表国家的文化水准。(不但/不仅)(高级　韩国)

### (四) 误加

误加不是典型的偏误,在语料中最为少见,仅见如下一例,且不是连词的误加,而是误加了与连词语义相重的词语。

(36) *高三班主任老师们也很辛苦,不到结束考试不能放心,何况是甭提父母呢。(高级　韩国)

此句可以说成"何况是父母呢",也可以说成"更甭提父母了",但不能说成"何况是甭提父母呢"。

## 三、偏误规律与教学建议

从数量上看,递进连词的偏误类型从多到少的顺序是:误代—错序—遗漏—误加,除误加类十分罕见外,各类偏误的规律都很明显。

误代偏误多发生在意义和用法互有交叉的词之间。其中,以"而"和"而且"的误代最多,一般用"而"误代"而且",这是具有相同语素而引发的易混淆词之间的误代,教学中需要单独强调两者在表义和用法上的不同。"并""并且"与"和"之间也常产生误代,这是由于学生不完全了解"并""并且""和"后连接单位在词性上的差异。该类偏误主要集中在初级阶段,在教学中加以提醒则可以大量减少。"反而"也经常被误用在表示转折关系的语句中,这是对二者的适用环境及关联作用不甚了解所致。教学时需要着重解释"反而"的语义背景:①甲现象或情况发生了;②按说甲现象或情况的发生会引起乙现象或情况的发生;③事实上乙现象或情况没有发生;④倒是出现或发生了与乙相背的丙现象或情况。实际使用时上述四种语义背景可不全部出现,在交际中背景

②或③可以省略①,强调"反而"与"但是"的区别。另外,用"而是""就是"来误代"而且是"的偏误也时有发生,原因是"不但/不仅是……而且是……""不是……而是……""不是……就是……"3种结构的混淆。因此,在教学中需要加以区分。

　　错序偏误主要集中在"不但/不仅……而且……"这个结构上,最为常见的是"不但""不仅"与主语或谓语的错序。在前后小句主语相同和主语不同的情况下,"不但/不仅……而且……"在句中的位置会有所不同,留学生可能会因此产生混淆。所以在教授该结构时需要着重强调其在不同使用情况下的不同位置。

　　遗漏偏误多表现为缺少"不但/不仅……而且……"结构中的一个或全部连词。在教学中应加强连词连用的训练,培养学生固定结构的搭配意识。

(张艺凡　执笔)

---

① 参见马真《说"反而"》,《中国语文》1983年第3期。

# 贰拾  因果连词偏误案例

## 一、因果连词概说

表示因果关系的连词叫因果连词。《汉语水平词汇等级大纲》中表示因果关系的连词有"既、既然、难怪、因为、从而、故、结果、看来、所以、以至、以至于、以致、因此、因而"等。这其中又可以分为连接原因的连词和连接结果的连词，前者包括"既、既然、因为"等，后者包括"从而、故、结果、看来、难怪、所以、以至、以至于、以致、因此、因而"等。

有些同义的因果连词在实际使用过程中存在句法、语义和语用层面上的细微差别，不能相互替换。如"所以"和"因此"，两者都表示单纯的因果关系，用来说明结果，但是"因此"在句中既能表明结果，又有复指上文的作用。又如"所以"和"从而"，两者也都表示结果，但是前者连接的两个小句主语可以一致也可以不一致，而后者连接的前后小句的主语必须一致。

## 二、外国留学生偏误案例

### (一) 误代

误代是因果连词中最常见的偏误，数量非常多，可以分为以下两类：

1. 因果关系和其他语义关系的误代。如：

(1) *我很想学中文，以为我对中国感兴趣。(因为)（初级　比利时）

(2) *玩了半天，天黑了又下雨，我们没有带雨伞，但是我的朋友不要回家，以为他们很喜欢在那玩，没办法我也跟他们一起玩。(因为)（初级　印尼）

(3) *如果我不用工作所以我回国了但是我喜欢中国和中国人。(因

为)(初级　加拿大)

(4) *如果说起关于周庄的特色时会没完没了的,所以我就到这儿。(因为)(中级　蒙古)

(5) *由于这样的结果而许多姑娘很愿意整容。(所以)(中级　韩国)

(6) *其实他在多数的弹钢琴比赛中获得第一名,从此我和大家都觉得他一定会当钢琴演奏家。(因为,所以)(中级　日本)

(7) *难道它们为了太想家,想亲戚朋友而死,还是为了我照顾不太周到?(因为,因为)(高级　韩国)

(1)(2)中的"以为"误代"因为",是两者语音相近造成的易混淆词误代。(3)(4)中"如果"误代"因为",是将前后两个小句的因果关系错认为条件关系而造成的。(5)中的"而"和(6)中的"从此"都表示顺承关系,应该改为"所以"。(7)中的"为了"表示目的,与该句表达的因果关系不符,应该改为"因为"。

2. 因果关系内部的误代。如:

(8) *爸之所以立刻从手术室里出去了,是所以他要吐。(因为)(初级　日本)

(9) *我的公司没有人会说汉语,因为我的爸爸妈妈想我去中国学中文。(所以)(初级　泰国)

(8)中"之所以……是因为……"是一个因果连词的搭配,学生并没有很好地掌握,导致了因果关系上的错误。(9)中后一个小句是前一个小句的结果,应将"因为"换成"所以"。

## (二) 遗漏

遗漏也是因果连词当中常见的偏误类型,数量非常多。

1. 原因类连词的遗漏。如:

(10) *∧常常跟中国人聊天,所以他的汉语越来越好,汉字写得很熟练而且很清楚。(因为)(初级　老挝)

(11) *为什么想学习汉语,就是∧从我小对汉语有感兴趣。(因为)(中级　蒙古)

(12) *世上好女孩很多,不要∧一棵树放弃一片森林。(因为)(中

（13）*芽庄有这么独特的气候可能是∧他位于赤道线。（因为）（高级 越南）

（14）*他真正的要帮我们，不但∧我们是外国人，而且∧我们是女人。（因为，因为）（高级 韩国）

2. 结果类连词的遗漏。如：

（15）*我刚刚来南京，因为我是一个人∧觉得很孤单。（所以）（初级 韩国）

（16）*因为鹅背叛了马丁，∧我们这天吃鹅肉，回忆马丁的故事。（所以）（初级 德国）

（17）*在北京旅游时，因为天气的关系，∧觉得很累。（所以）（初级 韩国）

（18）*他在外地学习的时候，经济上很困难∧他一直省吃俭用。（所以）（高级 韩国）

（19）*她母亲以前受过日本教育的影响，∧把孩子送到日本的公立学校里读书。（所以）（高级 日本）

### (三) 误加

误加类型偏误在因果连词的偏误中比例相对较小。如：

（20）*有很多人认为我们的房间因为布置得这么匀称真没意思，可是我想这么整齐，这么朴素的布置使我们的屋子是独一无二的。（高级 罗马尼亚）

（21）*虽然雇人也知道高中学生不能打工，但是雇高中生，因为主要是有劳动力不足的原因。（中级 日本）

（22）*我由于喜欢看他的脸，不是爱他！（中级 印尼）

（23）*由于音乐使我们的生活中有所陶冶，在快乐时它给我们莫大的喜悦，在我们失意或悲伤时，它也会给我们带来片刻的安慰。（高级 印尼）

（20）中没有表示因果的关系，所以"因为"属于误加。（21）中"因为"和"的原因"之间有重复，所以应该去掉"因为"。（22）和（23）中的"由于"都属误加，句子之间不是因果关系。

## 三、偏误规律与教学建议

从数量上看，因果连词的偏误类型从多到少的顺序是：误代—遗漏—误加—错序，各类偏误的规律都很明显。

误代的偏误有两类，一类是因果类连词和其他词语之间的误代，另一类是因果连词内部的误代。误代的词语种类有很多，有表条件的，也有表目的的，究其原因，是学生对所要表达的句子之间的语义关系不清楚所造成。而内部的误代现象则是学生混淆了原因和结果的关系，但此类偏误随着学习水平的提高有明显的下降。

遗漏的偏误主要可以分为原因类连词的遗漏和结果类连词的遗漏。产生的原因也是学生对使用环境的掌握不够清楚，教师在教学过程中应注意讲解因果连词成对使用的环境。

误加的偏误不够典型，主要原因也是学生没有明白句子内部的语义关系，导致出现不该使用因果类连词却使用的情况。

错序的偏误数量较少，仅见的两例错误都是"是因为"内部的错序，原因是学生没有很好地掌握这个结构，教师在教学中应该让学生多使用"是因为"造句，帮助学生加深印象。

（罗昕泽　执笔）

# 贰拾壹　转折连词偏误案例

## 一、转折连词概说

表示转折关系的连词叫转折连词。

现代汉语的转折连词从语义上基本可以分为两大类：一类表示转折（包括语气和话题的转折）；一类表示补充、修正或限制。前一类主要有"但是、但、可是、可、然而、然、而、不过"；后一类主要有"不过、只是、就是"。转折连词根据转折的程度又可以分为重转、轻转和弱转三类。重转包括"虽然……但是……""虽然……但……"等，轻转包括"但、但是、然、然而、可是"等，弱转包括"只是、不过"等。三者出现的环境也不同，重转常常出现在表示让步关系的转折句中；轻转可以用在表示单纯转折关系的转折句中；而弱转是补充、修正和限制上文的作用。

转折连词也要注意同义的连词之间在使用上的不同，如"不过"与"只是"，"只是"的转折语气相对"不过"来说更轻，同时后面不能有停顿。又如"不过"与"但是"，"不过"的语气比较委婉，同时连接的两个成分之间较为松散；而"但是"的语气更强，连接的成分在意义上联系也很紧密。"但是"经常用在后半句中，与"虽然、尽管"连用较多；"然而"用在后半句中表示转折关系的时候经常表示话题的转换；"不料"意思是没想到，用在后半句的开头，表示转折，常与"却、竟、还"等词呼应。

## 二、外国留学生偏误案例

### （一）误代

转折连词的偏误类型中最常见的是误代，学生在使用过程中常常误代其他语义关系的连词。

1. 对"但是"的误代。如：

(1) *我从来不喝酒,所以我喜欢喝果汁……(但是)(初级 坦桑尼亚)

(2) *虽然有了很大很进步,不但引起了一些问题,例如现在路上有了堵车的现象,还有空气污染,走路的人安全也越来越差。(但是)(初级 坦桑尼亚)

(3) *在中国生活一点难和有意思。(但是)(初级 黎巴嫩)

(4) *它被救回来了,且受伤很厉害。(但是)(中级 柬埔寨)

(5) *虽然学中文很难,不但我喜欢中文。(但是)(中级 韩国)

(6) *所以我去商店了,看见了那么多种的肥皂,并我不知道它们的汉语名字。(但是)(中级 毛里求斯)

(7) *虽然这中原高句丽碑肯定是高句丽人的遗产,而且在朝鲜半岛,且在南韩。(但是)(高级 韩国)

例(1)因果连词误代转折连词,例(2)、(4)—(7)是递进连词误代了转折连词,例(3)是并列关系连词误代了转折连词。

2. 对"虽然"的误代。如：

(8) *原来我是外国人,但是很关心我。(虽然)(初级 尼泊尔)

(9) *不仅仅汉语很难,可很有意思。(虽然)(初级 韩国)

(10) *因为爸爸怕飞机,但是他和妈妈来中国看我。(虽然)(初级 德国)

(11) *尽然车的比例越来越多,但还不如公共交通那么方便。(虽然)(初级 坦桑尼亚)

(12) *我常给她拍照片,或者她没有照相机,但是她想买一个。(虽然)(初级 法国)

(13) *无论被时间破坏了可是秦始皇的兵马俑还保留着自己的吸引力。(虽然)(中级 越南)

(14) *所谓冬天但在越南天气特别暖和,凉快的东风和明亮的太阳。(虽然)(中级 越南)

(15) *滑稽的是,他们即使知道作家的姓名,也连一篇文章也没看过。(虽然,但是)(中级 日本)

(16) *不管上海和北京很大的城市而且很发达,但是对我来说南京

总是第一名。(虽然)(高级 塔吉克斯坦)

3. 在留学生语料中还存在一些转折连词和表转折的副词之间的误代。

A. "但是"和"可是"误代"反而"。如:

(17) *后来又来了第三个和尚,大家都希望别人去山下抬水,于是,人多了,但是没有水喝了。(反而)

(18) *人多好办事,遗憾的是往往人多嘴杂,人多了意见多,但是碍事了。(反而)

(19) *人多了,在工作上但是产生了一种依赖性。(反而)

(20) *我觉得我的同屋玛丽是个很有意思的人,跟她在一起我一点儿也不无聊,可是觉得特别的轻松,特别的快乐。(反而)

(21) *我来中国以后,妹妹可是比我在家的时候勤快了很多,怪不得每次打电话回去爸妈都很高兴。(反而)

马真(1983)对"反而"使用时的语义背景做了详尽的分析:"甲现象或情况出现或发生了,按说甲现象或情况的出现或发生会引起乙现象或情况的出现或发生,事实上乙现象或情况没有出现或发生,倒出现或发生了与乙相背的丙现象或情况。"而侯学超编《现代汉语虚词词典》(1999)对"但是""可是"的解释是"提出跟上文相对立的论述;补充、解释、限制上文;与'虽然、尽管、固然'连用,表示已有的事实不足以影响后面的论述"。外国留学生由于对这两个词之间的细微差别认知不足,才出现了这样的偏误。

B. "而"误代"反而"。如:

(22) *这几个月我们的口语水平不但没有提高,而降低了,真的很奇怪。(反而)

(23) *他们都不是韩国人,所以这样做而对他们不好。(反而)

侯学超编《现代汉语虚词词典》(1999)对"而"的解释是:"表转折,连接分句、句子。前一句多不用关联词语;在并列复句'不是/没……而是……、不是……而……、是……而不是……'中常常出现;承接上文话题、话题相隔较远或隐含于上文。"两者的误代很大程度上是因为没有注意到两者的区别,误以为"而"是"反而"的等义缩略形式造成的。

## （二）遗漏

遗漏在转折连词的偏误中也非常典型，贯穿了初、中、高三个阶段。

1. "但是"的遗漏。如：

(24) *我很累，∧这次旅游很好。（但是）（初级　韩国）

(25) *我回答我不知道，睡觉不太晚，∧上了课就困了。（但是）（初级　老挝）

(26) *因为在中国房间里有暖气，∧我们的国家没有。（但是）（初级　孟加拉国）

(27) *尽管天气很冷，∧他身上有很少衣服。（但是）（初级　尼泊尔）

(28) *虽然我很努力学∧考试很难。（但是）（初级　美国）

(29) *来中国已经4个月了，我会说汉语∧不太好。（但是）（初级　韩国）

(30) *虽然我这个考试考得不太好，∧我更加了解了考试。（但是）（初级　尼泊尔）

(31) *虽然冬天天气很冷，∧下雪很厚的时候湖水也不结冰。（但是）（初级　吉尔吉斯斯坦）

(32) *我来到南京不认识人，∧现在我的朋友很多。（但是）（初级　法国）

(33) *虽然我们在一个班读书，∧我几乎不认识他没注意过。（但是）（中级　蒙古）

(34) *虽然我生于家乡，∧住在那儿不到两年。（但是）（中级　韩国）

(35) *虽然人类与猩猩有关系，∧很多人忽视这种关系。（但是）（中级　德国）

(36) *学校的足球队没有他虽然很困难，∧也进入了决赛。（但是）（中级　越南）

(37) *过去和现在年糕汤的烹饪方式有点不同，∧所用的材料和调料大同小异。（但是）（高级　韩国）

2. "虽然"的遗漏。如：

(38) *至今∧汽车还是这么多，但是汽油比以前高很多了。(虽然)（初级 老挝）

(39) *我现在回想寒假的旅游，好像是梦想的，∧已经很长时间去过的事……但是我希望再有机会到云南西双版纳旅游。(虽然)（中级 德国）

### (三) 错序

错序类偏误所占比例较小，属于不典型的偏误。如：

(40) *不过也是蛇王的家，虽然坡的里面黑暗暗的，空气但是非常凉快。（但是空气）（高级 老挝）

(41) *我们很想念我们的国家，要离开中国了，我们可是都很舍不得。（可是我们）

(42) *汤姆的汉语成绩没有杰克那么好，我看见可是他一直很努力。（可是我看见）

错序类的偏误主要集中在主语和关联词语的错序上，如例（40）—（42）。留学生如果没有注意到这类连词和主语的位置关系，就很容易出现这类的偏误。

### (四) 误加

误加类偏误也不是典型的偏误类型，出现的数量非常少。如：

(43) *上火车了，但火车上有个男的找我们说："你们就是到野三坡的吧？"（中级 韩国）

(44) *因为我决定去中国留学，所以尽管不得不一个人来中国。（高级 韩国）

(45) *初次听到这片故事的时候，我的年纪太小，所以不知道作者想说的意思是什么，可是在老师的帮助下才理解了。（高级 韩国）

(46) *科学技术的发达，生活水平的提高，但是给人们的生活带来了许多意料之外的麻烦。（高级 日本）

(47) *综上所述，任何事物都有利和弊。但是我认为虽然流行歌曲也有弊端，但是流行歌曲的好处是更多。（高级 越南）

产生这类偏误是由于学生没有理清前后小句之间的语义关系，强制添加了表示转折关系的连词，造成了关联词语的误加。

## 三、偏误规律与教学建议

从数量上来看，转折连词的偏误类型从多到少的顺序是：误代—遗漏—错序—误加，各类偏误的规律很明显。

误代偏误主要集中在对"虽然"和"但是"的误代上，学生经常把句子之间的转折关系理解成因果关系、并列关系或者其他，教师应在讲解"虽然""但是"的时候帮助学生明确它们所表达的语义逻辑关系。

遗漏偏误也比较典型。有一部分是由于某些学生受到母语规则负迁移的影响，导致应该合用的连词搭配只出现了单个的情况，教师应帮助学生明确成对转折连词出现的环境，避免出现此类偏误。

错序偏误相对较少，集中在主语和"但是"的位置上。这就涉及主语和连词位置的关系，教师应在上课时注意区分主语的不同位置对语义的影响。

误加偏误不属于典型偏误，是因为学生在表述的时候没有正确理解句子的语义逻辑关系，导致在造句过程中加上一些多余的转折连词，教师在教学过程也应该注意。

（罗昕泽　执笔）

# 贰拾贰 动态助词"了"偏误案例

## 一、动态助词"了"概说

动态助词"了"表示动作行为的发生或状态的出现，可跟在形容词或动词之后。

"形容词+了"表示状态的实现，即已经处于该词词义所指的事实中。如："苹果熟了""胳膊红了一片"。

"动词+了"表示动作行为的完成。根据动词［±起点］［±持续］［±终点］的语义特征分类，"动词+了"表示不同的语法意义。具体来说，当动词具有［+起点］［+持续］［+终点］的语义特征时，"动词+了"表示动作发生。如："我看书看了一个小时。""会议刚开了一天，还要开两天。"当动词具有［+起点］［+持续］［-终点］的语义特征时，"动词+了"表示状态出现，且后面跟时量补语。如："这幅画挂了一天。"当动词具有［+起点］［-持续］［+终点］的语义特征时，"动词+了"表示动作的发生、结束及完成。如："他很浪费，扔了刚买的衣服。"

动态助词"了"一般位于补语和宾语之间，如："他关上了窗。"当补语是复合趋向补语时，"了"的位置还可以是：①复合趋向补语前项（如："上、下、进、出、回、过、起"）+"了"+宾语+复合趋向补语后项（如："来，去"）。如："老师拿出了一本汉语书来。"②"了"+宾语+复合趋向补语。如："老师拿了一本汉语书出来。"

必须使用动态助词"了"的情况：①动词所表示的动作行为已发生或形容词表示的状态已出现，且句中存在表示过去的、确定的时间词，那么在动词或形容词后要用"了"。②第一个动作的发生完成是第二个动词发生的条件，那么第一个动词后要用"了"。

不能使用动态助词"了"的情况：①关系动词"是、叫、姓、当作、成为、像、等于、属于"等一般不带动态助词"了"。②状态动词"希望、记得、担心、操心、喜欢、讨厌、爱、恨、想念、气、吓、怀疑、认得、重视、爱护"等一般不带动态助词"了",动词后有动量补语的情况除外。③引语前后,动词后面不带动态助词"了"。如:"他高兴地说:'我有个好消息要告诉大家。'"④兼语句、连动句的第一个动词后一般不用动态助词"了",如:"学校派我来拿教材",需注意当连动句的第一个动词是"来"或"去"时,其后一定不能用"了"。如:"我们去上海办事。"⑤动词后的宾语是谓词性词语时,动词后不带动态助词"了",动词"进行""作"除外。如:"玛丽决定今年去中国学习汉语。"⑥前面有助动词的。如:"要听""想去""会说"。

## 二、外国留学生偏误案例

### (一) 遗漏

动态助词"了"的典型偏误是遗漏,数量最多,在初、中、高三个阶段都有较多体现。

1. 主要表现为句中有表示过去时间的词语时遗漏"了"。如:

(1) *我来中国一个星期了,这个星期一我认识∧她。(初级　韩国)

(2) *上个月我又去∧杭州的西湖。(初级　韩国)

(3) *上次国庆节,全家去∧上海、苏州、杭州。(中级　印尼)

(4) *昨天我经历∧很多事。(中级　越南)

(5) *停雨后回家的路上遇上∧困难。(高级　德国)

(6) *过了两个月,我认识∧很多韩国人。(高级　韩国)

2. 当宾语前有数量词作定语,或动词后有数量补语、结果补语时,遗漏"了"。如:

(7) *他们一起买∧两个自行车。(初级　德国)

(8) *那时候住∧两个月。(初级　韩国)

(9) *我终于买到∧我喜欢的衣服。(初级　泰国)

(10) *当科长时比以前有了钱,所以买∧一辆车,自己开车。(中级　韩国)

(11) *睡觉之前,我整理∧一下房间。(中级　澳大利亚)

(12) *一个月的之内,这个工作队盖完∧这座教堂。(中级 罗马尼亚)

(13) *有一天我很想买一个娃娃,但没有钱,所以从我的奶奶的钱包里拿出∧一些钱。(中级 韩国)

(14) *我母亲花两天为我打∧一件毛衣。(高级 越南)

(15) *停雨后回家的路上遇上∧困难。(高级 美国)

(16) *他看到乱七八糟的房间,愣∧一会儿。(高级 韩国)

### (二)误加

误加是动态助词"了"较典型的偏误类型[①],数量较遗漏偏误略少,在不同等级中也都有体现。主要表现在四个方面:

1. 动词后宾语是谓词性成分或小句时,误加"了"。如:

(17) *几年下来我决定了开始学习汉学。(初级 德国)

(18) *1999年10月我在德国的汉堡大学中文系开始了学习汉语。(初级 德国)

(19) *我从三年前开始了学汉语。(初级 韩国)

(20) *我保证了以后跟家人一起再来。(中级 韩国)

(21) *我听说过了男人说她不好看。(中级 乌克兰)

(22) *我打算了再去北京,让北京人欢迎我再来。(中级 马来西亚)

(23) *几天以后,科学家发现了没有力的鱼的鱼缸里的小鱼看起来没有活力,经常生病。(高级 韩国)

(24) *那时因我们四口人好久的见面所以我们决定了"家人游行"。(高级 韩国)

2. 叙述经常性或规律性事件时,尤其是自主性动作动词与"常常、经常、每天"等词语共现时,误加"了"。如:

(25) *爸爸6年以前开始学中国语,他常常去了中国。(初级 韩国)

---

[①] "过"与"了"连用时,"过"或者"了"的误加偏误,请参看本编"动态助词'过'偏误案例"。

(26) *她跟我每星期天玩了,一起去图书馆,还有一起吃饭。(初级　日本)

(27) *我跟她们每天见面,每天一起玩儿,每天分享了美好的时间。(初级　韩国)

(28) *下龙湾有了一个漂亮的风景,舒服的天气。(中级　越南)

(29) *但是来中国以后,我常常感冒了。(中级　日本)

(30) *我们上火车以后一直拍照了,很高兴。(中级　韩国)

(31) *近些年常常发生了很多交通事故。(高级　韩国)

(32) *我小学的时候,常常迟到了。(高级　韩国)

3. 兼语句、重动句、连动句、"一……就……"等特殊句式中的第一个动词后,误加"了"。如:

(33) *我等了她的信,已经等了5天。(初级　韩国)

(34) *昨天,他陪了我坐车去了学校。(初级　斯里兰卡)

(35) *过几分钟来了一个电话,让了他到办公室。(中级　刚果)

(36) *我趁国庆节的机会去了呼和浩特旅行了。(中级　日本)

(37) *我不仅收到了邀请去观看表演,而且被允许了看彩排。(中级　意大利)

(38) *一到了博物馆,就看到了古代的建筑物等等。(高级　日本)

(39) *一到了中山陵,我的面前就出现了巍然屹立的坡地。(高级　俄罗斯)

4. 关系动词、心理动词、"没＋动词"后误加"了"。如:

(40) *虽然我们辛苦了很多,但我爱了我第一次的旅行。(初级　韩国)

(41) *我遗憾的事是我的中文水平还没达到了我要求。(初级　美国)

(42) *我以前真不喜欢了汉语。(中级　韩国)

(43) *一个朋友说过,她要写的一个故事跟秋天有了关系。(高级　古巴)

(44) *可是,以前的坏毛病还没改变了,早上经常睡过头。(高级　韩国)

## (三) 误代

1. "了"的误代偏误首先表现为动态助词"了"与"过"之间的双向误代。① 本节列出"了"误代"过"的偏误例子,其数量最多。如:

(45) *李白的作品,我学习了。(过)(初级  日本)

(46) *我来中国以前学了汉语,但是现在一点儿也不会说了。(过)(初级  韩国)

(47) *我以前跟哥哥来到了中国。(过)(初级  孟加拉国)

(48) *我以前很多次在电视里见了时装表演,但没想到跟亲眼见的那么不一样。(过)(中级  意大利)

(49) *结婚以后没想到了"烦恼"这种字。(过)(中级  韩国)

(50) *大学毕业前,我遇到了许多老师,其中他给我留下了最深刻的印象。(过)(高级  韩国)

(51) *到那届之前,世界杯只在欧洲和拉美举行了。(过)(高级  韩国)

2. 其次表现为动态助词"了"与"着"之间的双向误代。② 本节列出"了"误代"着"的偏误例子,其主要体现在表状态持续义的语境中。如:

(52) *因为生病了,我每天躺了。(着)(初级  韩国)

(53) *两个星期时间一直病了。(着)(初级  日本)

(54) *在这儿按时睡觉起床,按时吃饭,过了健康的生活。(着)(中级  日本)

(55) *我的周围的大草原弥漫了寂静。(着)(中级  韩国)

(56) *他走了走了在一个森林里化成了一块石炭。(着)(中级  越南)

(57) *这一片都是开了香馥馥的花儿。(着)(高级  日本)

少量偏误出现在表动作持续义的语境中。如:

(58) *可是他看病的时候一直注视了许俊的眼睛。(着)(高级  韩国)

---

① "过"误代"了"的偏误请参看本编"动态助词'过'偏误案例"。
② "着"误代"了"的偏误请参看本编"动态助词'着'偏误案例"。

3. "了"的误代偏误还表现为"了"对结构助词"得"以及句末语气词"的"的误代。如：

(59) *我的脸色变了非常苍白。(得)（初级　韩国）

(60) *这个愿望是什么时候开始了？(的)（高级　韩国）

(61) *平时他是不会生气了，而且他的话很有意思，也很有道理。(的)（高级　韩国）

**（四）错序**

错序的偏误数量较遗漏、误加少，主要表现为动态助词"了"误置于宾语或补语后，多集中在初、中级阶段。

(62) *2002年我去北京学习半年了。(了半年)（初级　韩国）

(63) *她当老师了以后还努力学习汉语。(了老师)（初级　日本）

(64) *至今我都记得他们给我做什么了。(了什么)（初级　老挝）

(65) *我帮助北京电视台拍那个片子的时候我的汉语水平提高很多了。(了很多)（中级　美国）

(66) *三姑劝她留在美国，可她住一年了就回去了。(了一年)（中级　古巴）

(67) *我和朋友竹田容子两个人一起到南方去了旅游。(去旅游了)（中级　日本）

## 三、偏误规律与教学建议

从数量上看，动态助词"了"的偏误类型从多到少的顺序是：遗漏—误加—误代—错序。

遗漏是出现数量最多的偏误类型，具有较强的规律性，会随着学习阶段的发展而减少。表实现或完成的句法环境中，表过去的时间词语，或动宾、动补结构与数量短语连用时，学生容易遗留"了"。因此在教学的各个阶段大量输入必须使用"了"的句子可以减少其偏误数量。

误加偏误的数量仅次于遗漏，随着学习阶段的提升也会逐步减少。虽然都表现为"了"的误加，但下位类型比较多，一是动词后宾语是谓词性成分或小句时；二是句中存在"常常、经常、每天"等表示常规性或一般性事件的词语时；三是兼语句、重动句、连动句、"一……就……"等特殊句式中的第一个动词后；四是关系动词、心理动词、"没＋动词"后。因此教学中要区分误加偏误的下位类型，并有针对性地纠正。

误代数量会随着学习阶段的发展趋于减少，主要集中在初、中级阶段，虽然发生误代的词都是意义虚灵的助词，但表现较为多样，即"了"与"着、过、得"发生双向误代，以及"了"对"的"的单向误代。因此在教学中应注意与易混淆的助词在意义及句法环境等方面的区别。

错序偏误数量最少，且集中于初、中级阶段，随着学习阶段的提升会逐步减少。它表现单一，即"了"误置于动宾或动补结构之后，这是学生误把整个动宾、动补短语当成一个词看待的缘故，因此教学中要注意强调"了"与动宾、动补结构共现时的位置。

（乔俶　执笔）

# 贰拾叁 动态助词"着"偏误案例

## 一、动态助词"着"概说

动态助词"着"主要表示状态的持续,也可以表示动作的持续,具有描写作用,可跟在动词或形容词之后,具有静态属性。

**当"着"表示状态的持续时,可用于以下情况:**

1. "$V_1$+着(+O)+$V_2$",指$V_1$所表示的动作是进行$V_2$时的状态或方式,是一种伴随的动作。如:"老师笑着跟学生们道别。"有时候$V_2$所表示的动作是指原因或目的。如:"他忙着写作业。"

2. "NP+V+着+N"指某处存在某物或某人的穿着打扮。如:"桌子上放着一瓶水。""女孩儿穿着一条漂亮的裙子。"

**当"着"表示动作的持续时,可用于以下情况:**

1. "(你)+V/A+着+其他成分"表示要求保持某种状态。如:"今天走了一天了,你早点歇着吧。"

2. "N+V+着(+O)"表示动作在持续地进行。如:"火车快速地行驶着。"

3. "说+着+状语+$V_2$"表示动作"说"持续的同时,发生了$V_2$。如:"他说着就大步跑过去。"

4. "$V_1$着$V_1$着+状语+$V_2$"表示不知不觉发生了$V_2$,$V_1$在$V_2$发生的同时停止。如:"她哭着哭着突然笑起来了。"

需注意的是,首先,如果"动词+着"之后有其他成分,只能是宾语,不能是补语。其次,在"没"的否定句中,"着"仍保留。再次,"V着"与"在V"都能表示动作或状态的持续,但二者还存在着差别,如:"V着"重在状态的描写,而"在V"重在叙述动作的进行;"V着"所在的动词短语可以自由地充当定语,而"在V"不可;"V着"倾向于语义信息背景化,而"在V"倾向于前景化。最后,"有"如果带抽象宾语,一般要在"有"后加"着"。

## 二、外国留学生偏误案例

### (一) 遗漏

遗漏是数量最多的偏误类型。其数量在初、中、高三个学时阶段都是最多的。主要表现在：

1. "N＋V＋着（＋O）"中表示持续义的动态助词"着"的遗漏。有表示动作持续的。如：

(1) *我看∧她恋恋不舍的样子，差点儿流了眼泪。（初级　韩国）

(2) *第二天，太阳升起来照耀∧房间。（高级　韩国）

(3) *城市好像有别的面貌，全部都变了，红灯亮亮地闪烁∧。（高级　越南）

(4) *美妙的歌曲在我的心里愉快地响∧。（高级　日本）

也有表示状态持续的。如：

(5) *现在我还是维持∧当时的体重，所以我觉得，我是个了不起的人。（初级　韩国）

(6) *我的宿舍常常开∧门。（初级　日本）

(7) *不管发什么事，他们都一直停∧，等到绿灯再亮起来，才能过马路。（中级　日本）

(8) *看起来，他过∧风平浪静的生活。（高级　罗马尼亚）

2. "$V_1$＋着（＋O）＋$V_2$"中表示伴随动作的 $V_1$ 后"着"的遗漏。如：

(9) *每天我忙∧学习汉语。（初级　坦桑尼亚）

(10) *如果你不信，你也可以做∧看看，我想一定有好处的。（初级　越南）

(11) *一个人急∧说，他的太太痛得忍不住了。（初级　韩国）

(12) *这样想∧恋恋不舍地离开了桂林。（中级　韩国）

(13) *如果我不试∧学习中文，理解中国文化，我怎么可能理解奶奶的生命？（中级　美国）

(14) *我的父亲带∧孩子坐∧摩托到超市买东西给孩子吃。（高级

韩国）

(15) *秋天时他们忙∧剪庄稼。（高级　巴基斯坦）

(16) *我完全像个其他中国乘客一样拿∧好多行李走进海关。（高级　日本）

3. 表存在状态的"NP+V+着+N"中"着"的遗漏。如：

(17) *她的地下墓有∧独特的气氛。（初级　日本）

(18) *他玩的时候看到一个先生穿∧非常好看的鞋子。（初级　俄罗斯）

(19) *我家发生了很大的变化，我们互相关爱，彼此谅解，家里洋溢∧幸福和温情。（中级　印尼）

(20) *荒凉的雪原上耸立∧巨大灰色废墟。（中级　日本）

(21) *中山陵安置∧中国的国父。（高级　韩国）

(22) *一个房间住∧跟我们一样的两三个旅行团。（高级　蒙古）

## （二）误代

误代是数量位居第二的偏误类型，在不同学时等级也都有体现。主要表现在三个方面：

1. 动态助词"着"与"了"出现双向误代。① 此处列出表示持续义的"着"误代表示完成义的"了"的偏误案例。如：

(23) *他看着我一下儿，笑着说："你爸爸会没事的。"（了）（初级　泰国）

(24) *他恨着自己，叹着一口气跟我说："你看……"（了）（中级　越南）

(25) *那天，我走着二十分钟才到学校门口。（了）（高级　韩国）

2. 在"N+V+在+Np"中"着"误代"在"。如：

(26) *我站着马路上很认真地举手。（在）（中级　韩国）

(27) *上课时把这张卡挂着脖子上到学校。（在）（高级　日本）

(28) *太阳照着他们的身上觉得很舒服。（在）（高级　不详）

除了"着"误代"在"的情况，还存在"在"误代"着"的偏

---

① "了"误代"着"的偏误请参看本编"动态助词'了'偏误案例"。

误。如：

(29) *宿舍有二十楼，但是只八楼住在韩国人。(着)（初级　韩国）

(30) *很早很早以前，有个地方住在老两口。(着)（初级　日本）

3. 动态助词"着"误代结构助词"地"。如：

(31) *我孤单单一个人，虽然还小但总伤心着埋怨自己。(地)（中级　越南）

(32) *我们的春节就是祈愿跟别人一起幸福着过日子。(地)（高级　韩国）

同时，也存在"地"误代"着"。如：

(33) *我就紧接地答道："你最好离她远一点儿！"(着)（高级　古巴）

(34) *树上的嫩叶儿从枝条里欢笑地钻出来。(着)（高级　越南）

此外，句末语气词"的"误代动态助词"着"，集中出现在高级阶段。如：

(35) *但是我们的节目还持续的。(着)（高级　韩国）

(36) *我快步走的，但一到外面就停下来。(着)（高级　古巴）

(37) *小玫的心慢慢颤动的。(着)（高级　罗马尼亚）

### (三) 误加

误加偏误的数量少于遗漏、误代偏误，集中于中、高级阶段。主要表现为两方面：

1. 在不存在动作或状态持续义的语境中误加"着"。如：

(38) *我们每天进行考试，等着考完试我就要回国了。（初级　老挝）

(39) *两三年以后，我想当着汉语老师。（中级　韩国）

(40) *我以为着我的老婆是我梦寐以求的女性。（高级　罗马尼亚）

(41) *抓住机会就是要靠着个人。（高级　俄罗斯）

其中不少偏误是"动词＋结果补语"之后误加"着"。如：

(42) *长大着的时候，父母得记住孩子们发展的优点。（中级　美国）

(43) *我看到了一双温柔的眼睛,正含着眼泪向我表示出着一种很深的爱情。(中级 叙利亚)

(44) *我一个箭步投进他的怀里紧紧地抱住着他。(高级 斯里兰卡)

2. 在"N+V+在+Np"结构中,V后误加"着",这是与带"着"的存现句"Np+V+着+N"相混淆的缘故。如:

(45) *我回家以后一直躺着在床上一直想我做的事。(初级 尼泊尔)

(46) *虽然我回韩国,但永远留着在我的心里。(初级 韩国)

(47) *坐着在大象的背上我有一点么忧郁。(高级 俄罗斯)

(48) *他的旁边只有一个病人卧着在床上。(高级 韩国)

(49) *一场交响乐响着在我心中,使我舍不得离去这里。(高级 越南)

(50) *桔子拿走了,但桔子的味道弥漫着在全房屋之中。(高级 俄罗斯)

## (四) 错序

错序是数量最少的偏误,表现单一。主要是动宾短语(离合词居多)与"着"连用时宾语部分与"着"的错序。值得注意的是,发生错序的大量动宾短语处于连谓结构中的前端,这是学生误用为"$V_1$+着+$V_2$"结构,将离合词视同为一般的动词所致。

(51) *后来我想起一个叫成吉思汗的英雄,骑马着去枯草色的大平原。(骑着马)(中级 日本)

(52) *我的妈妈坐在我的旁边,握手着连声说,保重身体。(握着手)(中级 韩国)

(53) *在天空排队着飞的小鸟也肯定想回家。(排着队)(中级 韩国)

(54) *母鸡摇头着回去了。(摇着头)(高级 韩国)

(55) *但是那时候,和朋友或者妈妈一起聊天儿着走路。(聊着天儿)(高级 韩国)

(56) *她热烈地鼓掌着。(鼓着掌)(高级 塞尔维亚)

## 三、偏误规律与教学建议

从数量上看，动态助词"着"的偏误类型从多到少的顺序是：遗漏—误代—误加—错序，每一种偏误的数量都是随着学时等级水平的提升而不断增加，可见"着"的习得难度较大。

遗漏偏误主要集中于"N＋V＋着（＋O）""$V_1$＋着（＋O）＋$V_2$""NP＋V＋着＋N"结构中"着"的遗漏，且集中出现在中、高级阶段。在教学中要注意对"着"语法意义的讲解，尤其注意在"N＋V＋着（＋O）""$V_1$＋着（＋O）＋$V_2$""NP＋V＋着＋N"结构中讲解"着"的意义和功能，让学生牢记这些结构的组成成分。

误代偏误中，半数以上的偏误是"着"与"了"的双向误代，其次是"着"与"在"的误代，此外还存在少量"的"误代"着"，以及"地"与"着"的双向误代。在教学中要注意"着"与其他动态助词、结构助词的区别，同时也不能忽略在相似句式中与"在"的区别。

误加偏误数量较少，集中在中、高级阶段，具有较强的规律性。主要体现在非持续义语境中"着"的误加，特别是动补短语后出现"着"的误加。另外，学生将"在"字存现句与"着"字存现句混淆，出现了"在"字存现句中动词后误加"着"的偏误。因此，在教学中要注意动态助词"着"使用的句法环境并注意区别"N＋V＋在＋Np"与"Np＋V＋着＋N"的句法成分。

错序偏误数量最少，规律性较强。在教学中要特别注意，离合词在"$V_1$＋着＋$V_2$"句法序列的第一个动词位置上时与动态助词的顺序，从而有效减少"着"的错序。

（乔侠　执笔）

# 贰拾肆  动态助词"过"偏误案例

## 一、动态助词"过"概说

动态助词"过"表示曾经存在的动作或状态，是一种"经验"，用在动词或形容词之后，常与表示过去的模糊时间词共现，如"从/以前""曾经""过去"。

动态助词"过"表示动作在过去的某一时间发生，并未持续到说话时间；而动态助词"了"表示动作在过去开始或完成，要根据语境判断是否持续到说话时间，试比较"他去年去过中国"和"他去年去了中国，现在已经在中国工作了"。

与"了"的叙述功能、"着"的描述功能不同的是，"过"的功能在于说明和解释。含有动态助词"过"的结构是"N+V（+结果补语/趋向补语）+过（+O）"。在否定句中，"过"仍保留。动态助词"过"后面不能跟"了"，否则就是结果补语"过"。与结果补语"过"既可用于已然动作也可用于未然动作不同的是，动态助词"过"只能用于已然动作。

不能与"过"搭配的常见动词有两类：

1. 具有[+一定时期内只出现一次]的语义特征，如："毕业、闭幕、出生、出发、到达、放学、开幕、开学、开业、死、消逝"等。

2. 具有[+认知]的语义特征，如："认识、知道、了解、懂、明白"等。

需指出的是，在否定句中，上述两种类型的动词可以与"过"搭配。如："我的人生还没到达过巅峰""我从来没认识过他"。"过"出现在离合词、连动结构中，句法序列分别是"V+过+O"和"$V_1$+$V_2$+过（+O）"。

## 二、外国留学生偏误案例

### (一) 遗漏

动态助词"过"的典型偏误是遗漏,在各偏误类型中数量最多,其中初级阶段偏误量最多,中级大幅度减少,高级有所回升,呈"U"形发展趋势。遗漏皆表现为句中主要谓语动词后"过"的遗漏。如:

(1) *去年我来中国的时候我见∧她。(初级　韩国)

(2) *来中国以后,到∧北京,上海,天津,现在南京学习汉语。(初级　韩国)

(3) *他们在这儿的时候,我们去看∧北京很多有名的地方。(中级　美国)

(4) *我曾经去过很多地方,看见∧很多美丽的景色。(高级　越南)

(5) *她以前在车上也被小偷偷走∧她的钱包。(高级　韩国)

其中一半以上是否定句中"过"的遗漏。如:

(6) *可他不曾埋怨∧爸爸。(初级　韩国)

(7) *因为,我从未想∧去中国留学。(初级　日本)

(8) *因为这几个原因,从来没有跟女生谈∧恋爱。(中级　韩国)

(9) *那时候,我一点儿汉语都没学∧。(中级　日本)

(10) *我从来没有经历∧那么炎热的夏天。(高级　乌克兰)

(11) *山上的气温跟山下不一样,我从来没有感到∧这么冷。(高级　韩国)

### (二) 误加

误加是动态助词"过"较典型的偏误,数量位居第二。初级阶段误加偏误量最多,中级数量减少,高级阶段与中级持平。主要表现在两个方面:

1. 动词后误加"过",其中不少偏误中"过"与"经常、常常、第一次"等词语共现。如:

(12) *在国内我经常去过马戏院和动物院。（高级　俄罗斯）

(13) *来中国以前也我常常去过国外，但是没想到我会想念家人。（初级　尼泊尔）

(14) *那时候，因为我第一次坐过中国的火车，我感觉兴奋极了。（初级　韩国）

(15) *我要写信寄到日本，可是我第一次去过中国的邮局，不知道该怎么办。（高级　日本）

(16) *我常听说过上海的外滩和豫园很好玩的。（高级　日本）

2. "过"可以与过去某段模糊的时间词共现，因此，那些有明确时间段，或表示当下、将来的时间词出现的时候，不能出现"过"。而"过"的误加，有一部分就体现于此。如：

(17) *到现在我来过了两个星期，可以认识路了。（初级　韩国）

(18) *她还说她来过德国的时候，也认识了一位助人为乐的人。（初级　德国）

(19) *中国朋友跟韩国朋友在黄楼前面的草地七点开始做过晚会。（中级　韩国）

(20) *我没来过中国的时候很想去中国的名胜古迹。（高级　韩国）

3. "过"与"了"连用时，"过"或者"了"两者之一的误加，即正确形式既可以是"过"，也可以是"了"。如：

(21) *我已经工作过了六年，我本来的工作对我来说非常累。（中级　泰国）

(22) *我听说过了男人说她不好看。（中级　乌克兰）

(23) *两月以前，我看过了美国一部电影叫《中学的音乐》。（中级　越南）

(24) *我给他解释过了我的题目与搞研究的方法。（高级　巴基斯坦）

(25) *我们在西安时，只参观过了这些地方。（高级　斯里兰卡）

## (三) 误代

误代的偏误数量较遗漏、误加少，且随着学时等级的发展而逐渐减少。主要表现为：动态助词"过"与"了"的双向误代。① 此处只列出"过"误代"了"的偏误案例，即该用"了"而用了"过"。如：

(26) *上星期日上午马林看过三个小时的小说。（了）（初级　美国）

(27) *下午我去参观过故宫，很大，很漂亮。（了）（初级　法国）

### （四）错序

错序是数量最少的偏误类型。初级到中级阶段偏误量有所增加，高级阶段偏误量最少。错序主要出现在两种句法结构中，一种是在动宾结构或离合词中错序。如：

(28) *我们拍照过了。（拍过照）（初级　不详）

(29) *你从来没有给我买衣服过，都是我用自己赚的钱买的呢。（买过衣服）（中级　韩国）

(30) *我想会跟你见一面过，我想念你了！（见过一面）（中级　印尼）

(31) *好像他人生当中没生病过也没发生过大事一样。（生过病）（高级　韩国）

另一种是在连动结构中，"过"位于第一个动词之后。如：

(32) *我曾经没去过留学。（去留过学）（初级　日本）

(33) *暑假的时候，我和朋友去过旅游。（去旅游过）（中级　老挝）

(34) *比里为他们将来的爱情从来没斗争过，因为比里没去过找她。（去找过她）（高级　罗马尼亚）

## 三、偏误规律与教学建议

从数量上看，动态助词"过"的偏误类型从多到少的顺序是：遗漏—误加—误代—错序，每一种偏误类型的表现都具有较强的规律性。

遗漏偏误主要表现为句中主要谓语动词后"过"的遗漏，其中一半

---

① "了"误代"过"的偏误请参看本编"动态助词'了'偏误案例"。

以上在否定句中。教学中要强调学习对实际发生事件"经验性"陈述的否定表达,可以列出"不/未/没(有)+V+过(+O)"的公式来帮助记忆。

误加偏误表现多样,一是在非过去时间的语境中误加"过",或者是在过去某一时间只发生一次的语境中误加"过";二是在"了""过"都合法的句法环境中,二者连用,造成"了"或者"过"的误加。在教学中,要强调"过"的语法意义及句法环境。

误代偏误表现单一,表现为"了"与"过"的双向误代,说明学生对"了""过"的使用条件不是很清楚。在教学中应强调"过"表示一种"经验",常与不确定的时间词语,如"从/以前、曾经、过去"等共现;而"了"表示实现或完成,常与过去、确定的时间词语共现。

错序偏误的表现有较强的规律,集中发生在离合词及连动结构中。在讲解离合词、连动结构的时候,可借助"V+过+O""$V_1+V_2+$过(+O)"的公式帮助记忆。

(乔俴 执笔)

# 贰拾伍 结构助词"的"偏误案例

## 一、结构助词"的"概说

结构助词"的"连接定语与中心语,是汉语的定语标记。能充当定语的词类有很多,但以形容词为主;中心语可以是一些形容词或动词,但以名词性成分为主。定语后"的"的出现与否,与充当定语的词语的意义及形式因素有关。

**必须要加"的"的情况:**

1. 定语是表示处所、时间和方位的词语,如:"南京的公园""明天的太阳""桌上的书"。

2. 人称代词作定语,与中心语之间不具有固定的领属关系时,如:"我的书包"。指示代词、反身代词作定语时,如:"这样的晚餐""自己的工作"。

3. 双音节形容词(包括状态形容词)、带修饰语或重叠式的形容词复杂式作定语,如:"美丽的校园""雪白的衬衫""高高的个子""非常甜的汤"。

4. "数量词+名词""数量词+性质形容词"作定语,如:"一个孩子的哭声""两米高的房间"。

5. 谓词性短语结构作定语,如:"参观的游客""他写的文章""关于参加 HSK 考试的说明"。

6. 中心语是动词或形容词,如:"学生数量的增加"。

7. 中心语是表示时间的"时候",如:"看电视的时候"。

**不能加"的"的情况:**

1. 定语是表示质地、材料、专门用途的名词或区别词,如:"纸盒子""男老师"。

2. 定语是数量词,如:"一支笔""十几只鸭子"。

3. 单音形容词作定语,如:"旧书包"。

4. 当中心语是表示时间的"时、前、以前/后"时,谓词性成分作定语,如:"休息时""回家以前"。

5.复杂的定中结构中,双音节形容词充当某一部分定语时,如:"幸福生活的开端"。

当中心语前有多项定语时,"的"的隐现受句法和语义两方面的制约,需具体问题具体分析。需注意的是,首先,在并列关系的多项定语中,一般在最后一项定语后插入"的",如"天真美丽温柔的姑娘"。其次,在递加关系的多项定语中,在不会产生歧义的情况下,一般要避免连用几个"的",通常位置靠前的"的"可以省去,而保留位置靠后的"的",如"一家世界上最有名的酒店"。再次,两个形容词作定语,当它们在语义上不具有同质性时,第一个形容词后的"的"一般会出现,如:"年轻的可怜的寡妇"。当第一个形容词是单音节词时,"的"不可以隐去,如:不能说"好可靠的向导",而必须说"好的可靠的向导"。最后,当双音节形容词定语是降级定语的时候,倾向于不带"的",如:"带有强烈真实感的幻觉"。

此外,与"的"表示定语和中心语的结构关系不同的是,"地"表示状语和中心语之间的结构关系,"得"表示补语和中心语之间的结构关系。

## 二、外国留学生偏误案例

### (一) 遗漏

遗漏是数量最多的偏误类型,初级到高级的整个学时阶段,偏误量先增加后有所回落。主要表现在:

1.在定语与中心语之间不具有固定领属关系的情况下,遗漏"的",其中不少是代词后"的"的遗漏。如:

(1)＊我∧中国朋友姓丁。(初级　德国)

(2)＊在大学我∧专业是中文科。(初级　德国)

(3)＊我认为这样∧态度可以带来更美满,值得活着的生活。(中级　韩国)

(4)＊妈妈不在家的时候,我常常给妹妹讲我∧故事。(中级　俄罗斯)

2. 双音节形容词（包括状态形容词）、形容词短语、形容词重叠式作定语时遗漏"的"。如：

(5) *我想第三天早上的时间我可以带你去有名∧商店。（中级　越南）

(6) *因为我有一件复杂∧事情，所以我提前三天跟一个朋友一起去旅行。（中级　朝鲜）

(7) *在发展的同时南京还不忘记保留着美好∧传统文化。（中级　越南）

(8) *所以你来安山的话，可以享受灿烂∧文化。（高级　韩南）

(9) *不过这是我来南京以后最快乐∧一天。（初级　印尼）

(10) *当中最好∧朋友是曹品。（初级　韩国）

(11) *我的漂漂亮亮∧脸庞，我的姐姐没有。（中级　越南）

3. 谓词性成分作定语，或中心语是动词性成分时遗漏"的"。如：

(12) *虽然只是在一个短短的时间内可给我∧印象却是很深的。（中级　越南）

(13) *待雪融∧时期，他们能知道春天来了。（中级　日本）

(14) *下面写的故事是形容一个中学生的思想和身体∧改变。（中级　俄罗斯）

(15) *我今年23岁了，在我成长∧过程中，一直忘不了爸爸说的话。（高级　越南）

其中，包括一些中心语是"时候"时遗漏"的"的偏误，而此时定语和中心语都对"的"有强制性要求。如：

(16) *看电视∧时候看到中山陵，我想去参观。（初级　印尼）

(17) *他很少说话，上课∧时候常常坐在最后的座位看某一种书。（中级　韩国）

(18) *还有人对传统节日有很多关心∧时候，我感觉很高兴。（高级　韩国）

4. 多项定语复杂式中遗漏"的"。如：

(19) *万象地区的建筑是大长方形∧砖墙设计，有尖尖的屋顶。（中级　老挝）

(20) *来这里的人可以欣赏山山水水谐和起来∧这么美丽的景色。

（中级　越南）

（21）＊老人在这样情况下给别人添了很重的负担，而且头脑已经不太清楚的老人∧问题更严重。（中级　韩国）

### （二）误加

误加的偏误量仅次于遗漏，同遗漏的发展趋势类似，呈倒置的"U"形。误加偏误主要集中在三个方面：

1. 在句子主谓结构中误加"的"，改变了句子结构及意义。如：

（22）＊现在韩国人的学中文的热情很高，我也是。（初级　韩国）

（23）＊他帮助我的学习中文。（初级　韩国）

（24）＊中文的很难，最难的写汉字。（初级　韩国）

（25）＊我还记得她的笑的样子，如果在她身边看到她笑的样子的话，肯定感觉很痛快。（中级　韩国）

（26）＊五行的正常运行，体内的生理功能正常，身体才能健康。（高级　韩国）

2. 当中心语是表示时间的"时、前、以前/后"，且谓词性成分作定语时误加"的"。如：

（27）＊大学第一年级第二个学期开始的时我第一次注意过他。（中级　蒙古）

（28）＊过年的时的做法跟中国的春节差不多。（中级　斯里兰卡）

（29）＊4月13号过旧年的时我们有特别的习俗。（中级　印尼）

（30）＊我刚来中国的时去了五道口的一个商店。（中级　毛里求斯）

（31）＊当我们俩在一起两个星期的时，我发现看着他就像看着自己的历史。（高级　美国）

（32）＊直到我长大的以后，有一次我犯了很大的错……（初级　韩国）

3. 定语是数量词及区别词时之后误加"的"。如：

（33）＊两个的大学文化程度的人认为造成南京环境污染的因素有……（中级　瑞士）

（34）＊一个女孩很多方面像一个男孩，她当了兵，跟男的士兵一起吃了苦。（中级　美国）

### (三) 误代

误代偏误的数量位居第三,初级阶段数量最多,到中级有大幅度的减少,高级阶段偏误量又有所回升,呈"U"形的发展趋势。误代表现较为单一,主要表现为"的"与其他结构助词的误代,即"的"与"得"之间的双向误代;"的"与"地"之间的双向误代。① 如:

(35) *她打扮的很漂亮,小女孩儿长的也很可爱。(得,得)(高级 韩国)

(36) *我感觉南京的交通很糟糕我就介绍南京交通得事情。(的)(高级 土耳其)

(37) *我眼前有个四岁小女孩儿正天真的看着我。(地)(高级 乌克兰)

(38) *但我父亲不是这样,他做地事情常常完美。(的)(高级 韩国)

### (四) 错序

错序是数量最少的偏误类型,但偏误量随着学时等级的提升而增加。错序偏误的表现较为单一,多项定语中"的"的错序,其中第一项定语大多是人称代词。如:

(39) *我的最好中国朋友叫李斌斌。(最好的)(初级 德国)

(40) *马丽还在她的温暖被子下面。(温暖的)(中级 泰国)

(41) *这表示我们的心像奶一样白的,我们的心胸像哈达一样开阔的。(的白;的开阔)(中级 蒙古)

(42) *我迎着早晨的清爽空气轻快地骑过去。(清爽的)(高级 日本)

(43) *我的小时候生活非常幸福。(小时候的)(高级 韩国)

(44) *爸爸永远会是我一生中的最好榜样。(最好的)(高级 越南)

(45) *沙巴的美丽自然景色已闻名远近。(美丽的)(高级 越南)

---

① 关于"的"误代"了"的情况,请参看本编"动态助词'了'偏误案例"。

此外，还有少数中心语或定语与"的"倒置的偏误。

## 三、偏误规律与教学建议

从数量上看，结构助词"的"的偏误类型从多到少的顺序是：遗漏—误加—误代—错序。遗漏和误加的偏误量呈类似的倒置"U"形发展趋势，误代则呈"U"形，错序的发展趋势则与学时阶段的发展成正比。每一种偏误类型的表现都较有规律性。

遗漏偏误的表现呈多样化，数量大致相当，即：不具有固定领属关系的定中之间、双音形容词作定语之后、谓词性成分作定语之后以及多项定语复杂式中遗漏"的"。在教学中要注意讲解其语法意义和强制出现及不能出现的句法环境，尤其是多项定语复杂式中"的"的隐现条件。

误加偏误的表现也比较多样。首先，半数以上的误加偏误表现在句子主谓结构之间误加"的"；其次，"的"的误加出现在中心语是时间词"时、前、以前/后"且定语是谓词性成分的句法环境中；再次，定语是数量词、区别词及固定词语时之后误加"的"，因此在教学中要强调说明不能添加"的"的情况。

误代偏误表现较为单一，主要是与其他结构助词的误代，且它们之间都是双向误代。因此，在教学中要强调"的"与其他结构助词的使用条件，同时也要注意区别它与动态助词"了"的语法意义及句法环境。

错序偏误主要表现为多项定语复杂式中"的"的错序，在教学中要特别注意多项定语出现时，尤其是第一项定语由代词充当时"的"的隐现及位置。

（乔佳　执笔）

# 贰拾陆　词语重叠偏误案例

在汉语这种缺乏形态变化的语言中，词语重叠的形式非常特别。依据词性的不同，汉语的词语重叠有名词重叠、动词重叠、形容词重叠、数量词重叠和副词重叠。每一种词类的具体重叠形式不尽相同，表达的语法意义和功能也是多样的。由于名词重叠的数量有限，在此不作陈述，下文将分别介绍动词、形容词、数量词、副词重叠及学生的偏误规律，并提出教学建议。

## 壹、动词重叠偏误案例

### 一、动词重叠的界定

动词重叠是指汉语的动词可以重叠起来使用。重叠后的动词可以表示不同的语法意义和表达功能，具体来说：

1. 表示短时、少量的意义。表示已然动作的动词重叠，多出现在陈述句中，一般表示动作的短暂、轻微。如果动词表示的是持续性动作，那么动词重叠表示"短时"（中间常加"了"）。如："听了张老师的话，她笑了笑，没说什么。"如果动词表示的是非持续性的动作，那么动词重叠表示"少量"。如："听了张老师的话，她点了点头，没说什么。"

2. 表示轻松、随意的意义。这里重叠的动词表示经常性、反复主动进行的动作，可以是已然的，也可以是未然的。例如："假期里她每天看看书、跟朋友逛逛街、买买东西什么的，倒也不觉得闷。"

3. 表示尝试的意义。说话人用动词重叠形式表示请求、愿望、命令等，重叠后往往可以加"看"或"试试"。如："这个字怎么下笔，你来写写（看）。"

4. 起缓和语气的作用。表示未然动作的动词重叠，多见于对话，重叠后的动词读轻声，以一种商量的口气，从而缓和语气。如："老师，这个字很难，你给我们写写。"

5. 表示命令或主观愿望、要求，或希望在将来认真、反复地实行的意义。表示未然动词的重叠，往往与"多""好好""非……不可"等词语和结构一起用。如："这间屋子好久没人住了，你得好好打扫打扫！"

## 二、动词重叠形式规则

动词重叠是汉语表示动量的最重要手段之一，动词重叠多用于祈使、叙述句中，在口语体中使用较多。能愿动词、趋向动词、判断动词、心理动词等非动作性、自主但不可持续的动词不能重叠。

动词重叠的格式主要有以下几种类型：

### （一）VV 式

既可表示未然动作，也可表示已然动作。可表达上述 5 种意义和功能。

1. 单音节为 AA。如："讲讲、看看、笑笑"。
2. 双音节为 ABAB。如："解释解释、研究研究、打扫打扫"。

### （二）V一V 式

表示未然动作单音节动词，可表达上述 5 种意义和功能。A一A。如："讲一讲、看一看、笑一笑"。

### （三）V了V 式

只有单音节动词，可以进入该格式，表示已然发生的动作，可表达上述前两种语法意义。A了A。如："讲了讲、看了看、笑了笑"。

### （四）V了一V 式

进入这一格式的是单音节动词，表示已然发生的动作，可表达上述前两种语法意义，但更为强调动作的短时少量。A了一A。如："讲了一讲、看了一看、笑了一笑"。

### (五) 动宾式

动宾式的动词重叠形式是 AAB，可表达上述 5 种意义和功能。如："散散步、游游泳、照照相"。

## 三、外国留学生偏误案例

### (一) 该用动词重叠而未用

(1) *那本书我稍微翻∧，没仔细看。(翻了翻)
(2) *一般周末，看∧电视，听∧音乐，休息∧。(看看，听听，休息休息)
(3) *当时老师就跟我说："我今天回家考虑∧，你也回家考虑一下吧。"(考虑考虑)
(4) *我曾去过两次北京旅游，但是没看过冬天的北京，我很想看∧穿着雪白色大衣的北京城。(看一看/看看)
(5) *我从现在开始把我和周老师的关系给你们介绍∧……(介绍介绍)
(6) *那让我来讲∧这两个阶段的区别吧！(讲讲/讲一讲)
(7) *这是我的护照，请你看∧。(看看/看一看)

### (二) 不该用动词重叠而使用

(8) *我和妈妈正在等一等妹妹。(等)
(9) *他非常喜欢流行歌曲，在上学时，学习中，睡着都戴着耳机听听流行歌曲。(听)
(10) *第二，第三两个和尚快到互相打一打的地步了。(打架)
(11) *我在部队里的时候经常想想以前和朋友在一起过的日子。(回想)
(12) *朋友们一边吃饭，一边聊聊。(聊天)

### (三) 动词重叠构词方面偏误

1. VV 式的偏误。如：

（13）*在假日里做几样特别丰盛的菜团∧团聚，聊聊家常，我想他们受了益，也会照着做的。（团聚团聚）

（14）*父母对孩子很关爱，有时与孩子们谈谈心，了了解解孩子的心思，开导开导他们，让他们知道什么是对的什么是错的以及为什么……（了解了解）

（15）*请打扫扫我的房间。（打扫打扫）

2."V一V"式与"V了V"式的误代或误加。如：

（16）*我想看了看你的书，好吗？（看一看）

（17）*他拿来词典，查一查，知道了这个词的意思。（查了查）

（18）*他们又想一想别的办法。（想了想）

（19）*我们互相谈一谈自己的苦恼，后来，我决定来中国留学。（谈了谈）

（20）*请帮我介绍一介绍你们的景点。（介绍介绍）

（16）是动词重叠式中的"了"误代"一"，（17）—（19）是动词重叠式中的"一"误代"了"，（20）则是双音节动词的重叠中不能用"一"，造成"一"的误加。

3. 动宾式离合词偏误。如：

（21）*我们马上把照相机拿出来拍照拍照。（拍拍照）

（22）*我尽量每个周末回家跟你们一起吃饭，一起散散步步，聊聊天天。（散散步，聊聊天）

（23）*我们出去聊天聊天吧。（聊聊天）

## 四、偏误规律与教学建议

VV式偏误中，大多是AB式动词重叠的构形偏误，还有一些是学习者由于没有掌握VV式重叠的语法意义和表达功能，回避使用的偏误；"V一V"式偏误中，一部分是学习者不清楚"V了V"式与"V一V"式的使用条件而误用"V了V"式来表达，一部分是学习者不清楚进入"V一V"式的动词必须是单音节形式，从而将双音节动词误代进这种格式；"V了V"式偏误中，都是学习者误用"V一V"式的偏误；动宾式离合词的偏误，系学习者没有掌握动宾式离合词重叠的构形规则，从而出现偏误。

从发现的动词重叠的偏误用例中，可以看出学习者对于何时该使用动词重叠，何时不该使用动词重叠，以及使用哪种形式的问题比较困惑。基于语料发现，学习者较多使用 VV 式、"V一V" 式和 "V了V" 式，没有发现 "V了一V" 式的用例。学习者对于 VV 式的动词重叠比其他形式稍熟悉一些，因此会将 VV 式泛化，将动宾结构的 ABB 式写成 ABAB 式，造成偏误。还有学习者分不清 "V一V" 式与 "V了V" 式的使用条件。鉴于此，教师在教授动词重叠的内容时，首先，应该将动词重叠所表达的语法意义和功能告诉学生，使学生明白要表达动作的"短时、少量、尝试"等意义，起到表达主观愿望、缓和语气的功能时，需要用重叠动词，并根据动作发生与否，选择适合的形式。其次，要说明双音节动词分为两种重叠形式（ABAB 式和 ABB 式），且双音节动词重叠式中不能用 "了" 和 "一"。再次，多向学生展示 "V了一V" 式的例子，帮助学生尽量减少对它们的回避使用。最后，教师应特别说明"V一V" 式和 "V了V" 式的区别，前者用于未然动作，后者用于已然动作，尽量避免混用。

## 贰、形容词重叠偏误案例

### 一、形容词重叠的界定

形容词重叠，主要通过语言的形式变化，表示性质或状态定量化，达到具体形象的效果。形容词重叠可表示的语法意义主要有：

1. 表示客观、具体形象的状态。如："他的脸黑黑的。"
2. 表示某种主观、加重的量。如："我舒舒服服地睡了一大觉。"

### 二、形容词重叠形式规则

为了便于对留学生的教学，这里只介绍有基式的形容词重叠，不涉及无基式的形容词重叠。有基式的形容词重叠分为以下 4 类：

### (一) AA 式

单音节形容词重叠。如:"静静、长长"等。

### (二) ABB 式

单音节形容词加重叠后缀。如:"红彤彤、脏兮兮"等。

### (三) AABB 式

双音节形容词 AB,将第一个语素和第二个语素分别重叠后结合在一起。如:"快乐—快快乐乐""老实—老老实实"等。

### (四) ABAB 式

双音节形容词 AB 整词重叠。这类双音节形容词是由单音节形容词 B 前面加上一个修饰成分 A 构成的偏正结构。如:"漆黑—漆黑漆黑""雪白—雪白雪白""笔直—笔直笔直""冰凉—冰凉冰凉""阴冷—阴冷阴冷"等。

此外,在组合能力上,形容词重叠还受到以下几个方面限制:

1. 形容词的重叠式不能受程度副词修饰。如可以说"很干净",却不能说"很干干净净"。

2. 形容词重叠式不能被否定副词"不"修饰。如可以说"不红",却不能说"不红红"。

3. 形容词重叠式不能后接时态助词"了、着、过"。

4. 形容词重叠式不能用于"比"字句。

## 三、外国留学生偏误案例

### (一) 该用形容词重叠而未用

此类偏误基本是 AA 式的残缺。如:

(1) *他的那两句话,至今仍然深∧烙印在我的脑海里……(深深)

(2) *可现在您不在我身边,我也慢∧会做饭,洗衣服。(慢慢)

(3) *但是他付出的这些爱心是绝对远∧超越物质的。(远远)
(4) *要是我们吃绿色产品放在第一的话会引起农作物产量大∧降低，而农作物会涨价。(大大)

### (二) 不该用形容词重叠而使用

(5) *虽然孩子们不抽烟，但他们的肺像吸烟者一样黑黑。(黑)
(6) *做父母的不只要给子女爱，还要给他们好好的教育，像他们的朋友一样。(好)
(7) *他的态度有点冷冷。(冷)
(8) *我比你汉字写得快快。(快)
(9) *虽然在国外生活，可我觉得不孤孤单单。(孤单)

### (三) 形容词重叠语素错序

(10) *如果遇到这种场合，就应该实实踏踏地解决。(踏踏实实)
(11) *学校的树叶颜色很漂亮，黄金黄金的。(金黄金黄)

### (四) 形容词重叠形式内部错序

(12) *他特别喜欢穿雪雪白白的衣服。(雪白雪白)
(13) *春天树叶碧碧绿绿的。(碧绿碧绿)
(14) *你一定要平安平安地回来。(平平安安)
(15) *外面总是冷清冷清的。(冷冷清清)

前两例是将 ABAB 式错用成 AABB 式，后两例则正相反，将 AABB 式错用成了 ABAB 式。

### (五) 生造形容词重叠词

(16) *常用来夹烟的手指看起来黑黑脏脏的。(又黑又脏)
(17) *一般星期一到星期五是苦苦忙忙地过日子。(辛苦而忙碌)
(18) *我不想累累穷穷的。(又累又穷)

## 四、偏误规律与教学建议

从发现的形容词偏误用例来看，该用形容词重叠而未用、不该使用而使用、形容词重叠形式内部错序的偏误较多，形容词重叠语素错序很少，此外还有一些学习者生造的形容词重叠偏误。在该用形容词重叠而未用的偏误中，一般是单音节形容词未用重叠形式，这是学习者不清楚单音节形容词重叠表示定量、量的增加等语法意义，同时也不清楚形容词作状语时的使用条件等多重因素所导致；不该使用重叠形式而使用的偏误中，学习者了解形容词重叠表达量增加的语法意义，所以在想要表达程度深、量增加的意义时选择了形容词重叠式，而忽略了形容词作句法成分的搭配与限制条件；形容词重叠形式内部错序的偏误中，都属于ABAB式与AABB式的双向混用，这是学习者不清楚不同类别的双音节形容词的重叠形式而导致的偏误；生造词偏误中，学习者错误地认为重叠的两个语素具有相似性和平行性，从而将学过的重叠形式加以类推。值得注意的是，这都属于AABB式的重叠生造词。此外，学习者极少使用形容词的ABB重叠形式。

鉴于此，教师在讲解形容词重叠时，不仅要告诉学生形容词重叠可以表达的语法意义和功能，而且要告诉他们形容词重叠使用的句法限制条件和语义搭配条件，避免学习者不该重叠而重叠，该用重叠而未用。另外，要重点辨析AABB式与ABAB式的区别，前者是一般的双音节形容词的重叠式，后者是偏正式的形容词的重叠式。最后，要加强形容词ABB重叠式的讲解，丰富学生对于事物定量、增量形象性的表达。

## 叁、数量词重叠偏误案例

### 一、数量词重叠的界定

数词、量词、数量短语都有重叠的形式，分别表示不同的语法意义和功能，具体来说：

1. 数词"一"重叠，表示"每一"的意思。如："他为大家一一倒了水。"

2. 名量词重叠表示由个体组成的全体，是"所有、毫无例外"的意思。如："他们家孩子个个都能干。""条条大路通罗马。""飞机穿过层层云雾。"

3. 动量词重叠,表示动词连续发生且数量多。如:"我一次次去北京。"

4. 数量短语重叠形式中,数词一般是"一"。如:"一盘一盘的水果""一条一条的小河"。数词是"一"时,可以只重复量词,如:"一盘盘水果""一条条小河"。数量短语重叠起到描摹事物具体样子、罗列每一个个体的作用。如:"孩子们排着队,一个一个地踩着石头过河。"

## 二、数量词重叠形式规则

1. 汉语名量词可以分为 5 种类型:专用量词、集合量词、度量词、不定量词和借用名量词。这 5 类中能重叠的只有 3 类,即专用量词、集合量词和借用名量词。

(1) 专用量词重叠:"个个、条条、张张、把把、根根、颗颗、棵棵、粒粒、滴滴、本本、座座、支支、盏盏、只只、头头、匹匹、件件、块块"等。

(2) 集合量词重叠:"双双、副副、对对、套套、群群、批批、伙伙"等。

(3) 借用名量词重叠:"碗碗、身身、瓶瓶"等。

2. 汉语动量词表示动作单位的量,在句中主要作补语。动量词的数量不多,可以分为 2 类:专用动量词和借用动量词。

(1) 专用动量词重叠:"次次、回回、趟趟、遍遍、顿顿、阵阵、场场"等。

(2) 借用动量词重叠:"针针、口口、笔笔、刀刀"等。

3. "一+量词"在句中也可以重叠使用,表示一定的意义,如表示事物很多、动作的方式、动作连续发生、动作次数多。重叠形式一般有 3 种:

(1) 一 A 一 A。如:"一个一个、一张一张、一回一回、一次一次、一趟一趟、一遍一遍"等。

(2) 一 AA。如:"一个个、一张张、一颗颗、一回回、一次次、一趟趟、一遍遍"等。

(3) 一A又一A。如："一个又一个、一张又一张、一次又一次、一遍又一遍、一颗又一颗"等。

数量词重叠形式不同，重叠后所表示的语义也不同。"AA"形式表示"每一个"；"一A一A""一AA"形式多侧重于表示"逐一"，有时表示"多"；"一A又一A"表示事物接连不断或动作连续发生、动作次数多。

## 三、外国留学生偏误案例

### (一) 量词重叠式的残缺

此类偏误基本是名量词重叠式中量词的残缺。如：

(1) *航展上，一∧飞机在蓝天上翱翔。（一架架）

(2) *由于失败等种∧原因，中国人民曾经历过一场悲惨的饥荒。（种种）

(3) *一∧桌子整整齐齐地摆放在教室里。（一张张）

### (二) 重叠式中量词的误代

此类偏误基本上是名量词的误代。如：

(4) *一双双手套都被他戴坏了。（副副）

(5) *一双双新人在友谊桥上留下了倩影。（对对）

(6) *商店里有一副副漂亮的袜子。（双双）

### (三) 量词重叠形式的误代

此类偏误基本上是数量短语重叠形式的误代。如：

(7) *因为一个家庭一个家庭组成一个社会，爱自己的家庭，等于爱社会，爱社会就是爱我们的大世界。（一个个家庭）

(8) *另一个也就是说学习汉语对未来的工作有好处，因为现在的时代像工厂、公司，还有其他的单位都需会汉语的人，哪怕会说一点一点。（一点点）

(9) *这个班的同学，一个又一个都很努力。（个个/一个个）

(10) *这儿的山一层层的,像梯田一样。(一层一层)

**(四)量词重叠形式的误加**

(11) *但也有人认为挫折和困难是一种种不可避免的事情,应该好好地控制它。(一种)

(12) *参加舞会的人个个都回去了。

(13) *屋里的东西件件都被拿走了。

## 四、偏误规律与教学建议

从发现的偏误用例来看,最多的是名量词的偏误,数量短语次之,没有发现动量词重叠式的偏误。名量词方面的偏误,多数是专用名量词、集合名量词方面的,主要由于学习者不清楚名量词重叠的语法意义,以及名量词与名词语义搭配的选择限制而导致的偏误。数量短语方面的偏误,主要是学习者对于"一AA"式、"一A一A"式等表达的具体意义不太清楚,从而发生了混用。

因此,教师在教学中要重点讲解数量词重叠形式所表示的语法意义和功能,让留学生了解量词重叠的类别;教师要告诉学生哪种类型的量词能够重叠,哪种类型的量词不能重叠,并要讲清能够重叠的原因。对于"一AA"式、"一A一A"式这两种形式的辨析,要特别注意。前者在节奏上要紧凑一些,后者比较舒缓;前者表达上显得概括,而后者描写得更为细致。

# 肆、副词重叠偏误案例

## 一、副词重叠的界定

现代汉语中有一部分副词可以重叠,副词重叠可以修饰动词性成分作状语,强调动作行为发生的时间、方式、语气等等。如:"玛丽刚刚走"。这里的"刚刚走"比"刚走"在意义上更强调时间短。

根据李行健主编《现代汉语规范词典》(第3版)的统计,能重叠的副词有:"白白、常常、大大、单单、独独、刚刚、渐渐、仅仅、连连、屡屡、明明、默默、偏偏、频频、恰恰、切切、稍稍、时时、死死、统统、偷偷、万万、微微、早早、足足、恋恋、冉冉、姗姗、沾沾、匆匆、纷纷、通通、往往、悻悻、暗暗、草草、短短、乖乖、好好、狠狠、红红、缓缓、活活、急急、久久、紧紧、苦苦、快快、牢牢、满满、慢慢、悄悄、轻轻、深深、细细、远远、的的确确、多多少少、反反复复、急急忙忙、陆陆续续、确确实实、日日夜夜、时时刻刻、实实在在、永永远远、真真正正"。

副词重叠式根据语义一般分为6类（这里不区分构词重叠和构形重叠）：

1. 表示程度："大大、略略、稍稍、微微、多多少少"；
2. 表示范围："通通、单单、独独、仅仅、统统"；
3. 表示时间："往往、常常、刚刚、渐渐、恰恰、时时、早早、日日夜夜、时时刻刻、永永远远"；
4. 表示频率："连连、屡屡、频频、时时、反反复复、陆陆续续"；
5. 表示方式："匆匆、默默、偷偷、暗暗、乖乖、狠狠、慢慢、悄悄、轻轻、细细、远远、急急忙忙、轻轻易易、着着实实、自自然然"；
6. 表示语气："白白、明明、偏偏、切切、万万、足足、的的确确、确确实实、实实在在、真真正正"。

## 二、副词重叠形式规则

### （一）单音节副词重叠包括以下两类

1. 单音节副词，重叠式是"AA"。如："常常、稍稍、渐渐、恰恰、刚刚、白白"。

2. 单音节形容词，重叠式是"AA"，第二个音节变阴平。如："好好、细细、远远、悄悄、慢慢"。

### （二）双音节副词重叠只有 AABB 式

双音节副词重叠，如："的的确确、永永远远、实实在在、确确实实"。

值得注意的是，没有 ABAB 式。"十分十分、特别特别、永远永远、非常非常、逐渐逐渐"等都不是构词方式，而是词语叠用，是一种修饰手段，起强调作用。

## 三、外国留学生偏误案例

### (一) 副词重叠的残缺

（1）*如果一个美满的家庭，只因为一些小事，夫妻间发生口角，渐∧引发成争吵，决裂，最终以离婚收场，那就太不值得了。（渐渐）

（2）*田中频∧点头，同意了我的建议。（频频）

（3）*在中国留学的一年时间就这样白∧过去了。（白白）

### (二) 副词重叠的误加

（4）*有话明明说，不用拐弯抹角。（明）

（5）*老人就会觉得很不中用了，生活得没意思了、不如不常常和孩子们联系更好。（常）

（6）*我不想永永远远地做家庭主妇。（永远）

（7）*千千万万不能为了自身的利益，而做出伤天害理的事情来。（千万）

### (三) 副词重叠式中副词的误代

（8）*我往往吃涮羊肉。（常常）

（9）*我已经刚刚适应了这里的生活，现在都不想离开了。（渐渐）

## 四、偏误规律与教学建议

从发现的副词偏误用例来看，主要是单音节副词重叠式的残缺，单音节副词重叠式、双音节副词重叠式误加，以及易混淆意义的副词重叠式误代类偏误。究其原因，一是学生对副词重叠与否的规则缺乏了解，而出现当用不用，不当用而用的现象；二是学生对重叠式意义相近的副词缺少辨别，而出现类似"往往"与"常常"误代的现象。鉴于此，在教学中，教师要把现代汉语副词重叠式与副词基本式的对比作为重点，说明相较于副词基本式，副词重叠式的口语化色彩重，表达的语气更强烈、程度更深。此外，重叠式副词通常修饰多音节谓词，不能修饰单音节谓词。最后，注意辨析与重叠式意义相近的副词的区别。

（林欣　执笔）

# 第五编 汉语句型句式偏误案例

- **零** 现代汉语句型句式概说
- **壹** 名词谓语句偏误案例
- **贰** 形容词谓语句偏误案例
- **叁** 主谓谓语句偏误案例
- **肆** 存现句偏误案例
- **伍** 双宾语句偏误案例
- **陆** 连动句偏误案例
- **柒** 兼语句偏误案例
- **捌** 重动句偏误案例
- **玖** 趋向补语句偏误案例
- **拾** 可能补语句偏误案例
- **拾壹** 结果补语句偏误案例
- **拾贰** 数量补语句偏误案例
- **拾叁** 程度补语句偏误案例
- **拾肆** "把"字句偏误案例
- **拾伍** "被"字句偏误案例
- **拾陆** "比"字句偏误案例
- **拾柒** "有"字句偏误案例
- **拾捌** "连"字句偏误案例
- **拾玖** "A 跟 B（不）一样（X）"句式偏误案例
- **贰拾** "是……的"句偏误案例
- **贰拾壹** "除了"句式偏误案例

## 零 现代汉语句型句式概说

在现代汉语句法中，句子是句法分析的重要单位。从句子的结构模式和局部特点出发，句法分析可从句型和句式两个角度进行。所谓句型，即依据句子的结构特点，分为单句和复句；在单句内部，分为主谓句和非主谓句；在主谓句的小类中，因谓语性质的差异，进一步分为名词谓语句、动词谓语句和形容词谓语句；在此基础上，根据句法成分之间的关系，还可再作细分，如：动词谓语句分为光杆动词谓语句、述宾谓语句、动补谓语句、连谓谓语句、兼语谓语句、主谓谓语句；根据充当句法成分的词语性质或句法成分间细致的语义关系，这些下位句型还可再行划分，如：动补谓语句进而再划分为数量补语句、结果补语句、趋向补语句、可能补语句等。可以说，句型是成系统的，有上下位层次的。所谓句式，是根据句子的局部特点划分出来，这个局部特点主要指谓语部分的特殊结构、某个特殊词语标记或句子的特殊语义范畴。特殊句式类型比较多，常见的有：双宾语句、"把"字句、"被"字句、存现句等。

现代汉语句法的研究范围包括短语、句子的结构类型，组合搭配的规律及其表达功用等。在现代汉语句法中，语序的变化和虚词的增加导致了结构或语义的改变。了解相关的句法规律后，可以比较准确地指出外国学生输出的句子是否合理及不合理的原因。如：

\*请你把一支笔递给我。　　\*你把废纸不该乱扔。
\*她把妈妈又想念了一次。　　\*如果渴了，你就把水喝。

为何上面4个"把"字句都是错误的？利用"把"字句的相关构成规则可以清楚地解释：①"把"字句的宾语应该是定指的，至少是已知的；②否定词和助动词应当位于"把"字前面；③动词的词义必须具有一定的处置意味；④句中动词一般不能是光杆动词。

现代汉语中的这些特殊句式是外国学生学习的难点，外国学生会产生较多的句法方面的偏误。因此这些特殊句式也是对外汉语教学的重点，需要对这些特殊句式的结构规则进行梳理，以揭示其句法规律，从而为教学提供借鉴。

（周文华　执笔）

# 壹　名词谓语句偏误案例

## 一、名词谓语句概说

### (一) 名词谓语句的定义

名词谓语句是以名词性词语即名词、代词、数词、数量（名）短语、"的"字短语和定中短语充当谓语的句型。如："今天星期六"。

该句型的句法结构可以形式化为：主语＋NP（NP 为名词性词语）。

### (二) 名词谓语句的使用规则

1. 名词谓语句的主语一般只限于名词、代词、名词性短语、主谓短语、述宾短语。这是因为该句型的主语与谓语在句法上有一定的选择性。如："现在已经中午了。""他谁啊？""那女人中等身材。""我在学校学法语已经 4 年了。""办这个证两百块钱。"

2．名词谓语句的谓语只限于名词、代词、数词、数量（名）短语、"的"字短语和定中短语。谓语对主语在句法和语义上有一定的选择性。

3．名词谓语句主谓之间的状语只限于部分时间副词、范围副词。该句式的状语通常位于主谓之间，充当状语的时间副词通常为"才、已经、快、都"等词，充当状语的范围副词通常为"尽、全、都、一共、共、就、只"等词。如："当时他才 20 岁。""地上尽水。"

## 二、名词谓语句的下位句式

结合本族语者的使用频率，根据名词谓语句主语和谓语在结构和语义上的选择关系，可以把该句型分为以下 5 个下位句式：

### (一) 句式 I：名词$_1$/代词/名词性短语＋名词$_2$

该句式谓语表示与主语对应的时间、处所、性质等义。如：

(1) 威尼斯，水城。

(2) 前边，篮球场。
(3) 她大眼睛。
(4) 中国最发达的城市，上海。

**(二) 句式Ⅱ：代词₁/名词性短语＋代词₂**

谓语指代主语的身份或处所。能进入主语代词₁位置的代词一般只限于指示代词和人称代词，充当主语的名词性短语通常为"的"字短语；能进入代词₂位置的代词主要是"谁、什么、哪里、哪儿"等疑问代词。如：

(5) 这哪里啊？
(6) 他谁呢？
(7) 这里边装的什么？

**(三) 句式Ⅲ：名词/代词/名词性短语＋定中短语［除数量（名）短语］**

谓语主要表示主语的特征。定中短语在句法上主要包括3类：①形容词＋（的）＋名词；②名词₁（的）＋名词₂；③代词＋（的）＋名词。如：

(8) 阿晋，<u>五短身材</u>，<u>浓眉毛</u>，眼小嘴大，头大如斗。
(9) 1927年出生的平鑫涛，<u>江苏人</u>，学的是会计。
(10) 这个人<u>她爸爸</u>。

**(四) 句式Ⅳ：主语＋数词/数量（名）短语**

1. 句式Ⅳa：名词/人称代词/名词性短语＋数词/数量（名）短语

谓语主要表示主语的年龄、价钱和数量义。当谓语表年龄义时，主谓之间通常可以添加"都、已经、快、才"等部分时间副词，也可添加"现在、今年、明年"等时间名词；谓语表示价钱或数量义时，主谓之间可添加"共、就、总共、一共"等部分范围副词。如：

(11) 刘四爷<u>快七十了</u>，而虎妞<u>三十七八岁</u>，比祥子大十六岁的样子。
(12) 我都能喝八碗，我<u>都快五十了</u>……

(13) 他每月的薪金连同生活补贴一共一千一百元。
(14) 沟前就一道小石桥，桥头就一条小土路。

2. 句式Ⅳb：主谓短语/述宾短语＋数量（名）短语

谓语表示事件或动作行为所花费的时间、价钱。如：

(15) 他到北京已整整四十年，但仍是满口浓浓的湖北乡音。
(16) 办这个证两百块钱。

### (五) 句式Ⅴ：名词/代词/名词性短语＋"的"字短语

谓语表示主语所属的类别。如：

(17) 这双鞋牛皮的。
(18) 他江苏的。
(19) 你干什么的？
(20) 我爸学桥梁工程的。

## 三、名词谓语句与"是"字句的替换关系

名词谓语句与"是"字句具有一定的变换关系。列表如下：

| | 名词谓语句 | | "是"字句 |
|---|---|---|---|
| Ⅰ | 名词₁/代词/名词性短语＋名词₂ | Ⅰ' | 名词₁/代词/名词性短语＋是＋名词₂ |
| Ⅱ | 代词₁/名词性短语＋代词₂ | Ⅱ' | 代词₁/名词性短语＋是＋代词₂ |
| Ⅲ | 名词/代词/名词性短语＋定心短语［除数量（名）短语］ | Ⅲ' | 名词/代词/名词性短语＋是＋定心短语［除数量（名）短语］ |
| Ⅳa | 名词/人称代词/名词性短语＋数词/数量（名）短语 | Ⅳa' | 名词/人称代词/名词性短语＋是＋数词/数量（名）短语 |
| Ⅳb | 主谓短语/述宾短语＋数量短语 | Ⅳb' | 无对应句式 |
| Ⅴ | 名词/代词/名词性短语＋"的"字短语 | Ⅴ' | 名词/代词/名词性短语＋是＋"的"字短语 |

由上表可看出，名词谓语句句式Ⅰ、Ⅱ、Ⅲ、Ⅳa和Ⅴ与"是"字句对应句式可互相替换。如：

(1) 今天是端午节。　↔　今天端午节。
(2) 你谁呀？　↔　你是谁呀？
(3) 她长头发。　↔　她是长头发。
(4) 押金 2500。　↔　押金是 2500。
(5) 储安平哪个单位的？　↔　储安平是哪个单位的？

但是，句式Ⅳb不能变换为相应的"是"字句。如：
(6) 1957年，我在戏校学旦行已经4个年头了。
(7) 办这个证两百块钱。

## 四、外国留学生偏误案例

外国学生习得名词谓语句的偏误类型只有误代类，可分为两小类：① 名词谓语句误代"是"字句的偏误；②"是"字句误代名词谓语句的偏误。

### (一) 名词谓语句误代"是"字句的偏误

该类偏误覆盖了句式Ⅰ、Ⅱ、Ⅲ、Ⅳa和Ⅴ。

1. 句式Ⅰ的偏误。该句式的典型偏误主要有4种类型，具体如下：

A. 谓语为表时间义类的偏误。如：

(1) *坐火车去的时间晚上。（时间是晚上）（初级　韩国）
(2) *我离开家的时候，时间早晨。（时间是早晨）（中级　韩国）

B. 谓语为表处所义类的偏误。如：

(3) *我的国家蒙古国。（我的国家是蒙古国）（初级　蒙古）
(4) *城市的名字汉城。（城市的名字是汉城）（中级　韩国）

C. 谓语为表姓名、名称、身份等义类的偏误。如：

(5) *她的名字季丽。（她的名字是季丽）（初级　韩国）
(6) *我在韩国大学生，专业是汉语。（我在韩国是大学生）（初级　韩国）

D. 谓语是表颜色义类的偏误。如：

(7) *她喜欢的颜色红色。（她喜欢的颜色是红色）（初级　韩国）
(8) *从纪念馆出来，我的心情一直灰色。（我的心情一直是灰色

的)(高级 韩国)

以上4类偏误的原因是由于外国学生对于谓语表示与主语对应的时间、处所等义的名词谓语句的使用条件把握不清,直接把相应的"是"字句变换为名词谓语句,故应把上述诸例都改为"是"字句。

2. 句式Ⅱ的偏误。如:

(9) *最近最大的烦恼也这个。(最近最大的烦恼也是这个)(中级 韩国)

(10) *我想要的也这个。(我想要的也是这个)(高级 日本)

代词作宾语的"是"字句变换为名词谓语句,要求"是"字句的主语限于指示代词、人称代词及"的"字短语,且宾语一般为"谁、什么、哪里、哪儿"等疑问代词。学生不清楚此限制条件,故应把这两例改为"是"字句。这两例也可以分别改为"最近最大的烦恼就(是)这个""我想要的就(是)这个"。

3. 句式Ⅲ的偏误。如:

(11) *我们很久的朋友。(我们是很久的朋友)(中级 韩国)

(12) *所以对老松民族来说,新年就最重要的节日。(新年就是最重要的节日)(中级 老挝)

"形容词+名词"结构要充当谓语,要求名词主要是表人体器官的名词,修饰语是具有特征义的形容词,且主谓之间无状语。这两例都不符合条件,故应改为"是"字句。

除了上述典型偏误外,该句式还有3类特殊偏误。如:

(13) *我想去南京,可是我东京人。(我是东京人)(中级 日本)

(14) *他不但是我的哥哥,而且我的好朋友。(而且是我的好朋友)(初级 孟加拉国)

(15) *河内市我们越南的首都。(河内市,我们越南的首都/河内市是我们越南的首都)(中级 越南)

(13)画线句在单句中可以使用,但在动态的语境中表判断义时,则不能由"是"字句变换为名词谓语句。(14)中,由于名词谓语句在复句中不能充当第二分句,故应在"而且"后加"是"字。(15)若为名词谓语句,则应在主谓之间加停顿符号,改为"河内市,我们越南的首都。"或在主谓之间加上"是",改为"是"字句。

4. 句式Ⅳ的偏误。如：

(16) *头儿也一个非常厉害的人，叫黎叔。（头儿也是一个非常厉害的人）（中级 越南）

(17) *这也许一种现代城市的宿命。（这也许是一种现代城市的宿命）（中级 日本）

数量名短语充当宾语的"是"字句变换为名词谓语句，要求"是"字句的宾语表数量义，且句中的状语只能为"共、就、总共、一共"等部分范围副词，故这两例应改为"是"字句。

5. 句式Ⅴ的偏误。如：

(18) *他的个子高高的，1.8米左右，他的脸长长的，<u>皮肤白色的，他的头发黑色的</u>……（皮肤是白色的，他的头发是黑色的）（初级 尼泊尔）

(19) *听了这个话，我安心了，<u>但这个想法错的</u>。（但这个想法是错的）（高级 日本）

这两例画线部分都是由于在语境中表判断义，故不能使用名词谓语句，而应改为"是"字句。

### (二) "是"字句替代名词谓语句的偏误

(20) *他是一十九岁了。（他一十九岁了。）（初级 韩国）

(21) *我离开日本的时候她<u>是快一岁了</u>。（她快一岁了。）（高级 日本）

这两例都是"是"字句替代名词谓语句的偏误，应用名词谓语句而没用。

## 五、偏误规律与教学建议

外国学生名词谓语句偏误的重点集中在第一类偏误上，即名词谓语句替代"是"字句的偏误，偏误原因主要是学生对于该句型各下位句式的使用条件把握不清，且不清楚"是"字句变换为名词谓语句的条件。故在教学上，教师应该着重向学生教授名词谓语句下位句式的使用条件，同时说明清楚"是"字句在何种条件下能变换为名词谓语句，在何种情况下不能变换为名词谓语句。针对学生的第二类偏误，教师在教学中只需向学生说明表达年龄义时一般不需在主谓之间添加"是"字，即能减少此类偏误。

（汪磊、颜明　执笔）

# 贰 形容词谓语句偏误案例

## 一、形容词谓语句概说

### (一) 形容词谓语句的定义

形容词谓语句,就是以形容词或形容词短语为谓语的主谓句,它是根据谓语性质而划分出的一种句型。

### (二) 形容词谓语句的使用规则

在形容词谓语句中,形容词的使用并不是任意自由的,而是要受到诸多条件的制约。主要的使用规则如下:

1. 单个形容词作谓语时要有一定的条件限制,谓语部分通常是以下情况之一:并列形式、两句对比、有先行或后续的句子、多个句子并列、问答句等。如:

(1) 房间干净整洁。
(2) 我给您点灯,外屋黑。
(3) 他傻,根本就不会说话。
(4) ——你俩谁高? ——他高。

2. 单个形容词作谓语时常加上"了/着/过",状态形容词可用"的"字结句。如:

(5) 他的脸都绿了。
(6) 他的衣服干干净净(的)。

3. 形容词谓语句常由副词、介词短语等作状语。如:

(7) 他的反应很/非常/特别/更加/最敏捷。
(8) 王明对老师很恭敬。

4. 形容词谓语句常带有补语成分。如:

(9) 山上的枫叶漂亮极了。
(10) 我们的日子好起来了。

(11) 这棵树比那棵高一米。

## 二、形容词谓语句的下位句式

根据形容词谓语句的语义特点和句法形式并结合本族语者的使用频率,将形容词谓语句分为4大类12小类下位句式。

### (一) 句式Ⅰ：由形容词单独充当谓语的形容词谓语句

1. 句式Ⅰa：主语＋单个性质形容词（主要出现于对举的句子中）。如：

(12) 小张个子高，小王个子矮。

(13) 他的书多，我的书少。

2. 句式Ⅰb：主语＋形容词＋"了/着/过"。如：

(14) 他家门前的树绿了。

(15) 山上的枫叶正红着。

3. 句式Ⅰc：主语＋状态形容词（＋"的"）。如：

(16) 一阵风吹开窗户，外面黑黝黝的。

(17) 他的脸红通通的。

### (二) 句式Ⅱ：述补短语（述语为形容词）充当谓语的形容词谓语句

1. 句式Ⅱa：主语＋形容词＋程度补语。如：

(18) 水面平稳极了。

(19) 这种搭配丑死了。

2. 句式Ⅱb：主语＋形容词＋情态补语。如：

(20) 我难受得差点儿发疯。

(21) 我热得浑身是汗。

3. 句式Ⅱc：主语＋形容词＋趋向补语。如：

(22) 他的全身都热起来了。

(23) 现场的气氛热闹起来了。

4. 句式Ⅱd：主语＋形容词＋数量补语。如：

(24) 他的脸青了好几块。
(25) 她的孩子胖了好几圈。

### (三) 句式Ⅲ：状中短语充当谓语的形容词谓语句

1. 句式Ⅲa：主语＋副词＋形容词。如：
(26) 卖货的姑娘叫小燕，她非常热情。
(27) 她的新衣服很漂亮。
2. 句式Ⅲb：主语＋介词短语（＋副词）＋形容词。如：
(28) 他对附近的环境相当熟悉。
(29) 中国人对我非常友好。

### (四) 句式Ⅳ：含固定结构的形容词谓语句

1. 句式Ⅳa：主语＋"又"＋形容词$_1$＋"又"＋形容词$_2$。如：
(30) 东方露出了鱼肚色，天空又洁净又透明。
(31) 他卖的西瓜又大又甜。
2. 句式Ⅳb：主语＋"比"＋比较对象＋形容词。如：
(32) 上海的心理医生比北京的高明。
(33) 这间教室比那间宽敞。
3. 句式Ⅳc：主语＋"越来越"＋形容词。如：
(34) 他的情绪越来越坏了。
(35) 我们的汉语水平越来越高了。

## 三、外国留学生偏误案例

### (一) 遗漏

1. "了"和状态形容词后"的"的遗漏。如：
(1) *我的脸色都苍白∧。（了）（句式Ⅰb　高级　越南）
(2) *树上的树叶都枯萎∧。（了）（句式Ⅰb　高级　越南）
(3) *到中国以后，我胖∧一点儿。（了）（句式Ⅱd　中级　尼泊尔）

(4) *房间黑漆漆∧。(的)（句式Ⅰc　高级　越南）
(5) *圆圆的眼睛明亮亮∧。(的)（句式Ⅰc　高级　越南）

2. 程度副词的遗漏，这类偏误较多。如：
(6) *她两个女儿∧漂亮。(很)（句式Ⅲa　初级　韩国）
(7) *春天的景色∧好看。(很)（句式Ⅲa　中级　越南）
(8) *这里一切对我都∧陌生。(很)（句式Ⅲb　高级　越南）

### (二) 误代

误代的情况比较复杂，主要表现为4类，即形容词重叠形式的误用、近义形容词误代、固定结构误代和补语误代。

1. 形容词重叠形式的误用，可细分为2种。

A. 形容词ABAB式误代AABB式。有些双音节形容词可以进行ABAB式重叠，重叠后具备一定的动态性和致使义，而AABB式则具有描写性，学生易将两种重叠形式混淆。如：

(9) *旅游回来，一路上我们<u>开心开心</u>。(开开心心的)（句式Ⅰc　初级　韩国）
(10) *虽然夏天，桂林的天气很好，<u>凉快凉快</u>。(凉凉快快的)（句式Ⅰc　高级　韩国）

B. 形容词AABB重叠式误用。形容词AABB重叠式的主要功能是充当状语或定语，主要表示事物或行为生动鲜明的状态，具有描写性，如"高高兴兴地去上班""漂漂亮亮的衣服"，而充当谓语的功能很弱。"程度副词＋形容词"的主要语法功能是充当谓语，表示事物或行为的性质达到了充足的量，具有评价性。学生不了解这种使用的倾向性，往往会产生误代偏误。

(11) *你今天穿的这件衣服<u>漂漂亮亮的</u>。(很漂亮)（句式Ⅲa　中级　日本）
(12) *他写作业<u>马马虎虎</u>。(很马虎)（句式Ⅲa　高级　越南）

2. 近义形容词误代。

此类偏误反映出学生对近义形容词之间细微的语义差异掌握不准确。如：

(13) *我说汉语的速度很<u>晚</u>。(慢)（句式Ⅲa　初级　西班牙）

(14) *他一直跟我说南京是很好的城市，物价也便宜。(低)(句式Ⅲa　高级　韩国)

(15) *还有爸爸的地位越来越矮。(低)(句式Ⅳc　高级　韩国)

3. 固定结构误代，可细分为2种。

A. 状态形容词误用。固定结构"又＋形容词$_1$＋又＋形容词$_2$""越来越＋形容词"都要求形容词在语义上是单纯的，不含量或程度，所以状态形容词不能进入这些格式。

(16) *他的脸又冰凉又蜡黄。(又凉又黄)(句式Ⅳa　初级　韩国)

(17) *听了老师的话，她的脸越来越红通通了。(红)(句式Ⅳc　中级　巴基斯坦)

(18) *下雪了，校园里越来越雪白。(白)(句式Ⅳc　高级　韩国)

B. 固定格式误用。"一边……一边……"通常表示两个动作同时进行，而"又……又……"则形容主语同时含有两种特性。

(19) *这个电影，一边伤感一边有意思。(又伤感又有意思)(句式Ⅳa　初级　韩国)

(20) *听到这个消息，我一边高兴一边难过。(又高兴又难过)(句式Ⅳa　中级　俄罗斯)

也有少数偏误表现为固定格式的形式错误。如：

(21) *世界上学习汉语的人越多了。(越来越多)(句式Ⅳc　高级　越南)

## (三) 错序

错序主要集中于主语和谓语的错序、介词短语错序、形容词及其补语的错序。

1. 主语和谓语的错序。如：

(22) *很美丽中国的文化，我继续学习。(中国的文化很美丽)(句式Ⅲa　初级　韩国)

另一种主谓错序较为复杂，学生将作谓语的形容词错误地置于主语前，使之成为定语，从而造成句子缺少谓语。如：

(23) *大酱汤是韩国传统的一种汤，大酱做的很长时间。(大酱做的时间很长)(句式Ⅲa　中级　韩国)

(24) *他跟同辈人很友好的关系。(跟同辈人的关系很友好)(句式Ⅲa 中级 越南)

2. 介词短语错序。

介词短语应置于形容词前作状语,而学生错误地将其置于形容词之后,这类偏误的形容词多描述主观态度。如:

(25) *我的朋友们都很热情对人。(对人很热情)(句式Ⅲb 初级 韩国)

(26) *南京人很热心,南京人比较友好对外国人。(对外国人比较友好)(句式Ⅲb 高级 韩国)

3. 形容词及其补语的错序。

"一点儿"作补语是学生学习的重难点之一,常被学生错误地置于形容词前。如:

(27) *我今天收拾房间,房间一点儿干净。(干净一点儿了)(句式Ⅱa 中级 法国)

(28) *您不要急,您一点儿慢。(慢一点儿)(句式Ⅱa 中级 日本)

### (四) 误加

误加主要有两类,即判断动词"是"的误加和程度副词"很"的误加。

判断动词"是"的误加是该类型中最典型的偏误。副词"是"具有强调功能,其后往往是句子的焦点,但通过语料检索发现,有些形容词谓语句中的"是"根据上下文并无强调功能,因此将该类用例判定为判断动词"是"的误加。这类偏误很有可能是受母语或媒介语的影响。如:

(29) *中国是很大,有很多人。(句式Ⅲa 初级 韩国)

(30) *她是很漂亮。(句式Ⅲa 中级 韩国)

(31) *他是很坚强,像警察一样。(句式Ⅲa 高级 老挝)

(32) *所以我的老师觉得学汉语对我是很好。(句式Ⅲb 初级 德国)

(33) *她是又漂亮又可爱。(句式Ⅳa 初级 韩国)

(34) *姐姐比我漂亮,还比我是高一些。(句式Ⅳb　高级　韩国)
(35) *最近中文是越来越重要。(句式Ⅳc　初级　韩国)

状态形容词、形容词重叠式或一些固定格式等都是表达程度的语言手段,若再使用程度副词"很"则显冗余。如:

(36) *马路很笔直,建筑物不太高。(句式Ⅰc　初级　日本)
(37) *我的房间很干干净净。(句式Ⅰc　高级　越南)
(38) *一年又一年,他的身体很越来越好。(句式Ⅳc　中级　法国)

程度副词"很"也不能用在"比"字句中作谓语的形容词前。如:

(39) *我比他很高。(句式Ⅳb　初级　老挝)(此例根据实际表义,也可分析为误代,即"很"误代"更")

## 四、偏误规律与教学建议

### (一) 偏误规律

总体看来,误加类型的偏误在各个学时都大量出现,学生经常会造出误加"是""的"或程度副词的句子,这一点在教学中要尤为关注。尤其是学生在使用状态形容词时经常会加上程度副词,造成句子成分的误加。学生也会经常遗漏必要的句子成分,造成语句成分残缺,特别是程度副词"很"。

句式Ⅲ中,也许由于教材和教师的强调,学生很容易泛用"很"字。此外,在介词结构充当状语时,学生容易将介词结构与主语、形容词的位置弄混,造成错序,尤其容易将介词结构放置在主语和形容词前,这很有可能是受到其他语言的干扰造成的偏误。

从各个下位句式的使用频率来看,句式Ⅲ是学生使用最多的句式,句式Ⅰ次之,句式Ⅱ最少。对学生而言,掌握补语的用法本身就比较困难,因此,句式Ⅱ使用频率低应该是学生回避使用造成的。

### (二) 教学建议

针对形容词谓语句的特点以及学生的偏误规律,提出如下教学建议:

1. 强调并规范"是"、程度副词"很"等的使用,对光杆形容词作谓语、程度副词加形容词作谓语等用法都要给出详尽的解释和对比,避免学生规则泛化,过度使用某些词。尤其注意学生母语对汉语学习产生的负迁移,让学生了解汉语形容词谓语句不需要加"是"。

2. 让学生区分性质形容词与状态形容词的用法,并教授学生它们和"了"、"是"、程度副词以及程度补语等的搭配规则,避免学生混淆二者的用法。教授形容词重叠形式的时候,引入其充当谓语的教学,尤其强调不同状态形容词作谓语的成句条件,哪些要加"的",哪些不需要。同时教师也要详细讲解形容词重叠形式和"很+形容词"的不同语法意义和功能,并通过不断地练习,在语境中培养学生对语言形式选择的敏感度。

3. 在含固定格式的形容词谓语句中,教师应该让学生牢固掌握固定格式,如"越来越……"、"比"字句等,从最简单、最基本的格式入手,在此基础上强化固定格式与副词、补语等的搭配规则。

4. 注意形容词谓语句否定式的教学。不同的句式其否定形式也不尽相同,学生在习得过程中很容易混淆,尤其是固定格式的否定形式,教师应该在让学生牢固掌握其肯定形式的基础上,教授形容词谓语句的否定形式。

5. 在句式Ⅲb的教学中,教师应当注意强调句中的介宾结构。一是要防止学生遗漏介词,二是要强调介宾结构应该放在形容词前,注意顺序。

6. 教师应重点讲解形容词带补语的情况,并强调程度补语与程度副词作状语是不能共现的,如句式Ⅳb。如果"比"字句中的形容词带补语(句式Ⅳb),那么该补语不能是表极性的程度补语,如"﹡比他高极了"。

(王梓秋 执笔)

# 叁 主谓谓语句偏误案例

## 一、主谓谓语句概说

### (一) 主谓谓语句的定义

主谓谓语句,是以主谓短语充当谓语的句子,这是汉语特有的一种句型。汉语学界对主谓谓语句的存在、界定和分类都有专门论述,但仍有分歧,因此本文在借鉴既有研究成果的基础上,通过对语料库的考察,结合留学生的实际用例,以指向对外汉语教学为目标,对主谓谓语句进行一定的划分,以期能给汉语教学带来方便。

### (二) 主谓谓语句的使用规则

为方便说明,我们把全句的主语和谓语称为大主语($S_1$)和全句谓语($P_1$),主谓短语中的主语和谓语称为小主语($S_2$)和小谓语($P_2$)。$S_1$和$S_2$之间一般存在一定的意义关系。有时候$S_2$为$S_1$所表示的事物的一部分或其属性,二者有领属、施受等关系。有时$S_1$仅仅是一个话题,与$S_2$没有施受关系。主谓谓语句可以接受状语的修饰,状语可以在句首,也可以在$S_1$后$P_1$前。主谓短语也可以有状语修饰,若$P_2$是动词,则用法同动词谓语句,若$P_2$是形容词,则用法同形容词谓语句。

## 二、主谓谓语句的下位句式

在各家研究成果的基础上,通过对本族语者语料的调查,并结合主谓谓语句的结构和构成成分的特点,可以将主谓谓语句分为6种下位句式。

### (一) 句式Ⅰ:$S_1$和$S_2$之间是领属关系的主谓谓语句

句式Ⅰ是目前学术界公认的典型主谓谓语句。$S_2$是$S_1$所表人或事物的某一方面特征,如年龄、性格、心理状态、颜色、用途、重量、长度、体积等。$S_1$是全句话题,一般是已知信息,$P_1$是述题,一般是未知信息,在$S_1$和$S_2$之间有短暂的语音停顿,可用逗号隔开,也可插入状语。这类主谓谓语句的$P_2$可以是形容词性、动词性和名词性的,当为动词性时这个动词性成分往往带宾语。

(1) 她<u>脸色很好</u>。
(2) 小张<u>眼含泪花</u>。
(3) 瓦洛加<u>身高一米九,体重一百五十斤</u>。

### (二) 句式Ⅱ:$S_2$是动词性的主谓谓语句

句式Ⅱ是指$S_1$由名词性成分充当,$S_2$由动词性成分充当,$P_2$由形容词性成分或动词性成分充当的一类主谓谓语句。这类句子特点是$S_1$、$S_2$之间存在陈述和被陈述的关系,$S_1$多是$S_2$动作的发出者。

(4) 王明<u>说话很快</u>。
(5) 城里人<u>做生意不容易</u>。
(6) 他<u>讲故事特别吸引人</u>。

### (三) 句式Ⅲ:$S_1$、$S_2$之间有施受关系的主谓谓语句

$S_1$、$S_2$都是名词性结构,根据施受关系,又可以分为两类。

1. 句式Ⅲa:$S_1$表受事,$S_2$表施事。全句语义关系是:受事—施事—VP。

(7) 在场的人<u>我都认得</u>。
(8) 详细的记录<u>我以后再看</u>。

2. 句式Ⅲb:$S_1$表施事,$S_2$表受事,全句语义关系是:施事—受事—VP。

(9) 他<u>领带也懒得打</u>。
(10) 她<u>报纸也不看,广播也不听</u>。

这类句子像$S_1$表受事,$S_2$表施事的句子一样,只是施受成分的位置发生了转变,小谓语所表示的动作行为是由$S_1$发出,$S_2$表示的是受事意义。这类句子都可以转换为对应的"受事+施事+VP"格式。但有些"受事+施事+VP"式变成"施事+受事+VP"式后语义会有些变化,如"在场的人我都认得"变换后成了歧义句。

### (四) 句式Ⅳ: 受事主语由表周遍性意义的成分充当

根据周遍性成分的构成,可以分为两类。

1. 句式Ⅳa: 用具有遍指作用的词"任何、所有、一切",或者"疑问词""疑问词+名词"来强调所指的周遍意义。

(11) 我任何问题都能解决。
(12) 我一切事情都不担忧。
(13) 我哪儿也不去。
(14) 他什么都不怕。

2. 句式Ⅳb: 用数量为"一"的数量短语、量词重叠式或"量词重叠式+名词"构成的偏正结构来强调所指的周遍性。

(15) 你一步也不要离开他。
(16) 我奶奶一个字也不认识。
(17) 我样样都尝了。
(18) 他件件图样都能剪出来。

以上这些句子中的周遍性成分一般来说在意念上是 $P_2$ 的受事,但多不能转变成"施事—动作—受事"的形式。同时,在受事主语表周遍意义的句子中,副词"都/也"和"不/没有"起着十分重要的作用,成为构成这类句子的重要手段。"都/也"在这类句中可相互替换而不影响句义,相比较而言,"都"一般多用于肯定句,"也"多用于否定句。"一……"的句子通常会和否定副词"不""没有"连用,表示完全的否定。

### (五) 句式Ⅴ: $S_1$ 既非施事,也非受事,隐含介词"对、对于、关于"等

这类句子的特点是 $S_1$ 既非施事,也非受事,其句首的名词前面往往隐含着"对于、对、关于、在"等意思,并且可以补出这类介词,意思不变。而"$S_2+P_2$"常是个完整的句子,从对象或范围的角度陈述 $S_1$。$S_1$ 加上介词后就变成了句首状语,句首状语的位置还可以移到主语之后。

(19) 女人的这些话我都十分清楚。

(20) 怎样写文章我本来一点儿也不知道。

### （六）句式Ⅵ：$S_1$ 与谓语中的一部分有复指关系

这里复指是指 $P_2$ 的宾语或状语位置上用一个代词去复指 $S_1$。其特点是：$S_1$ 在意念上是 $P_1$ 的一个成分，与 $P_1$ 中的某一词语形式构成复指和被复指的关系。

(21) 你这样的小姑娘，我是不会骗你的。
(22) 老师说的话你要把它记下来。

## 三、外国留学生偏误案例

主谓谓语句是汉语一类较为特殊的句式，学生学习的主要障碍表现在句式选择和句式构成成分两个方面。

### （一）句式选择方面的偏误

1. 当用而未用。如：
(1) *我写字得很漂亮。（字写得很漂亮）（句式Ⅲb　中级　越南）

例句（1）中"写字"是个动宾短语，不能再带情态补语，可改为主谓谓语句"我字写得很漂亮"。若要使用动词谓语句，则应改为"我写字写得很漂亮"。

2. 不当用而用了。如：
(2) *大家我还没见面。（句式Ⅲa　初级　美国）

根据句义，该句可以不使用主谓谓语句，直接用动词谓语句表述即可，改为"我还没和大家见面"。若一定要使用主谓谓语句，由于 $S_1$（大家）和 $S_2$（我）是"受—施"关系，那么谓语部分的动词"见面"应当改为"见到"，全句改为"大家我还没见到"。

### （二）句式构成成分方面的偏误

1. 遗漏

遗漏偏误总体不多，可分为两种，一是小主语 $S_2$ 的遗漏，一是句式Ⅳ中副词"都""也"等的遗漏。

A. 小主语 $S_2$ 的遗漏。如：

(3) *那个事∧觉得真可惜。(我)（句式Ⅴ　中级　韩国）

B. 副词"都""也"等的遗漏。如：

(4) *什么事我∧会做，修电脑、煮饭等等。(都)（句式Ⅳa　初级　菲律宾）

(5) *他是我们班的数学天才，什么数学难题他∧能解决。(都)（句式Ⅳa　高级　韩国）

(6) *刚来中国，我一句汉语∧不会说，一个汉字∧不认识。(也，也)（句式Ⅳb　高级　挪威）

2. 误代

误代偏误总体不多，学生偶有出现表周遍义的成分选用错误。如：

(7) *谁人在公共场所边走边抽烟都要罚款。(任何)（句式Ⅳa　高级　马来西亚）

"谁"是指人的疑问代词，根据句义，此句所要表达的是"不管是什么人"，因此应用"任何"来表周遍义。此例的代词误代后貌似是主谓谓语句，将"谁"改为"任何"，就不再是主谓谓语句，而只是一个定中短语作主语的一般动词谓语句。

3. 错序

错序的情况比较复杂，主要有两类。

A. 错序偏误多数为 $S_1$ 和 $S_2$ 之间的错序。如：

(8) *一半我们班是南方人。(我们班一半)（句式Ⅰ　高级　泰国）

$S_1$ 和 $S_2$ 之间为领属关系，即 $S_2$ 属于 $S_1$，那么总体"我们班"应当为 $S_1$。

(9) *我她的说明听得懂。(她的说明我)（句式Ⅲa　初级　韩国）

(10) *我上课内容回家以后一边学一边准备考试。(上课内容我)（句式Ⅲa　中级　韩国）

$S_1$ 和 $S_2$ 之间为施受关系，$P_2$ 中的动作由施事发出，因此两句中的施事"我"应当为 $S_2$。

(11) *每个父母有自己的看法怎么养孩子。（句式Ⅴ　中级　以色列）

(12) *每位同学有自己的想法怎样学汉语。（句式Ⅴ　高级　匈牙利）

以上两句的 $S_1$ 应当分别为"怎么养孩子""怎样学汉语",它们都是句子的话题成分,在它们之前往往隐含介词"对于""关于"等,所以必须置于句首。

B. $P_1$ 中 $S_2$ 和 $P_2$ 之间的错序。如:

(13) *我们很高兴见面,因为是老同学。(见面很高兴)(句式Ⅱ 中级 韩国)

(14) *他很客气待人,说话也很慢。(待人很客气)(句式Ⅱ 中级 韩国)

以上偏误均为动词性成分作 $S_2$,其中 $P_2$ 是对 $S_2$ 的描述,而非对 $S_1$ 的描述,且 $S_2$ 的动作由 $S_1$ 发出,因此应将例句中的动作提前至 $S_2$ 的句法位置。

4. 误加

误加最典型的为"是"的误加。如:

(15) *秋天是天气最好。(句式Ⅰ 初级 韩国)

(16) *我是胃有点儿不舒服。(句式Ⅰ 高级 泰国)

(17) *这些我们的家庭趣事是我不会忘记。(句式Ⅲa 高级 菲律宾)

根据文意,以上例句并无强调语气,也非判断句,因此"是"为误加。

其他误加偏误。如:

(18) *我这两个事我都做,回国的时候没有后悔。(句式Ⅲ 中级 韩国)

该句为施事"我"误加,若去掉第一个"我"则为句式Ⅲa,$S_1$ 和 $S_2$ 为"受—施"关系;若去掉第二个"我"则为句式Ⅲb,$S_1$ 和 $S_2$ 为"施—受"关系。两种改法皆可,但语义上有些细微差别。

(19) *我刚来南京的时候,我什么都也不认识,南京人说的话我什么都也听不懂。(也/都)(句式Ⅳa 初级 韩国)

"也"和"都"两个副词在句中的作用都是概括小主语"什么"这个任指代词代表的一切范围,所以只需用其中一个即可。

(20) *数学、华语、综合个个全部她都第一名。(个个/全部)(句式Ⅳb 高级 菲律宾)

该偏误改法很多，主要是"个个"和"全部"语义重复，显得冗余，因此可去掉"全部"，也可去掉"个个"，并将"全部"置于"她"之后，或"个个"和"全部"都去掉。

## 四、偏误规律与教学建议

### （一）偏误规律

外国留学生使用主谓谓语句的总体情况是：使用率低，偏误率高。从学生的偏误来看，句式Ⅰ和句式Ⅲ的偏误最多，当然学生使用这两个句式的次数也较多，是值得教师关注的地方。从具体的偏误情况来看，偏误主要集中在以下几个方面：

1. $S_1$ 或 $S_2$ 错序。这类偏误表现在：①$S_2$ 和 $P_2$ 错序。如"*他很客气待人"，这一方面可能是受到母语负迁移（如：日语、韩语）的影响，一方面也可能是学生没有弄清主谓谓语句在表述时的内在逻辑。我们应当先提出一个话题，再对这个话题（对象）的某一方面进行评述。②$S_1$ 和 $S_2$ 错序。如"*每个父母有自己的想法怎么养孩子"，同样，这种情况也是学生难以接受汉语的主谓谓语句的表述习惯所造成的偏误，学生对主谓谓语句的基本结构不甚了解。

2. 状语的错序和遗漏。严格来说这并不属于主谓谓语句的偏误，而是学生对状语的使用规则掌握不好造成的。这类状语主要有"都、又、也"等。学生常常会把这类状语加在 $S_1$ 和 $S_2$ 中间，如"*我家人都身体很好""*我也一句汉语不会说"。

3. "是"字的误加。这类偏误比较普遍，尤其在对人或事物进行描述时，学生很容易多加一个"是"字，例如"*秋天是天气最好""*这些我们的家庭趣事是我不会忘记"等。这类偏误很可能是受到"是"表示判断义的影响而造成的规则泛化。

当然，学生的实际语料中还有其他多种多样的偏误类型，这里列举的是学生最容易出错的地方。此外，$S_1$ 的遗漏、句法成分的误代等也是学生可能产生偏误的地方，这些都需要在教学过程中重点强调。

## (二) 教学建议

针对上述偏误，教师在教学过程中首先应当引导，鼓励学生使用主谓谓语句，不能知难而退，否则不仅不利于学生汉语口语的地道表达，更不利于学生灵活掌握汉语丰富多样的句型句式。其次，教师在教授主谓谓语句时应当运用生动的教学方法引入"话题"的概念，将"话题"与主谓谓语句的 $S_1$ 和 $S_2$ 有机结合，以减少学生 $S_1$ 和 $S_2$ 不分、错序或遗漏的偏误。最后，教师应当从语用语境入手，紧密结合主谓谓语句的句法结构，让学生反复操练、多说多用，自然就能做到熟能生巧，越来越接近本族语者的使用状况。

对于分阶段的教学，我们提出如下建议：

1. 对于句式 I 在初级阶段就应设置，在讲解中应强调主谓谓语句主语与定语的区别；

2. 在初级后期出现句式 III、句式 IV，并讲授语法点"周遍性成分充当主语的主谓谓语句"。系统讲解这一类句式的语义、语用特点，尤其强调副词的作用；

3. 中级前期教授句式 II，说明主谓谓语句的小主语也可以是动词性成分；

4. 中级阶段在讲解句式 V 时，进一步强调这一句法格式的语用特点，加强练习；

5. 中级后期教学过程中可以融入句式 VI；

6. 在高级阶段除了强调语法以外，更应该注意语用方面的教学。学生已经基本掌握了主谓谓语句的语法结构和语义表达，因此教师要把教学扩展到会话技巧上，在对话练习和口语表述练习中有意识地强调主谓谓语结构语义模式的整体性。

（王梓秋　执笔）

# 肆 存现句偏误案例

## 一、定义与界定

存现句是表示某处（某时）存在、出现或消失了某人或某物的一种句式，其典型的结构形式是"处所词（时间词）＋动词＋名词性词语"。存现句按语义分为存在句和隐现句。如：

（1）屋顶上站着一个人。（表示存在某人）

（2）外面走进了一个女人。（表示出现了某人）

（3）书架上少了一本书。（表示消失了某物）

## 二、存现句的下位分类

根据已有的对存现句的类型和下位分类的研究，可以先将存现句按语义分为存在句和隐现句，然后再根据存现句中 VP 构成的不同确定存现句的各下位句式，将存现句分为 9 类（其中 $NP_1$ 为处所词或时间词，VP 为动词或动词性短语，$NP_2$ 为名词或名词性短语）

### （一）存在句系列

1. 句式Ⅰ：$NP_1$＋有＋$NP_2$（V 为"有"）。如：

（1）河上有一座拱桥。

2. 句式Ⅱ：$NP_1$＋是＋$NP_2$（V 为"是"）。如：

（2）图书馆旁边是一个操场。

3. 句式Ⅲ：$NP_1$＋V＋着＋$NP_2$（带"着"标记）。如：

（3）椅子上坐着两位老人。

4. 句式Ⅳ：$NP_1$＋V＋了＋$NP_2$（带"了"标记）。如：

（4）窗台上摆了一盆花儿。

5. 句式Ⅴ：$NP_1$＋V 补（了）＋$NP_2$［VP 为"V 补（了）"］。如：

（5）路边开满了各种各样的花。

6. 句式Ⅵ：$NP_1$＋V＋$NP_2$。如：

(6) 床前铺一张地毯。

7. 句式Ⅶ：$NP_1 + \emptyset^① + NP_2$。如：

(7) 树上很多白色的花。

### (二) 隐现句系列

1. 句式Ⅷ：$NP_1 + VP + NP_2$〔VP为出现、消失类动词＋(了)〕。如：

(8) 黑色的天空中出现了一颗颗星星。

2. 句式Ⅸ：$NP_1 + VP + NP_2$〔VP为趋向动词短语＋(了)〕。如：

(9) 我们班来了一位新同学。

## 三、外国留学生偏误案例

### (一) 遗漏

遗漏是存现句最典型的偏误类型。表现形态复杂，主要体现在三个方面。

1. 句中谓语动词的遗漏，特别是标记动词的遗漏，主要为句式Ⅰ中标记词"有"的遗漏、句式Ⅱ中标记词"是"的遗漏以及句式Ⅴ动补结构中主要动词的遗漏。其中标记动词的遗漏出现在初、中级阶段，且主要集中在初级阶段，而动补结构中主要动词的遗漏主要出现在高级阶段。如：

(1) *他们前面∧一个男人骑马。(有)(句式Ⅰ 初级 德国)

(2) *在UL山，近海，∧很多鱼，买的东西很便宜。(有)(句式Ⅰ 初级 韩国)

(3) *没过几天，我醒过来了，发现在病房的另一个床上∧一个我并不陌生的人，这个人就是姐姐。(有)(句式Ⅰ 初级 韩国)

(4) *所以经常西施周围有很多人，∧很多好朋友。(有)(句式Ⅰ 中级 韩国)

---

① $\emptyset$ 表示省略或隐含V (动词)。

(5) *古时候，在中国东南部南京市∧小小的村庄。（是）（句式Ⅱ　中级　韩国）

(6) *广场上都∧人。（是）（句式Ⅱ　初级　哈萨克斯坦）

(7) *我的前面∧阿里。（是）（句式Ⅱ　初级　哈萨克斯坦）

(8) *河内春天路上到处都∧满了花。（开）（句式Ⅴ　高级　越南）

(9) *到处都∧满了大自然的气息。（充）（句式Ⅴ　高级　韩国）

(10) *一个岛全∧满了桔子的香。（充）（句式Ⅴ　高级　韩国）

2. 动词后表动作或状态持续的动态助词"着"的遗漏，集中在句式Ⅲ中，多发生在初级阶段。如：

(11) *客厅有一个电视一张床，三张桌子，四把椅子，在墙上挂∧一幅油画。（着）（句式Ⅲ　初级　吉尔吉斯斯坦）

(12) *后面墙上挂∧一个钟表。（着）（句式Ⅲ　初级　哈萨克斯坦）

(13) *画的左边贴∧一张地图。（着）（句式Ⅲ　初级　蒙古）

(14) *中秋节的时候，天边挂∧一轮圆圆的月亮。（着）（句式Ⅲ　中级　韩国）

(15) *在窗户旁边的两侧有两个书架，里边放∧我们自己的书和词典。（着）（句式Ⅲ　高级　罗马尼亚）

3. 动补结构中补语成分的遗漏，以及地点名词后方位词的遗漏都存在于句式Ⅴ中。前者主要出现于初级阶段，后者主要出现于初、中级阶段。如：

(16) *地面上扬∧了尘土。（起）（句式Ⅴ　初级　韩国）

(17) *草原上升∧了太阳。（起）（句式Ⅴ　初级　韩国）

(18) *屋子∧挤满了人。（里）（句式Ⅴ　初级　哈萨克斯坦）

(19) *路∧开满了黄色的连翘花。（边）（句式Ⅴ　中级　韩国）

(二) 误代

误代是存现句较典型的偏误类型，虽然偏误数量没有遗漏多，但偏误的表现形态较为复杂。

1. 学习者混淆句式Ⅰ和句式Ⅱ。由于这两种句式在标记动词的前后都有处所名词，句法成分序列相似，所以学习者会出现句式Ⅰ中标记

词"有"误代句式Ⅱ中标记词"是"的偏误现象,且集中在初级阶段。如:

(20) *前面有李家村。(是)(句式Ⅱ 初级 哈萨克斯坦)①
(21) *学校的西边有体育馆。(是)(句式Ⅱ 初级 哈萨克斯坦)
(22) *那边有我的宿舍。(是)(句式Ⅱ 初级 韩国)

2. 随着学时阶段的提升,学习者词汇储量愈加丰富,对于形态相似的词语容易混淆,反映在存现句中,就是名词对其极易混淆的动词的误代,此类偏误集中出现在高级阶段。如:

(23) *交泰殿的中殿铺了木板,东西两边设备着韩国的传统火炕。(设置)(句式Ⅲ 高级 韩国)
(24) *广场的前面也位置了一大片的白色浮雕。(放置)(句式Ⅳ 高级 韩国)
(25) *眼前展览了一座沙坡和一条黄河。(展现)(句式Ⅷ 高级 韩国)

3. 学习者会将早先习得的相似成分序列的存现句规则泛化到新的存现句式中,出现标记词的误代,例如句式Ⅲ中的动态助词"着"误代句式Ⅸ中的"了"。如:

(26) *班上来着一位女同学。(了)(句式Ⅸ 高级 哈萨克斯坦)
(27) *天上飞来着一只鸟。(了)(句式Ⅸ 高级 韩国)

### (三) 误加

误加是存现句较典型的偏误类型,偏误数量居第三,与遗漏、误代偏误一致,偏误数量呈递增趋势。误加偏误主要表现为四个方面。首先,学习者将早先习得的"在+处所名词"泛化到存现句中,习惯性地在存现句的处所名词主语前加一个介词"在",该类偏误多出现在学习者高频使用的句式中,如句式Ⅰ、句式Ⅲ和句式Ⅴ。

(28) *在我们的门口后面有一个卫生间。(句式Ⅰ 初级 韩国)
(29) *在那儿有很多汉字……(句式Ⅰ 中级 泰国)
(30) *在窗前摆着花盆。(句式Ⅲ 初级 哈萨克斯坦)

---

① 下位句式类型的确定以正确句子所归属的句式类型为准。

（31）*在更衣室的一个角落站着一个漂亮的姑娘。（句式Ⅲ　中级　意大利）

（32）*在中华门附近还留着所谓"老南京"样子的一区。（句式Ⅲ　高级　日本）

（33）*在山上长满了茂密的树林。（句式Ⅴ　高级　韩国）

（34）*在狭窄而复杂的小巷充满了老百姓的生活味儿。（句式Ⅴ　高级　日本）

其次，存现句主语一般由"处所名词＋方位词"构成，而有些处所名词后不需要再添加方位词，学习者却不甚清楚，产生了方位词误加的偏误。如：

（35）*我的家乡里有山有水。（句式Ⅰ　初级　韩国）

（36）*水底里铺满了绿苔，溪流的岩石很稀奇。（句式Ⅴ　中级　日本）

再次，存现句有众多同义异形下位句式，使得学习者混淆常用的存现句式，出现了两种句式杂糅的情况，这表现在将两种下位句式的标记词共现在一个句子中，出现了标记词的误加偏误，如句式Ⅰ和句式Ⅲ杂糅共现标记词"有着"。以最小改动为原则，我们认为是句式Ⅰ中动态助词"着"的误加。

（37）*广场中央有着一座毛主席纪念馆。（句式Ⅰ　中级　韩国）

（38）*南师大门口有着两排高高的梧桐树。（句式Ⅰ　高级　印度）

此外，还出现少量一般动词谓语句和存现句式杂糅的情况，造成原动词谓语句中动词的误加。如：

（39）*到处都是开了香馥馥的花儿。（到处都是香馥馥的花儿/到处都开了香馥馥的花儿）（句式Ⅱ、Ⅳ　高级　日本）

### （四）错序

错序是数量最少的偏误类型，主要集中在中、高级阶段。错序偏误的表现较为单一，绝大多数的错序表现为表示存在、出现的人或事物的名词性成分置于句首，而表示处所的名词置于后面，且大多集中在句式Ⅲ和句式Ⅴ中。该类偏误是与学习者接触到的汉语中一般以施事、当事、系事、起事等语义角色居首的规则不同所致。如：

(40) *<u>许多杂草在旧楼前长着</u>。(旧楼前长着许多杂草)(句式Ⅲ 中级 哈萨克斯坦)

(41) *<u>一朵白云飘着天上</u>。(天上飘着一朵白云)(句式Ⅲ 中级 哈萨克斯坦)

(42) *<u>树木的叶子铺满了地上</u>,各种各样的鸟类在飞来飞去。(地上铺满了树木的叶子)(句式Ⅴ 中级 老挝)

(43) *<u>一个人楼梯上走下来</u>。(楼梯上走下来一个人)(句式Ⅸ 中级 哈萨克斯坦)

此外,还有表示存在的人或物的名词性成分与谓语的错序,数量极少。如:

(44) *眼光能到达的地方,<u>黄乎乎的油菜花开满了</u>。(开满了黄乎乎的油菜花)(句式Ⅴ 高级 韩国)

(45) *山上<u>五光十色的花开满了</u>。(开满了五光十色的花)(句式Ⅴ 高级 韩国)

## 四、偏误规律与教学建议

从数量上看,存现句的偏误类型从多到少的顺序依次是:遗漏—误代—误加—错序,各类偏误的规律很明显。

句式Ⅰ的遗漏主要集中在"V"即"有"的遗漏,句式Ⅱ的遗漏主要集中在"是"的遗漏,句式Ⅲ的遗漏主要集中在"着"的遗漏,句式Ⅴ的遗漏主要集中在"VP"中动词或补语的遗漏。综上所述,存现句的遗漏偏误用例主要集中在"VP"以及"着"的遗漏,因此在教学中要着重强调"VP"和"着"在句式中的使用。

误代偏误用例主要集中在"是"与"有"的误代,以及动词的误代。动词的误代多半是对词汇意义的理解偏差造成的。因此在教学过程中要着重强调"是"和"有"在句式中的不同意义,加强练习。

误加偏误用例主要集中在介词"在"、方位词的误加以及因句式杂糅而出现的标记词误加,在教学过程中要多强调区分方位介词框架和存现句结构,以及各个存现句式的句法成分。

错序偏误用例出现的最少,几乎都集中在"$NP_1$"和"$NP_2$"的错序，且大多集中在句式Ⅲ和句式Ⅴ。因此在进行句式Ⅲ和句式Ⅴ的教学过程中应该格外强调"$NP_1$"和"$NP_2$"的顺序问题，防止此类偏误的发生。

（路晓艳、乔佽　执笔）

# 伍 双宾语句偏误案例

## 一、双宾语句概说

### (一) 双宾语句的定义

双宾语句是指谓语动词后带有两个宾语的句式。这两个宾语之间不构成"定语—中心语"等句法结构关系,但动词与两个宾语之间可以构成"给予、获取、言说"等语义关系,其基本形式为:"$S+V+O_1+O_2$"。其中 $O_1$ 一般由指人名词或代词充当,$O_2$ 一般由数量名短语充当。$O_1$ 称为间接宾语,$O_2$ 称为直接宾语,且一般可用"什么"对直接宾语进行提问。当 $O_1$ 为虚指代词或 $O_2$ 是表动量、时量、程度或结果时,它们同动词不构成动宾关系,不属于典型的双宾语句,因而不在考察范围内。

### (二) 双宾语句的使用规则

双宾语句的典型格式为:"$S+V+O_1+O_2$",其中 S 为施事;V 为双宾动词;$O_1$ 为与事,表示动作对象;$O_2$ 为受事,往往是动作的直接承担者。$O_2$ 可以由单独的名词充当,但最占优势的形式是"数量词+名词"。如:

| S(施事) | V(双宾动词) | $O_1$(与事) | $O_2$(受事) |
| --- | --- | --- | --- |
| 他 | 给 | 我 | 一些资料 |
| 他 | 拿 | 我 | 三百块钱 |
| 他 | 告诉 | 我 | 一个好消息 |

有些双宾动词还可转换为由"向"等介词引导与事的句式。如:
(1) 朋友们赠送了我许多礼物。→朋友们向我赠送了许多礼物。
(2) 他要了家里一笔钱。→他向家里要了一笔钱。
(3) 我请教了老师几个问题。→我向老师请教了几个问题。

## 二、双宾语句的下位句式

根据双宾动词的语义,双宾语句一般可分为给予、获取和言说 3 类,每大类下又分为若干小类。具体下位句式情况如下:

### (一) 句式 I:给予类

即施事者通过动作将事物转移给了间接宾语,事物进行了右向移动。给予类是最典型的双宾语句。有些给予类双宾动词后可带介词"给",有些则必须带介词"给",据此可将该类双宾语句分为两个下位句式。

1. 句式 Ia:S+V(给)+$O_1$+$O_2$

大多给予类双宾动词后都可带介词"给",尤其是单音节动词加上"给"后,其给予义更为突出。如:

(1)收银员找给我五块钱。
(2)朋友送给他几本最新的书。
(3)中国出口给其他国家大批货物。
(4)妈妈寄给我一件新衣服。

此类动词常见的还有"分、卖、赔、送、输、退、喂、找、赠、补贴、补偿、出口、传授、分配、回复、贿赂、奖励、提交、退还、赞助、赠送、支付、转让"等。但是"给、给予、授予"等少数几个动词由于本身含有"给"或相当于"给"的语义,因而不能再后接介词"给"。

"教"类动词的受事($O_2$)若为名词性成分时,可后接介词"给"。动词性短语也可充当"教"类动词的内容,成为受事,此时动词不可后接介词"给"。如:

(5)他教给我打太极拳的方法。
(6)他教我打太极拳。→ *他教给我打太极拳。

2. 句式 Ib:S+V 给+$O_1$+$O_2$

有些给予义动词,如"递、发、寄、汇"等必须后接"给"后才能进入双宾句式。如:

（7）我递给老师一本书。
（8）妈妈寄给我一个包裹。

大多数给予义动词其给予物为右向转移，而"借、租"等动词的给予物则位移方向不定，在没有语境的情况下易产生歧义。若为右向转移，那么"借、租"后必须使用"给"，反之则应使用介词"向"等引导与事。如：

（9）小王借我一笔钱。→小王借给我一笔钱。
　　　　　　　　　→小王向我借一笔钱。
（10）小王租我一辆车。→小王租给我一辆车。
　　　　　　　　　　→小王向我租一辆车。

### （二）句式Ⅱ：获取类

即施事通过动作从间接宾语得到了某物，与给予类相反，此时事物进行了左向移动。能带双宾语的获取类动词主要有"拿、要、骗、抢、偷、讹"等。这类动词基本表示一种无代价的索取，对 $O_1$（与事）而言，一般有失去、损失的意味。如：

（11）他拿了学校几本书。
（12）骗子骗了我好多钱。

获取类双宾语句可转换为"$S+P+O_1+V+O_2$"句式，由介词（P）"向、从"等引导与事。"拿、要"等获取类动词可使用介词"向、从"，"骗、偷"类动词一般使用介词"从"。"向"表示动作对象，"从"表示索取的处所、方位。若 $O_1$ 非表示机构、单位等地点的名词，那么 $O_1$ 后就应加上方位词或表示方位的代词（这/那儿、这/那里、里、中）。

（13）她要了妈妈一条项链。→她向妈妈要了一条项链。
　　　　　　　　　　　　→她从妈妈那儿要了一条项链。
（14）小偷儿偷了我三张银行卡。→小偷儿从我这儿偷了三张银行卡。

### （三）句式Ⅲ：言说类

即施事（说话人）通过言语行为将受事（言语信息）传递给与事（听话人）。信息的传递可以是右向的也可以是左向的，右向传递的一般为告知类动词，左向传递的多为探问类动词。

1. 句式Ⅲa：动词只能进入"S＋V＋$O_1$＋$O_2$"这样典型的双宾语句。告知类动词"告诉、答复、答应、叮嘱、吩咐、回答、交代、警告、提示、提醒、嘱咐、通知"等和探问类动词"追问、责问"等均用于该句式。如：

（15）我告诉你一个好消息。
（16）大家追问小王一个问题。

2. 句式Ⅲb：动词既可进入"S＋V＋$O_1$＋$O_2$"句式，也可转换成"S＋P＋$O_1$＋V＋$O_2$"句式。少数告知类动词"通报、泄露、转告"等和探问类动词"问、提问、反问、询问、请教"等均用于该句式。如：

（17）小李转告了我们小张的近况。→小李向我们转告了小张的近况。
（18）他问了我几个问题。→他向我问了几个问题。

3. 句式Ⅲc：称呼类动词比较特殊，它们可构成典型的双宾语句，也可在 $O_1$ 和 $O_2$ 之间加上"是、为"等构成相当于兼语式的句子。这类动词主要有"叫、称、称呼"等。

（19）大家称他"书虫"。→大家称他是"书虫"。
（20）学生称呼班主任"老班"。→学生称呼班主任为"老班"。

当动词为"叫"时，还可用"管"将 $O_1$ 提前。如：

（21）我们叫她阿姨。→我们管她叫阿姨。

## 三、外国留学生偏误案例

学生双宾语句的使用多集中于给予类（句式Ⅰ）和言说类（句式Ⅲ）。获取类（句式Ⅱ）使用率很低，原因在于获取类双宾动词的两个宾语在语义上一般具有领属关系，学生常将其转换为定中式短语，从而形成单宾语句，如"他骗了我的钱"。就总体用例而言，学生双宾语句偏误较少，但4种偏误类型均有所表现，其中宾语错序是最典型的一类偏误。

### （一）遗漏

学生经常遗漏双宾语句中的 $O_1$（与事），$O_1$ 通常为指人名词或代词。以下偏误用例均应根据句义添加相应的指人名词或代词。如：

（1）＊很好的朋友给了∧很好的回忆。（我）（句式Ⅰa 初级 印度）

（2）＊只有爱情会令人感到十分高兴，也会给∧不安的感觉。（人）（句式Ⅰa 中级 蒙古）

（3）＊我在北京的这一段的时间中，她给了∧很多帮助。（我）（句式Ⅰa 高级 日本）

（4）＊所以小说也可以告诉∧中国人的观念和思想。（我）（句式Ⅲa 初级 韩国）

（5）＊他告诉∧现在的世界跟我们小时候的不一样。（我）（句式Ⅲa 中级 韩国）

（6）＊当时我不能告诉∧我的事情。（别人）（句式Ⅲa 高级 韩国）

## （二）误代

外国留学生常会用动词"给"误代"教"。"给"是典型的给予义双宾动词，表示事物的传递，但不具备"教"所表示的行为及该行为带来的知识、技能等的传递。如：

（7）＊我给她学中国语。（教）（句式Ⅰa 初级 韩国）

（8）＊从我小学四年级的时候，她给我书法。（教）（句式Ⅰa 高级 日本）

其他一些动词也会因学生对词义掌握不准确而产生误代。如：

（9）＊妹妹经常送给我电子邮件，所以我知道她的情况。（发）（句式Ⅰb 高级 日本）

（10）＊这篇小故事教我们友好合作的重要性。（告诉）（句式Ⅲa 高级 日本）

有些近义动词带宾语情况不同，如"教"是双宾动词，而"教导"则是单宾动词。学生会将这种单宾动词误用为双宾动词。如：

（11）＊当时，她负责教导我们华文、数学、科学。（教）（句式Ⅰa 高级 新加坡）

## (三) 错序

错序是最典型的偏误类型,大体可分为两小类,一类是两个宾语之间及其与动词之间的错序,只需调整语序即可($A_1$—$A_3$),另一类错序则伴随着介词的误加($B_1$、$B_2$)。具体可分为5种,从具体偏误用例上来看,$O_1$(与事)最容易被学生错误地前置,是错序用例中最多的情况。

$A_1$. $O_1$(与事)和 $O_2$(受事)之间的错序。如:

(12) *她也给<u>很多帮助我</u>。(我很多帮助)(句式Ⅰa 初级 韩国)

(13) *拜年,长辈给<u>钱晚辈们</u>。(晚辈们钱)(句式Ⅰa 中级 老挝)

$A_2$. $O_1$(与事)被错误地置于动词前。如:

(14) *每天早起来去<u>它给</u>吃的东西。(给它)(句式Ⅰa 中级 韩国)

(15) *我自己问他是谁,那时候我的邻居<u>我都认识</u>了。(问自己)(句式Ⅲb 中级 委内瑞拉)

(16) *这个女孩长得很美,所以别的人<u>她叫</u>西施。(叫她)(句式Ⅲc 中级 韩国)

$A_3$. $O_2$(受事)被错误地置于动词前。如:

(17) *我要<u>更多的爱给</u>子女。(给子女更多的爱)(句式Ⅰa 中级 韩国)

(18) *上课时老师<u>很多问题问</u>我们。(问我们很多问题)(句式Ⅲb 初级 韩国)

$B_1$. $O_1$(与事)被错误地置于动词前,并且误加介词"对"。如:

(19) *几年以后<u>对这个男人给</u>了一个电话。(给了这个男人)(句式Ⅰa 中级 韩国)

(20) *有的人说<u>对小狗给</u>人权。(给小狗)(句式Ⅰa 中级 韩国)

(21) *所以<u>对我们给</u>了深刻的印象。(给了我们)(句式Ⅰa 中级 韩国)

(22) *请你<u>对上海人问</u>怎么走。(问上海人)(句式Ⅲb 初级 日本)

$B_2$. $O_2$（受事）被错误地置于动词前，并且误加介词"对"。如：

(23) *所以我常常对韩国文化告诉她。（告诉她韩国文化）（句式Ⅲa 初级 韩国）

**(四) 误加**

误加偏误总体不多，主要是学生会在 $O_2$（受事）前误加介词"对"。如：

(24) *还有我常常跟她一起聊天儿，她告诉我对她的国家。（句式Ⅲa 初级 韩国）

(25) *然后，还不能解决的问题，我问父母对解决的方法。（句式Ⅲb 中级 韩国）

## 四、偏误规律总结及教学建议

留学生双宾语句的使用问题比较集中，反映在语序、词义两个方面，其中语序问题更为突出。在学生的错序偏误中，$O_1$（与事）常被错误地置于动词前，有时会误加对象介词"对"。$O_1$（与事）多为指人名词，它的前置及介词误加很可能跟学生的母语有关。如：

| 日语 | 先生は | 学生 | に | 中国語を | 教えます |
|---|---|---|---|---|---|
| 直译 | 老师 | 学生 | 对 | 汉语 | 教 |

词义方面的偏误一方面表现为意义相近或相关动词之间的误代，如"给—教""送—发"，另一方面也可能由于动词之间的误代导致一些句法上的偏误，因为有些近义词虽意义上有所关联，但带宾语情况却不同，如"教—教导"。

$O_1$（与事）的遗漏和 $O_2$（受事）前误加介词也是学生较易出现的偏误。学生对动词带宾语情况掌握不到位，有些双宾动词缺省 $O_1$（与事）后不能成句，教师应对此有所强调。此外，$O_2$（受事）前介词的误加与母语知识负迁移、介词"对"使用规则过度泛化等密切相关，教师应详细、清晰地分析双宾语句的基本形式，从而避免此类偏误。

双宾语句的教学不仅要强调句法结构，更要注重语义结构分析。句法结构的讲解应强调"施事—与事—受事"三者之间的语序,并以此为依据进行语义结构分析。给予类双宾语句可作为典型来分析 $O_1$（与事）和 $O_2$（受事）之间的语义关系,并以此为原型,扩展到获取类、言说类等其他双宾语句的语义分析。教师可使用对比分析法,在了解学生母语背景的基础上,尽可能地查找相关语言资料,展示汉语双宾语句和学生母语或课堂媒介语（如：英语）之间的差异。若学生母语和汉语双宾语句差别较大,那么教师应预测学生可能产生的偏误,并在课堂上重点强调。此外,图示法也可清晰、直观地展示双宾语句中主宾语之间的语义关系、事物或信息传递的方向等,从而辅助教学。

（王梓秋　执笔）

# 陆 连动句偏误案例

## 一、连动句的定义及使用规则

### (一) 连动句的定义

连动句是指由两个或两个以上动词结构连用（或形容词结构、主谓结构与动词结构连用）作谓语的句子。两个动词结构陈述同一个主语，中间无关联词语连接、无语音停顿，两个动词结构具有一定的时间或逻辑事理关系，表示两个动作连续进行或相伴进行。如：

(1) 他上车买票。
(2) 王明去图书馆借书。
(3) 他低着头沉思往事。

### (二) 连动句的使用规则

1. 连动式主要是指动词结构的连用，也包括少量动词结构与形容词结构、主谓结构的连用，但不包括介词结构与动词结构的连用。

2. 连用的两个动词结构之间不能有语音停顿，书面上不能用标点符号隔开，连用的两个动词结构之间不能使用表示逻辑关系的关联词语。

3. 连用的两个动词结构共用一个主语，往往具有较为实在的动作意义，二者在时间上先后或相伴发生，具有一定的语义关系。

4. 可以使用状语标志"地"区分连动结构与状中结构：两个动词结构连用，前一动词结构对后一动词结构有修饰、限制、说明等意义时，如果两个动词结构之间无"地"相连，则为连动结构，如有"地"相连，则为状中结构。

## 二、连动句的下位句式

根据对外汉语教学的需要，以及 $VP_1$、$VP_2$ 时间意义的强弱，可以将连动式分为三大类：继动式连动句、同动式连动句和时间意义较弱的连动句，各大类又可根据不同的语义关系分为不同小类，具体分类如下：

### (一) 继动式连动句

动作按排列顺序相继发生，其发生时间几乎没有重合，因此都可以进入这种变换格式：$N+VP_1+VP_2 \rightarrow N+VP_1$，然后 $VP_2$。

1. 下位句式 Ⅰ：$N+VP_1+VP_2$

$VP_1$ 和 $VP_2$ 是动词短语，表示相继发生的两个动作，$VP_1$ 对 $VP_2$ 没有修饰和限制作用，几乎没有主次关系。如：

(1) 他从他的书包里拿出一本书递给我。

2. 下位句式 Ⅱ：$N+VP_1$（动词+处所名词）$+VP_2$

以"来、去、回、到"等表示位移意义的动词为标志性动词，后面加处所名词，或由"来、去、回、到"接在其他动词后作趋向补语，后接处所名词，与 $VP_2$ 组成形式为"$VP_1$（处所）$+VP_2$"的连动句，且 $VP_1$ 和 $VP_2$ 有较强的语义关系，一般为动作—目的。如：

(2) 我这次来南京参观了大屠杀纪念馆。

(3) 前些天，美国总统来拜访了这位佛学大师。

但在"到/回……去""到/回……来"这两种框架结构中，"来"和"去"不能作为 $VP_1$ 出现。

### (二) 同动式连动句

$VP_1$、$VP_2$ 代表的两个动作相伴进行或相伴出现，强调两个动作相继发生的语义减弱，$VP_1$ 修饰、限制 $VP_2$ 的意味增强，$VP_2$ 通常是语义的中心。这种句式都可进入变换式：$N+VP_1+VP_2 \rightarrow N+VP_2$ 时，$VP_1$。

1. 下位句式 Ⅲ：$N+VP_1+VP_2$

$VP_1$ 多表示 $VP_2$ 的方式、手段或状态，或与 $VP_2$ 共同说明同一个动作的两个方面。如：

(4) 大家鼓掌欢迎。

2. 下位句式 Ⅳ：$N+V$ 着 $P_1+VP_2$

$VP_1$ 和 $VP_2$ 相伴发生，两个动词之间有"着"相连。如：

(5) 我骑着我的新自行车来到学校。

### (三) 时间意义较弱的连动句

$VP_1$ 动作意义和时间意义都较弱,用于表示 $VP_2$ 的条件、手段、工具等。

1. 下位句式Ⅴ:N+$VP_1$+$VP_2$

$VP_1$ 是"有、没有、没",由 $VP_1$ 构成的动词结构表示一种能力或条件。如:

(6) 小二黑有资格谈恋爱。

2. 下位句式Ⅵ:N+$VP_1$+$VP_2$

$VP_1$ 是动词"用、利用、拿、靠、花"等,表示借以完成 $VP_2$ 的条件。如:

(7) 他花了10元钱买了两件东西。

## 三、外国留学生偏误案例

### (一) 错序

错序是连动句最典型的偏误类型。其偏误数量最多,遍及各个下位句式,较多分布在初、中级阶段。错序表现在以下三个方面:

1. 连动句错序最主要表现在两个动词结构的错序。连动句是汉语中最能体现时间顺序原则的特殊结构,不管是时间顺序原则显性表现的句式Ⅰ、Ⅱ,还是隐性表现的句式Ⅲ、Ⅳ、Ⅴ、Ⅵ,其动词结构的顺序安排都参照事件发生的先后顺序。由于学习者不了解连动句的本质特征,虽然依照连动句的句法结构进行造句,但他们所依据的原则并不是时间顺序原则,而是事件信息的重要度原则。因此从学习者错序偏误的例子来看,表示结果、目的的动词结构放在前面,而表示过程、方式、状态、手段、工具等意义的动词结构置于后面。如:

(1) *阿里出去了穿上衣服。(穿上衣服出去了)(句式Ⅰ 初级 韩国)

(2) *一天早晨马林点火起来,她的小孩也在火炉旁,为了减轻冷

的天气。(起来点火)(句式Ⅰ　中级　泰国)

(3) *因为我常常要上班去上海所以没来上课。(去上海上班)(句式Ⅱ　初级　日本)

(4) *我的朋友都特意避冷去南方，所以我一个人去东北。(去南方避冷)(句式Ⅱ　中级　日本)

(5) *我的朋友和我要拍照片去树下面……(去树下面拍照片)(句式Ⅱ　中级　韩国)

(6) *很多旅游者来这儿开着汽车。(开着汽车来这儿)(句式Ⅳ　中级　韩国)

(7) *1月1号，参拜新年后首次去，或看见亲属面等。(新年后首次去参拜)(句式Ⅱ　中级　日本)

(8) *休息一会儿，要吃饭到中心街去了。(到中心街吃饭)(句式Ⅱ　高级　韩国)

(9) *下午探病去医院。(去医院探病)(句式Ⅱ　高级　韩国)

(10) *我们旅游去西安坐汽车很高兴。(坐汽车去西安旅游)(句式Ⅲ　初级　韩国)

(11) *你试试穿穿吧。(穿穿试试)(句式Ⅲ　初级　韩国)

(12) *你尝尝喝一口。(喝一口尝尝)(句式Ⅲ　初级　韩国)

(13) *现在他们可以会话用汉语了。(用汉语会话)(句式Ⅵ　初级　韩国)

(14) *人们常常喜欢对待问题或事情用自己的看法或见解……(用自己的看法或见解对待问题或事情)(句式Ⅵ　中级　韩国)

(15) *他决定逃出刑务用自己的办法。(用自己的办法逃出刑务)(句式Ⅵ　中级　韩国)

2. 虽然学习者掌握了连动句以时间顺序原则安排动词前后位置的本质特征，但由于VP$_2$陈述的动作行为也与NP$_1$指称的事物有密切联系，或"动作—地点"或"动作—受事"，所以学习者将NP$_1$放在了VP$_2$之后。如：

(16) *祥子想买一辆新的拉车。(买一辆新的车拉)(句式Ⅰ　中级　韩国)

(17) *6月日本朋友回国的时候，我们三个人一起去旅游苏州。(去

苏州旅游)(句式Ⅱ　初级　韩国)

(18) *还有一起去旅行上海了。(去上海旅行)(句式Ⅱ　初级　越南)

此类偏误中还有一部分例子,由于学习者对"VP$_2$+NP$_1$"出现的词语更为熟悉,甚至早已形成语块储存在记忆中,因此产生这类错序。如例(19)"穿衣服",例(20)"吃东西"。

(19) *我们会吃肉、牛奶,还会用皮做穿衣服。(做衣服穿)(句式Ⅰ　中级　韩国)

(20) *很饿的时候有吃东西的话,吃东西也可能做幸福的条件。(有东西吃)(句式Ⅴ　中级　韩国)

3. 离合词一直是学习者的难点,当离合词出现在连动句的VP$_1$位置,且表示伴随状态时,"着"往往放在整个离合词之后,导致离合词中宾语成分与"着"的错序。此类错误基本分布在句式Ⅳ中。如:

(21) *在家喜欢吃饭着看电视。(吃着饭)(句式Ⅳ　中级　越南)

(22) *春姑娘来,在树上的鸟在唱歌着向我们告春天的消息。(唱着歌)(句式Ⅳ　高级　韩国)

### (二) 遗漏

遗漏是连动句较典型的偏误类型。根据其表现形态,可分为三类。

1. 遗漏有限定性或固定标记词的VP$_1$,主要指句式Ⅱ中"来、去"类标记词、句式Ⅴ中"有"、句式Ⅵ中"用"的遗漏。这与学习者意在表达VP$_2$的信息焦点,误将前面的NP$_1$视为地点状语、方式状语而回避使用连动句式有关。学习者最常用的句式Ⅱ多在初级阶段发生此类偏误。如:

(23) *我们买了DVD以后,一定∧我家看DVD。(去/到)(句式Ⅱ　初级　韩国)

(24) *所以我想∧南京师范大学学习。(去/到)(句式Ⅱ　初级　韩国)

(25) *其实他准备∧日本留学。(去/到)(句式Ⅱ　初级　韩国)

(26) *以后我们要∧别的大学学习五年专业。(去/到)(句式Ⅱ　中级　韩国)

(27) *所以准备午饭和照相机,一家人∧郊外爬山。(去/到)(句式Ⅱ　高级　韩国)

(28) *到了公安局,我对警察说了整个发生的事情,但是没想到警察说,先得∧派出所申报,然后再过来。(去/到)(句式Ⅱ　高级　韩国)

(29) *他∧很多机会来中国。(有)(句式Ⅴ　初级　韩国)

(30) *今天上午∧人找你。(有)(句式Ⅴ　初级　韩国)

(31) *因为贪财昧利,所以∧不好的办法来榨取软弱人的东西。(用)(句式Ⅵ　高级　韩国)

(32) *她知道我不太喜欢学习,所以∧有意思的办法来教我,很耐心地教我。(用)(句式Ⅵ　高级　韩国)

2. 遗漏 $VP_1$ 或 $VP_2$ 中的动词,这些动词的动作性都较强,其遗漏大概与学习者主要关注这些动词后的宾语或趋向、结果补语传达的信息焦点有关,也可能是学习者在事件表达中选择动作动词失败所致。如:

(33) *母亲每天让"我"∧两个鸡蛋给客房客人。(拿)(句式Ⅰ　高级　韩国)

(34) *我同屋去商店∧了一件毛衣。(买)(句式Ⅱ　中级　韩国)

(35) *所以我们去∧山。(爬)(句式Ⅱ　高级　韩国)

(36) *然后我们都出发∧了天安门。(去)(句式Ⅲ　初级　韩国)

(37) *总算到达十渡,我们含着微笑∧起来了。(站)(句式Ⅳ　中级　韩国)

(38) *好像一个看不出来的手用神奇的,五光十色的被子把地球跟我们小孩子一样∧严了。(盖/裹)(句式Ⅵ　高级　古巴)

3. 遗漏主语或宾语。主要是宾语的遗漏,特别是 $NP_1$ 的遗漏。如:

(39) *你们不要给我钱,我自己找了∧打工……(地方)(句式Ⅰ　初级　韩国)

(40) *遭受如此打击,人们嘲笑她鄙夷她,∧最终沦为乞丐饿死街头。(她)(句式Ⅰ　高级　韩国)

(41) *每当见到朋友的时候,她总是有很多事告诉∧。(我)(句式Ⅴ　中级　韩国)

### (三) 误加

误加也是连动句较典型的偏误类型。其偏误主要表现为两个方面。

1. 表示位移意义的动词"去""到"在连动句的 $VP_1$ 结构中冗余。学习者可能受"来到"这个词的影响,将"去""到"连用,造成误加。如:

(42) *所以我一下了课就<u>去到</u>加拿大学习英语。(句式Ⅱ 中级 韩国)

(43) *休息一会儿,<u>去到</u>中心街吃饭。(句式Ⅱ 高级 韩国)

2. 句式Ⅱ中的 $NP_1$ 是处所名词宾语,学习者会将早已习得的"在+处所名词"泛化到连动句中,习惯性地在连动句的处所名词宾语前加一个介词"在",该类偏误集中发生在初级阶段,这表明学习者尚未明确形成使用连动句的意识。如:

(44) *我经常去<u>在</u>图书馆学习。(句式Ⅱ 初级 法国)

(45) *他常常去<u>在</u>操场打篮球。(句式Ⅱ 初级 韩国)

(46) *我想去<u>在</u>南京师范大学学习。(句式Ⅱ 初级 泰国)

### (四) 误代

误代是连动句数量最少的偏误类型。其偏误表现体现为两类。

1. 动词误代。动词误用大多是由于学习者对词汇意义和用法掌握得不够准确所致,与连动结构自身的句法特征无关。如:

(47) *他站起来<u>疑问</u>。(提问)(句式Ⅰ 高级 韩国)

(48) *我在中国的时候去<u>行</u>了一些地方。(旅行)①(句式Ⅱ 高级 韩国)

此类偏误中还包括一部分单、双音节近义动词的误代。如:

(49) *从此他每晚上骑他的马到爱人的帐篷<u>面见</u>她。(见)(句式Ⅱ 高级 蒙古)

(50) *星期六和星期日我们去商店买东西或者<u>谈话</u>生活。(谈)(句式Ⅱ 初级 越南)

---

① 除动词误代,此处还存在错序偏误,全句改为"我在中国的时候去<u>一些地方旅行</u>了"。

(51)＊然后她去一个地方碰一个女孩，他马上就想出来。(碰见)(句式Ⅱ　中级　韩国)

2. 句式Ⅱ中，在 $VP_1$ 位置上的"来/去"误代固定格式"到……去""到……来"中的第一个动词"到"，这是由于学习者不很清楚这两个固定格式，且"来、去、到"又具有语义上的相关性所致。如：

(52)＊我很想来中国这个古老而年轻的国家去。(到)(句式Ⅱ　初级　意大利)

(53)＊所以我一个人去外面去。(到)(句式Ⅱ　中级　韩国)

(54)＊不少客人来这家面条店来吃面条。(到)(句式Ⅱ　高级　日本)

## 四、偏误规律与教学建议

从数量上看，连动句式的偏误类型从多到少的顺序是：错序—遗漏—误加—误代，各类偏误的规律很明显。

错序偏误几乎都表现为两个动词结构的错序，这与学习者没有掌握连动句的本质特征和语义特点有关。在教学中不仅要讲解连动句复杂的结构特点，也要强调其动词结构的顺序安排是以时间顺序为原则。

遗漏偏误大部分表现为有限定性或固定标记词的 $VP_1$ 的遗漏，包括句式Ⅱ中的"来、去"类标记词、句式Ⅴ中的"有"、句式Ⅵ中的"用"。在教学中要强化学习者记忆上述 3 个下位句式的标记词，防止在使用中遗漏。

误加和误代偏误，主要集中在句式Ⅱ中，这也是学习者使用率、偏误率最高的句式。在句式Ⅱ的讲解中，要讲解"到/回……去""到/回……来"这两种框架结构，说明其仅适用于以"到/回"为 $VP_1$ 的句式Ⅱ中，让学习者牢记"来/去"不能作为 $VP_1$ 进入上述格式。

(路晓艳、乔佽　执笔)

# 柒 兼语句偏误案例

## 一、兼语句的定义与界定

兼语句是首尾相连、语义相承的语句部分叠加重合而构成的一种严谨结构。其格式可归纳为：（$N_1$＋）$V_1$＋$N_2$＋$V_2$（＋$N_3$）。但满足这一序列的句子不一定就是兼语句，它可能是主谓短语作宾语，也可能是连动句。学界提出了许多鉴别标准，但没有一个标准可以把这些句式完全区别开来，所以各家所列的兼语句的范围大小不一。刘月华等（2001：716）指出：兼语句与主谓短语作宾语的第一个谓语动词的性质不同。主谓短语作宾语的句子，谓语动词必须能陈述或说明一件事情，能满足这个要求的动词多为表示感知的"知道、听说、看见、觉得、以为、懂得、明白"等；也有表示心理活动的"希望、盼望、相信、想、怀疑、记得"等；还有"说、反对、赞成"等。这些词都不能出现在兼语句中。因此，从 $V_1$ 的角度来看，兼语句和主谓短语作宾语的句子完全不同。这一点也说明在兼语句中兼语动词 $V_1$ 的重要性。

## 二、兼语句的下位分类

根据兼语句内部的语义关系，可以将其分为使令类兼语句、有无类兼语句、称呼类兼语句三大类。

### (一) 句式Ⅰ：使令类兼语句

语义上是 $V_1$ 致使 N 产生 $V_2$ 这个动作或状态。在表使令义的兼语句中，$V_1$ 的致使性也有强弱之分，因此还可以分出 4 种不同的小类：

1. 句式Ⅰa：要求类。这类兼语句的 $V_1$ 主要有"要求、命令、使、让、令、请"等。如：

（1）王老师要求孩子们告诉他真实的地址。

2. 句式Ⅰb：派遣类。这类兼语句的 $V_1$ 主要有"派、邀请"等。如：

(2) 她执意要回学校，爸爸只好派人护送她回家。

3. 句式 Ic：培养类。这类兼语句的 $V_1$ 主要有"培养、供养、组织"等。如：

(3) 我一定要供养你们上大学。

4. 句式 Id：陪同类。这类兼语句的 $V_1$ 主要有"陪、帮、扶"等。如：

(4) 明天我要陪她看医生。

### (二) 句式 Ⅱ：有无类兼语句

这类兼语句的 $V_1$ 是"有、没有"，兼语表示存在的人或事物，兼语的谓语说明或描写兼语。如：

(5) 他有个哥哥在北京工作。

### (三) 句式 Ⅲ：称呼类兼语句

这类兼语句的 $V_1$ 主要有"称、叫、骂"等，后一个动词多为"是、为、作"等。如：

(6) 遇到敌人，他谎称自己是过路的驻村干部。

## 三、外国留学生偏误案例

不同学习阶段的兼语句偏误可以从遗漏、误代、误加和错序四个方面进行列举和分析。

### (一) 遗漏

遗漏偏误主要集中在句式 Ⅰ 中，且句式 Ia 居多。遗漏的成分不一，有些遗漏 $V_1$，有些遗漏 $V_2$，有些遗漏 $N_2$，有些则同时遗漏两个以上的成分。如：

(1) *我想一直∧我的生活愉快。(让)（初级　日本）

(2) *这么一来，我家庭创造条件∧来中国学习。(让我)（初级　越南）

(3) *老师∧我们秀一下。(让)（高级　韩国）

(4) *她认识很多中国人，所以每个星期叫我∧她的学校……（去）（初级　泰国）

(5) *那时候他偷偷地告诉我公司已决定派我∧中国进修汉语。（去）（中级　日本）

(6) *一次，他请我∧晚会。（参加）（高级　日本）

(7) *说完就用柳条打自己，她用那种方法使∧领悟自己的错误。（我）（中级　尼泊尔）

(8) *我们告诉他现在的情况，他同情我们，可以让∧上车，所以很方便的去曲阜。（我们）（中级　韩国）

(9) *如果同学们打算去日本玩一玩，我劝∧四月去。（你们）（中级　日本）

(10) *他们的欲望与微少的良心让∧当这社会的阿Q。（他）（高级　韩国）

### （二）误代

误代偏误主要集中在句式Ⅰ中$V_1$的误代，也有少部分是$V_2$的误代。如：

(11) *有一个女人……就把我坐在她的自行车的后面。（让）（初级　德国）

(12) *马教授请我请您去吃饭。（让）（初级）

(13) *从烟筒里冒出来一丝烟给人想起故乡的景色。（让）（中级　韩国）

(14) *早上起床，清清的空气感我抖擞精神。（让）（高级　韩国）

(15) *海员马上使船往那边航行。（让）（高级　俄罗斯）

(16) *冬天的时候我打算请她在我的国家。（到）（初级　加拿大）

(17) *我觉得这个风快要带我搬到很远的地方。（到）（中级　乌克兰）

(18) *但是在我心里留下了什么痕迹，我不太清楚，只知道使我至今忘不得。（忘不了）（中级　圭亚那）

## （三）误加

误加偏误主要集中在句式Ⅰ中 $V_1$、$V_2$，以及 $V_1$ 后"了""过"或其他成分的误加。如：

(19) *他已经请了我到饭馆了。（初级　捷克）

(20) *所以她帮过我学习过汉语。（初级　韩国）

(21) *她常常帮我的学习汉语。（初级　韩国）

(22) *她就说昨天晚上玛歌尔在家跟我们一起吃饭，过几分钟就来了一个电话，让了他到办公室……（中级　刚果）

(23) *但为了照顾孩子们的情绪，我们允许让他们养乌龟。（中级　韩国）

(24) *然后我让有一个朋友帮我讨价还价。（高级　日本）

(25) *这个地方……让人给高兴。（高级　韩国）

## （四）错序

错序偏误主要集中在句式Ⅰ中修饰成分的错序，以及 $V_2$ 与 $N_3$ 的错序等。如：

(26) *他帮我练了汉语很多。（很多汉语）（初级　越南）

(27) *她常常帮我汉语学习。（学习汉语）（初级　韩国）

(28) *阿里让我那件事告诉你。（告诉你那件事）（初级）

(29) *谢力让我在操场不等他。（不让我在操场）（初级）

(30) *请老师常常帮我汉语学习。（学习汉语）（中级　法国）

(31) *他们让我学习努力汉语。（努力学习）（中级　斯里兰卡）

(32) *请明天晚上你来我这儿一趟。（你明天晚上）（中级　韩国）

(33) *这样的性格使周围他的人也很开心。（他周围）（高级　泰国）

(34) *她要每个星期天我去教堂……（我每个星期天）（高级　韩国）

## 四、偏误规律与教学建议

根据中介语语料库的考察发现偏误用例主要集中在句式Ⅰ。遗漏偏误主要集中于句式Ⅰa，有些是$V_1$的遗漏，有些是$V_2$的遗漏，有些是$N_2$的遗漏，有些则同时遗漏两个以上的成分。教学中应注意兼语句各个组成成分的分解教学，以加深学生对兼语句特点的理解和掌握。

误代偏误主要集中在句式Ⅰ中$V_1$的误代，也有少部分是$V_2$的误代。教学中应该注意对$V_1$和$V_2$的分别讲解，适当进行替换练习，特别注意让学生掌握可出现于$V_1$位置的常用动词，以规避误代的发生。

误加偏误用例主要集中在$V_1$、$V_2$，以及$V_1$后"了""过"或其他成分的误加。教学中要重点说明兼语句在时态表达上的特殊性，避免与其他句式的混淆而造成误加。

错序主要集中在句式Ⅰ中修饰成分的错序上，以及$V_2$与$N_3$的错序等。教学中要加强兼语句内部语序的说明与教学，并有针对性地进行连词成句练习。

（路晓艳、颜明　执笔）

# 捌 重动句偏误案例

## 一、重动句的定义及使用范围

重动句,是指谓语动词后带有宾语,再重复动词并带上补语或者宾语的单句形式。其格式可归纳为:$S+V_1O+V_2C$。如:

(1) 他游泳游得很好。(此例为重复动词带上补语形式)
(2) 我摸奖摸了一台电视机。(此例为重复动词带上宾语形式)

## 二、重动句的下位句式

为使重动句分类简洁、直观,以利于对外汉语教学,根据重动句构成的特点,以补语标记词,即第二个动词结构中连接动词与补语或宾语的助词或介词("得、了、到、在"等)作为标准,将重动句划分为以下几种句式:

### (一) 句式Ⅰ:无标记词重动句(指 $V_2$ 和 C 之间没有标记词连接的句式)

根据补语的不同,这种句式又可分为3个小类:

1. 句式Ⅰa:补语为单个谓词或述宾类惯用语。如:
(1) 平时连拿笔的机会都没有,打电脑打惯了。
(2) 他打官司打上了瘾。
2. 句式Ⅰb:补语为述宾结构。如:
(3) 他们玩牌玩忘了一件重要的事。
3. 句式Ⅰc:补语为可能补语的否定形式。如:
(4) 你去哪儿了,到处找你找不着。

### (二) 句式Ⅱ:带"得"的重动句

根据补语的类型可将其细分为4类:
1. 句式Ⅱa:单个谓词或形容词的重叠形式作补语。如:

(5) 妈妈归置房间归置得整整齐齐。
2. 句式Ⅱb：偏正短语作补语。如：
(6) 你是不是最近弹琴弹得太累了。
3. 句式Ⅱc：主谓短语作补语。如：
(7) 我这几天打牌打得头脑发昏。
4. 句式Ⅱd：述宾短语作补语。如：
(8) 医生也不信，真的会是补钙补得不长个儿了？

### (三) 句式Ⅲ："了"标记重动句，即数量补语重动句

按补语类型可分为两小类：
1. 句式Ⅲa：补语由表时段的名词或短语充当。如：
(9) 找工作找了半年多了，还是没有找到。
2. 句式Ⅲb：补语由动量短语充当。如：
(10) 他看这封信看了好几遍。

### (四) 句式Ⅳ："到"标记重动句

补语多由表示时间（时点）、地点和程度的成分充当，表示动作延续的时点、地点或程度。亦可分为3小类：
1. 句式Ⅳa：补语由时间名词或表时间的短语充当。如：
(11) 我等他等到散会。
(12) 我跟他吃饭就吃到12点。
2. 句式Ⅳb：补语由处所名词或表示处所的名词性词语充当。如：
(13) 我们突然像游泳游到了一个海底世界一样。
3. 句式Ⅳc：补语由表示动作程度的词或短语充当。如：
(14) 请你一定要帮忙帮到底。

### (五) 句式Ⅴ："出"标记重动句

这类重动句以趋向动词"出"引出补语，多表示动作产生的结果。如：
(15) 要是有一天，吃饭吃出了人命，那到底怨谁呢？

## 三、外国留学生偏误案例

不同学习阶段的重动句偏误主要集中在句式Ⅰ、句式Ⅱ和句式Ⅲ中，偏误类型有遗漏、误加和错序3种，未发现误代类偏误。

### （一）遗漏

1. 句式Ⅰ主要集中在 $V_2$ 的遗漏以及"$V_2$+得"的遗漏。如：

（1）＊在中国生活很好，可是说汉语∧不好。（说）（句式Ⅰ　初级　韩国）

（2）＊现在我说汉语∧不好，所以我和我的中国朋友谈话的时间，我们都困难。（说）（句式Ⅰ　初级　韩国）

2. 句式Ⅱ主要集中在"V+得"的遗漏，有一部分为 $V_2$ 的遗漏，还有一部分为"得"的遗漏。如：

（3）＊他跑步∧得很快。（跑）（句式Ⅱ　初级　塞拉利昂）

（4）＊她教我∧得很清楚。（教）（句式Ⅱ　初级　韩国）

（5）＊回去韩国，我能说汉语∧很流利。（说得）（句式Ⅱ　初级　韩国）

（6）＊在这里学习才能说汉语∧很流利。（说得）（句式Ⅱ　初级　泰国）

（7）＊我想说汉语∧流利，帮助我爸爸。（说得）（句式Ⅱ　中级　韩国）

（8）＊他说汉语说∧很熟练。（得）（句式Ⅱ　初级　斯里兰卡）

（9）＊以前我没学过汉语，所以我说汉语说∧很差。（得）（句式Ⅱ　初级　韩国）

（10）＊这不是你的错误，这是因为我教你∧得不好。（教）（句式Ⅱ　中级　韩国）

（11）＊写汉语写∧不太好，所以我想说的话都不可以说……（得）（句式Ⅱ　中级　韩国）

（12）＊好像今天太阳从西边出来的吧，这么懒的孩子今天起床∧得这么快？（起）（句式Ⅱ　中级　韩国）

3. 句式Ⅲ主要集中在"V+了"以及"了"的遗漏。如：

（13）*他帮我练汉语∧很多。（练了）（句式Ⅲ　初级　越南）

（14）*但是我学汉语∧6个月，汉语很难。（学了）（句式Ⅲ　初级　韩国）

（15）*去年我学习汉语∧四个月后，我知道一点儿。（学了）（句式Ⅲ　初级　老挝）

（16）*上午上课下午上班这样在南京的生活开始了，好的事情是我在韩国的时候学汉语学∧三年左右。（了）（句式Ⅲ　中级　韩国）

（17）*时间过得真快，我们坐汽车∧快要三个小时。（坐了）（句式Ⅲ　中级　韩国）

（18）*走路已经∧半个小时了，我不能动。（走了）（句式Ⅲ　中级　韩国）

（19）*啊，我已经∧排了五天多了！（排队）（句式Ⅲ　高级　日本）

（20）*我看兵马俑∧很长时间。（看了）（句式Ⅲ　高级　韩国）

**（二）误加**

1. 句式Ⅰ、句式Ⅱ的偏误用例主要集中在$V_1$和O之间的"的"的误加。如：

（21）*以前我很担心我考试的考不好。（句式Ⅰ　高级　蒙古）

（22）*有很多的原因，我认为最重要的是她描写的人物描写得很逼真……（句式Ⅱ　高级　瑞典）

（23）*而且他背了很多很重的医书，所以他的走路走得很慢。（句式Ⅱ　高级　韩国）

2. 句式Ⅲ的偏误用例主要集中在$V_1$后成分的误加。如：

（24）*我学习了汉语学了六个月了。（句式Ⅲ　初级　韩国）

（25）*谢镇发已经学过了汉语学了十多年，所以他的汉语水平比别的同学高得多。（句式Ⅲ　高级　泰国）

**（三）错序**

错序用例仅在初级阶段出现，且仅发生在句式Ⅲ中。其偏误用例主

要表现为 $V_1O$ 与 $V_2$ 的错序，或 $V_2$ 与其所跟补语的错序。如：

(26) *我试了试衣服半天，就还没买好。（试衣服试了）（句式Ⅲ　初级　英国）

(27) *坐了很长时间我坐车，但是约好的地点没到。（我坐车坐了很长时间）（句式Ⅲ　初级　韩国）

(28) *我和我的爱人从仁川到天津坐船二十六个小时坐了。（坐了二十六个小时）（句式Ⅲ　初级　韩国）

## 四、偏误规律与教学建议

从数量上看，重动句式的偏误类型从多到少的顺序是：遗漏—误加—错序，各类偏误的规律很明显。

根据中介语语料库的考察发现遗漏偏误主要集中在句式Ⅰ、句式Ⅱ和句式Ⅲ。其中初级阶段遗漏用例最多，尤其是句式Ⅱ和句式Ⅲ。中级阶段的偏误用例主要集中在句式Ⅱ，而高级阶段出现的偏误用例较少，主要集中在句式Ⅲ。因此学生在习得简单重动句的基础上应大量强化练习，尤其注意 $V_2$ 成分的遗漏。

误加偏误主要集中在句式Ⅰ、句式Ⅱ和句式Ⅲ，其中高级阶段最多，除了初级阶段出现的偏误类型，同时也出现了重动句规则的泛化，因此出现较多误加现象。教师应该重视重动句与相关句式功能差异的适当讲解。

错序偏误主要集中在句式Ⅲ，全部都是初级阶段，而且集中在 $V_2$ 与其所跟补语的错序，因此教师在讲解的时候应注意强调其次序问题。

（路晓艳、颜明　执笔）

# 玖 趋向补语句偏误案例

## 一、趋向补语句概说

趋向补语句是将一些表示人或物体移动方向的趋向动词放在动词或形容词后,对动作的趋向进行补充说明的句式。其句法结构可以形式化为:主语+动词/形容词+趋向补语。

其中,充当补语的趋向动词可分为简单趋向动词和复合趋向动词两大类,前者包括"来、去、上、下、进、出、回、过、起、开",后者包括"上来、上去、下来、下去、进来、进去、出来、出去、回来、回去、过来、过去、起来、开来"。

## 二、趋向补语句的下位句式

根据趋向补语的句法结构特征,可以将趋向补语句划分为 7 类句式。由于每一种趋向补语句中的趋向动词有本义和引申义的区别,因此将其进一步分为 14 个下位句式:

### (一) 句式 I

1. 句式 Ia:主+动+简单趋向动词(本义)。如:
(1) 这瓶盖太紧了,你能帮我打开吗?
2. 句式 Ib:主+动+简单趋向动词(引申义)。如:
(2) 既然人家都诚心诚意地来了三趟了,我只好收下。

### (二) 句式 II

1. 句式 IIa:主+动+宾+简单趋向动词(本义)。如:
(3) 你总不能一个人全花了吧,你总得给家里寄一些钱去。
2. 句式 IIb:主+动+宾+简单趋向动词(引申义)。如:
(4) 大家的思绪都随着歌声一起回到童年去。

## (三) 句式Ⅲ

1. 句式Ⅲa：主＋动＋简单趋向动词＋宾（本义）。如：
(5) 我<u>走进房间</u>，想仔细看看那些照片。
2. 句式Ⅲb：主＋动＋简单趋向动词＋宾（引申义）。如：
(6) 老师希望每个人都能<u>说出自己的想法</u>。

## (四) 句式Ⅳ

1. 句式Ⅳa：主＋动＋复合趋向动词（本义）。如：
(7) 话音刚落，就有人<u>站起来</u>鼓掌。
2. 句式Ⅳb：主＋动＋复合趋向动词（引申义）。如：
(8) 这本书很难让人<u>看下去</u>。

## (五) 句式Ⅴ

1. 句式Ⅴa：主＋动＋宾＋复合趋向动词（本义）。如：
(9) 那人进去没一会儿就<u>取了一个包裹出来</u>。
2. 句式Ⅴb：主＋动＋宾＋复合趋向动词（引申义）。如：
(10) 你<u>先做一个策划出来</u>，我们再看能不能实施。

## (六) 句式Ⅵ

1. 句式Ⅵa：主＋动＋趋向动词₁＋宾＋趋向动词₂（本义）。如：
(11) 那姑娘坐下以后<u>拿出一本书来</u>。
2. 句式Ⅵb：主＋动＋趋向动词₁＋宾＋趋向动词₂（引申义）。如：
(12) 我在家足足憋了三天，才<u>想出这个办法来</u>。

## (七) 句式Ⅶ

1. 句式Ⅶa：主＋动＋复合趋向动词＋宾（本义）。如：
(13) 窗户刚一打开就<u>飞进来一只蜜蜂</u>。
2. 句式Ⅶb：主＋动＋复合趋向动词＋宾（引申义）。如：
(14) 你不说，我倒没<u>想起来这件事</u>。

## 三、外国留学生偏误案例

通过对外国学生汉语习得过程中趋向补语句偏误情况的考察，可以发现外国学生趋向补语句的偏误类型主要可以分为句式选择方面的偏误和句式构成成分方面的偏误两种。

### (一) 句式选择方面的偏误

句式选择方面的偏误大多表现为不该使用趋向补语而误用趋向补语句。如：

(1) ＊回来宾馆以后我马上睡觉了。（初级　韩国）

(2) ＊最后我们决定开车往回上海去。（中级　越南）

(3) ＊第二天，我去买东西的时候，首先进去了一家卖手表的店。（高级　日本）

以上句子中画线部分都不需要使用趋向补语，而学生对趋向补语的使用类推泛化，在有移动性动作的情况下使用了趋向动词，造成了此类偏误。

此外，有的句子中其他成分的语义与趋向补语句的语义造成矛盾，也是一种句式选择上的偏误。如：

(4) ＊国家之间的战争发生起来了。（中级　韩国）

(5) ＊它经过了悠久的历史，慢慢地形成出来。（中级　日本）

(6) ＊听说，后来他慢慢地死下去了。（中级　韩国）

(7) ＊从此我们互相认识起来了。（中级　芬兰）

(8) ＊我希望过五一节日后，我和我的同学重新努力学习下去！（高级　韩国）

例（4）（5）中的动词"发生"和"形成"都包含动作终止的含义，后面不可再加表示趋向的补语。例（6）（7）中的动词"死"和"认识"都是瞬间的动作，加上表示渐进的趋向补语"下去"和"起来"，语义也造成了矛盾。而例（8）中"重新"表示一种开始的状态，与表示延续状态的"下去"也造成了矛盾，不适合一起使用。此类偏误体现了学生对部分趋向动词的语义及功能掌握不清，在教学中需进一步说明。

## (二) 句式构成成分方面的偏误

构成成分方面的偏误主要分为错序、误代、遗漏和误加 4 类。

### 1. 错序

错序类偏误是外国学生习得汉语趋向补语句时出现数量最多的一类偏误。错序主要集中在宾语和趋向补语之间的顺序错误,而且多出现于句式Ⅵ和Ⅱa的使用中。学生往往将复合趋向动词当作一个不可拆分的词语,放在宾语前或宾语后,造成了偏误。如:

(9) *我从口袋里掏出来钱的时候先生已经付了。(掏出钱来)(句式Ⅵa 中级 韩国)

(10) *我一个人在房间里也忍不住流下来泪。(流下泪来)(句式Ⅵa 中级 韩国)

(11) *没想到我拿起来筷子开始吃饭,不到四分钟我什么都吃掉了。(拿起筷子来)(句式Ⅵa 中级 古巴)

(12) *他们急急忙忙地跑下去山抬水。(跑下山去)(句式Ⅵa 高级 日本)

(13) *我最近想某一个小伙子起来。(想起某一个小伙子来)(句式Ⅵb 中级 日本)

(14) *以后我们完全没有联系,我没有想他起来。(想起他来)(句式Ⅵb 中级 日本)

(15) *现在能说话出来,但也是没有那么准确发音。(说出话来)(句式Ⅵb 高级 韩国)

(16) *她慢慢地唱起来歌。(唱起歌来)(句式Ⅵb 中级 罗马尼亚)

(17) *我控制我自己,没有说出来我的感觉。(说出我的感受来)(句式Ⅵb 中级 澳大利亚)

(18) *4月30号我就回去泰国了。(回泰国去)(句式Ⅱa 初级 泰国)

(19) *所以觉得回去自己的国家以前,应该学习。(回自己的国家去)(句式Ⅱa 初级 澳大利亚)

(20) *我让她进来房间里。(进房间里来)(句式Ⅱa 中级 日本)

2. 误代

趋向补语句的误代类偏误特指趋向动词之间的误代,趋向动词的选择与谓语动词及其后搭配的宾语有关。外国学生在未能很好地习得各趋向动词的语义及用法的情况下,对其区别掌握不清,容易产生混淆。此类偏误多出现在句式Ⅲ和句式Ⅳb的使用中。如:

(21) *男女在结交后,慢慢了解,日久生情,再走下婚姻殿堂,这样的感情才会持久如新。(进)(句式Ⅲa 中级 新加坡)

(22) *第一音乐曲开始,两个人马上跨进舞台。(上)(句式Ⅲa 高级 越南)

(23) *他一下子涌起了眼泪。(出)(句式Ⅲa 高级 越南)

(24) *我做下了这个最终的决定。(出)(句式Ⅲb 初级 日本)

(25) *如果提出学习的方面,实际情况跟我想象的不太一样。(起)(句式Ⅲb 中级 俄罗斯)

(26) *如何给孩子打出一个好基础,是值得天下父母考虑和学习的。(下)(句式Ⅲb 中级 越南)

(27) *我不知道怎么把我的感情和爱都说起来。(出来)(句式Ⅳb 初级 阿曼)

(28) *他们认为自己很漂亮,但觉得别人看起来很不顺眼。(上去)(句式Ⅳb 中级 越南)

(29) *说起来容易,但做上来便不是如此容易。(起来)(句式Ⅳb 中级 澳大利亚)

(30) *你不可能每个字都能读起来。(出来)(句式Ⅳb 高级 印尼)

(31) *它使青少年从学习的压力中摆脱下来。(出来)(句式Ⅳb 高级 韩国)

(32) *如果一个人醒不起来的话,病人的家庭已经不是家庭了。(过来)(句式Ⅳb 高级 韩国)

此外,还有部分其他句式的偏误。如:

(33) *我觉得政府做下来一个这样的规定是十分必要的。(出)(句式Ⅲb 初级 澳大利亚)

(34) *当时我能背起来大部分的歌词。(出来)(句式Ⅶb 中级 韩国)

(35) *不久，种子长大了，开起来一朵花。（出来）（句式Ⅷb　高级　老挝）

3. 遗漏

遗漏类偏误在学生趋向补语句的使用中也占较大的比例。不同国家、不同阶段的学生会遗漏不同的句法成分，主要包括趋向动词、行为动词和一些虚词的遗漏。

A. 趋向动词的遗漏

趋向动词的遗漏主要体现在句式Ⅲ和句式Ⅳb的使用中。如：

(36) *他马上吐∧很多的水。（出）（句式Ⅲa　初级　韩国）

(37) *他一说完了就走∧洗手间。（进）（句式Ⅲa　初级　日本）

(38) *我突然回想∧我中学的期间。（起）（句式Ⅲb　中级　越南）

(39) *天涯海角在我的心里留∧了很深刻的印象。（下）（句式Ⅲb　中级　巴西）

(40) *所以我跟我的姐姐商量了这个事情，我提∧一个办法。（出）（句式Ⅲb　高级　韩国）

(41) *天气忽然阴了，下∧了大雨。（起）（句式Ⅲb　高级　乌克兰）

(42) *所以我拿∧了勇气，第二年考上了大学。（出）（句式Ⅲb　高级　韩国）

(43) *到时候您一定要抽∧时间，一起留∧我们一生中最美好的记忆。（出，下）（句式Ⅲb　高级　韩国）

句式Ⅳb中趋向动词的遗漏又分为整个趋向补语的遗漏和复合趋向动词内部的遗漏。

整个趋向补语的遗漏。如：

(44) *还有韩国也是用汉字很多字的，所以学∧比较容易。（起来）（句式Ⅳb　初级　韩国）

(45) *看∧你的先生还不错。（起来）（句式Ⅳb　中级　日本）

(46) *农村鼠慌忙地跟着朋友一起藏了∧。（起来）（句式Ⅳb　高级　韩国）

复合趋向动词内部的遗漏。如：

(47) *吸烟是很久以前传∧来的一种习惯。（下）（句式Ⅳb　初级　韩国）

(48) *我从那样的困境中解脱∧来了。(出)（句式Ⅳb　中级　韩国）

(49) *只有活下∧，才能感觉到幸福。(去)（句式Ⅳb　中级　日本）

(50) *她头发也剪短了，但是看∧来还是很漂亮。(起)（句式Ⅳb　中级　越南）

(51) *打起勇气，愉快地生活∧去吧。(下)（句式Ⅳb　中级　韩国）

(52) *把自己和三个和尚的立场换∧来想，也不会两样。(过)（句式Ⅳb　高级　韩国）

B. 动词形容词的遗漏

动词或形容词的遗漏多出现在句式Ⅳa和句式Ⅶa的使用中，也许是学生误将趋向动词当作普通动词直接使用造成的。如：

(53) *他一回家，小狗就会帮他把拖鞋∧过来给他。(叼)（句式Ⅳa　中级　韩国）

(54) *快要吃午饭的时间，正巧一辆卡车慢慢地∧过来。(开)（句式Ⅳa　中级　韩国）

(55) *听到这句话，我的眼泪∧下来。(流)（句式Ⅳa　中级　韩国）

(56) *很重的两条腿累得抽起筋来，太阳也渐渐往西∧下去。(落)（句式Ⅳa　高级　日本）

(57) *我希望我们的好关系不变，会永远∧下去。(保持)（句式Ⅳa　初级　法国）

(58) *必须在∧下来的交往日子里更耐心与冷静地观察对方的各个方面。(接)（句式Ⅳa　中级　新加坡）

(59) *那个丈夫帮助他的爱人自杀，因为他不想他的妻子感到∧下去的痛苦。(活)（句式Ⅳa　中级　韩国）

(60) *晚上樱花的香渐渐∧起来了。(浓)（句式Ⅳa　高级　韩国）

(61) *一天，我在超市买东西，看到一个老人∧下来一些东西。(拿)（句式Ⅶa　中级　韩国）

(62) *可是今天只有我主人的儿女们，房间里面基本上没有∧出来

哭声。(传)(句式Ⅶa 中级 韩国)

(63)*一般春节的时候，树上∧出来绿色的叶子。(长)(句式Ⅶa 高级 韩国)

C. 虚词的遗漏

此类偏误大多是遗漏了语气助词"了"，也许是学生误将句末趋向补语的语义功能与"了"的成句功能相等同造成的。如：

(64)*我逐渐跟爸爸过不下去∧。(了)(高级 韩国)

(65)*经过了不久我对中国生活熟悉起来∧。(了)(初级 坦桑尼亚)

(66)*昨天一考完试，我就马上回去∧。(了)(初级 泰国)

4. 误加

趋向补语句的误加类偏误相对来说较少，主要体现为趋向补语与句中其他成分的语义重复造成的冗余，大多出现于句式Ⅳ的使用中。如：

(67)*又朝西望，能看到由素养坝流出下去的素养江，都很美观。(句式Ⅳa 高级 韩国)

例(67)中，动词后只要使用一种趋向动词即可，同时使用简单趋向动词"出"与复合趋向动词"下去"造成了误加。

## 四、偏误规律总结及教学建议

综合以上偏误分析，可以发现外国学生趋向补语句的偏误类型分为构成成分方面的偏误和句式选择方面的偏误两大类。构成成分方面的偏误可分为错序、误代、遗漏、误加4种，其中又以错序和误代为主。

错序类偏误是学生习得汉语趋向补语句时出现数量最多的一类偏误，多为趋向动词与宾语之间的顺序错误，而且多出现于句式Ⅵ和句式Ⅱa的使用中。这是因为学生倾向于将趋向补语当作一个不可拆分的词，直接置于宾语前或宾语后。针对此类偏误，教师应向学生详细讲解宾语何时置于趋向动词前，何时置于趋向动词后，何时置于两个趋向动词之间，让他们更好地掌握"主语＋动词＋趋向动词$_1$＋宾语＋趋向动词$_2$"结构。

误代类偏误多是趋向动词之间的误代，原因是学生对各趋向动词的用法及语义区别不清。针对此类偏误，教师应当加强对不同趋向动词以及趋向动词与行为动词的辨析，必要时可阶段性总结与复习，以避免造成混淆。

　　遗漏类偏误多是趋向动词、行为动词和一些虚词的遗漏，主要原因是趋向动词多由行为动词演化而来，学生未能很好地掌握它们的区别。教师在讲解中应让学生明确趋向动词与行为动词的不同之处，了解一些结构中使用趋向动词的含义与必要性。

　　误加类偏误相对于其他偏误类型来说出现得较少，主要体现为趋向补语与句中其他成分语义重复造成的误加。这一偏误是学生为了更丰富地表义，对趋向补语的使用规则类推泛化所致。

　　此外，还有不该用趋向补语句而用的句式选择方面的偏误，此类偏误同样体现了学生对趋向补语的类推泛化。针对这两类偏误，教师在教学中需要详细讲解各类趋向补语的使用含义及限制条件，让学生明确无须为了更丰富地表义而堆砌词语。讲解中还可以适当搭配一些典型病句让学生修改，让他们更直观地理解并避免此类偏误。

（杨奕　执笔）

# 拾 可能补语句偏误案例

## 一、可能补语句概说

### (一) 可能补语句的定义

可能补语，也叫能性补语、补语的可能式，是强调在主、客观条件下动作的结果或趋向实现的可能性的一种补语形式。其格式分为"V 得/不 C、V 得/不了、V 得/不得"3 种，一般来说否定形式的使用多于肯定式。

### (二) 可能补语句的使用规则

使用可能补语句时，有以下一些限制条件：

1. 可能补语的语法意义主要是主、客观条件是否允许实现某动作、变化或结果，一般用于未完成的动作或表示临时变化的情况，所以可能补语不能用来形容已发生事件的结果。可能补语结构中的动词或补语后一般也不能用表示完成意义的"了"，如不能说"﹡老师昨天讲的东西我都听得懂了"。

2. 可能补语一般不用于"把"字句中，因为"把"字句动词后面的附加成分往往表示动词对宾语处置的结果，而非可能性，如不能说"﹡我把桌上的菜吃得完"。

3. 可能补语的动词前一般不带有描写性的修饰语，如不能说"﹡很容易地看得到"。

4. 可能补语中动词后如果有宾语，一般放在补语的后面。若宾语较长，可提前放在动词前作为主语，但不可置于动词与补语中间，如不能说"﹡屋里太暗了，照相不了"。

## 二、下位句式

### (一) V 得/不 C

"V 得/不 C"一般由"动词/形容词＋得/不＋补语"构成，表示主观条件或客观条件是否允许实现某种结果或趋向。V 是可能补语结构中的述语成分，可以由动词或部分形容词充当；C 是可能补语结构中的补语成分，可以由趋向动词、一般动词或形容词充当。由于充当补语部分的动词和形容词一般也可用于结果补语或趋向补语中，这样就造成此类结构常常与结果补语或趋向补语同形，但在语义上，可能补语更倾向于表达事情能否实现的可能性。

通过对语料的统计分析可以发现，在使用"V 得/不 C"结构的可能补语句中，绝大多数 V 和 C 都是单音节词，双音节词只占少数。这是因为"V""得/不""C"作为可能补语的构成部分，语音上要求搭配和谐。受单音节词"得/不"的限制，单音节的动词 V 与补语 C 自然也比双音节形式更具优势。如：

(1) 你还这么小，能<u>看得懂</u>这么难的书吗？
(2) 我现在还饱着呢，<u>吃不下</u>饭。
(3) 他们一家都有点<u>看不上</u>那个穷小子。

### (二) V 得/不了

"V 得/不了"是由"动词/形容词＋得/不＋了"构成，表示客观条件容许不容许，还可用于对情况进行评估，多用于口语。相对于"V 得/不 C"结构来说，"V 得/不了"对双音节的 V 更宽容一些。如：

(4) 今天晚上我有事，<u>去不了</u>你家了。
(5) 只要努力，你一定<u>通过得了</u>！
(6) 我知识水平有限，<u>欣赏不了</u>这么高雅的东西。

### (三) V 得/不得

"V 得/不得"仅表示主、客观条件是否允许实现之义，没有 V、C

是否可能实现之义。这一格式无论肯定、否定使用得都很少，相对来说，否定形式出现率更高些。V 多是单音节词，并且必须是自主动词。当"V 得/不得"表示主、客观条件都允许动作实现时，与"V 得/不了"同义。如：

(7) 这碗饭你<u>吃得</u>，我们也<u>吃得</u>！凭什么搞特殊？
(8) 他的东西，谁也<u>动不得</u>，谁动他跟谁急。
(9) 我就<u>见不得</u>一个大男人被压得这么抬不起头。

综上所述，在可能补语句中，V、C 多为单音节词。"V 得/不了"相对于"V 得/不 C"和"V 得/不得"来说，能容纳更多的双音节词。

## 三、外国留学生偏误案例

外国学生汉语可能补语句的使用偏误主要分为句式选择方面的偏误和构成成分方面的偏误两大类。其中，句式选择方面的偏误又分为该用而未用和不该用而用两种。

### (一) 句式选择方面的偏误

1. 该用而未用

此类偏误多出现在可能补语句的否定形式中。

A. 有的直接在动词前加"不"。如：

(1) *虽然知道名山大河，但是也许一辈子<u>不去</u>那个地方。(去不了) (中级　日本)
(2) *坐地铁的话没有<u>不到</u>的地方，所以我希望继续住在首尔。(到不了) (高级　韩国)
(3) *虽然他走了但是在我们越南人的心底里永远<u>不忘</u>我们伟大的主席。(忘不了) (高级　越南)

此类偏误是在表达动作不可能实现的语义时，没有正确使用可能补语的否定形式，却使用了"不＋V"这一常见的动词否定格式。说明学生还未能熟练地掌握可能补语句，在使用时存在规避现象，因而不能准确地表达句义。

B. 有的将"V 不 C""V 不了"表示可能性的补语形式与"情态动

词+V（+C）"表示意愿、许可的形式相混淆。

a."V不C"格式的使用偏误。如：

（4）*我也想一样，可我对父母不会表达出我的心。（表达不出）（中级　韩国）

（5）*因为我不能说出来我的感情，所以我只抱她，并说："谢谢，谢谢！"（说不出来）（高级　俄罗斯）

（6）*猎人同意了，出发之前他骄傲地发誓说："我只用七支箭，如果我不会射准，我就切下我的大拇指，变成不吃草，不喝水，住在地下的动物。"（射不准）（高级　蒙古）

b."V不了"格式的使用偏误。如：

（7）*不然，我并不可以提高我的汉语水平。（提高不了）（中级　韩国）

（8）*可在韩国不能看中国文化的遗产。（看不了）（高级　韩国）

（9）*一个字也不能说只是哭。（说不了）（高级　韩国）

（10）*我不会控制自己，吻了他。（控制不了）（高级　波兰）

这些偏误是由于学生知道"AV①+V+C"与可能补语类似，也可用来表示事态的可能性，在一些情况下可以自由替换，但却不知道并不是所有情况下二者都具有相同的语义。可能补语的否定式"V不C""V不了"表示受主、客观条件的限制，不允许 VC 实现；而"不能/不可以/不会 VC"表达对主语实现 V 的能力的否定，二者含义相去甚远。

2. 不该用而用

A. 有的偏误是在语义上与其他部分产生矛盾造成的。如：

（11）*我看到之后很不开心，因为我考不到好成绩，只得到6名。（没考到）（中级　柬埔寨）

（12）*她出去的时候，她的妈妈叫她，但是房间里看不到她，就去外面找她。（没看到）（中级　柬埔寨）

（13）*我也写好了今天的课程表，而且忘不了写上了几个目标。（没忘记）（高级　越南）

（14）*今天早上，他故意不按时叫我，结果我赶不上第一节课。

---

① AV 代表情态动词。

(没赶上)(高级　日本)

(15) *我打了几次打电话才打得通。(打通)(高级　越南)

以上例句描述的都是已经发生的事情，表达的应是结果义，使用表示未然义的可能补语造成了句义的矛盾。

B. 有的是可能补语与动词前语义相悖的修饰性状语并用造成的偏误。如：

(16) *你能好好翻译得了这篇文章吗？(好好翻译)(中级　泰国)

(17) *只要你平安地回得来，我就满足了。(平安回来)(中级　泰国)

(18) *她讲得很慢、很清楚，我很容易听得懂。(很容易听懂)(中级　韩国)

(19) *只要我和你在一起，幸福地活得下去。(幸福地活下去)(中级　韩国)

(20) *他正确地回答得出这个问题。(正确地回答出)(高级　印尼)

以上例句中，可能补语表达的是事物能实现的最基本的可能性，与修饰性的状语在语义上造成了矛盾，因此不可以共用。应根据表达的需要，选择删除修饰性的状语或直接删除可能补语，如例(16)删除"得了"；或将可能补语的标记"得"删除，将其改为结果补语，如例(17)—(20)。

C. 有的是使用"把"字句时产生的偏误。如：

(21) *时间对人是平等的，这就要看我们呀，能不能把它安排得好。(把它安排好/安排得好)(中级　柬埔寨)

(22) *他把这些东西带得走。(把这些东西带走/这些东西带得走)(中级　日本)

(23) *只有把自己的事情做得好，才可能有精力帮别人。(把自己的事情做好/自己的事情做得好)(高级　日本)

## (二) 构成成分方面的偏误

除了句式选择方面的偏误，学生在可能补语句的使用中还存在构成成分上的偏误。具体可分为误代、错序、遗漏、误加4类。

1. 误代

可能补语句的误代类偏误一般是补语部分的误代，此类偏误又分为"V 得/不 C"结构内部的误代以及"V 得/不 C"结构误用为"V 得/不了"结构两种。

A. "V 得/不 C"结构内部的误代。如：

（24）＊有一种说不来的幸福。（出/出来）（初级　瑞士）

（25）＊走路或上课的时候听得出来的话越来越多了。（懂）（初级　韩国）

（26）＊他长得跟中国人差不多，谁都看不见他是外国人。（出）（中级　美国）

（27）＊我已算不起来哪些是我的。（出来）（高级　越南）

学生产生以上偏误的原因是可能补语结构中的补语可以由一般动词、趋向动词或形容词充当，一些普通动词或趋向动词之间的区别原本就是学生学习的难点，在作为可能补语使用时更容易因互相混淆而产生误用。

B. "V 得/不 C"结构误用为"V 得/不了"结构。如：

（28）＊即使试一试我也记不了他的脸。（住）（高级　波兰）

（29）＊我要负担的任务变多了，甚至抽不了时间去看总经理。（出）（高级　也门）

（30）＊世界上没有做不了的事，只有想不了的事。（到）（高级　英国）

这是因为"V 得/不 C"格式中的补语 C 有着比较丰富的选择和形式，对学生来说存在一定的难度。所以在对补语 C 把握不准的时候，学生倾向于使用相对简单的"了"，造成了"V 得/不了"格式的泛化。

2. 错序

错序类偏误多出现在可能补语的否定格式中，一般表现为"不"的错序，学生在使用时倾向于将"不"放在 VC 结构之前。如：

（31）＊如果你不认真的话，你就不通过考试，再说你的成绩也不好。（通不过）（中级　坦桑尼亚）

（32）＊她含着眼泪对我说了："我真想念你们，唯恐在美国去世，再也不见到你们。"（见不到）（中级　古巴）

(33) *每天我很难受，怕学习不完成。（完不成）（中级 柬埔寨）
(34) *你要是不看懂就问。（看不懂）（中级 日本）
(35) *黄昏恋爱是正常的，但还有很多人不看顺眼。（看不顺眼）（高级 韩国）

以上例句都将"不"置于动词和补语结构的前面，原因可能是学生习惯于将词整体使用，认为所有的否定形式都应当将否定词置于须否定的词语之前，而事实上可能补语的否定形式为"V+不+C/了"。若使用"不+V+C"格式，是客观否定整个"VC"部分，而不是否定其实现的可能性。

此外，还有一种常见的错序是涉及离合词的可能补语否定式。如：

(36) *突然几个月见面不了，让我怎么适应啊？（见不了面）（中级 泰国）
(37) *今天天气不好，我们照相不了了。（照不了相）（中级 韩国）
(38) *两个人合适，几个月就能结，要是不合适，几年也结婚不了。（结不了婚）（中级 日本）

"见面、照相、结婚"都是典型的离合词，"面""相""婚"要放在可能补语后面。

3. 遗漏

可能补语句的遗漏偏误多体现为"V得/不C"或"V得/不了"结构中"C"或"了"的遗漏，此类遗漏有时会造成语义不清。如：

(39) *别的中国人说时我能听得∧，有意见时可以说出来。（懂）（初级 韩国）
(40) *所以我也睡不∧觉了。（着/了）（中级 韩国）
(41) *由此我控制不∧自己继续吃起来。（住/了）（中级 韩国）
(42) *因为要是有钱，出不∧国，就变成恶性病，此时只好等上帝何时叫人到天国去，男女老少都不例外。（了）（高级 巴基斯坦）

除补语的遗漏以外，有时也会产生"得"字的遗漏。如：

(43) *有时候我听不懂有时候我听∧懂。（得）（初级 韩国）
(44) *还有在家看电视，大家都看∧懂听∧懂，只有我不能。（得）（中级 越南）

4. 误加

可能补语句的误加偏误主要表现为可能补语的否定形式中"得"字的误加。如：

"V 不了"句式：

（45）＊这包东西很重，我搬得不了。（初级　也门）

（46）＊可我认为，如果忍受得不了痛苦，选择"安乐死"也是一种无可奈何的手段。（中级　日本）

（47）＊老师要求我们每天都来上课，不要请假，不然我们就会跟得不上。（高级　柬埔寨）

"V 不 C"句式：

（48）＊那时我三岁，我记得不住的。（中级　柬埔寨）

（49）＊如果我坐在后面，怕听不见老师讲课，而且可能会看得不清楚板书。（中级　日本）

（50）＊他说汉语的时候，有的话学生听得懂，有的话学生听得不懂。（高级　应该）

可能补语句的肯定形式分为"V 得 C""V 得了""V 得"3 种，都需要使用"得"字。其中前两种格式的否定格式是将"得"直接改为"不"，变为"V 不 C""V 不了"，而第 3 种形式的否定格式是在"得"前加上"不"，改为"V 不得"。以上例句中的可能补语使用的是前两种形式，因此画线部分的"得"都是误加。

## 四、偏误规律总结及教学建议

综合以上分析可以看出，学生在可能补语句的句式选择方面和构成成分方面都存在较多的偏误。

相对来说，句式选择方面的偏误多为该用而未用，尤其体现为可能补语的否定式；或是在语义上应当使用可能补语，表示动作不可能实现时，使用了动词加"不"的普通否定格式；或是在应当使用表示可能性的补语的地方使用了表示意愿、许可的"AV＋V＋C"形式。针对此类偏误，教师首先应当让学生了解可能补语的正确形式与含义，避免规避现象；其次将可能补语的否定式与"不＋V/A＋C""不＋AV＋V＋C"

进行区别，根据情况准确地表达句义。

　　句式选择方面的偏误还包括不该用而用，有的是可能补语部分在语义上与其他部分产生矛盾造成偏误，有的是在可能补语前加上了修饰性的状语或将可能补语误用在"把"字句中。针对此类偏误，应让学生明确可能补语的使用限制条件，注意避免与其他部分造成矛盾或冲突。

　　可能补语句构成成分方面的偏误分为误代、错序、遗漏、误加4类。

　　误代类偏误一般是补语部分的误代，分为"V 得/不 C"结构内部的误代和"V 得/不 C"结构误用为"V 得/不了"两种。这是由于"V 得/不 C"格式中的补语 C 有着比较丰富的选择和形式，对学生来说存在一定的难度。教师在教学中应当鼓励学生对不同的补语进行辨析，通过大量的例句和练习熟悉不同补语的含义与用法，以避免"V 得/不 C"结构的误代和"V 得/不了"格式的泛化。

　　错序类偏误多表现为可能补语的否定格式中"不"的错序，学生在使用时倾向于将"不"放在 VC 结构之前。原因可能与词的整体使用有关，也可能是学生未能掌握"V＋不＋C/了"结构与"不＋V＋C"结构的区别。在教学中，教师应当让学生了解，可能补语的否定形式为"V＋不＋C/了"，而"不＋V＋C"结构否定的不是事情实现的可能性，而是客观否定整个"VC"结构。

　　可能补语句的遗漏偏误多体现为"V 得/不了"或"V 得/不 C"结构中"了"或"C"的遗漏。此类偏误说明部分学生未能将"V 得/不了"结构作为一个整体习得，对"V 得/不 C"结构中 C 的选择也存在一定的问题。在教学中，教师应让学生认识到补语部分的遗漏会造成语义不清，并将可能补语结构作为一个整体让学生掌握。

　　可能补语句的误加偏误主要表现为"V 不 C"和"V 不了"结构中"得"字的误加，这说明学生未能很好地掌握"V 得 C""V 得了"两种结构的否定形式。教学中，教师需要向学生强调，其否定式不是在"得"字前加"不"，而是将"得"字直接改为否定词"不"。

　　以上偏误类型无论哪类问题都更多地体现在可能补语否定形式的使用中，一方面是因为可能补语句否定形式的出现频率原本就比肯定形式多许多，另一方面也说明了学生对可能补语句的否定式掌握不好，未能很好地将其作为一个整体习得。针对以上问题，教师在第二语言教学中，应当将可能补语句的 3 种形式（包含肯定式和否定式）作为一个整体展示给学生，让学生在了解不同形式语义的基础上，详细了解其句法选择限制及与其他能性结构互换的条件。教师在讲解中应当配合大量的例句和替换练习，让学生更牢固地掌握这一常用句式。

（杨奕　执笔）

# 拾壹 结果补语句偏误案例

## 一、结果补语句的定义

汉语中，一些动词或形容词可以直接放在动词述语后说明动作或状态的结果、动作者或动作受事状态的变化，表示对动作的评价或判断等，这样的成分叫作结果补语。我们这里所介绍的结果补语句，是指由"V+动词/形容词"构成，表结果义的粘合式述补结构作谓语的单句形式，它表述由于一个动作或状态造成的某种结果，如："我敲响了大门"。

结果补语的构成成分一般以单音节动词和形容词为主，如"写好、打完"等；也可以是双音节形容词，如"想明白、扫干净"等。

## 二、结果补语句的下位句式

结果补语句的典型句式为：S+V+C（+O）。由于V、C的构成成分多样，V+C组合具有高度的能产性，且入句灵活，入句后又可与S和O构成多种语义结构类型，形成了结果补语句庞杂的分类。

### （一）句式Ⅰ：S+V+C

1. 句式Ⅰa：C指向V所表示的行为动作本身，常由表时间或空间的形容词充当，其语义结构为V+C。如：

（1）每当杨淑清进城<u>回来晚了</u>……

2. 句式Ⅰb：C指向S，补语C多由形容词或不及物动词充当，其语义结构为：SV+SC，"VC"没有致动义。如：

（2）久而久之，我也<u>学乖了</u>。

3. 句式Ⅰc：为了强调说明动作对象怎么样，隐去施事或是施事不在主语的位置上，而把受事换位变换为主语，亦可看作隐含标记词的被动句，其语义结构为：VS（+SC）。如：

（3）老干部都<u>打倒了</u>，革命怎么办呢？

## (二) 句式Ⅱ：S+V+C+O

1. 句式Ⅱa：C 指向 V。如：

(4) 摄像机镜头<u>对准</u>了三毛。

2. 句式Ⅱb：C 指向 S。如：

(5) 她能<u>看懂</u>报纸……

(6) 会场<u>坐满</u>了人。

例 (5) 可替换为：S+V+O+V+C 或 O+S+V+C

(5)′她看报纸能看懂……

(5)″报纸她能看懂……

例 (6) 可替换为：O+（把）+S+V+C

(6)′人把会场坐满了。

3. 句式Ⅱc：C 指向 O，C 用来说明 V 是 O 直接或间接造成的结果，具有致使的语法意义。不管论元具体是什么，句式可替换为："S+把+O+V+C"。如：

(7) 他写断了两支笔。→他把两支笔写断了。

## 三、外国留学生偏误案例

### (一) 遗漏

遗漏是结果补语句最为典型的偏误类型，从学时阶段来看，该偏误数量在初级阶段最少，中级阶段达到最高峰值，高级阶段略有回落。遗漏偏误主要表现为补语成分及动词的遗漏。

1. 结果补语句的遗漏偏误大多表现为补语成分的遗漏，集中出现在句式Ⅱa中。如：

(1) ＊现在他找∧了职业。（好）（初级　韩国）

(2) ＊但是我第一次看∧这些东西。（见）（初级　日本）

(3) ＊十月以后，你能看∧他。（到）（初级　韩国）

(4) ＊虫也看∧了她。（见）（中级　巴基斯坦）

(5) ＊因为那时我还没有学∧用筷子。（会）（中级　古巴）

（6）＊有一天我在家门口我见到玛歌尔的姐姐，可是看她的样子我问题，因为她一看∧我就开始哭。（见）（中级　刚果）

（7）＊我看∧外面蔚蓝的天空，呼吸到新鲜的空气，我更深刻地感受到现在和平的生活多么的可贵。（见）（高级　韩国）

（8）＊虽有才能，但态度不认真不能够坚持∧最后很可能失败。（到）（高级　越南）

（9）＊晚上当睡着时你可以听∧流水的小声音像儿童时妈妈对我唱的歌。（见）（高级　乌克兰）

句式Ⅰa、Ⅰb、Ⅰc、Ⅱb、Ⅱc均存在少量补语成分的遗漏偏误，需指出的是，随着学时阶段的提高，该遗漏类型的分布渐广，这与学习者在中、高级阶段愈来愈多尝试各种结构的结果补语句有关。如：

（10）＊这里的土地是神圣的，射出温暖，你们感觉∧没有？（到）（句式Ⅰa　中级　乌克兰）

（11）＊因此，我也不能够体会∧了。（到）（句式Ⅰa　高级　韩国）

（12）＊所以狼神告诉他们俩老虎是对的，耙丽其应该被老虎吃∧。（掉）（句式Ⅰa　高级　老挝）

（13）＊最后，他的伤口还是被医∧了。（好）（句式Ⅰb　中级　柬埔寨）

（14）＊突然下大雨，他发现他们走得太远，所以他们一直接雨全身都淋∧了。（湿）（句式Ⅰb　高级　韩国）

（15）＊旅行计划看∧以后我们就报名。（好）（句式Ⅰc　初级　韩国）

（16）＊过了好多时间我的画终于画∧了。（好）（句式Ⅰc　中级　越南）

（17）＊我已经学∧了做西班牙的土豆饼，非常好吃。（会）（句式Ⅱb　中级　越南）

（18）＊我每天吃∧晚饭以后常常在南师大散散步。（完）（句式Ⅱc　初级　韩国）

（19）＊吃∧午饭以后大家想去游览名胜古迹，在北京首先最好去哪啊？（完）（句式Ⅱc　高级　俄罗斯）

2. 遗漏偏误其次表现为动词成分的遗漏，较多出现于句式Ⅱa和

Ⅱc中。如：

（20）＊我的想法就是我也努力学习的话可能会∧好汉语。（学）（句式Ⅱa　初级　韩国）

（21）＊路上的一些人把我∧到医院。（送）（句式Ⅱa　中级　叙利亚）

（22）＊从山涧甲寺∧出来的僧们的朗佛经的声音和燕、雀的叫声也相对。（传）（句式Ⅱa　高级　韩国）

（23）＊我们都要∧成好学生，有好成绩。（变）（句式Ⅱc　初级　越南）

（24）＊已经很晚，所以没办法不∧醒妈妈。（叫）（句式Ⅱc　中级　加拿大）

相较于补语成分的遗漏，动词遗漏分布的句式较少，除了上述两个句式，另有：

（25）＊随着岁月的变化，容貌也应该∧老了。（变）（句式Ⅰb　中级　韩国）

### （二）误加

误加是结果补语句较为典型的偏误类型，其偏误表现为补语成分的误加。由于学习者对于补语成分的性质不甚了解，加之他们侧重表达动作产生的结果信息，导致补语成分出现同义复合的形式，这种偏误较多分布在句式Ⅰa和Ⅱa中。如：

（26）＊今天把钱包弄丢失了，我很难过。（句式Ⅰa　中级　俄罗斯）

（27）＊只要把书上的内容背完成，就能得到好的成绩。（句式Ⅰa　高级　韩国）

（28）＊我发现有时要把美妙的母语翻成汉语说出来，听者却听不懂意思或听出成别的意思了。（句式Ⅱa　初级　老挝）

（29）＊天慢慢地阴起来了，雨一滴一滴地掉下来了，我们淋着雨走过去故宫了。（句式Ⅱa　中级　韩国）

（30）＊我的祖父原本被日本帝国殖民政府抓住到日本，在强制劳动中与一位日本小姐结婚。（句式Ⅱa　高级　韩国）

除了集中分布在上述两种句式中以外，其他句式也会零星地出现此种偏误。如：

(31) *他的衣服弄破坏了，他的头发乱乱的，身体瘦瘦的。（句式Ⅰc 高级 美国）

(32) *虽然来中国一个月，她能听懂得汉语。（句式Ⅱb 中级 泰国）

此外，需指出的是，学习者对于结果补语句的使用条件不甚熟悉，可能出现不该用结果补语句而用的偏误，此类偏误从表面上看一般呈现出补语成分的误加。如：

(33) *她们好像在我的家乡碰见的邻居阿姨一样，感觉到很亲切。（句式Ⅰa 中级 韩国）

(34) *他死完以前，希望做一件事情。（句式Ⅰa 中级 日本）

(35) *我有时候觉得假如世界上的动物都灭绝完了人类也会灭绝。（句式Ⅰb 中级 蒙古）

(36) *初一那一天我们在丽江听到了那儿的纳西音乐团的一个音乐会。（句式Ⅱa 中级 德国）

(37) *大大的眼睛、很漂亮的笑容，明朗的性格，我越来越爱上她。（句式Ⅱa 中级 越南）

(38) *这考试考好了以后，我也要去看见她，找到我的幸福。（句式Ⅱc 初级 韩国）

(39) *如果愚公，他的孩子，孩子的孩子……每天都搬走那两座山……（句式Ⅱc 中级 拉脱维亚）

(40) *使我很生气的，也难忘的事是我以前被小偷偷掉钱包。（偷了）（句式Ⅱc 高级 韩国）

### (三) 误代

误代是结果补语句偏误数量居第三位的偏误类型，表现单一，主要为补语成分的误代，集中出现在句式Ⅱa 中，少量出现于句式Ⅱc 中。如：

(41) *我接下电话后，就坐车去那儿了。（完）（句式Ⅱa 初级 韩国）

(42) *我回来宿舍后洗洗就睡了。（到）（句式Ⅱa 初级 韩国）

(43) *看这番景象中国由自行车王国转变向汽车王国。（成）（句

式Ⅱa 初级 老挝)

(44) *因此土豆自然而然变得比利时人的主食。(成)(句式Ⅱa 中级 比利时)

(45) *差不多过了六个小时,我们除了1个峰以外,都看好了。(完)(句式Ⅱa 高级 韩国)

(46) *幸亏这个丈夫好人,真使人感动的男子,所以祥林嫂忘起来过去的悲哀。(掉了)(句式Ⅱa 高级 韩国)

(47) *他一下子喝空了一大杯啤酒。(完)(句式Ⅱc 中级 韩国)

需指出的是,由于学习者不了解结果补语句的表达功能,出现不该用而用或该用而未用的偏误,此类偏误从表面上呈现出动补结构误代某一动词或某一动词误代动补结构。如:

(48) *我要改成生活方式。(改变)(句式Ⅱa 初级 韩国)

(49) *最近我想太多了,所以有时不容易睡觉。(睡着)(句式Ⅱb 中级 韩国)

### (四)错序

错序是结果补语句中数量最少的偏误类型,主要表现为补语成分和宾语成分的错序,这是由于学习者更熟悉动宾结构的顺序所致,当动词与宾语、补语等句法成分共现时,学习者优先选择动词与宾语成分的直接组合。错序偏误主要集中于初级阶段,在中、高级阶段较少出现。如:

(50) *我每一天想说汉语好。(说好汉语)(句式Ⅱa 初级 韩国)

(51) *我们两个女孩都很怕老鼠,只有一天我朋友他在我房间打三只老鼠死了。(打死了三只老鼠)(句式Ⅱa 高级 越南)

(52) *比如说,十七岁的时候,我一个晚上喝酒醉了。(喝醉酒了)(句式Ⅱb 中级 加拿大)

(53) *他开会完了以后去上海。(开完会,"了"为误加)(句式Ⅱc 初级 美国)

## 四、偏误规律及教学建议

结果补语句的偏误数量由多到少依次是:遗漏—误加—误代—错

序。中级阶段的偏误数量最多,发展到高级阶段才略有回落,但遗漏和误加的偏误率仍然较高。在这四种偏误类型中,除了遗漏,其他偏误类型的表现形式都较为单一,且四种偏误类型都集中表现在句式Ⅱa中。此外,学习者由于不甚了解结果补语句的句法形式及表达功能,也表现出不该使用而使用或该用而未用的偏误,这些偏误从表面形式来看呈现出类似误加或误代的偏误特征。综合以上的偏误分析,在结果补语句的实际教学中,首先,要重视对结果补语句的句法条件、句法环境及语义表达功能的讲解,减少学习者对于结果补语句回避使用的情况;其次,要注重对于句式Ⅱa的讲解。此外,在初级阶段介绍结果补语句时,要加强学习者对于动词、补语、宾语共现顺序的记忆。

(罗昕泽、乔恔 执笔)

# 拾贰　数量补语句偏误案例

## 一、数量补语句的界定

### （一）数量补语句的定义

数量补语句，是指由数量短语充当补语的句子。如："他脸红了一下"。所谓数量短语，是指由数词和量词放在一起使用而构成的短语。

数量补语句根据数量短语的语法意义的不同，主要分为时量补语句和动量补语句。时量补语（TL）表示动作或状态持续时间的长短；动量补语（DL）表示动作行为进行的数量。二者的基本结构是"V/A＋TL/DL"。

### （二）数量补语句的性质

1. 时量补语句的性质

（1）只有表示时段的时间词能够作时量补语。如："三天、五个月、一会儿、一年、两个星期"等。除了"秒、分、天、年"外，其他时间量词与数词组合时一般要加量词"个"。

（2）时量补语中出现表示零头的数词时，高频出现的"多"可用在时间词前后，但表示意义不同；"来"用在时间词前。如："住了半年多""住了三个多星期""过了两个来月"。

（3）谓语动词后的宾语位置，会因宾语成分的性质不同而有所不同。当宾语是表示一般事物或抽象事物的名词时，结构为"TL＋O"。如："写了二十分钟（的）汉字"。当这类名词直接跟在动词后作宾语时，一般要重复动词，时量补语要放在重复的动词之后，结构为"V＋O＋V＋TL"。当宾语指人、地点名词、代词时，结构为"O＋TL"。如："来中国一年了""等了你一会儿"。

2. 动量补语句的性质

（1）常用的动量词有"次、遍、趟、回、下"等。如："看两次""洗一遍""去一趟""打两回""等一下"。除了上述常见专用的动量词外，还有一些借用的动量词。如："踢一脚""看一眼""喝一口""帮一把"。

（2）动词后带宾语时，动量补语的位置会因宾语成分的性质而有所不同。当宾语是事物名词时，结构为"V+DL+O"，如："听了一遍录音""敲了一下门"。当宾语是人称代词时，结构为"V+O+DL"，如："找过他三次""打了我一下"。人名、地名作宾语时，动量补语位置可前可后，如："来过一次中国""来过中国一次"。

（3）谓语动词是离合词时，结构为"V+DL+O"。如："吵了几次架""见了一回面""回一趟国"。

此外，值得指出的是，两种数量补语句有共同的特征：①数量的修饰成分都可位于补语前，如"毕业快十年了""看了整整三遍"；②谓语与数量补语之间可以加上动态助词"了""过"，但在时量补语句中，若谓语动词后还有宾语，则不能在动词后使用动态助词"了""过"，如："来南京一年了""回国一个月了"。

## 二、数量补语句的下位句式

根据时量（句式Ⅰ）、动量（句式Ⅱ）两类数量补语句内部句法结构的不同，分别列出以下几个下位句式：

### （一）句式Ⅰ：

1. Ⅰa：$NP_1＋V＋TL$。如：

（1）我休息了半天。

时量短语仅是对动词的动作行为持续的时间进行补充说明，即从时间经历上回答是"多久"，而不是"什么时候"。

2. Ⅰb：$NP_1＋V＋NP_2/Pr①＋TL$。如：

（2）他学汉语才一年。

（3）我们等了你一天。

当宾语是名词性成分时，句式Ⅰb一般用于对话语境中，用来回答

---

① Pr表示代词。

某种动作行为持续的时间。当宾语是代词时，可以使用句式Ib，也可以使用下面的句式Id。

该类句式的自足性很低，大多不能单独成句，需要在动词后添加"了/过"、句尾添加助词"了"或者时量成分前添加限制性修饰成分等使之成句。

3. Ic：$NP_1+V+TL+$（的）$+NP_2$。如：

(4) 我每天要听一个小时（的）录音。

该句式旨在使TL部分成为说话者意欲强调的信息。

4. Id：$NP_1+V+NP_2+V+TL$。如：

(5) 老王教书教了三十年。

在宾语、补语同时出现的时量补语句中，一般使用重动结构表示某种动作行为持续的时间（宾语是地点名词除外）。往往需要在重复的第二个动词后添加"了"，才能使句子自足。

### (二) 句式 II：

1. IIa：$NP_1+V+DL$。如：

(6) 你过来一下，有事和你商量。

该句式的动词可以是及物动词，也可以是不及物动词。当动词为及物动词时，它的受事成分出现在句首，或者借助一定的上下文条件省略了。

2. IIb：$NP_1+V+NP_2+DL$。如：

(7) 他真的骗过我一回。

该句式中的V为有量动词，并且是及物动词。由于动量补语句计量的常是已经发生的动作量，因此该句式常常与动态助词"了、过"同现。

3. IIc：$NP_1+V+DL+NP_2$。如：

(8) 她发了一通脾气后，气也消了。

该句式中的V为有量动词，并且是及物动词。句中的$NP_2$是必有的成分，表示新信息。

## 三、外国留学生偏误案例

### (一) 错序

1. 错序是时量补语句和动量补语句最显著的偏误类型。二者错序偏误的表现具有相当大的共性。首先，不管句中仅有动词，还是动词、宾语成分俱在，作为补语成分的数量短语前置，在时量补语句和动量补语句的错序偏误中都占较大比重，但在二者的下位句式中有不完全相同的分布表现。时量补语句较多分布在句式Ⅰa和Ⅰb中，随着学时等级的提高，该类偏误数量不断增加，在中级阶段达到最高峰值，其后数量逐渐减少，到高级阶段时，该类偏误数量最少。如：

(1) *在中国再1年学习以后在艺术大学艺术系的学习。(学习一年)(句式Ⅰa 初级 韩国)

(2) *我已经两年过了。(过了两年)(句式Ⅰa 中级 韩国)

(3) *我来中国已经二个多月过了。(过了两个多月)(句式Ⅰa 中级 韩国)

(4) *一时以后，出了一大事故，现在已经两月住院了，但我希望他快好了。(住院两个月了/住了两个月院了)(句式Ⅰa 中级 以色列)

(5) *她也想两年学习。(学习两年)(句式Ⅰa 中级 韩国)

(6) *如果我们的食品没完的话，我们会再几天住在那儿。(在那儿再住几天/再在那儿住几天)(句式Ⅰa 高级 蒙古)

(7) *而且如果我每天5个小时学习，她每天不看书，在外面玩，这样话在学习方面也会赢。(学习5个小时)(句式Ⅰa 高级 日本)

(8) *一天你们来南京吧。(你们来南京一天)(句式Ⅰb 初级 韩国)

(9) *我三年多在日本住，觉得这样的国家的文化很有意思，今次到中国来。(住在日本三年多)(句式Ⅰb 初级 澳大利亚)

(10) *一到南昌我弟弟三天就躺在床上了。(就躺在床上三天)(句式Ⅰb 中级 美国)

(11) *我姓名塔娘阿，我两年学习汉语了。(学习了两年汉语)(句

式Ⅰc　初级　西班牙）

与时量补语句不尽相同的是，动量补语句的错序偏误主要反映在句式Ⅱa、Ⅱb、Ⅱc中有较多的动量补语前置。如：

（12）*来中国以后，已经三次感冒了。（感冒了三次）（句式Ⅱa　初级　日本）

（13）*我来中国以后，只一次去旅行了。（去旅行了一次）（句式Ⅱa　初级　韩国）

（14）*我去过两次那儿。（那儿两次）（句式Ⅱb　初级　韩国）

（15）*我一次去了日本，但是我的朋友去过三次，所以她带我很多有意思的地方。（去了日本一次）（句式Ⅱb　初级　韩国）

（16）*我至少四次去过周庄，每次很开心。（去过周庄四次）（句式Ⅱb　中级　波兰）

（17）*我每个星期五次有武术练习。（有五次武术练习）（句式Ⅱc　初级　韩国）

当句中谓语动词是离合词时，句式Ⅱc中出现该类偏误数量较多。这与学习者不能很好地使用离合词有关。学习者往往将离合词视为一个整体，不倾向于在其中的动词成分与名词成分间插入其他语言成分。当他们需要增加动量短语来表示动作数量变化时，也同样倾向于保持离合词的整体性，选择前置动量短语。如：

（18）*但是来中国以后几次吵了架。（吵了几次架）（句式Ⅱc　初级　韩国）

（19）*爸爸跟我说过，你一年一次回国，所以我打算在七月份的放假才回国，因为比较长。（回一次国）（句式Ⅱc　初级　印尼）

（20）*她教我汉语，我们一个星期三次见面。（见三次面）（句式Ⅱc　初级　韩国）

（21）*我们每周一次见面踢足球，我觉得他的踢足球很厉害。（见一次面）（句式Ⅱc　初级　韩国）

（22）*从那时候起，我们一周三次见面。（见三次面）（句式Ⅱc　高级　韩国）

（23）*还有狗一年一次换毛。（换一次毛）（句式Ⅱc　高级　韩国）

（24）*我这两年只有一次今年夏天回国了。（今年夏天回了一次国）

(句式Ⅱc 高级 塔吉克斯坦)

其次,时量补语句和动量补语句的错序共性还表现为宾语成分和补语成分的错序。该类偏误集中体现在时量补语句Ⅰc和动量补语句Ⅱc中,且集中出现在初、中级阶段。如:

(25) *她是仁济2年级大学生,去年她教了我<u>汉语三个月</u>。(三个月汉语)(句式Ⅰc 初级 韩国)

(26) *当时,我在南京师范大学学过<u>汉语一个月</u>。(一个月汉语)(句式Ⅰc 初级 汉语)

(27) *我们想看大海,<u>坐火车六个小时</u>去北戴河。(坐六个小时火车)①(句式Ⅰc 中级 韩国)

(28) *几年前我每个星期到一个"无家人中心"尽<u>义务一次</u>。(一次义务)(句式Ⅱc 初级 瑞典)

(29) *第一次来中国我还没习惯中国气候,跟我们国家不一样,所以我得过<u>感冒两次</u>。(两次感冒)(句式Ⅱc 初级 老挝)

(30) *没过一会,从旁边听到"<u>弟弟</u>"<u>一声</u>。(一声"弟弟")(句式Ⅱc 中级 叙利亚)

需指出的是,动量补语句中存在少量的动量短语置于整个离合词之后的偏误。如:

(31) *我很想和一个模特儿<u>谈话一下</u>,我对她打了招呼,问:"你有问题吗?"(谈一下话)(句式Ⅱc 中级 意大利)

(32) *我、男朋友和他三个人一起<u>吃饭过几次</u>。(吃过几次饭)(句式Ⅱc 中级 韩国)

2. 时量补语句和动量补语句在错序偏误中的共性表现十分显著,但二者在错序偏误中也各有不同的特征。

A. 时量补语错序偏误的个性特征表现为两个方面。按照偏误数量所占比重,首先是时量补语句中修饰性成分的错序,表现为副词错序和表示零头的数词错序。副词错序,如:

(33) *我的爱好是弹钢琴,我<u>弹了已经</u>十五年了。(已经弹了)(句式Ⅰa 中级 日本)

---

① 此句也可认为是句式Ⅰd中重复动词的遗漏,即可改为"坐火车坐了六个小时去北戴河"。

(34) *我们过了已经七年，但是他在新西兰上大学，我在中国上大学，所以不会见面，这个不是可惜吗？（已经过了）（句式Ⅰa　中级　韩国）

表示零头的数词错序，如：

(35) *到北京学习了三个月半，在宿舍跟别的国家的留学生在一起生活了。（半月）（句式Ⅰa　初级　意大利）

(36) *我学了共四个月多。（多月）（句式Ⅰa　初级　韩国）

(37) *虽然我住在中国二个月多，可是我的汉语水平提不高。（多月）（句式Ⅰa　中级　日本）

(38) *虽然已经过了十年多，但是那时候庆州对我留下了特别深的印象，还在我的脑海里清清楚楚地记着。（多年）（句式Ⅰa　中级　韩国）

(39) *我到中国两个月来了。（来月）（句式Ⅰb　初级　韩国）

(40) *我来中国七个月多了。（多月）（句式Ⅰb　初级　韩国）

(41) *我已经到中国两个月多了。（多月）（句式Ⅰb　中级　韩国）

(42) *我来到南京已经多两个月了。（两个多）（句式Ⅰb　中级　韩国）

(43) *我们是十四年多的好朋友。（多年）（句式Ⅰc　初级　俄罗斯）

其次是时量补语句中"了"的错序。可能是学习者混淆句末语气助词"了"和表完成的动态助词"了"，错误地将句末语气助词放在动词之后表示动作发生。如：

(44) *我认识一个人已经结婚了三年，可是她现在准备离婚。（三年了）（句式Ⅰa　中级　韩国）

(45) *A：你学习汉语多久了？B：我学习了汉语两年。（汉语两年了）① （句式Ⅰb　初级　韩国）

(46) *我来了中国半年多。（中国半年多了）（句式Ⅰb　初级　日本）

B. 动量补语错序偏误的个性特征较之时量补语要简单一些，表现为动补结构与其所支配的宾语成分的错序。该类偏误具有极强的规律性，主要发生在以SOV型母语背景的学习者身上。如：

---

① 此句也可认为是句式Ⅰc中宾语和补语的错序，即可改为："我学习了两年汉语"。

(47) *我的一位中国朋友介绍一下。(介绍一下我的一位中国朋友)(句式Ⅱc 初级 韩国)

(48) *我给妈妈写信，留学生活说一下。(说一下留学生活)(句式Ⅱc 初级 韩国)

(49) *那么我下次写信的时候、南京名胜古迹介绍一下吧。(介绍一下南京名胜古迹)(句式Ⅱc 中级 日本)

### (二) 遗漏

1. 时量补语句和动量补语句在遗漏偏误上的共性不如错序偏误显著。二者的遗漏偏误共性表现为"了"的遗漏。时量补语句"了"的遗漏多出现于句式Ⅰa中，初、中、高三个学时阶段分布都较为均匀。如：

(50) *在四川玩儿∧一个星期以后，我回韩国了。(了)(句式Ⅰa 初级 韩国)

(51) *有一次我跟同学到沙迈去旅游∧两三天。(了)(句式Ⅰa 中级 泰国)

(52) *我也是一个学生，我来中国已经过了一年多∧。(了)(句式Ⅰa 高级 韩国)

(53) *A：她在日本学习中文多长时间了？
　　　B：她在日本的大学学习中文两年∧。(了)(句式Ⅰb 初级 日本)

动量补语句中，动态助词"了"的遗漏较多，而语气助词"了"的遗漏较少。句式Ⅱa是该类偏误集中出现的句式，多分布在初、中级阶段。如：

(54) *我觉得这个地方很有意思和好看，我们已经回去三趟∧。(了)(句式Ⅱa 初级 美国)

(55) *男的把他爱人搂∧一下，请别的人帮他，但没人去帮他。(了)(句式Ⅱa 初级 日本)

(56) *我这部电影看∧二次。(了/过)(句式Ⅱa 中级 韩国)

(57) *他这天早早起床了，去爬一座山，下来后，他吃∧一大惊，因为他租房子的村都倒了，人人都也不知道怎么办。(了)(句式Ⅱc 中级 以色列)

2. 时量补语句和动量补语句在遗漏偏误上的个性特征比较明显。

A. 在时量补语句中，遗漏偏误还表现为句式Ⅰd重复动词的遗漏以及各下位句式中量词、动词的遗漏。

首先，由于学习者没有很好地掌握重动句式，遇到时量补语句宾语、补语共现时，不知道动宾组合后需重复动词才能接补语，而常选择在动宾组合后直接加时量补语，这就导致句式Ⅰd中重复动词的遗漏，有时还伴有动态助词"了"的遗漏，如例（57）也属于此类偏误。再如：

（58）＊在北京体育场，我们打羽毛球∧一天了。（打了）（句式Ⅰd 初级 韩国）

（59）＊我睡觉∧了一整天。（睡）（句式Ⅰd 中级 越南）

（60）＊我们在留学生食堂吃饭∧了半个小时。（吃）（句式Ⅰd 中级 波兰）

其次，在时量补语句中，量词遗漏主要表现为量词"个"的遗漏。如：

（61）＊他现在已经住院三∧月了，头还痛。（个）（句式Ⅰa 中级 泰国）

（62）＊我学习汉语六∧月了。（个）（句式Ⅰd 初级 韩国）

（63）＊他在河里游了两∧小时的泳。（个）（句式Ⅱc 高级 印尼）

此外，时量补语句中出现少量遗漏谓词的偏误。如：

（64）＊虽然小杨每天∧十五个小时，但是他的工资不太高。（工作）（句式Ⅰa 中级 意大利）

B. 由于动量补语在语义上较时量补语空泛，学习者就容易遗漏作为补语的整个动量短语，主要是动量短语"一下"的遗漏。如：

（65）＊现在我有空时间就想把原来学的中文再来复习∧。（一下/遍）（句式Ⅱa 初级 泰国）

（66）＊我介绍∧我的中国朋友。（一下）（句式Ⅱa 初级 韩国）

（67）＊这教法难以用几句话来说清楚，但我在这儿敢于解释∧。（一下）（句式Ⅱa 中级 日本）

（68）＊他这样说完，在我腮上亲∧。（了一下）（句式Ⅱa 高级 韩国）

## (三) 误代

时量补语句和动量补语句的误代偏误差异表现明显。总体来说，时量补语句的误代偏误数量少于动量补语句。

1. 时量补语句的误代偏误主要表现为时量短语内部数词、量词的误代，二者的数量都较少。如：

(69) *大学毕业以后过了<u>久</u>年。（多）（句式Ⅰa　初级　日本）

(70) *他已经在这里过了半<u>岁</u>。（年）（句式Ⅰa　初级　韩国）

(71) *我以前在高中的时候喜欢一个女孩，她长得很漂亮，她的年龄比我小三<u>年</u>。（岁）（句式Ⅰa　中级　老挝）

2. 动量补语句的误代偏误数量比时量补语句多，表现形态也较为复杂，包括其他数量短语与动量补语之间的误代、时量词和动量词之间的误代以及一般量词与动量词的误代。如：

(72) *老师笑了<u>一点</u>，可是没说别得。（一下）（句式Ⅱa　初级　美国）

(73) *我跟同行的妹妹们一起在那边坐一坐放松<u>一些</u>。（下）（句式Ⅱa　高级　韩国）

(74) *没想到妈妈发了大火叫我站起来，于是她拿着棍子打了我两<u>个</u>……（下）（句式Ⅱb　中级　越南）

(75) *一天，我在超市买东西，看到一个老人要拿下来一些东西，我就去拉她<u>一手</u>。（把）（句式Ⅱb　中级　韩国）

(76) *我把我的汉语学习的经验说<u>一会儿</u>。（下儿）（句式Ⅱc　中级　美国）

(77) *开始讲这个故事以前我得解释<u>一点儿</u>我城市的名字。（一下）（句式Ⅱc　高级　俄罗斯）

## (四) 误加

时量补语句和动量补语句在误加偏误上表现得各不相同。总体来说，时量补语句的误加偏误数量和类型都多于动量补语句。

A. 在时量补语句中，误加偏误主要表现为两个方面。首先，学习者可能意识到句式Ⅰb自足性低的特点，往往会不恰当地添加成句成分，而导致句式Ⅰb出现句末助词"了"的误加。如：

(78) *我来中国只有三个半月了。(句式Ⅰb 初级 韩国)
(79) *我们来南京还不到一年了。(句式Ⅰb 初级 韩国)
(80) *这次去上海大概一个星期了。(句式Ⅰb 中级 泰国)

其次，时量短语内量词的误加。一般是量词"个"的误加，发生在初级阶段。这一误加偏误往往与时量短语内表示零头的数词成分错序相伴发生。如：

(81) *我们认识了大概四个多年。(四年多)（句式Ⅰa 初级 韩国)
(82) *我已经离开家五个多天了。(五天多)（句式Ⅰb 初级 日本)
(83) *我来南京一个年半了。(一年半)（句式Ⅰb 初级 韩国)

B. 动量补语句中的误加偏误表现在动量短语的误加，即不该使用动量补语而使用的偏误，这是学习者不清楚动量补语句的使用条件而发生的语内泛化所致。如：

(84) *你们请多多关照一下。(多多关照)（句式Ⅱa 初级 韩国)
(85) *做完礼拜大家也是同样互相祝贺古尔邦节好，然后家长就回家宰一下他们所买的羊、牛等。(宰)（句式Ⅱa 中级 吉尔吉斯斯坦)

## 四、数量补语句的偏误规律及教学建议

总体而言，数量补语句（包括时量补语句和动量补语句）的偏误数量以错序最多；遗漏、误代和误加的偏误数量较少。从学时阶段来看，数量补语句的偏误多出现在初级阶段，中、高级阶段渐少。在数量补语句中，学习者最易产生数量短语与动词、动宾结构的错序，在初级阶段的教学中，应多强调数量补语句各个构成成分的句法位置，特别是偏误规律较强的时量补语与时点状语之间的区别，以及动量补语句中离合词带动量补语的句法位置。另外，由于外国学生不清楚数量补语句的成句条件，往往遗漏使用动态助词"了"或句末助词"了"，因此在各个阶段的教学中，都要注意培养学习者对于数量补语句语法自足性的认识，强调其出现的条件以及句法位置。

针对时量补语句和动量补语句在4种偏误类型中各自不同的偏误表现，在时量补语的教学中要特别注意。当时量补语句中引入修饰动词的副词或出现表示零头的数词时，以公式展现也许更有利于记忆，如："ADV（如'已经'）＋V＋TL""$NUM_1$＋L（如'个'）＋$NUM_2$（如'半、多……'）＋T（如'月'）"。在动量补语的教学中，要强调动量补语的语法意义，以及常用的动量补语"一下"的使用条件，防止外国学生出现动量补语该用而未用的情况。

（罗昕泽、乔俊　执笔）

# 拾叁 程度补语句偏误案例

## 一、程度补语句的界定

1. 程度补语的"程度"不是指补语本身，而是指中心语的程度。因此中心语必须得有"程度"这种属性才行。用在形容词和少数动词（主要是表示心理活动的动词）后面表示性状程度的补语是程度补语。如："好极了""爱死了"。

2. 程度补语在意义上表示程度，在形式上有粘合式（不带"得"）和组合式（带"得"）两种，它们经常与形容词和表示感情、感觉以及心理活动等的动词一起使用。

3. 粘合式程度补语是形容词或心理动词后表示程度义的一类补语，如"……极了、……透了、……死了、……多了"等。

4. 组合式程度补语句即"得"字程度补语句在结构上大体分为3个部分：前段，即"得"字补语句的主语和句首状语；中段，即谓语中心（包括谓语中心词及其所带的状语和宾语）和"得"字；后段，即"得"字句的补语，如："他累得满头大汗"。

## 二、程度补语句的下位句式

根据程度补语句中述补结构的组成以及谓词与补语的语义关系，程度补语句具有以下两种下位句式。

### （一）粘合式程度补语句的下位句式

1. 句式Ⅰ：N＋V'＋极/透/死/坏……＋了（V'是感受谓词或其他性质形容词）

这一句式的前端主语由名词性成分N构成，中段谓语中心是感受谓词或其他性质形容词，V'后段的补语形式为"程度副词＋了"。如：

（1）阳光干净极了，使我想起大海。

2. 句式Ⅱ：$N_1$＋（比＋$N_2$＋）V'＋多了/远了

与句式Ⅰ的补语表极性程度义不同的是，句式Ⅱ的补语表示谓语中心的比较程度义，它一般含有两相比较的成分。其前端 $N_1$ 是比较前项，中段是感受谓词或其他性质形容词，前面一般加比较项 $N_2$，后段是"多了"或"远了"。其中"多了"前面的谓语中心语成分比较自由，感受谓词和其他性质形容词一般不受限制；但"远了"前只允许出现"差"，不与感受谓词或其他性质形容词共现。如：

（2）我这几天感觉好多了，读了些诗词，心胸开阔多了。

### (二) 组合式程度补语句的下位句式

1. 句式Ⅲ：N＋V'＋得＋ADV/VP

该句式前段为名词性成分，中段为感受谓词或其他性质形容词加上结构助词"得"，后段为副词或动词性短语。如：

（3）土坯和砖都近得很，就堆在我们的房头上。

2. 句式Ⅳ：$N_1$＋V'＋得＋$N_2$＋VP

句式Ⅳ较前面几类句式的一大特点是补语为句子形式，前段和中段跟句式Ⅲ没什么区别，后段的补语表示谓语中心语所达到的程度。如：

（4）细米兴奋得两眼闪闪发亮，脸红扑扑的像发烧。

3. 句式Ⅴ：$N_1$＋（比＋$N_2$＋）V'＋得＋ADV（多、远）

该句式跟句式Ⅱ结构形式上相差一个"得"字，除句式的补语部分可以扩展，句式Ⅱ不能扩展外，两者在其他方面并无明显差别。如：

（5）他的政论和哲学思考比她的胡诌八扯的小说重要得多、伟大得多。

4. 句式Ⅵ：N＋V＋得＋AP

该句式的谓语中心语为一般动词 V，补语为形容词或形容词性短语形式 AP。如：

（6）白巡长挺神气地笑了笑，说："混得不错吧，金三爷？"

5. 句式Ⅶ：N＋V＋得＋VP

与句式Ⅵ相比，该句式的补语成分为动词性短语，典型的如"像……似的""V 起来""有……"等，描述 V 所表动作行为的结果。如：

(7) 两个男人宿醉未醒,又在酒铺狂饮米酒,直喝得由红变白,双眼水汪汪。

6. 句式Ⅷ:$N_1+V+N_2+V+得+AP/NP$

该句式前段主语为名词性成分,中段谓语部分重复同一动词,并在第一个动词后带宾语,后段补语由形容词性成分或动词性成分构成,其为重动程度补语句。如:

(8) 后来又打大发了,你拉稀拉得嘴唇都绿了,这不,头发也不黑了。

7. 句式Ⅸ:$N_1+N_2+V+得+AP/NP$

该句式从形式上看是主谓谓语句,主语是名词性成分,中段谓语为受事成分 $N_2$ 加动作动词 V 的形式,后段补语与句式Ⅷ一样,也由形容词性成分或动词性成分构成。由于其谓语部分的小主语是动词的受事,故称之为受事前提的程度补语句。如:

(9) 讲完后,她眼泪掉得抬不起头,我知道我勾起她的伤心事。

8. 句式Ⅹ:$N_1$ 把/被/使 $N_2+V+得+AP/VP$

由于形式上的强标记性和补语表义的相似性,我们将由"把"字句、"被"字句和兼语句带"得"构成的程度补语句归为一类。该类的V的动作性一般比较强,补语表示动作导致的结果,整句表致使义。如:

(10) 瑞金把几件衣服折叠得整整齐齐,又放回箱子里。

## 三、外国留学生偏误案例

### (一) 误代

1. 前段成分的误代,主要是主语部分用错了名词成分,多发生在句式Ⅴ中。如:

(1) *我不是很努力,但是我的汉语现在比以前高得多。(汉语水平)(句式Ⅴ 初级 俄罗斯)

(2) *当然他们的中文、演戏比我好得多。(表演)(句式Ⅴ 高级 日本)

2. 中段成分的误代

A. 谓词及谓词前修饰成分的误代。如：

（3）*可是我成了妈妈以后，听到儿子哭的声音，睡醒得很快。（醒得很快）（句式Ⅲ　初级　韩国）

（4）*几年前她知道肝脏不好了，将来可能会生病得很严重，可是她还很开朗，还喜欢喝酒。（病）（句式Ⅲ　中级　日本）

（5）*太阳光对白皑皑的雪晒得很晃眼，然后我们去湖和河。（把）（句式Ⅹ　高级　日本）

B. "得"的误代。"得"的误代表现为用"了""成"等成分来替代"得"。如：

（6）*那么世界可能变了更漂亮。（得）（句式Ⅵ　中级　韩国）

（7）*听起来谁都可以变成漂亮。（得）（句式Ⅵ　中级　日本）

（8）*虽然已经过了九年，但是我记住很清楚了。（得）（句式Ⅵ　初级　意大利）

3. 后段成分的误代，即补语成分的误代。如：

（9）*晚上比白天热闹得很。（多）（句式Ⅲ　高级　日本）

（10）*由于翻译各种各样的题目，我学得不得了，收到很多新的知识。（很努力）（句式Ⅵ　中级　以色列）

（11）*然后把它们关得很固，刮什么风都不会进来了。（牢固）（句式Ⅵ　高级　蒙古）

4. 将中段和后段替代成"副词＋形容词"的形式。如：

（12）*蒙古的人口两百六十万，比中国很少。（少得多）（句式Ⅴ　初级　蒙古）

（13）*开始的时候很难学，我学习比我的班太慢，已经有很多次哭……（慢多了/慢得多）（句式Ⅱ、Ⅴ　中级　越南）

（二）遗漏

1. 前段成分遗漏，即主语成分遗漏。如：

（14）*所以一看就吃惊了，∧比西安的兵马俑矮得多。（它们）（句式Ⅴ　初级　日本）

（15）*兔子看不起乌龟，因为∧跑得很慢。（乌龟）（句式Ⅵ　高级

韩国)

2. 中段成分遗漏

A. 谓词及其前面修饰成分的遗漏。如：

(16) *中国的每个城市∧发展得很快。(都)(句式Ⅵ 初级 老挝)

(17) *她喜欢打太极拳也喜欢跑步,她跑步∧得很快。(跑)(句式Ⅷ 初级 塞拉利昂)

(18) *在考试的时候我才明白,我应该每天复习很多,写汉字也∧得多。(写)(句式Ⅷ 初级 吉尔吉斯斯坦)

B. "得"的遗漏。如：

(19) *所以我们班的同学的汉语都熟练∧很。(得)(句式Ⅲ 初级 尼泊尔)

(20) *平时我不能起床那么早,所以高兴∧不得了。(得)(句式Ⅲ 中级 日本)

(21) *有一天他在学校上课时有一点头疼,但这次的疼不是一般的,几分钟疼∧更厉害了。(得)(句式Ⅵ 高级 巴基斯坦)

(22) *我们的老师都教∧很清楚,所以我非常喜欢她们。(得)(句式Ⅵ 初级 意大利)

(23) *以前我放∧不够多,这次我会让你满足的。(得)(句式Ⅵ 高级 老挝)

3. 后段成分遗漏,即句子表达所必需的补语成分的缺失。主要表现在遗漏"很""了"等。如：

(24) *这样一来父母与子女的关系好多∧吗?(了)(句式Ⅱ 中级 韩国)

(25) *他跟家人一起住过在俄罗斯7年,他的俄语比蒙语好多∧。(了)(句式Ⅱ 中级 蒙古)

(26) *别的学生的英语水平也比我好多∧。(了)(句式Ⅱ 高级 斯里兰卡)

(27) *我不认识她,但是那个人叫我,所以我跑得∧快。(很)(句式Ⅵ 初级 蒙古)

(28) *我弟弟会打网球,他打得∧好,他的工作是电网。(很)(句

式Ⅵ　初级　美国)

(29)＊正仁喜欢画画儿，而且画画得∧厉害。(很)(句式Ⅵ　初级　韩国)

(30)＊现在由于中国贸易发展得∧快，就开始汉语跟英语一样重要。(很)(句式Ⅵ　中级　蒙古)

### (三) 误加

1. 前段成分的误加。如：

(31)＊如果他们对他们的服刑长得他们受不了，就没人想做这样的生意。(服的刑)(句式Ⅳ　中级　韩国)

2. 中段成分的误加。

A. 误加"是"。如：

(32)＊他的行动是变得慢起来，看起来很累。(句式Ⅵ　中级　韩国)

(33)＊哈尔滨的冬天是冷得不得了。(句式Ⅲ　高级　韩国)

B. 误加"很"类副词。如：

(34)＊可是中国很漂亮极了。(句式Ⅰ　初级　韩国)

(35)＊云像纱一样飘在上面，非常美丽极了。(句式Ⅰ　高级　韩国)

(36)＊有一位中年人走过来帮我拿东西，脸上带着微笑，我非常感动得不得了。(句式Ⅰ　高级　老挝)

(37)＊腿很重得几乎站不起来了，但心里充满着宝贵而格外的满足感。(句式Ⅲ　高级　日本)

C. 误加动词。如：

(38)＊最近我学习学得很不错，每天我要求学习很多生词。(学)(句式Ⅷ　初级　越南)

(39)＊在新年会上表演表得怎么样，那结果也不重要。(表演)(句式Ⅷ　中级　日本)

3. 后段成分的误加。

A. 误加"了"。如：

(40)＊虽然已经过了九年，但是我记得很清楚了。(句式Ⅵ　初级

意大利）

（41）＊我一生气就闹了起来，闹得真够劲儿了。（句式Ⅵ 高级 韩国）

（42）＊他本来是从一个小行星来的，在那里生活得很满意了，天天管他的花园和三个小火山。（句式Ⅵ 高级 美国）

B．误加"很"。如：

（43）＊这个学校早上八点上课，比韩国的学校上课上得很早。（句式Ⅷ 初级 韩国）

**（四）错序**

程度补语句的错序具有特殊性，我们应当从整句的角度对其进行分析。它突出地表现在当句子同时是主谓谓语句时，本应在句中作大主语的成分移到后面作整个述补结构的宾语，或本应作小主语的成分移到后面作补语成分：

（44）＊我对她说：Kenny，学习汉语有点儿困难，我后悔极了来中国学这么难的汉语。（来中国学这么难的汉语，我后悔极了）（句式Ⅰ 初级 博茨瓦纳）

（45）＊在韩国我学习汉语，但是我说得汉语不好。（汉语说得）（句式Ⅸ 初级 韩国）

（46）＊到了今天我还记得很清楚那一天的故事内容。（那一天的故事内容我还记得很清楚）（句式Ⅸ 中级 越南）

（47）＊他说得日语很好。（日语说得）（句式Ⅸ 中级 日本）

## 四、偏误规律及教学建议

外国学生习得程度补语句时出现的误代偏误最多，其次是遗漏和误加，而错序偏误相对较少。初级偏误率高，中级低，高级又高起来。这是因为初级阶段学生对于新的知识掌握不够，所以在使用中出现较多偏误；中级阶段学生学习知识多了以后对知识的运用会更加谨慎，对语言输出的监控也会更多，因此偏误相对较少；而在高级阶段，学生知识储备进一步丰富，学生为了追求语言的丰富性，会大量运用各种知识，因此就容易产生各种混淆，也可能由于掌握不清而造成偏误，在偏误数量上就会有所增加。

误代偏误常出现在 5 个句式（Ⅱ、Ⅲ、Ⅴ、Ⅵ、Ⅹ）中，以中级阶段的偏误最多，高级阶段偏误量下降明显。遗漏偏误就句式而言，只出现在 4 个句式中，分别是句式Ⅱ、Ⅲ、Ⅵ、Ⅷ，且偏误的学习阶段分布与误代偏误的分布正相反，表现为中级阶段最少，初、高级阶段较多，呈"U"形分布。在误加偏误方面，除了Ⅱ、Ⅴ、Ⅶ、Ⅹ等 4 个句式以外，其他 6 个句式均出现了此类偏误，偏误的阶段分布情况同遗漏偏误类似。错序类偏误则相对较少。从偏误在句中的分布来看，误代、遗漏和误加偏误类型在程度补语句的前、中、后段均有所显现，而错序往往体现前、中、后段的综合使用错误。

鉴于此，教学中有必要辨析程度补语句的下位句式，说明各自的构成条件，避免词语之间的相互误代及其他类型偏误的发生。

（罗昕泽　执笔）

# 拾肆 "把"字句偏误案例

## 一、"把"字句概说

### (一)"把"字句的定义

1. "把"字句作为现代汉语中一种比较有特点的句式,其基本用法是在谓语动词前用介词"把"引出受事,对受事加以处置。如:

(1) 他把书放在桌子上了。

其句法结构可以形式化为:(NP$_1$)+把+NP$_2$+VP(NP$_1$ 为介词"把"前的名词性成分,NP$_2$ 为介词"把"后的名词性成分,VP 为动词结构),其中 VP 在很大程度上决定了"把"字句的句法构造。

2. 表处置的"把"字句又叫处置式。处置就是指谓语中的动词所表示的动作对"把"字引出的受事施加影响,使它产生某种结果,发生某种变化,或处于某种状态。此外,"把"字句还可以表示致使义。如:

(2) 连续的奔跑把她累坏了。

3. 用介词"把"介引的词语不宜理解为动词的宾语提前或前置宾语,因为很多介引成分在一些句子格式中不能移到动词后面。如:

(3) 他把草稿纸订成一个个本子。(此句中动词后面有宾语)

(4) 他让卖粥大嫂把粥盛在饭盒里。(此句中动词后面有介词短语作补语)

### (二)"把"字句的使用规则

1. "把"字句的谓语动词一般是能带支配对象的行为动词,即能带施事宾语的及物动词;不能是光杆动词,即动词后必须有别的成分,通常为补语、宾语、动态助词或动词的重叠式,如"把作业做完了""把笔给他""把水喝了""把这事说说"等;或者动词前面有状语,如"别把东西到处扔"。

2. 表处置义的"把"字句中,"把"的宾语主要是动作的受事,也可是工具或处所。表致使义的"把"的宾语是施事。如"把大娘乐得合不上嘴"。

3. "把"的宾语在意念上一般是有定的、已知的人和事物，因此前面常带"这、那"一类的修饰语。如果用无定的、泛指的词语，则是泛说一般的道理，如"不能把真理看成谬误""把一天当做两天用"。

4. 谓语动词一般都有处置性，应该有较强的动作性，因此不及物动词、能愿动词、判断动词、趋向动词和"有、没有"等不能用来作谓语动词。

5. "把"字短语和动词之间一般不能加能愿动词、否定词，这些词只能置于"把"字前，如不能说"*他把青春愿意献给党""*我们把困难敢踩在脚下""*我把衣服没有弄乱""*为什么把消息不告诉他"。不过熟语性句子有例外，如"怎么能把人不当人"。

在书面语言中，有时用"将"字代替"把"字，仍称"把"字句。

## 二、"把"字句的下位句式

结合本族语者的使用频率，根据动词前后附加成分的不同，可以按"把"字句 VP 构造的不同分为以下 5 大类：

### （一）句式 I：状动式，又可分为以下两小类

句式 Ia：$NP_1$＋把＋$NP_2$＋状语＋V
该句式的状语主要表示动作的方向和方式等。如：
(1) 你们别把东西<u>乱</u>扔。
句式 Ib：$NP_1$＋把＋$NP_2$＋一 V
该句式主要凸显动作的短时性或突发性，往往后续有小句。如：
(2) 她把书包<u>一</u>放就去做饭了。

### （二）句式 II：动补式，又可分为以下五小类

1. 句式 IIa：$NP_1$＋把＋$NP_2$＋V 在/到/给/向＋$NP_3$
该句式主要表示某确定的事物（$NP_2$ 所表示的事物）因动作而发生位置的移动或关系的转移，最后落在目标对象上（$NP_3$ 所表示的人或处

所)。如：

(3) 请你把盐递给我。

2. 句式Ⅱb：$NP_1 + 把 + NP_2 + V + 结果补语$

该句式主要表示某确定的事物因动作而发生某种变化，产生了某种结果。如：

(4) 外面很冷，把围巾系好吧。

3. 句式Ⅱc：$NP_1 + 把 + NP_2 + V + 趋向补语$

该句式主要表示事物在动作的作用下发生了明确的位置移动，或产生一定的结果，或处于一种新的状态。如：

(5) 你把照相机带来了吗？

4. 句式Ⅱd：$NP_1 + 把 + NP_2 + V + 情态补语$

该句式主要表示某确定的事物因动作而发生状态的改变。如：

(6) 他把工作完成得很好。

5. 句式Ⅱe：$NP_1 + 把 + NP_2 + V + 数量补语$

该句式主要表示动作行为对某确定事物的处置时间短暂或动作比较轻松、随便。如：

(7) 他们把出发的时间提前了一个小时。

### (三) 句式Ⅲ：动宾式，又可分为以下两小类

1. 句式Ⅲa：$NP_1 + 把 + NP_2 + V + NP_3$（$NP_3$ 为间接宾语）

该句式主要表示事物关系的转移，其中的 $NP_3$ 可以理解为某确定事物（$NP_2$）的新领有者。如：

(8) 他把这个皮球给了小女孩。

2. 句式Ⅲb：$NP_1 + 把 + NP_2 + V 成/作/为 + NP_3$

该句式主要表示把确定的事物认同为另一事物，或通过动作使事物变化为在性质、特征上有等同关系的另一事物。如：

(9) 他决定把自己构想的东西变成现实。

### (四) 句式Ⅳ：动体式，又可分为以下两小类

1. 句式Ⅳa：$NP_1 + 把 + NP_2 + V（一/了）V$

该句式主要表示动作量轻微或表示重复等。如：

（10）快过来，把你听到的事情向我们说说。

2. 句式Ⅳb：$NP_1$＋把＋$NP_2$＋V＋了

一般来说，只有表示动作一旦发生就会有结果的动词才可以进入这一句式。这个句式一般带有［＋了结］［＋去除］等语义特征。如：

（11）他把这个月的工资丢了。

### (五) 句式Ⅴ：致使式

句式Ⅴ：$NP_1$＋把＋$NP_2$（施事）＋V＋其他成分

该句式表示人或物（$NP_2$）发生某种情状不是自发的，而是受某种致使主体（$NP_1$）的作用或影响而发生的。该句式中，"把"的宾语一般是谓语动词的施事，"把"相当于"让""使"。如：

（12）这个消息把他愁死了。

## 三、外国留学生偏误案例

外国学生在使用"把"字句时会遇到较大的困难。外国学生的偏误主要包括句式选择方面的偏误和句式构成成分方面的偏误。

### (一) 句式选择方面的偏误

1. 当用而未用

这类偏误较多出现在Ⅱa、Ⅱb、Ⅱc、Ⅱe、Ⅲb等下位句式中。如：

（1）＊我们读书，然后∧做的菜都放在桌子上。（把）（句式Ⅱa　中级　芬兰）

（2）＊注意放面条的时候……然后∧先准备好的材料放垫子上面。（把）（句式Ⅱa　中级　哈萨克斯坦）

（3）＊我把这个决定告诉她后，她∧在中国经历的故事一个一个地讲给我听。（把）（句式Ⅱa　高级　日本）

（4）＊汽车到了黄山附近，这边的风仿佛∧我身上的疲劳都拿走了。（把）（句式Ⅱb　高级　韩国）

（5）＊现在∧万紫千红的衣服穿起来了。（把）（句式Ⅱc　高级　韩国）

（6）＊水流∧我们的船带进入了鸽子洞。（把）（句式Ⅱc　高级　越南）

（7）＊其实我知道的自然现象是不那么多，还有对这种自然现象的知识也不那么多，所以我∧知道的自然现象一个一个简单的说明一下。（把）（句式Ⅱe　高级　日本）

（8）＊爷爷替我照顾它们一晚上，爷爷却∧它们变成一盘鸡肉。（把）（句式Ⅲb　高级　韩国）

（9）＊我最近看完了一本书，内容是人们一定要"∧难过、失败，变成高兴成功"。（把）（句式Ⅲb　高级　日本）

此外，由于学习者缺乏使用"把"字句的意识，利用简化的"V+O"语序来代替"把"字句。如：

（10）＊先放手机在车里，然后用那个线打电话。（把手机放……）（中级　美国）

（11）＊我们的政府为了保护自然，所以政府搬他们到平地跟我们在一起……（把他们搬……）（句式Ⅱa）（中级　老挝）

这些例句要表达的语义都是某确定的事物因动作而发生了位置的改变，所以必须使用"把"字句。

2. 不当用而用

这类偏误主要出现在Ⅰa、Ⅱc、Ⅳb等下位句式中，此类偏误主要与动词的类型和表义有联系的相关句式的误代有关。

A. 动词类型使用不当，即把不能用于"把"字句的动词类型用于"把"字句。如：

（12）＊还有，一些人把他们对自己爱人的责任轻视，不顾后果跟第三者有不正常的事情。（轻视他们对自己爱人的责任）（中级　俄罗斯）

（13）＊要向前看，才能把现在的大学生活认为我的机会。（认为现在的大学生活是我的机会）（高级　日本）

一般而言，表认知、意愿或心理感受的动词不能用于"把"字句中，上面用例中的"轻视""认为"表示的是一种心理活动和心理的判断行为，所以不应该使用"把"字句，以上两例都应改成一般的主谓宾句。

B. 表义有联系的相关句式的误代。如：

（14）*我们把一个四年级的男学生<u>选举了</u>当导游，因为他以前去过那个地方。（选举了一个四年级的男学生当导游）（高级　蒙古）

（15）*如果我跟她试试一个测试，一个小时里，哪一个人<u>把成语记得多</u>，我想肯定她比我多。（记成语记得多）（初级　德国）

例（14）是与兼语句的相混淆，（15）是与重动句相混淆。

### （二）构成成分方面的偏误

1. 遗漏

包括主要动词的遗漏和动词后各类附加成分的遗漏。如：

（16）*路上的一些人把我∧到医院。（送）（句式Ⅱa　中级　叙利亚）

（17）*我一个人以前没有把这一点∧懂，可是现在很明白，很清楚了。（弄）（句式Ⅱb　中级　芬兰）

（18）*我要把中文教∧泰国学生，当很好的中文教师。（给）（句式Ⅱa　中级　泰国）

（19）*我当时觉得我们互相很熟悉，没有小心，把心里面的话直接说∧，结果让她伤心。（出来）（句式Ⅱc　高级　韩国）

（20）*太阳一落下，她就把灯关∧，很快就睡觉。（上/了）（句式Ⅳb　中级　巴基斯坦）

2. 误代

此类偏误主要是句子中的相关动词或跟动词相关的成分的误代，主要出现在句式Ⅱd、Ⅱe及句式Ⅲb中。如：

（21）*有的人故意地加上或减少几个字母，为的是把自己的姓<u>变成</u>更好听，更有意思。（得）（句式Ⅱd　中级　韩国）

（22）*可是现在很明白，很清楚，所以把那句"学习是为了生活"改变<u>一个</u>，扩大一下。（一下）（句式Ⅱe　中级　芬兰）

（23）*那天我朋友们把我<u>成为</u>他们的英雄了。（当成）（句式Ⅲb　高级　古巴）

（24）*成吉思汗创立蒙古汗国后，把哈尔和林<u>成为了</u>"首都"。（当成）（句式Ⅲb　中级　蒙古）

3. 错序

错序类偏误主要出现在句式Ⅱa和句式Ⅱc上。如：

(25) *有一个人把它给国王奉送以后，就成了不可缺少的宫廷美味。(奉送给国王)(句式Ⅱa　中级　韩国)

(26) *我的朋友把那个自行车要带回韩国去，但我们选的自行车没有包装盒子。(要把那个自行车)(句式Ⅱc　中级　韩国)

4. 误加

误加在"把"字句中不多见，主要是句中动词部分补语成分的误加。如：

(27) *……把我送到去医院。(句式Ⅱa　中级　韩国)

(28) *梨树、香树的果实结满了果实，秋风把甜滋滋的香味儿吹来到我们身边。(句式Ⅱa　高级　韩国)

## 四、偏误规律与教学建议

综合来看，学生在是否选用"把"字句方面的偏误较多，这说明外国学生在句式选择方面遇到的困难较大，尤其是当用而不用，学生往往采取了回避策略；而不当用而用的情况多是学生对"把"字句使用规则的泛化所致。教学中应该着重说明"把"字句的语义及其与相关句式的异同，以避免使用中的回避或泛化。

"把"字句构成成分方面的偏误相对较少，以遗漏、误代两类偏误为主。句式选择方面的困难集中体现在句式Ⅱa、Ⅱb、Ⅱc等中，同时，这几类句式也是构成成分出现遗漏、误代偏误较多的句式。因此，要降低学生使用"把"字句的偏误率，应该介绍这几类下位句式的句法构成及其语义，有针对性地预防和分析偏误。

(鲍睿琼、颜明　执笔)

# 拾伍 "被"字句偏误案例

## 一、"被"字句概说

### (一)"被"字句的定义

1. 用介词"被(叫、给、让)"引出施事或只用"被"省略施事的动词谓语句是"被"字句。"被"字句多用于表示一个受事者受到某种动作行为的影响而有所改变,介词"被"的作用是引进动词的施事,一般用在谓语动词的前面。在"被"字句中,"被"字结构修饰谓语作状语,主语是谓语动词的受事。如:

(1) 树叶被风吹跑了。
(2) 地上的水叫太阳晒干了。
(3) 他让我说走了。

2. "被"字句表示被动的意义,说的往往是不如意的事情。如:

(4) 他被自行车撞了一下。
(5) 衣服被雨淋湿了。

但是现在也可以只表示被动。如:

(6) 他被选为人民代表。
(7) 妹妹被北京大学录取了。

3. 还有一种"被"字句,"被"字直接附于动词前,这是古汉语用法的延续。如:

(8) 他的心灵第一次被震撼了。
(9) 我的心被打动了。

### (二)"被"字句的使用规则

1. 动词一般是有处置性的,而非处置性动词如"有、是、成为"等不能构成"被"字句,而且动词后多有补语或别的成分。如:

(10) 自行车被我弟弟骑走了。

(11) 江南大地都被依山的太阳涂上了一层金光。

(12) 小鸡被黄鼠狼叼去了一只。

2. "被"字句的主语表示的事物必须定指，如果没有特定的语境，就不能说"＊一套房子被他买下来了"，如果"一套房子"前面加上"这、那"成为有定的，就可以说了。

3. "被"之前可以加上副词或能愿动词等成分。如：

(13) 这件事已经被人传出去了。

(14) 他没有被困难吓倒。

(15) 一切丑恶的现象应该被消灭。

## 二、"被"字句的下位句式

从句式的主要构成成分入手，以句法标记为着眼点，结合对本族语者和中介语语料的考察，可以将"被"字句分为以下6类：

1. 句式Ⅰ：$N_1＋被＋N_2＋V$

该句式动词后不带任何其他成分。如：

(1) 声音被玻璃阻挡，根本传不过去。

2. 句式Ⅱ：$N_1＋被＋N_2＋V＋N_3$

该句式动词后带宾语。如：

(2) 她被人们称为歌唱家。

3. 句式Ⅲ：$N_1＋被＋N_2＋V＋C$（C为补语，下同）

该句式动词后带补语。如：

(3) 落水的孩子被人救上来了。

4. 句式Ⅳ：$N_1＋被＋V$

该句式"被"后无宾语，动词后无成分。如：

(4) 他的努力不被承认，他很生气。

5. 句式Ⅴ：$N_1＋被＋V＋N_2$

该句式"被"后无宾语，动词后带宾语。如：

(5) 很多诗歌已被谱成了曲。

6. 句式Ⅵ：$N_1＋被＋V＋C$

该句式"被"后无宾语，动词后带补语。如：

(6) 他的杯子被打坏了。

## 三、外国留学生偏误案例

### (一) 句式选择方面的偏误

学生在使用"被"字句时，会出现不该用而用的偏误，且在初、中、高级阶段都会出现。

(1) *有时候在电视上我看到很多孩子被失学。(很多孩子失学)（初级　越南）

(2) *但是被朋友担心了。(让朋友担心了)（初级　日本）

(3) *第二，这几年中国发展得很快，所以将来汉语会被有用的语言。(汉语会成为有用的语言)（中级　韩国）

(4) *由于我是美籍华人，我从小已经把两种完全不同的文化被介绍了，但是，是因为我在美国长大了，我说中文说得不好，英文说得好。(我从小了解两种完全不同的文化)（中级　美国）

(5) *她从来没打骂我们，被老师的批评也很少。(批评也很少)（高级　斯里兰卡）

(6) *我虽然坐了五个多小时的火车辛苦了一趟，不过这一切到杭州就被消失了。(到杭州就消失了)（高级　也门）

### (二) 构成成分方面的偏误

**1. 遗漏**

遗漏是出现次数最多、涉及句式最广的一类偏误，其中句式Ⅰ、句式Ⅲ、句式Ⅳ、句式Ⅴ、句式Ⅵ都出现了此类偏误，遗漏的成分主要是动词前的"被"，另外也包括补语标记或补语。如：

(7) *在我的国家如果有这样的态度，肯定∧老板骂。(被)（句式Ⅰ　初级　印尼）

(8) *买东西也很难，经常∧人骗，吃饭不知道点什么菜。(被)（句式Ⅰ　中级　瑞典）

(9) *但是由于在历史上∧日本人严重破坏了，现在残留下来的只

有几十座了。(被)(句式Ⅰ  高级  韩国)

(10) *但是在公共汽车上她的钱包∧小偷偷走了。(被)(句式Ⅲ  中级  日本)

(11) *以后他被一个人打∧很严重,好在有两个人带他回去治疗。(得)(句式Ⅲ  中级  老挝)

(12) *所以这个城市被外星人建∧了。(好)(句式Ⅲ  中级  秘鲁)

(13) *社会发展,经济发展,当然我们的环境∧破坏。(被)(句式Ⅳ  初级  韩国)

(14) *以后,这件事∧发现,法院认为大夫行为是杀人罪。(被)(句式Ⅳ  高级  越南)

(15) *中国∧称为自行车王国。(被)(句式Ⅴ  初级  巴基斯坦)

(16) *他就∧任命为本公司的副总经理。(被)(句式Ⅴ  高级  也门)

(17) *我一参加工作就∧分配到国际部,结果更要求我相当的汉语水平。(被)(句式Ⅴ  高级  韩国)

(18) *再走几步我们看见了水泉∧引到路旁边来了。(被)(句式Ⅵ  中级  越南)

(19) *我的手差点儿没∧拉伤了。(被)(句式Ⅵ  中级  秘鲁)

(20) *有人问了在火车上来往的服务员,原来是因为前面的铁道∧冲断了。(被)(句式Ⅵ  高级  巴拿马)

2. 误代

误代的数量居于第二位,但此类偏误的形式比较简单,多是带有介词宾语的句式中动词的误代。如:

(21) *以前主要的交通"自行车"被机动车交替。(代替)(句式Ⅰ  初级  坦桑尼亚)

(22) *旗主人被他唱的歌激动了。(感动)(句式Ⅰ  高级  蒙古)

(23) *最后的时候,他的老师被坏人受伤了。(打)(句式Ⅲ  中级  韩国)

(24) *汽车到了黄山附近,这边的风仿佛我身上的疲劳都被拿走。(带)(句式Ⅳ  高级  韩国)

### 3. 误加

大多是时体成分、副词或补语等的误加。如：

（25）*他想学功夫因为小时候经常被<u>着</u>别人打。（句式Ⅰ　中级　老挝）

（26）*服务员被<u>很</u>感动了。（句式Ⅳ　中级　韩国）

（27）*我常常被老师批评<u>了一顿</u>……（句式Ⅲ　初级　喀麦隆）

（28）*经常被他的父母挨<u>骂</u>，甚至挨打。（句式Ⅰ　初级　韩国）

（29）*几天前有个留学生被中国学生挨<u>打了</u>。（句式Ⅰ　中级　日本）

### 4. 错序

多是句式中动词性成分和名词性成分之间的错序。如：

（30）*我看过有一个女人被小偷<u>刚买的手机偷了</u>。（偷了刚买的手机）（句式Ⅰ　初级　韩国）

（31）*因此我被<u>吸引了中国</u>，我决心了来中国学习。（中国吸引了）（句式Ⅰ　中级　日本）

（32）*最近我被<u>吸引了一个建筑</u>，印度的塔其马哈。（一个建筑吸引了）（句式Ⅰ　高级　日本）

（33）*<u>被打开门时</u>，我觉得那个两个消防员像是救世主。（门被打开时）（句式Ⅳ　中级　俄罗斯）

## 四、偏误规律与教学建议

综合来看，学生不该用被动句而用了"被"的偏误句较多，而且初、中、高三个阶段都有用例，这说明学生对何时不该用"被"字句掌握得不是很好。这提醒我们在教学中不仅仅要教学生什么情况下能用，也应该教给学生什么情况下不能用。

根据中介语语料库的考察，我们发现遗漏类偏误最多，误代、误加和错序的数量依次减少。在各学习阶段的教学中都要特别注意"被"字句中相关成分的遗漏偏误，其遗漏偏误出现在"被"字句的各种成分中，说明需要加强对"被"字句使用条件的教学。

学生出现的偏误除了"被"的遗漏和误加最多以外，还涉及"被"

字句中其他各种构成成分，如"被"后宾语、动词、动词后成分和一些虚词性成分，这说明给学生讲解清楚"被"字句的构成规则很重要。

从各个句式使用频率来看，外国学生使用"被"字句从高到低的顺序依次是：句式Ⅰ—句式Ⅲ—句式Ⅳ—句式Ⅵ—句式Ⅴ—句式Ⅱ。句式Ⅰ是外国学生使用数量最多的，也是正确率最稳定的一类，从初级阶段到高级阶段，学生偏误用例逐渐减少。句式Ⅱ用例最少，初、中级的正确率很低，只有到了高级才有所改善。句式Ⅲ与句式Ⅳ一样，初级只出现一例，且为正确用例，中级用例增多，但偏误也增多，到了高级有所改观。句式Ⅴ在外国学生的习得中是最不稳定的一类，它在初级阶段只出现一例，中级出现用例且正确率较高，到了高级阶段偏误用例又开始增多。句式Ⅵ的习得状况也不是很理想，该句式在初级阶段没有出现，中级阶段开始出现且用例较多，但正确率不高，到高级阶段才有所提高。相对而言，各阶段习得情况都比较好的是句式Ⅰ、句式Ⅲ和句式Ⅳ，另外 3 个句式各级的变化都较大。

总之，对于"被"字句这样一个难点，不能笼统地只讲基本原则，而应该把"被"字句的结构规则细化，分句式、分层次地教学，这样有利于把难点分化，降低"被"字句的习得难度，也符合循序渐进的习得规律。

（肖文琦　执笔）

# 拾陆　"比"字句偏误案例

## 一、"比"字句概说

### (一)"比"字句的定义

所谓"比"字句,就是含有比较标记词"比"的比较句。"比"字句的典型格式是"A 比 B X",其中 A 和 B 是比较项,X 是比较的结论项。

### (二)"比"字句的使用规则

1. A 和 B 作为比较项,必须在某一方面具有可比性,A 和 B 可以是体词或体词性短语,如名词、代词、偏正短语、数量短语等;也可以是谓词或谓词性短语,如动词、主谓短语等。如:

(1) <u>我</u>比<u>他</u>高。
(2) <u>我的分数</u>比<u>他的分数</u>高。
(3) <u>跑步</u>比<u>游泳</u>简单。
(4) <u>我到南京</u>比<u>他到南京</u>方便。

2. X 是"比"字句的结论项,也是全句的谓语部分,其构成情况较为复杂。在"比"字句中,由比较标记词"比"引出被比较的对象,最终由 X 部分表示比较的结果。X 一般由动词或形容词构成,它们也可以后接补语,如程度补语、情态补语、数量补语等,动词后也可以接宾语。如:

(5) 这间屋子比那间<u>大</u>。
(6) 这间屋子比那间<u>大多了</u>。
(7) 这间屋子比那间<u>大十平米</u>。

3. 比较项 B 的替换规律。当比较项 A 和比较项 B 均为定中式偏正短语时,即"A 的 Z + 比 + B 的 Z + X",为表达简约精炼,"B 的 Z"常被替换为"B 的"或"B"。一般情况下,"B 的 Z"均可替换为"B 的"。如:

(8) 我们的电脑比他们的电脑贵。→我们的电脑比他们的贵。
(9) 砖头的房子比木头的房子好。→砖头的房子比木头的好。
(10) 红色的车比白色的车便宜。→红色的车比白色的便宜。
(11) 新疆的瓜比北京的瓜甜。→新疆的瓜比北京的甜。

"B的Z"替换为"B"比较受限，一般当Z为A/B的固有属性，或A/B表示Z所处的时间、地点时，"B的Z"可替换为"B"。如：

(12) 飞机的速度比汽车的速度快。→飞机的速度比汽车快。
(13) 中国的交通比我们国家的交通方便。→中国的交通比我们国家方便。
(14) 我现在的衣服比上学时的衣服还多。→我现在的衣服比上学时还多。

A/B与Z还可以是人际关系，如亲友、师生、上下级等，此时"B的Z"不可替换为"B"，否则改变原义。从礼貌原则考虑，替换为"B的"有失尊重。如：

(15) 他的妈妈比你的妈妈年轻。→＊他的妈妈比你年轻。（句法合格，但句义改变）
(16) 他的妈妈比你的妈妈年轻。→？他的妈妈比你的年轻。（违背礼貌原则）

当A/B和Z符合以下两个条件之一时，"B的Z"既可替换为"B的"，又可替换为"B"。

1) Z为A/B的某一部分，且结论项X在句中仅适用于Z，不致产生歧义。

(17) 他的眼睛比你的眼睛大。→他的眼睛比你（的）大。
(18) 桌子的腿儿比椅子的腿儿粗。→桌子的腿儿比椅子（的）粗。

2) A/B与Z为领属、人际关系，且"比"字句用于比较量的多少。

(19) 我们的衣服比他们的衣服少。→我们的衣服比他们（的）少。
(20) 你的朋友比我的朋友多。→你的朋友比我（的）多。

## 二、"比"字句的下位句式

根据结论项X的构成成分不同，可以对"比"字句进行如下划分

(括号内为非必需成分,可根据实际情况选择其一):

### (一) 句式Ⅰ: A 比 B+形容词(+数量补语/程度补语)

这是"比"字句最常用的格式,其结论项可以是形容词,也可以是形容词短语。如:

(1) 王明比我高。

(2) 这本书比那本贵十块钱。

(3) 他的包比我的小多了。

### (二) 句式Ⅱ: A 比 B+"有"字短语(+数量补语/程度补语)

此句式中的"有"字短语是"有+抽象名词"的短语,其功能相当于一个形容词。如:

(4) 他比我有经验多了。

(5) 王明比我有力气多了。

当用不定量词"一点儿""(一)些"时,常常放在抽象名词之前。如:

(6) 老王总比我有一点儿手段。

(7) 他的看法比我的有一些道理。

### (三) 句式Ⅲ: A 比 B+VP

这类句式的结论项 X 为动词性成分,具体可分为 4 类。

1. 句式Ⅲa: A 比 B+一般动词/动宾短语+情态补语

这里动词后的情态补语是必需的,否则"比"字句不能成立,不能说"*小明比小红来"或"*小明比小红看书"。当选用一般动词时,动词后直接加情态补语。如:

(8) 王明比我来得晚。

(9) 王明比我来得晚多了。

当选用动宾短语时,必须将动宾短语中的动词重复后再加情态补语。如:

(10) 小张比我看书看得多。

(11) 波伟比王明喝酒喝得猛。

2. 句式Ⅲb：A比B+状语+一般动词（+宾语/时量补语/动量补语）

此句式中的状语成分主要是由"早/晚、先/后、多/少、难/容易（好）"充当。

(12) 他比我早到。
(13) 他比我早到教室。
(14) 他比我早到十分钟。
(15) 他比我多写一遍。

3. 句式Ⅲc：A比B+增减类动词（+数量宾语）

这类句式是描述事物数量、质量或程度的变化，包括增加/减少、提高/降低等。如果增减类动词之后没有数量宾语，那么必须以"了"结句。

(16) 我的体重比去年增加了。
(17) 我的体重比去年增加了十斤。

4. 句式Ⅲd：A比B+心理动词/能愿动词（+宾语/程度补语）

这种句式主要是人物的心理状况和主观意愿的对比，其中能愿动词必须带动词宾语。

(18) 王明比波伟喜欢汉语。
(19) 王明比波伟能吃苦（多了）。
(20) 丁荣比我了解得多。

**（四）句式Ⅳ：A比B+更/还/再+心理动词/能愿动词/形容词**

与句式Ⅰ和句式Ⅲ不同，该句式在它们的基础上加上了"更/还/再"3个副词，通过这3个副词的修饰，语义上有了一些改变，它们表示在比较项B的基础上，A又加深了一层。在心理动词/能愿动词/形容词之后可以加上"一些""一点儿"等进行修饰。根据副词选用的不同，我们将该句式分出3个下位句式：

1. 句式Ⅳa：A比B+更+心理动词/能愿动词/形容词

用"更"的话，表示比较项B的程度已经较高了，而比较项A的程度又增加了一层。这是一种客观描述，一般而言不带有感情色彩。

(21) 他比我更喜欢汉语。

(22) 王明比波伟更会说话。

(23) 他比我更了解一些。

2. 句式Ⅳb：A 比 B＋还＋心理动词/能愿动词/形容词

"还"强调程度高的语气比"更"要明显一些，带有较强的主观色彩，表示说话人认为比较项 B 的程度已经很高了，而比较项 A 的程度更高，对比较项 A 持有惊讶、非常满意（或非常不满意）等情感。

(24) 他比我还喜欢这部电影。

(25) 王明比波伟还能吃辣。

3. 句式Ⅳc：A 比 B＋再＋心理动词/能愿动词/形容词

这里的"再"不表示动作的重复，而是表示程度的加深，这种格式多用于疑问句、否定句或含有让步语义的句子中。其语义常常表示说话人认为比较项 B 的程度已经是最高的了，没有比它程度更高的了。这种格式也有较强的主观色彩，强调说话人的想法。若表示让步，该格式常常是一个复句形式。

(26) 还有谁比他再合适的吗？（疑问）

(27) 没有比这件衣服再好的了。（否定）

(28) 那件衣服比这件衣服再好，我也不买。（让步）

## （五）句式Ⅴ：A 不比 B＋X（"不比"句）

"不比"句从形式上看似乎是"比"字句的否定形式，实则不然。从语义上来说，"A 不比 B＋X"既表示比较项 A 和比较项 B 程度一样，也可以表示比较项 A 的程度低于比较项 B。"不比"句主要用于话语/预设否定，即否定别人的看法或常识，"不比"前往往带有表强调的语气副词"并"。如"我并不比你喜欢她"是用以反驳别人以为"我比你喜欢她"。从"不比"句对"比"字句的替换上来看，对可替换为"不比"句的"比"字句有一定的句法成分的限制：①当结论项 X 为形容词或动词时，形容词或动词后不能接精确数量补语（除了"一＋量词"）、程度补语，只能是模糊数量补语、情态补语，且情态补语只能是简单结构，充当情态补语的成分本身往往不再带补语；②在句式Ⅳ中，只有句式Ⅳa可以替换为"不比"句，其他两个均不可以。

(29) 他不比我高/高多少。

(30) 他不比我早到/早到多少。
(31) 他不比我多吃几个。
(32) 你又不比我少拿（一个）。
(33) 你不比我更了解他。

### （六）句式Ⅵ：没有比 A 更 X（的）了

这是"比"字句的固定格式，表示说话人认为 A 在同类人或事物中的 X 程度最高。这里的 X 一定是一个体词性短语，如果不是，就须转换为"的"字结构，然后以"了"结句。

(34) 没有比这里更美丽的地方了。
(35) 没有比他更懂事的孩子了。
(36) 没有比这个更合适的了。
(37) 没有比他更爱汉语的了。

### （七）句式Ⅶ：一＋量词＋比＋一＋量词＋X

该句式也是"比"字句的固定格式，它常常要紧随一个主语 S 之后使用，表示 S 在时间上的渐变，或 S 内部成员程度的渐变。当表示内部成员的渐变时，往往都是在内部成员整体都比较 X 的前提下讨论的。

(38) 他的身体一天比一天好。
(39) 这里的苹果一个比一个甜。（这里的苹果总体都比较甜）

## 三、外国留学生偏误案例

### （一）句式选择方面的偏误

1. "比"字句否定句式的使用偏误

"不比"句既可表示比较项 A 和比较项 B 等值，也可表示 A 程度低于 B，且否定副词"不"应置于"比"前，一般不否定结论项中的形容词。若要直接表达比较项 A 的程度低于比较项 B，则应使用"A 没有/不如/不像 B＋X"。

(1) *我们的国家的交通比中国的不方便。（句式V 初级 尼泊尔）

(2) *我在中国的日子比和家人在一起的日子不太幸福。（句式V 中级 韩国）

(3) *秋天很凉快，比夏天不那么热，比冬天不那么冷。（句式V 高级 日本）

根据文意，以上例句均想表达比较项A低于比较项B，因此不宜使用"比"字句或"不比"句。可改为：

(1)′我们的国家的交通<u>不如/没有</u>中国的方便。

(2)′我在中国的日子<u>不如/没有</u>和家人在一起的日子幸福。

(3)′秋天很凉快，<u>不像/没有</u>夏天那么热，<u>不像/没有</u>冬天那么冷。

"比"字句中的"比"为介词，作用是引出比较对象，其本身不含对比两个比较项程度高低的意义，因此以下例句不合法：

(4) *那儿的交通不比这儿的。（句式V 初级 坦桑尼亚）

(5) *澳大利亚的啤酒不比中国的。（句式V 初级 澳大利亚）

在不含有结论项X时，若要说明A的程度低于B，则应使用"A+不如+B"。

(4)′那儿的交通<u>不如</u>这儿的。

(5)′澳大利亚的啤酒<u>不如</u>中国的。

也可以通过增加结论项X使句子合法，但两种改法在句义上有细微差别。

(4)″那儿的交通不比这儿的<u>方便</u>。

(5)″澳大利亚的啤酒不比中国的<u>好</u>。

"比"字句否定的偏误较多，学生偏误现象主要为两种，一是对结论项的形容词否定，如例（1）—（3）；二是直接用"不比"来系联两个比较项而不含有任何结论项，如例（4）—（5）。值得注意的是直接在"比"前加"不"改为"不比"句，这样的句子虽然在句法上合法，但有可能不符合上下文意。如：

(6) *路也很窄，不比中国的宽，所以常常出现意外。（句式V 初级 老挝）

例（6）"不比中国的宽"虽然合法，但由上文"路也很窄"可知，学生想表达的是"道路宽度不如中国的"。所以应当改为：

（6）′路也很窄，<u>不如/没有</u>中国的宽，所以常常出现意外。

2. 结论项过多

"比"字句的结论项只含一个比较结果，若比较项有多个比较结果则应分别用几个"比"字句来表述，而不能全部糅合于一个结论项，否则造成结论项过多。如：

（7）＊中国的城市比尼泊尔的<u>也大也漂亮</u>。（句式Ⅰ　初级　尼泊尔）

（8）＊中国的大学比我们的<u>多也大</u>。（句式Ⅰ　初级　塞拉利昂）

以上例句想表达两个比较项的多个比较结果，但多个结果不能全部置于一个结论项的句法位置，应当对其进行分化。可改为：

（7）′中国的城市比尼泊尔的大，<u>也比尼泊尔的漂亮</u>。

（8）′中国的大学比我们的多，<u>也比我们的大</u>。

3. 句式判断错误

学生对汉语的复杂句型句式掌握不到位，很难准确判断每一个成分的句法地位。如：

（9）＊自行车∧比汽车方便的交通工具。（是）（初级　尼泊尔）

（10）＊他比我聪明，但是在美国的时候我∧比他好的学生。（是）（初级　美国）

这两个例句，"比"及其介词宾语构成的介词短语作为状语修饰其后的形容词，二者共同构成状中式偏正短语，而该偏正短语是其后名词性成分的定语，与其构成定中式偏正短语。这个偏正短语与该句主语之间明显是类属关系，因此例（9）（10）应当是判断句，"比"字短语仅为判断句宾语部分的定语，而学生遗漏了判断动词"是"。

4. 与"A 跟 B 不一样"句式混淆

"A 跟 B 不一样"句式也是表示比较的方式之一，由于同属表比较的句式，学生易混淆两者使用的介词，造成句式的误用。如：

（11）＊汉语<u>比</u>俄语很不一样，所以汉语很难。（跟）（初级　俄罗斯）

（12）＊以前<u>比</u>现在不一样。（跟）（初级　坦桑尼亚）

5. 句式Ⅶ的误用

句式Ⅶ总体使用率不高,表示主语程度的渐变,但学生会误用为时间状语。如:

(13) *时间<u>一天比一天</u>过去了,我们的友情再也回不来了。(一天天)(高级　日本)

"一天比一天"后应是描述主语某方面性质的形容词,表示主语某种性质在程度上的渐变,而例(13)中学生明显将其与时间状语"一天(一)天"混淆了。

### (二) 句式构成成分方面的偏误

1. 遗漏

学生偏误多集中于句式选择、副词选用及语序等问题上,遗漏偏误总体不多。偶有出现学生遗漏某些词语,造成比较项 A 与比较项 B 不一致的问题。如:

(14) *我的水平比在国内学习汉语∧高了一点。(时)(句式Ⅰ　初级　越南)

(15) *在中国比∧韩国能吃到更多水果,而且又丰富又便宜。(在)(句式Ⅲd　高级　韩国)

例(14)想比较的是"现在的汉语水平"和"在国内学习汉语时的汉语水平"。比较项 A/B 的 Z 中,A/B 表示时间,因而"B 的 Z"可省略为"B",但学生遗漏了"时"。例(15)是比较两个地方,它们在句中作地点状语,而学生遗漏了介词"在"。

2. 误代

误代偏误最多发生于句式Ⅳ,学生常用程度副词"很"等误代相应的副词"更/还"。程度副词"很"等是绝对程度副词,仅表示程度的高低,不能用于比较句。如:

(16) *他比我踢得<u>很</u>好。(更/还)(句式Ⅳa/b　初级　韩国)

(17) *说韩语的时间比说汉语的时间<u>很</u>多。(更/还)(句式Ⅳa/b　中级　韩国)

(18) *广州的物价比其他的城市<u>比较</u>高。(更/还)(句式Ⅳa/b　高级　日本)

另一部分误代为程度补语的误代。"比"字句中动词或形容词的程度补语须突出比较项在程度上的差异，"很"是绝对程度副词，不能用于两物相较。如：

（19）＊但是比预料疲劳<u>得很</u>。（多）（句式Ⅰ　中级　日本）

（20）＊在大的公司工作的收入比小的公司的多<u>得很</u>。（多）（句式Ⅰ　中级　韩国）

当用介词"比"时却用了其他介词误代。如：

（21）＊每次放假回国我都觉得您<u>跟</u>我上次见的时候老了很多。（比）（句式Ⅰ　中级　越南）

表示比较的句法手段有很多，且多涉及介词的使用，因此学生易混淆各句式的相应介词，从而产生介词误代。

3. 错序

"比"字句的基本要素有：①比较项 A；②介词"比"；③比较项 B；④结论项。按照①—②—③—④的基本顺序排列，错序偏误多发生于这4个要素之间。

A. 结论项内部错序。

a. 当结论项为主谓短语时，作谓语的形容词被错误地前置。如：

（22）＊东方比西方<u>多人</u>。（人多）（句式Ⅰ　初级　澳大利亚）

（23）＊我觉得中国比韩国<u>多工作</u>。（工作多）（句式Ⅰ　初级　韩国）

b. 当结论项为形补短语或动补短语时，补语被错误地前置。如：

（24）＊她比我<u>一岁大</u>。（大一岁）（句式Ⅰ　初级　韩国）

（25）＊我想汉语比别的语言<u>一点儿难</u>。（难一点儿）（句式Ⅰ　初级　韩国）

（26）＊她比我<u>三岁大</u>，她会三国语。（大三岁）（句式Ⅰ　中级　韩国）

（27）＊她比以前<u>一点儿瘦</u>。（瘦一点儿）（句式Ⅰ　中级　日本）

（28）＊我想以后比现在<u>好发展</u>。（发展得好）（句式Ⅲa　初级　韩国）

（29）＊我妈妈4月1日回去了，我弟弟比她<u>早点儿走了</u>。（走得早点儿）（句式Ⅲa　中级　美国）

B. 介词"比"和比较项 B 之间错序，偏误序列为：①—③—②—

④。如：

(30) *现在南京的天气韩国比热。(比韩国)(句式Ⅰ 初级 韩国)
(31) *因为很多东西金钱比重要。(比金钱)(句式Ⅰ 中级 韩国)

C. 结论项和"比＋比较项B"之间错序，偏误序列为①—④—②—③。如：

(32) *我觉得中文的发展前景很大比英语。(比英语大)(句式Ⅰ 初级 印尼)
(33) *因为在北京学习非常好比在南京。①(比在南京好)(句式Ⅰ 初级 英国)
(34) *跟中国人聊天时，突然我发现我说得似乎好比以前。(比以前好)(句式Ⅰ 初级 韩国)
(35) *他说得多比韩国学生。(比韩国学生多)(句式Ⅰ 中级 韩国)

D. 比较项A的错序，偏误序列为：②—③—①—④。如：

(36) *比以前课越来越多，也越来越难，但越来越有意思。(课比以前多/课越来越多)(句式Ⅰ 中级 韩国)

例(36)的"越来越多"与"比"字句在意义上重叠，二者保留其一即可，因此该句也可改为："课比以前多……"或"课越来越多……"。

4. 误加

学生在一些无须使用"比"字句的句式中误加介词"比"。如：

(37) *而且比青少年的犯罪率也降低了。(日本)
(38) *随着植物一天比一天成长起来，我心里也越来越美。(日本)

有些偏误看似介词"比"字误加，实则应用动词"比"取代。如：

(39) *为了克服比城市学生的劣势感，我更努力学习。(韩国)
(40) *他们比跟大家一起玩儿，喜欢自己享受自己的爱好。(日本)

根据(39)的句义，学生想表达的应是"和城市学生比，我有劣势感"。(40)应用动词"比"，改为"比起跟大家一起玩儿"，这样才能实现前后两者的对比。

其他偏误有"是"或"是……的"误加。如：

---

① 例(32)(33)除了错序之外，还有绝对程度副词"很""非常"的误用。

(41) *现在的生活比以往的生活是简单。(句式Ⅰ　泰国)
(42) *新盖的寺庙是比以前的寺庙更好的。(句式Ⅰ　日本)

## 四、偏误规律与教学建议

### (一) 偏误规律

初级阶段的学生由于先学习的是典型的"比"字句,因此句式Ⅰ的偏误较多。随着学习的"比"字句句式越来越多,以及汉语水平不断提高,到了高级阶段以后,学生的偏误出现多样化的趋势。除了句式Ⅰ的偏误外,其他类型的"比"字句的偏误也在不断地增加。纵观学生的偏误用例,以下几种偏误较为常见,也是教学过程中应当重点关注和努力规避的:

1. 程度副词"很"的误用。"很"是较为常用的程度副词之一,常常用在形容词之前或之后表示事物的程度。但"比"字句中的程度补语通常用的是"多",而不用"很",学生很容易造出"*这样,我比其他研究生忙得很"这样的错句。此外,"比"字句的结论项如果是形容词的话,这个形容词不能有"很"修饰,比如:"*在中国自行车的数量比别的交通工具很多"。除了"很",学生还会使用"非常、太、比较、一点儿、一些"等,学生想表达程度深的意义,但没有选用恰当的表示方式,而泛化了绝对程度副词"很"的句法功能。

2. 数量补语的错序。这类偏误集中于学生在表达年龄差距的语句中,如:"*她是22岁比我2岁多""*她比我一岁大"。此外,学生在使用"一些""一点儿"等作补语时,也会产生此类偏误,如:"*澳大利亚的大小比中国一点小"。

3. 比较项B的替换规律掌握不足。关于比较项B替换的偏误总体不多,这是学生多倾向于使用其完整形式,对此回避使用的原因。这一方面反映出学生避难、求稳的学习心理,同时也反映出教学在这一方面的欠缺。

4. "不比"和"不如"的混淆。学生将"不比"误认为是比较项A的程度不如比较项B,会造出"*因为路也很窄,不比中国的这么宽"

这样的错句。

5. 对"比"字句的否定不当。由于"比"字句的否定句多是不含有比较标记词"比"的句子，因此不包含在本文所讨论的"比"字句的范畴内。但是学生经常会出现"＊我不比他喜欢汉语"或"＊我比他不喜欢汉语"这样的偏误。另外，这涉及"比"字句的肯定形式与否定形式的互换问题。学生往往根据已有的汉语规则，简单地在"比"字或动词、形容词前加"不""没有"等一类否定副词，这种做法要么改变了句义，要么造出了句法上无法成立的句子。

## （二）教学建议

"比"字句是日常生活中较为常用的句式之一，但是其下位句式繁多，有时格式相近，学生掌握起来存在一定困难，容易产生混淆。此外，"比"字句涉及的语法点较多，比如程度补语、数量补语等，这些都是学生平时较难掌握的语法点。因此，"比"字句的教学尤其要注意循序渐进，按照由简到繁、由易到难的原则，让学生在掌握其典型格式的基础上，逐步掌握其他类型的"比"字句。

1. 教师应当从"比"字句的典型格式"A 比 B＋X"开始教授，当比较项 A 和比较项 B 为名词，X 为形容词时是该格式最简单的形式。教师应当先让学生反复操练并掌握该格式，然后在此基础上，逐步添加数量补语、程度补语等。

2. 在掌握 X 为单个形容词的基础上，教师可以教授 X 为动词时"比"字句的使用规则。其中，句式Ⅲa 和句式Ⅲb 比较容易掌握，但教师要注意当 X 为离合词或动宾短语时，应当拷贝动词后再加上补语。在学生掌握这两个句式后，教师可以逐步教授句式Ⅲc、句式Ⅲd 和句式Ⅳ，在教授句式Ⅳ时，要尤为注意"更/还/再"这三个副词的差异。

3. 在学生能够较好地掌握以上句式后，教师可以进行"不比"句的教授。由于"不比"句与"比"字句的互换有一定条件，因此这些句法成分的制约是教师教授的重点。我们应当将两个句式进行对比，让学生能够对在"不比"句中不能出现的成分一目了然。最重要的是让学生明白"不比"句的语义，它并非单纯地对"比"字句的否定。

4. 教师应该注意数量短语、程度副词等的位置，它们通常作数量补语、程度补语,在谓词或谓词短语之后,而不是之前。其中尤其要注意"一些""一点儿"等的位置。

5. 教师应适当补充比较项 B 的替换规律。虽然学生使用比较项 B 的完整形式并不会造成偏误,但从地道的汉语表达这一角度考虑,教师和学生都应克服避难求稳的心理。教师可根据教材中"比"字句的相关内容和学生的习得情况,在学生能够较为熟练地运用其完整形式的前提下,通过展示、对比完整形式和省略形式的方法,适当地增补比较项 B 的替换规律的教学。

6. 注意"比"字句的肯定与否定之间的转换,以及"不比"句和"比"字句的否定之间的区别。"比"字句的否定不一定是"比"字句,常常使用"A 没有 B X"的形式,且对 X 中的补语等有严格的限制,这是教师要分析清楚的地方。对于"不比"句,教师应该强调其语用含义,即对别人话语或预设的否定,并与"比"字句的其他句式进行对比,以明确其不同之处。

(王梓秋　执笔)

# 拾柒 "有"字句偏误案例

## 一、"有"字句概说

### (一)"有"字句的定义

何谓"有"字句,历来有两种看法:

1. 一种是广义的"有"字句,即把带隐性"有"的句子也称为"有"字句。持这种观点的代表人物吕叔湘认为"句中有了方所性准起词以后,间或把'有'字省去",同样是"有"字句。如:

(1) 户内一僧,对林一小坨。

2. 另一种是狭义的"有"字句,即"有"作谓语的句子及其否定句——与"有"相对立的"没有""没"作谓语的句子。代表人物如黎锦熙、刘世儒,他们把下列句子列入了狭义的"有"字句:

(2) 玫瑰花有红的,有白的。

(3) 已经是半夜了,没有月亮,只有星星。

目前语法学界很多研究者都赞同狭义的"有"字句的观点,本书也将"有"字句定义为狭义的"有"字句。

### (二)"有"字句的使用规则

"有"字句是由"有"作谓语构成的句子,动词"有"的基本意义主要有两项:一是"存在",二是"领有"。

1. 表"存在"的"有"。这里的"有"表示的是处所、时间存在着人或事物。基本结构是:"处所/时间词+有+名词性词语"。如:

(4) 教室里有很多学生。

(5) 唐代有位著名诗人,叫李白。

2. 表"领有"的"有"。"有"作谓语时,基本结构是:"名词性词语(多是有生命的)+有+名词性词语"。如:

(6) 人人都有两只手。

(7) 我有很多朋友。

(8) 他有一个幸福的家庭。

3. "有"还可以表示有某种新情况发生和出现。这时"有"后常常附有表示变化意义的"了";"有"的宾语常常是动词性词语,也有名词性的。其基本结构是:"名词性词语+有(了)+动词/名词"。如:

(9) 最近,他的汉语有了明显的进步。

(10) 近几年,教育有了很大的发展。

(11) 她有男朋友了。

4. "有"前有副词"又"时,"有"字后或句末一般都要加"了"。如:

(12) 她又有男朋友了。

(13) 我又有了机会。

5. "有"后接"过"可以表示曾经具有的意义。如:

(14) 他有过去国外的机会,可是他放弃了。

(15) 过去,她曾经有过这种经历。

6. 一般的"有"不受程度副词修饰,但是当宾语表示的是主语的属性,宾语多为抽象名词时,"有"可以接受程度副词的修饰。如:

(16) 这次社会实践很有意义。

(17) 小王很有领导才能。

(18) 这个青年非常有头脑。

## 二、"有"字句的下位句式

在对"有"字句研究现状和对外汉语教材及大纲有关"有"字句的描述进行梳理的基础上,结合形式和意义,可把"有"字句分为以下 7 大类:

### (一) 句式Ⅰ:A+有+B

句中的 B 一般由名词或名词性短语充当。由于充当 A 的成分不同而导致该句式所表示的意义各异,因而又可从意义上将其分为以下两类:当 A 由方位词、方位短语、处所词或时间词充当时,该句式表达一种存在义。如:

(19) 桌子上有一个杯子。

当 A 由方位词、方位短语、处所词或时间词以外的词充当时，该句式表达了一种领有或领属义。如：

(20) 我有一个弟弟。

### （二）句式 II：A＋有＋B＋VP

该句式根据 B 和 VP 之间的语义关系，可将其分为兼语式和连动式的"有"字句。表连动的"有"字句（有＋B）与 VP 之间存在原因、条件、假设等语义关系。如：

(21) 公民有义务保护国家的环境卫生。

表兼语的"有"字句中的 B 既充当"有"的受事，又充当 VP 的施事。如：

(22) 我们公司有三个职员负责管理公司的建设项目。

### （三）句式 III：A＋V＋有＋B

该句式表示的是 B 所存在的一种状态或方式。如：
(23) 桌上放有一个文具盒。

### （四）句式 IV：A＋有＋所＋VP

该句式表达一种变化、发生义。如：
(24) 今年我国国民生产总值有所提高。

### （五）句式 V：A＋有＋VP

该句式也表示事物的出现或发生变化，但不说明变化的量值。如：
(25) 我的毕业论文有进展。

### （六）句式 VI：A＋有＋数量＋adj

该句式表示的是对 A 的性状、程度、数量的一种估量。如：
(26) 这条鱼有四斤（重）。

## (七) 句式Ⅶ：A＋有＋B＋adj

该句式表示的是 A 与 B 在某种性状、数量、程度等方面的比较。如：

(27) 她有小李胖。

# 三、外国学生偏误案例

## (一) 句式使用的偏误

学生在使用"有"字句时，会出现不该用"有"字句而用的偏误句。

(1) *有喜欢的事都在我身边。（初级　韩国）
(2) *到晚上在南京路有比以前人更多。（初级　韩国）
(3) *以后我没见过他，不过有关心中国了。（初级　韩国）
(4) *我有关心对中国文化。（我关心中国文化）（初级　韩国）
(5) *所以我想念他们，对汉语有感兴趣。（中级　韩国）
(6) *还有比如说，有一个女人真正爱上了有一个男人。（中级　韩国）
(7) *他已经有打工了。（中级　韩国）
(8) *那时候我忘却了自己的匆忙生活、日常有烦恼、自己的希望。（高级　日本）
(9) *她丈夫病死与儿子被狼吃，这全部是祥林嫂不愿意的事情，这是天命的，所以有可以说这件事不吉利，但不可以说这个人不吉利。（高级　韩国）
(10) *我觉得很有高兴，我学习的东西想起来了。（高级　韩国）

## (二) 句法成分的偏误

"有"字句内部的偏误可以从误加、错序、遗漏、误代 4 种偏误类型进行考察分析。

1. 误加

主要是介词（框架）的误加或其他动词的误加。如：

(11) *在南京里有很多大学，有很多大学生。（句式Ⅰ 初级 韩国）

(12) *每天有上课，十二点下课。（句式Ⅴ 初级 老挝）

2. 错序

主要是句中与"有"相关的状语、定语、时态助词等的错序。如：

(13) *可是从学汉语我觉得，我有兴趣对中国。（我对中国有兴趣）（句式Ⅰ 初级 韩国）

(14) *但是越来越有多朋友们。（有越来越多的朋友）（句式Ⅰ 初级 韩国）

(15) *他不能活着很长时间，只有了几个月。（几个月了）（句式Ⅰ 高级 韩国）

(16) *因为中文有人很多学习现在。（现在有很多人学习中文）（句式Ⅱ 初级 泰国）

(17) *我希望有充满的爱每个家庭的生活。（有爱充满每个家庭的生活）（句式Ⅱ 中级 韩国）

3. 遗漏

"有"字的遗漏在所有的偏误用例中占据了很大的比例，主要是"有"的遗漏，也有句中相关动词或修饰成分的遗漏。如：

(18) *所以不容易跟陌生的人∧亲密的关系。（有）（句式Ⅰ 初级 韩国）

(19) *如果我交中国朋友，就∧有意思的事发生。（有）（句式Ⅰ 初级 韩国）

(20) *最后的事儿是∧机会实现自己的愿望。（有）（句式Ⅱ 初级 德国）

(21) *所以我有∧少的时间学习汉语。（很）（句式Ⅱ 中级 日本）

(22) *"李"这个姓在韩国是个大姓，有很多人都∧这个姓，这和中国的情况差不多。（姓）（句式Ⅱ 中级 韩国）

4. 误代

造成"有"字误代的原因主要是与"是"字句、"在"字句、能愿动词"要"发生混用等。如：

(23) *中国是很多人。(有)（句式Ⅰ　初级　日本）
(24) *我的外国朋友是五个人。(有)（句式Ⅰ　初级　韩国）
(25) *当然我也有其中。(我也在其中)（句式Ⅰ　中级　韩国）
(26) *现在我们只要三门课，综合课，听力课和辅导。(有)（句式Ⅰ　初级　尼泊尔）
(27) *为了学汉语要很多外国人来中国，而且在中国学汉语不用花很多的钱，因为东西不太贵。(有)（句式Ⅱ　初级　泰国）

最后两例都是"要"误代"有"，"要"与"有"不存在语义关联或相似，所以可能是语音相近造成的误代。

## 四、偏误规律与教学建议

在"有"字句的习得上，句式Ⅰ和句式Ⅱ是外国学生使用最多的句式，但同时，外国学生各个阶段的偏误用例也主要集中在句式Ⅰ和句式Ⅱ中。

在句式Ⅰ中，4大偏误类型的偏误数量由多到少的顺序是：误代—遗漏—误加—错序。其中，"有"字的偏误数量由多到少的顺序是：遗漏—误加—误代—错序。因此，我们在教授过程中应特别注意"有"字遗漏这一部分。另外，造成"有"字出现误代的原因主要是表存在的"有"字句与"是"字句、"在"字句、"要"字句发生混用，因而在教学过程中我们也应加强这几个句式的对比。"有"字产生误加主要是学生对"对……感兴趣"这一固定结构掌握不牢所致，这种情况在中级阶段表现得尤为突出。因此在教学过程中，不仅要加强学生对同义句式内部区别的练习，还须加强对某些固定格式如"对……感兴趣"等的强化训练。

句式Ⅱ的偏误主要集中在"有"字、B和VP上，状语部分的偏误相对较少些，只是零星地出现一两例。4大偏误类型的偏误数量由多到少的顺序是：遗漏—误代—错序—误加。教学中要特别注意对"有"

字、B 和 VP 进行讲解和练习。

句式Ⅲ仅出现一例，且为偏误用例，用例出现在学生学习的初级阶段，整体表现出难习得。

句式Ⅴ的使用频次相对较少，但偏误用例多于正确用例，可见该句式是一较难习得的句式。同时，我们还发现该句式所出现的偏误无一例外，都是"有"字的误加，且随着学生汉语水平的不断提高，该句式的偏误用例逐渐减少。出现这样的偏误主要是留学生并未注意到句式Ⅴ"有＋VP"表发生变化之义，另外，学生不明白进入该句式的动词是有限制的，教学中应注意这方面的讲解。

句式Ⅶ的偏误用例均出现在初级阶段，且分布于该句式内部各句法成分上。

句式Ⅳ、句式Ⅵ在各阶段均未出现偏误用例。这两种句式学生使用得不多，主要在中级阶段出现，而且都是正确的例子。

总之，从初级阶段到高级阶段，"有"字句 7 大句式的偏误用例数总体呈现逐渐减少的趋势。

（肖文琦　执笔）

# 拾捌　"连"字句偏误案例

## 一、"连……也/都……"格式概说

### (一)"连……也/都……"格式的定义

"连……也/都……"格式,一些学者称为"连"字句,指包含"连……也/都……"结构的句子,可形式化为"连 X 也/都 Y"。它可以是单句,也可以是复句。在本书中我们称之为"连……也/都……"格式。如:

(1) 他连"你好"也不会说。(单句)
(2) 连老师都不会,更别说我们学生了。(复句)

"连……也/都……"格式是汉语中的强调格式,表达了一种极端性的语义,同时用一种极言其甚的方法表示隐含比较或某种言外之意。

在"连……也/都……"格式中,"连"的后面可以是名词与名词性短语、动词与动词性短语、主谓短语、数量短语等。如:

(3) 这个字连老师都不知道,留学生更不知道了。(名词)
(4) 连山顶上的树都能看清楚。(名词性短语)
(5) 妈妈做好的饭,他连尝也没尝就走了。(动词)
(6) 他连看电视都没兴趣。(动词性短语)
(7) 连他姓什么我都忘了。(主谓短语)
(8) 那里我连一次也没去过。(数量短语)

从施受关系来看,"连"后的名词可以是动作的受事(如:"他连一封信也没写"),也可以是动作的施事(如:"连老师也不知道这个字")。如果强调的是受事,整个受事(尤其是带有数量定语时)都应该放在"连"的后面,而不应该分开,把一部分放在"连"后,一部分放在动词 V 的后面。

### (二)"连……也/都……"格式的使用规则

1. 句子所强调的部分放在"连……也/都……"格式中间,重音也放在强调部分。

2. "连……也/都……"格式中的"连"可以省略不用,但"也/都"不能省略。

3. "连一……也/都……"格式常省略"连"而形成"一……也/都……"格式,在这样的格式中,谓语为否定形式,常用"没/没有"和"不"来强调"没有"。

4. 如果要强调宾语或整个动宾短语,宾语要提到谓语前面,"连"的后面。

## 二、"连……也/都……"格式的下位句式

从句式的主要构成成分入手,以句法标记为着眼点,结合对本族语者和中介语语料的考察,可以将"连……也/都……"格式分为以下4种下位句式:

### (一)句式Ⅰ:"连……也/都……"

该句式是完整的"连……也/都……"格式,主要强调"连"与"也/都"之间的部分。如:

(1)这首诗连三岁小孩都会背。

### (二)句式Ⅱ:"……也/都……"

该句式是句式Ⅰ的省略形式,省略了"连"字,主要强调"也/都"之前的部分。如:

(2)他忙得吃饭的时间都没有。

### (三)句式Ⅲ:"连(一)+量词……也/都……"

该句式主要强调"一+量词"短语,其中量词前面的"一"往往可省略且不影响语句的强调程度。如:

(3)会议上他连一句话都没说。

### (四)句式Ⅳ:"一+量词……也/都……"

该句式为句式Ⅲ的省略形式,省略"连"字,主要强调"一+量

词"短语部分,且量词前"一"不可缺。如:

(4) 夜深了,街上一辆车也没有。

句式Ⅰ("连……也/都……")中的"连"字可以省略,形成句式Ⅱ;句式Ⅲ("连一……也/都……")也常省去"连",形成句式Ⅳ"一……也/都……"。

## 三、外国留学生偏误案例

外国学生在使用"连……也/都……"格式时出现的偏误可以从遗漏、误加、误代和错序四个方面来进行列举和分析。

### (一) 遗漏

遗漏是出现次数较多的一类偏误,主要是"也/都"的遗漏。如:

(1) *人们都忘了以前的烦恼,连最严肃的人的脸∧会画一个笑容,心里只有一个愿望,好运气快过来到自己的家。(也/都)(句式Ⅰ 高级 澳大利亚)

(2) *我一进去它们就跳到我的身上,让我大声音地叫但我一点儿也不动,连我的新的电池∧停了,只等我爸爸来救命我。(也/都)(句式Ⅰ 高级 韩国)

(3) *连总是严肃的 Guevara∧被他吸引了。(也/都)(句式Ⅰ 高级 古巴)

(4) *但我的坏姐姐一句话∧不说,直接进去自己的房间里。(也/都)(句式Ⅳ 高级 越南)

### (二) 误加

大多是主要动词、介词、宾语的误加。如:

(5) *可是连买票也很难买。(句式Ⅰ 高级 韩国)

(6) *奶奶连吃饭也不吃,整天在门口等我们。(句式Ⅰ 高级 韩国)

(7) *我急急忙忙换上衣服,连洗一个澡也没来得及洗。(句式Ⅲ 高级 日本)

(8) *朋友他打一个电话也不愿意打。(句式Ⅳ 中级 越南)

(9) *连把语法的毛病和基础的问题都可以解决。(句式Ⅰ　高级　古巴)

(10) *我来中国以前，连一句话也不会说话。(句式Ⅲ　中级　柬埔寨)

### (三) 误代

外国学生使用"连……也/都……"格式时出现的误代类偏误较少，且主要表现为在句式Ⅰ中用"还"替代"也/都"。如：

(11) *这强调了人的弱点是如何难改的，连和尚还是这样，何况一般人呢?(也/都)(句式Ⅰ　高级　韩国)

(12) *他们有的时候，连吃饭睡觉的时间还不够。(也/都)(句式Ⅰ　中级　日本)

### (四) 错序

主要是被强调的宾语放在谓语动词的后面所造成的错序。如：

(13) *他连一口都没吃饭。(一口饭都没吃)(句式Ⅲ　初级　韩国)

(14) *我连一次也没有挨过打骂，这绝不表明我不怕我父亲。(一次打骂都没挨过)(句式Ⅲ)

(15) *除了自己之外，连一个也没有可依靠的人，他只好自己动手达到目的或满足需要。(一个可依靠的人也没有)(句式Ⅲ)

(16) *在韩国时，一次也没有机会。(一次机会也没有)(句式Ⅳ　初级　韩国)

(17) *在韩国我一次也没有得了这样的感冒。(一次这样的感冒也没有得过)(句式Ⅳ　高级　韩国)

(18) *古今中外一个也没有完美的事物。(一个完美的事物也没有)(句式Ⅳ　高级　日本)

## 四、偏误规律与教学建议

根据对中介语语料库的考察，我们发现遗漏类偏误最多，误加、误代和错序的数量依次减少。在各学习阶段的教学中都要特别注意"连……也/都……"格式中相关成分的遗漏偏误,主要是与"连"呼应的"也/都"的遗漏,加强该格式的教学。

除了遗漏类偏误最多以外,还涉及"连……也/都……"格式中其他构成成分的误加、误代或错序,因此有必要向学生讲解清楚"连……也/都……"格式的构成规则及使用的条件限制,如此则可帮助外国学生避免误代、误加或错序类偏误。

课堂教学中也要注意"连……也/都……"格式下位句式的教学,对各下位句式之间的句法语义方面的异同及变换关系进行必要的比较和讲解。

(鲍睿琼　执笔)

# 拾玖 "A 跟 B（不）一样（X）"句式偏误案例

## 一、"A 跟 B（不）一样（X）"句式概说

### （一）该句式的定义

"A 跟 B（不）一样（X）"是一种表示比较的句式，这个句式可以表示两种事物或性状在某一方面的相同、不相同或相似。

### （二）该句式的使用规则

该句式中有 3 个重要的成分，A 和 B 是两个比较的对象，X 是比较点。它们遵循以下规则：

1. A、B 表示相比较的两种事物或性状，可以是动词性词组，也可以是名词性词组或代词。如果是名词，一般是定指的，如专有名词或代词领属的名词、时间名词等。

2. X 是比较点，可以是动词（词组），也可以是性质形容词。X 有时出现，有时不出现，不过它的隐现是有条件的，下文将详细论述。

3. "A 跟 B 一样（X）"并不能简单地在"一样"前面加"不"改为否定式，该句式的否定形式有一定的限制。

## 二、"A 跟 B（不）一样（X）"句式的下位句式

这种类型的比较句可以表示实比，也可以表示虚比。实比，即 A 和 B 都具有客观等值性；而虚比中的 A 和 B 则在某一方面具有相似性，多是比喻性的，常常有夸张的意味。但是实比和虚比的界限不是截然分明的。A 和 B 的语义范畴越接近，实比性越强，反之则实比性减弱，虚比性变强，从比较向比喻靠拢。

### (一) 句式 I：A 跟 B 一样（X）

1. 句式 Ia：A 跟 B 一样

这类句式中的 X 不出现时需要满足一些条件：① 在语境中，A 和 B 的比较点或相似性能够非常明显地体现出来；② A 和 B 的性质较为单一，不会造成歧解。

（1）妹妹跟哥哥一样，每天下地干活。

（2）别看我现在这个样子，小时候我可跟豆芽菜一样。

2. 句式 Ib：A 跟 B 一样 X

在缺乏语境的限制或 A 和 B 的语义不具备单一性时，"一样"之后必须有 X。

（3）他说，尼克松总统和约翰逊总统一样坏。

（4）你跟他一样有进步的愿望。

（5）他想方设法，要大家也跟他一样起劲。

以上两种是该句式的肯定形式，由于 X 的限制，该句式的否定形式中 X 的隐现也有一定的条件制约，据此我们将其否定形式也列为两种句式。

### (二) 句式 II：A 跟 B 不一样（X）

1. 句式 IIa：A 跟 B 不一样

在"一样"前加否定副词"不"只能用于表示实比的情况，即否定比较的两种事物或性状的相似性。"一样"前常有程度副词"非常、完全、很、太"等修饰。

（6）张姨的丈夫跟爸爸不一样。

（7）搞理工跟搞文艺不一样。

2. 句式 IIb：A 跟 B 不一样 X

这种否定句式使用较少，X 只能是表示度量且是表积极义的单音节形容词，如"高、多、长、厚、宽、大、重、粗、远、硬"等。

（8）我和他不一样高。

（9）这本书和那本书不一样厚。

以上 4 种句式，前两种是肯定形式，后两种是否定形式。由于它们的入句条件不尽相同，肯定与否定并非对称关系，因此本文对其分别阐述。

## 三、外国留学生偏误案例

"A 跟 B（不）一样（X）"句式偏误多集中于遗漏和误代两类，错序的情况最为复杂，误加偏误总体不多。学生用例多为实比句，虚比句的使用率不高。

### （一）遗漏

遗漏偏误中，介词"跟"的遗漏占绝大多数，分布于各个学习阶段。如：

（1）*那个也∧别的电影一样。（跟）（句式Ⅰa　初级　韩国）

（2）*她喜欢的菜∧孩子喜欢的一样。（跟）（句式Ⅰa　中级　韩国）

（3）*将来我要我的汉语水平∧我的朋友一样高。（跟）（句式Ⅰb　初级　韩国）

（4）*他也∧我一样喜欢吃鸡蛋。（跟）（句式Ⅰb　高级　韩国）

（5）*汉语非常难，因为∧阿拉伯的字母不一样。（跟）（句式Ⅱa　初级　阿拉伯）

和其他比较句一样，"A 跟 B（不）一样（X）"句式也要求两个比较项 A、B 具有同质性，但为了表述简练，比较项 B 往往使用"的"字结构，而学生往往忽视这一点，使得两个比较项失去同质性。如：

（6）*我的爱跟他∧一样。（的）（初级　越南）

（7）*她的国语跟我∧不一样。（的）（初级　韩国）

另有少数出现比较项 B 的遗漏。如：

（8）*他说："我跟∧一样不知道怎么系……"（你）（初级　也门）

### （二）误代

误代偏误数量也较多，反映出的主要问题是学生混淆了"A 跟 B（不）一样（X）"句式和"比"字句，常用介词"比"误代"跟"，且以句式Ⅱa 的偏误居多。如：

（9）*但他的身体依然比以前一样好。（跟）（句式Ⅰb　中级　日本）

(10) *我国的春天比中国一样长。(跟)(句式Ⅰb 高级 巴勒斯坦)

(11) *汉语比俄语很不一样。(跟)(句式Ⅱa 初级 俄罗斯)

(12) *中国比澳大利亚不一样,中国的人很多。(跟)(句式Ⅱa 初级 澳大利亚)

(13) *中国学年的情况比我们国家的完全不一样。(跟)(句式Ⅱa 中级 古巴)

(14) *天气、吃的、住的等等比我们国家不太一样。(跟)(句式Ⅱa 中级 韩国)

另有少数为"是"误代介词"跟"。如:

(15) *当时是前年,季节是现在一样。(跟)(句式Ⅰa 高级 韩国)

(16) *蔬菜是防止高血压的药一样,你多多吃!(跟)(句式Ⅰa 高级 韩国)

### (三) 错序

"A跟B(不)一样(X)"句式的序列可分解为:① 比较项A;② 介词"跟";③ 比较项B;④ (不)一样;⑤ X。通常排列应当为:①—②—③—④(—⑤),根据这一序列,错序可分为以下几种。

1. X部分被错误地置于"(不)一样"前,偏误序列为:①—②—③—⑤—④。如:

(17) *家乡跟南京有四个季节一样。(跟南京一样有四个季节)(句式Ⅰb 初级 韩国)

2. X部分被错误地置于介词"跟"前,这类偏误的X部分多为动词性成分,偏误序列为:①—⑤—②—③—④。如:

(18) *她照顾我们跟妈妈一样。(跟妈妈一样照顾我们)(句式Ⅰb 初级 老挝)

(19) *你在河内的商店里可以购买任何东西跟在别的发达国家一样。(跟在别的发达国家一样购买任何东西)(句式Ⅰb 中级 越南)

3. "(不)一样"被错误地置于介词"跟"前,偏误序列为:①—④—②—③。如:

(20) *韩国的文化一样跟中国的文化。(跟中国的文化一样)(句式Ⅰa 初级 韩国)

(21) *这次不一样跟以前的激动,他爱上别的女孩儿了。(跟以前的激动不一样)(句式Ⅱa 中级 韩国)

4. 比较项 B 被错误地置于介词"跟"前,偏误序列为:①—③—②—④。如:

(22) *但是我的汉语水平以前跟差不多一样。(跟以前)(句式Ⅰa 中级 韩国)

5. 比较项 A 被错误地置于句末,偏误序列为:②—③—④—①。如:

(23) *跟以前的打算不一样在中国的生活。(在中国的生活跟以前的打算不一样)(句式Ⅱa 中级 韩国)

综合以上错序偏误可知,④和⑤的句法错位表现最为活跃,不仅④和⑤之间会产生句法位置的错换,它们也常错误地插入到其他成分之间。①—②—③之间的句法位置相对稳定,可见学生对此掌握情况较好。

**(四) 误加**

误加偏误总体不多,当 X 部分为形容词时,学生会在其前误加程度副词"很"。如:

(24) *这些花跟秀珍一样很漂亮。(句式Ⅰb 高级 韩国)

(25) *这几年来初秋的气温跟夏天一样很高。(句式Ⅰb 高级 日本)

在"A 跟 B(不)一样(X)"句式中,其结论项 X 若为形容词,则该形容词通常不用程度副词修饰。形容词最主要的功能就是描述主语的性状,在一般陈述句中,主语的性状可有程度高低的差别。但在比较句中,形容词作为结论项,即为比较的焦点所在,目的是判断比较项 A 是否具有跟比较项 B 一样的特性 X,因而此时的形容词从某种程度上来说被名词化了,突出的是形容词所描述的一种特性。正因如此,在该句式中的形容词也失去了一些句法功能,如被程度副词修饰。这种现象并不仅仅出现于该句式中,以下两句的形容词同样失去了一些形容词的句法特征：

($a_1$) 漂亮是她给人的第一印象。

($a_2$) *很漂亮是她给人的第一印象。

($b_1$) 大家都知道她爱漂亮。

($b_2$) *大家都知道她爱很漂亮。

因此，(24) 和 (25) 可改为：

(24)′这些花跟秀珍一样漂亮。

(25)′这几年来初秋的气温跟夏天一样高。

另一种改法也成立：

(24)″这些花跟秀珍一样的漂亮。

(25)″这几年来初秋的气温跟夏天一样的高。

形容词往往不被另一个形容词加"的"字作为定语修饰，(24)″和(25)″中的"跟秀珍一样的漂亮"和"跟夏天一样的高"明显是定中式偏正短语，这也说明该句式中结论项的形容词有名词化倾向，并获得了名词的一些句法功能。这种现象也存在于一些更普通的句式中：

($c_1$) 她有一种安静的美丽。

($c_2$) *她有一种安静的很美丽。

($c_3$) *她有一种安静的美丽得像花儿一样。

当一个形容词被另一个形容词加"的"修饰后，已明显失去了典型的形容词的句法功能，既不能被程度副词修饰，也无法带补语。

另外，第三种改法同样成立：

(24)‴这些花跟秀珍一样，很漂亮。

(25)‴这几年来初秋的气温跟夏天一样，很高。

这种改法是将"很漂亮""很高"变为分句，与"跟……一样"具有同样的句法地位。这本质上说明了"A 跟 B（不）一样"和"A 跟 B（不）一样 X"是两个句法结构不同的句式。"一样"为形容词，那么"A 跟 B（不）一样"是形容词谓语句，而在"A 跟 B（不）一样 X"中，当 X 为形容词性成分时为形容词谓语句，当 X 为动词性成分时则为动词谓语句。关键在于前一个句式中"一样"是谓语，后一个句式中"一样"降级成为状语。一个小句中通常不存在两个平级的谓语中心词，因此可以将例句（24）和（25）中的"很"去掉，使"跟……一样"成为状语,也可将它们切分为两个小句,使"跟……一样"成为第一个小句的谓语。

## 四、偏误规律与教学建议

通过以上偏误用例的列举,我们发现留学生在学习"A 跟 B(不)一样 X"句式时,最容易出现的偏误是"跟"的遗漏、"跟"与"比"的误代以及线性序列成分之间的错序。学生在使用该句式的时候,常常忘记比较对象 B 之前的介词"跟",造出"*他的表情简直快要哭起来的小孩子一样"这样错误的句子。出现这样的偏误很有可能是学生对该句式表示比较的方式还不熟悉,未能完全掌握使用"跟"引出比较对象。此外,我们发现在表示否定的句式中,学生常常会将"跟"错用成"比",如"*所以我吃也比别家里的狗不一样"。除了否定句,在肯定句中也有类似的现象。我们认为出现这种偏误,是学生将"比"字句与该句式混淆的结果。汉语表示比较的方式多种多样,在学生尚未完全掌握规则而又亟须表达时,容易造成混用,出现规则泛化、句式混用等现象。错序是该句式最典型的偏误类型,学生对比较项 A、介词"跟"、比较项 B 的语序掌握得比较好。而"(不)一样"和"X"这两个成分经常位置错乱。教师可利用语块教学法,结合图示,通过展示语块链,帮助学生更好地记忆语序。

针对学生的偏误,在教学过程中,教师应当让学生明确"A 跟 B(不)一样 X"句式中每一个成分的位置和作用,不能遗漏、错序或误代成其他成分。在学生掌握一定表示比较的方法时,教师应当适当进行一定的总结和对比,让学生明确不同句式的不同表达方式和语用条件,以防出现学生句式混用、杂糅的现象。

(王梓秋 执笔)

# 贰拾 "是……的"句偏误案例

## 一、"是……的"句的界定

所谓"是……的"句，是指带有"是……的"标记的动词谓语句或形容词谓语句。如：

(1) 这本诗集是 2014 年底出版的。

(2) 在日常生活中，这条纪律是非常重要的。

## 二、"是……的"句的分类

"是……的"句按照语义功能可以分为两类。

一类"是……的"句，其语义功能是强调已发生动作的时间、地点、方式、施事、受事等。从句法形式上可归纳为"是（副词）＋……＋的（表已然的动态助词＋语气助词）"（句式Ⅰ），如例（1）。

另一类"是……的"句，用来表达说话人对主语的评议、叙述或描写，带有一种令听话人接受或信服的肯定语气。从句法形式上可归纳为"是（副词）＋……的（语气助词）"（句式Ⅱ），如例（8）。

## 三、"是……的"句的下位句式

### （一）句式Ⅰ：是（副词）＋……＋的（表已然的动态助词＋语气助词）

"是"放在句子对比焦点成分的前面，大多出现在谓语前，有时出现在主语前；"的"是确认谓语动词所表示的动作已在过去发生或完成，大多出现在句末，有时出现在谓语动词与宾语之间。"是……的"中间的语言成分一般是状中短语、主谓短语、动词等。

1. 根据句子中对比焦点信息的不同，可将句式Ⅰ分为 5 个下位句式。

A. 句式Ⅰa：是＋状中短语＋的（＋宾语）

句式Ⅰa用来强调动作发生的时间、处所、方式等，而非强调动作已在过去发生。如：

(1) 我们是骑车来的。(方式)

B. 句式Ⅰb：是＋主谓短语（一般不带宾语）＋的

句式Ⅰb用来强调动作的施事。如：

(2) 这个主意是小女孩出的。

C. 句式Ⅰc：是＋句子主语＋动词＋的（＋宾语）

句式Ⅰc表达功能与Ⅰb相同，不同点在于形式，最明显的不同就是句式Ⅰc中标记词"是"位于句子的开头。谓语动词可以带有宾语，一般放在"的"后。例(2)可以将句首的受事成分移到"的"后，转换成Ⅰc，即：

(2)' 是小女孩出的这个主意。

D. 句式Ⅰd：是＋光杆动词＋的＋宾语

句式Ⅰd用来强调动作的受事。如：

(3) 他在大学是学的医学，现在却搞政治。

E. 句式Ⅰe：是＋重动短语＋的

句式Ⅰe用来强调引起某种结果的原因。

(4) 他睡不着觉是喝咖啡喝的。

重动短语中第一个动词有时可以省略。如：

(5) 她感冒是空调吹的。

2. 句式Ⅰ中标记词的省略规则。

句式Ⅰ中的标记词"的"具有句法语用双重性，不能省略。而另一个标记词"是"只具有强调语气的功能，大部分可以省略。但有3种情况不能省：

A. 当主语是"这""那"时，"是"一般不省。如：

(6) 这是今天上午送来的。

B. 句式Ⅰe中，"是"一般不省。

C. 否定句中"是"不能省。

3. "是……的"（句式Ⅰ）与带动态助词"了"的动词谓语句。

句式Ⅰ中已发生的动作行为是已知信息，而在带动态助词"了"的句子中，却是新信息。在没有明确的语言环境中，"是……的"（句式Ⅰ）

不是始发句,一般用在带"了"的句子后,往往是后续句。如:

(7) 甲:你毕业了吗?

乙:毕业了。

甲:什么时候毕业的?

乙:我是去年毕业的。

## (二) 句式Ⅱ:是(副词)+……+的(语气助词)

"是"是语气副词,放在句子对比焦点成分的前面,一般用在谓语前;"的"是语气助词,用在句末。"是……的"中间的语言成分一般是动词和形容词。

1. 根据句子表达功能的不同,可将句式Ⅱ分为2个下位句式。

A. 句式Ⅱa:是+形容词性成分+的

句式Ⅱa用来描写主语所代表的事物的性质,说明主语"怎么样"。如:

(8) 那种葡萄是酸的。

B. 句式Ⅱb:是+动词性成分+的

句式Ⅱb用来对主语"怎么样"或"做什么"进行陈述。如:

(9) 你是来学汉语的。

2. 句式Ⅱ中标记词的省略规则。

句式Ⅱ中的"是""的"都是语气助词。除了以"这""那"作主语和表示双重否定的句子外,一般都可以省略"是""的"。省略后句子的意思不变,只是变成一般的动词谓语句或形容词谓语句,语气也随之不同。

但需注意的是,一般情况下,"是""的"必须同时省略,保留"是"而省略"的",或保留"的"省略"是",其独立性都较差,没有适当的上下文,都难以成立。如:

(8)'*那种葡萄是酸。

(8)"*那种葡萄酸的。

(9)'*你是来得很及时。

(9)"*你来得很及时的。

但是,如果有上文,或有后续的小句,有时可以说。如:

(8) *'你说得对，那种葡萄是酸。

(9) *'你是来得很及时，但不好的事情还是发生了。

### (三)"是……的"句和"是"字句

1. "是……的"句的句式Ⅰ具有强调功能，句式Ⅱ具有评议、描写功能；而"是"字句具有判断、说明事物或指明归属的功能。当"是"相当于"等于"的意义时，"是"前后的成分可以互换位置。如：

(10) 我是李明。

2. "是……的"句中间语言成分一般是状中短语、主谓短语、动词或形容词。而在"是"字句中，前后都是名词性成分。如：

(11) 他是教师。

3. "是"字句中的"是"+"的"字短语，虽然"是"与"的"中间的语言成分有谓词性的，但"是"的主语与"的"字短语在语义上具有同一性。如：

(12) 这个苹果是不甜的。

(12) 中的"不甜的"转指"这个苹果"，与主语同指。

## 四、外国留学生偏误案例

### (一) 遗漏

遗漏是"是……的"句最典型的偏误类型。其偏误表现主要体现在三个方面。

1. 由于学习者不清楚句式Ⅰ的表达功能，该使用句式Ⅰ时而未用，从而出现句式Ⅰ中的强制性标记词"的"的遗漏，主要出现在使用频率最高的句式Ⅰa中，少量出现在其他下位句式中。如：

(1) *我们全家2003年6月13号来中国∧。(的)① (句式Ⅰa  中级  韩国)

(2) *我是在南京师范大学学∧汉语。(的) (句式Ⅰa  中级  泰国)

---

① 该句也可以是："我们全家2003年6月13号来的中国"。口语中"的"在宾语前更为常见。

(3) *我是从澳大利亚来∧。(的)(句式Ⅰa 中级 美国)

(4) *我们来学校的时候,不是走路来∧。(的)(句式Ⅰa 中级 韩国)

(5) *这个新闻是妈妈说∧,现在我们都知道了。(的)(句式Ⅰb 中级 俄罗斯)

(6) *他在中国是学∧中医。(的)(句式Ⅰd 中级 美国)

2. 虽然学习者意识到"是……的"句独特的表达功能,但未完全掌握句式Ⅱ中"是""的"的省略规则,出现了"是"的遗漏偏误,在句式Ⅱa和Ⅱb中都有较多的分布。如:

(7) *我觉得现在中国的势力∧很大的!(是)(句式Ⅱa 中级 日本)

(8) *我听说过这个地方∧特别美丽的。(是)(句式Ⅱa 中级 意大利)

(9) *因为钱∧有限的,爱情∧无限的。(是)(句式Ⅱa 中级 韩国)

(10) *她的想法∧比较现代的,可以了解年轻人的行动。(是)(句式Ⅱa 中级 韩国)

(11) *他对我来说∧非常重要的。(是)(句式Ⅱa 中级 日本)

(12) *他告诉我们的知识在书本上∧不能解释的。(是)(句式Ⅱb 中级 韩国)

(13) *当时如果司机没有看见我过马路的话,那后果∧不堪设想的。(是)(句式Ⅱb 中级 韩国)

(14) *公交车很拥挤,很多人都没有座位,这在土耳其∧没有的。(是)(句式Ⅱb 高级 土耳其)

3. 由于学习者混淆"是……的"句与"是"字句,或不清楚"是……的"句中"的"的省略规则,在使用中出现遗漏"的"的偏误,主要集中在句式Ⅱa中。如:

(15) *坐火车上,朋友的脸色是苍白∧。(的)(句式Ⅱa 中级 柬埔寨)

(16) *所以告诉朋友父母是最重要∧,不能换别的,只是一个!(的)(句式Ⅱa 高级 古巴)

(17) *村长说这是有原因∧,他们想了半天很多意见出来了。(的)

(句式Ⅱb　高级　韩国)

### (二) 误代

误代偏误表现单一，即由于学习者混淆句式Ⅰ与带动态助词"了"的动词谓语句，而出现了"了"误代"的"，主要体现在句式Ⅰa中。句式Ⅰ的其他下位句式以及句式Ⅱ也都有少量此类偏误分布。这也与学习者没有意识到需要使用"是……的"句有关。如：

(18) *这个愿望是什么时候开始<u>了</u>？(的)(句式Ⅰa　中级　日本)

(19) *爷爷和奶奶是"日本侵略期"的时候出生长大<u>了</u>，没有受到良好的教育。(的)(句式Ⅰa　中级　日本)

(20) *他在洗澡间被来找他的伯父发现<u>了</u>。(的)(句式Ⅰa　高级　日本)

(21) *我2004年3月来中国<u>了</u>，在韩国时，我想成为中医。(的)①(句式Ⅰa　高级　韩国)

(22) *我考试成功，是老师帮助<u>了</u>。(的)(句式Ⅰb　中级　韩国)

(23) *我们坐<u>了</u>火车，不是飞机。(的)(句式Ⅰd　中级　越南)

(24) *屋子的门把手是坏<u>了</u>。(的)(句式Ⅱa　中级　韩国)

### (三) 错序

错序也是较为典型的偏误类型，其偏误表现可归纳为两个方面。

1. 学习者清楚自己要表达的焦点信息，但没有掌握"是……的"句的句法成分序列，导致错序发生，主要分布于句式Ⅰa中。如：

(25) *我是<u>学习在南师大</u>的。(在南师大学习)(句式Ⅰa　中级　韩国)

(26) *他死去的是去年。(是去年死去的)(句式Ⅰa　中级　日本)

2. 学习者不清楚自己要表达的焦点信息是什么，从而引发焦点错序，如：

(27) *<u>是</u>我第一次来中国的。(我是)(句式Ⅰa　中级　日本)

(28) *是中国给<u>奖学金</u>的 (的奖学金)(句式Ⅰc　高级　老挝)

(29) *我希望是<u>妈妈的生活</u>幸福的。(妈妈的生活是)(句式Ⅱa　中

---

① 该句在句法上没有问题，但从表达得体的角度，应使用"是……的"句。

级　韩国)

(30) *咖啡的味道是总体来说很苦的。(总体来说是)(句式Ⅱa　高级　韩国)

(31) *这样的交流方式是在日本普遍的。(在日本是)(句式Ⅱa　高级　日本)

### (四) 误加

误加是数量最少的偏误类型。由于学习者语内规则泛化，不该用而用了"是……的"句，表现为"是……的"或"的"的误加。如：

(32) *我们的国家是在非洲的，中国是在亚洲的。① (我们的国家在非洲，中国在亚洲)(中级　喀麦隆)

(33) *我的专业是经济学的。(我的专业是经济学)(中级　韩国)

## 五、偏误规律与教学建议

总体而言，"是……的"句的偏误数量以遗漏最多，误代和错序次之，误加最少。①学习者对于"是……的"句的回避使用较为严重，这不仅表现为遗漏数量最多，学习者存在大量该用而未用(使用其他句式，如"是"字句)的偏误现象，还表现为学习者的使用集中分布在句式Ⅰa、Ⅱa中，对于本族语者高频使用的Ⅰb、Ⅰc、Ⅰd、Ⅰe、Ⅱb使用很少甚至没有使用。②学习者经常将句式Ⅰ中的标记词"的"与动词谓语句中的动态助词"了"误代，这是学习者不清楚句式Ⅰ与带"了"的动词谓语句在语义信息传达上的区别所致。③学习者由于不了解"是……的"句的句法结构序列而产生的错序，一般发生在初级阶段，随着学时阶段的提高，这类偏误基本不再出现；而学习者由于不清楚要表达的焦点信息而产生的焦点错序，一般发生在中、高级阶段。④学习者误加偏误的产生，主要是泛化了"是……的"句的使用。

据此，我们可以提出以下教学建议：

---

① 不该用而使用"是……的"句的这些偏误不属于任何一个"是……的"句下位句式，所以在偏误句例后面不再标出下位句式类型。

1. 加强"是……的"句的语义教学。

在教学时,应该对该格式的语义进行分类,必须注意的是语义分类应该与格式的句法形式对应起来。如此可帮助外国学生在掌握句法形式的基础上同时了解其语义功能而不产生混淆。

在语义教学时还要注意句式Ⅰ所强调的语义成分的教学。与本族语者相比,句式Ⅰ的各下位句式的使用数量和比例都偏低,其原因可能在于句式Ⅰ强调的语义成分范围较本族语者小,因此应该扩大语义成分的范围,加强对强调目的、条件、施事、受事、原因等语义成分的教学。

2. 注重与相关句式区别的教学。

学习者在使用"是……的"句时常出现与相关句式的混淆。教学时,应加强"是……的"句与"是"字句、带动态助词"了"的动词谓语句等句式的区分,明确该句式的语义功能。

(鲍睿琼、乔佽　执笔)

# 贰拾壹　"除了"句式偏误案例

## 一、"除了"句式概说

### (一)"除了"句式的定义

"除了"表示不计在内的意思,"除了"后面的宾语可以是名词（短语）、代词、动词（短语）、形容词（短语）及主谓短语等。一般将"除了P（以外），Q"句式中的"除了P（以外）"称作"除了"小句，将"Q"称作主句。

### (二)"除了"句式的使用规则

在"除了"句式中，主句一般是一个完整的句子，而小句的构成比较复杂，往往含有省略或隐含成分。由于后边主句的不同，"除了"句式又分排除式和加合式两种。排除式后边的主句多用"都、全"，即"除了……（以外），都/全……"；加合式后边的主句则用"还、也"，即"除了……（以外），还/也……"。如：

(1) 除了游泳，其他我都喜欢。

此例中"除了"小句与主句中的"都"配合使用，表示排除义。

(2) 除了游泳，我还喜欢爬山。

此例中"除了"小句与主句中的"还"相呼应，表示加合义。

## 二、"除了"句式的下位分类

根据"除了"小句宾语的构成及其与主句成分的对应情况，可以将"除了"句式分为以下 6 种下位句式。其中句式Ⅰ与句式Ⅱ，句式Ⅲ与句式Ⅳ是繁式与简式的两种表现形式，具有可逆性变换关系。

### (一) 句式Ⅰ：除了 NVN，NVN

"除了"后面是一个完整的小句。如：

(1) 除了<u>一些小孩子好奇地跑来跑去</u>，其他人都不敢靠近。
(2) 李兴华谈了那么多的"忏悔话"，除了<u>结尾几句稍有实际意义</u>外，其余的都可以冠之为"哗众取宠""博取同情"，目的是想减轻罪责。

### (二) 句式Ⅱ：除了 N，NVN

"除了"后面小句中的谓语部分无须指明，因此往往只保留其主语而将谓语部分省略。如：
(3) 除了<u>我们</u>，一年级五班的同学也住在这里。
(4) 除了<u>"四人帮"</u>之外，纪登奎、吴桂贤等要人也一人一座小楼地住在这里。

### (三) 句式Ⅲ：(N) 除了 VN，(N) VN

"除了"后面是一个谓词性短语，此时主句中的主语既可位于"除了"小句之前，也可以位于"除了"小句之后。如：
(5) 他除了<u>坐着</u>，有时也散个步。
(6) 这些年来，除了<u>拍电影</u>之外，<u>我</u>还在全国各地举行了一千多场个人和综合性的演唱会。

### (四) 句式Ⅳ：(N) 除了 N，(N) VN

"除了"后面的 V 与主句中的 V 相同时，"除了"小句中的 V 可省略。如：
(7) 买主王先生除了<u>100万</u>以外，还将付出20万美元的拍卖佣金。
(8) 可是，除了<u>四周的群众</u>，除了<u>群众手里擎着的各色纸花</u>，我什么也看不见。

### (五) 句式Ⅴ：(N) 除了 A，(N) AVN

"除了"后面的 A 为对比焦点，主句中一般都有与相对应的状语。如：
(9) 组织上除了<u>向徐明清</u>，也向来自白区的其他人做了调查。
(10) 毕业以后，除了<u>这一次给他</u>以外，她没有<u>给任何男同学</u>写过信。

### (六) 句式Ⅵ：除了 N，便/就是/还是 N

"除了"可以与"便/就是""还是"搭配。前者中的两个 N 可以是两个事物或两种行为，整个句式用以强调排他性；后者中的两个 N 也可以是同一事物或同一行为，整个句式用以强调唯一性。如：

（11）文坛骁将路遥挥手西去，他留给人们的<u>除了悲痛，便是遗憾</u>。（强调排他性）

（12）煤矿的工作很枯燥，<u>除了挖煤还是挖煤</u>。（强调唯一性）

## 三、外国留学生偏误案例

### (一) 遗漏

遗漏偏误用例主要集中在"还"的遗漏、"都/也"的遗漏、动词的遗漏及周遍性主语的遗漏。

（1）＊过那达幕，除了因为工作需要有些人工作以外，∧都放三天假。（其他人）（句式Ⅰ　中级　蒙古）

（2）＊除了我提到的这三个利以外∧有很多利，比如养孩子的时候有的利益，会有比别人更多的外国朋友等等。（还）（句式Ⅳ　高级　韩国）

（3）＊可是除了我以外，∧都一句汉语也不会说。（他们）（句式Ⅱ　初级　韩国）

（4）＊我坐的火车到泰山站，除了我以外，∧都下车了。（其他人）（句式Ⅱ　初级　韩国）

（5）＊除了他们之外，火车里∧有一批贼人。（还）（句式Ⅳ　中级　韩国）

（6）＊在她的眼里，除了白人之外其他人种∧没有什么价值。（都）（句式Ⅱ　高级　巴基斯坦）

（7）＊他生平主张的内容∧文学改革以外所有的都被失败了，可是他一次也不抛弃自己的思想。（除了）（句式Ⅱ　高级　韩国）

（8）＊政勋以外，很多朋友∧祝贺我的生日。（都/也）（句式Ⅱ　初

(9) *无际的草原上,除了道路上的跑车以外,∧都是安安静静的。(到处)(句式Ⅱ 高级 韩国)

(10) *除了学习中文,我∧去健身房锻炼身体。(还)(句式Ⅲ 初级 美国)

(11) *她除了教学以外,∧常常跟我们开玩笑、聊聊天什么的。(还)(句式Ⅲ 初级 尼泊尔)

(12) *除了跟年龄大概一样的朋友接触以外,∧可以跟各种不同职业、不同年龄的人接触,这样一定会对我们的将来有好处。(还)(句式Ⅲ 中级 韩国)

(13) *我除了对中国的文化和生活等有感情以外,∧觉得中文肯定对外国人有好处,所以我想到学习中文。(还)(句式Ⅲ 中级 韩国)

(14) *除了∧监测器材以外,大多数学校还教给学生交通规律。(教)(句式Ⅲ 中级 韩国)

(15) *学习除了带给我许多乐趣外,也∧我很多的苦和闷。(带给)(句式Ⅲ 高级 韩国)

(16) *他上课的时候除了课以外,∧给我们听很多有趣的故事。(还)(句式Ⅳ 高级 韩国)

(17) *除了考试范围以外,他们∧都不愿意学习。(什么)(句式Ⅳ 初级 韩国)

(18) *除了很多人和很大的地,这个国家∧有很多发展的可能性。(还)(句式Ⅳ 中级 韩国)

(19) *现在在汉城有人工海水浴场,非常大,除了人工波浪外,∧有很多好玩的。(还)(句式Ⅳ 中级 韩国)

(20) *如果新郎的学历优越或者职业地位比较高的话,新娘除了家具以外,∧准备车、别墅。(还要)(句式Ⅳ 高级 韩国)

(21) *除了上课的时间以外,∧每秒每分都在想他。(我)(句式Ⅴ 中级 韩国)

(22) *除了做家务的时间以外,所有的时间她∧用来读圣经。(都)(句式Ⅴ 高级 韩国)

## (二) 错序

错序偏误用例主要集中在标记词"都/也"的错序,主句主语位置的错序,"除了"小句中谓语动词的错序,以及主句句法成分的错序。

(23) *除了我们来自同一个国家的朋友以外,别人都我不认识。(我都)(句式Ⅱ 初级 坦桑尼亚)

(24) *特别是学习方面,除了环境以外,也课程的安排很好。(课程的安排也)(句式Ⅱ 高级 韩国)

(25) *除了篮球以外,我都喜欢任何运动。(任何运动我都喜欢)(句式Ⅱ 高级 韩国)

(26) *除了澳大利亚有清洁的氧气以外,也比中国漂亮得多。(澳大利亚除了)(句式Ⅲ 初级 澳大利亚)

(27) *除了他很喜欢打网球也喜欢打篮球。(他除了)(句式Ⅲ 中级 韩国)

(28) *跟他们一起生活中,我感到除了他们没有钱以外,基本的生活都是跟我们一样的。(他们除了)(句式Ⅲ 中级 韩国)

(29) *老师请除了我全家以外,还请另一个学生家,他的女儿的家。(除了请)(句式Ⅲ 高级 韩国)

(30) *我们虽然去过北京,除了长城以外都没有游览过别的名迹。(别的名迹都没有游览过)(句式Ⅲ 中级 韩国)

(31) *除了春节,什么节日你还喜欢?(你还喜欢什么节日)(句式Ⅳ 初级 韩国)

(32) *我觉得鲁迅是除了文学界,也是历史学界重要人物。(除了是)(句式Ⅲ 高级 韩国)

(33) *第一天除了这以外,侯园,九龙深还去了。(还去了侯园、九龙深)(句式Ⅳ 高级 韩国)

(34) *除了韩国的传统节日以外,从外国带来的节日也有。(也有从外国带来的节日)(句式Ⅳ 高级 韩国)

## 四、偏误规律和教学建议

从数量上看,"除了"句式的偏误类型主要是遗漏,其次是错序,语料库中未见误加和误代两种偏误。

句式Ⅰ的遗漏基本上都是周遍性主语和"还"的遗漏;句式Ⅱ的遗漏也集中在周遍性主语和"还"的遗漏,另外还有"都"的遗漏;句式Ⅲ主要是主句动词的遗漏,另外还有一小部分"都/也"和"还"的遗漏;句式Ⅳ的遗漏同句式Ⅱ、句式Ⅴ一样,也主要是"还"的遗漏。综上所述,"除了"句式的遗漏偏误主要集中在周遍性主语和"还"的遗漏,"都/也"和主句动词的遗漏相对较少,因此教学中要着重强调周遍性主语和"还"。

错序偏误主要集中在主句和"除了"小句句法成分的错序,受母语影响,很多留学生把宾语前置。另外还有一部分是标记词的错序,如有些标记词放到了周遍性主语之前,有些标记词放到了动词之后等,因此在教学中要着重强调标记词的位置,并且根据不同国别的学生在句法成分上可能出现的错误进行强调。

(路晓艳、颜明 执笔)

# 参考文献

艾兰．2006．"是……的"结构的两种分析及其区分方法［J］．广西师范学院学报（S1）．

北京大学中文系1955、1957级语言班．2010．现代汉语虚词例释［M］．北京：商务印书馆．

北京语言大学"外国学生错字别字数据库"课题组．2006．"外国学生错字别字数据库"的建立与基于数据库的汉字教学研究［J］．语言教学与研究（4）．

曹逢甫．1994．再论话题和"连……都/也"结构［M］．//戴浩一，薛凤生．功能主义与汉语语法．北京：北京语言学院出版社．

曹文．2002．汉语语音教程［M］．北京：北京语言文化大学出版社．

曹文．2010．现代汉语语音答问［M］．北京：北京大学出版社．

陈昌来．2002．介词与介引功能［M］．合肥：安徽教育出版社．

陈昌来．2002．现代汉语动词的句法语义属性研究［M］．上海：学林出版社．

陈德铭．2011．印度尼西亚学生学习汉语时态助词"着、了、过"的偏误分析［D］．华东师范大学硕士学位论文．

陈绂．1996．谈对欧美留学生的字词教学［J］．语言教学与研究（4）．

陈绂．2001．日本学生书写汉语汉字的讹误及其产生原因［J］．世界汉语教学（4）．

陈建民．1986．现代汉语句型论［M］．北京：语文出版社．

陈珺，周小兵．2005．比较句语法项目的选取和排序［J］．语言教学与研究（2）．

陈立民．2005．论动词重叠的语法意义［J］．中国语文（2）．

陈秋庄（越南）．2011．中高级阶段越南学生汉语成语偏误分析及教学对策［D］．广西民族大学硕士学位论文．

陈文．2001．试论缩略语及其与原词语的关系［J］．广西师院学报（1）．

陈信春．2001．介词运用的隐现问题研究［M］．开封：河南大学出版社．

程乐乐．2006．日本留学生"把"字句习得情况考察与探析［J］．云南师范大学学报（3）．

程荣．1992．试谈词语缩略［J］．语文建设（7）．

程燕．2012．基于语料库的中级留学生四字成语偏误分析——以汉字背景的学生为考察对象［J］．广东海洋大学学报（2）．

崔立斌. 2006. 韩国学生汉语介词学习错误分析 [J]. 语言文字应用（S2）.

崔希亮. 1994. 从"连……也/都……"结构看语言中的关联 [M]. // 邵敬敏. 九十年代的语法思考. 北京：北京语言学院出版社.

崔希亮. 2005. 欧美学生汉语介词习得的特点及偏误分析 [J]. 世界汉语教学（3）.

崔永华. 1984. "连……也/都……"句式试析 [J]. 语言教学与研究（4）.

戴会林. 2007. 外国学生方位词偏误分析与习得研究 [D]. 南京师范大学硕士学位论文.

丁声树等. 1961. 现代汉语语法讲话 [M]. 北京：商务印书馆.

董小琴. 2008. 外国学生"有"字句偏误分析及习得研究 [D]. 南京师范大学硕士学位论文.

窦晓蕾. 2012. 现代汉语同素逆序同义词研究 [D]. 山东大学硕士学位论文.

都曦薇. 2009. 外国留学生汉字书写偏误分析及习得研究 [D]. 南京师范大学硕士学位论文.

杜氏燕（越南）. 2011. 越南学生汉语可能补语偏误分析与教学对策 [D]. 上海外国语大学硕士学位论文.

杜同惠. 1993. 留学生汉字书写差错规律试析 [J]. 世界汉语教学（1）.

段氏清娴（越南）. 2013. 中高级阶段越南留学生汉语形容词谓语句习得探析 [D]. 福建师范大学硕士学位论文.

樊海亮. 2012. HSK 中高级惯用语分析及其对对外汉语教学的启示 [D]. 西安外国语大学硕士学位论文.

范可育. 1993. 从外国学生书写汉字的错误看汉字字形特点和汉字教学 [J]. 语文建设（4）.

方玉. 2013. 韩国学生汉语形容词偏误分析 [D]. 吉林大学硕士学位论文.

房玉清. 2008. 实用汉语语法 [M]. 北京：北京语言大学出版社.

冯丽萍，肖青. 2011. 第二语言习得发展研究中语料分析方法的适用条件——以韩国学生汉语主谓谓语句习得为例 [J]. 华文教学与研究（3）.

傅雨贤，周小兵，李炜，范干良，江志如. 1997. 现代汉语介词研究 [M]. 广州：中山大学出版社.

高立群. 2001. 外国留学生规则字偏误分析——基于中介语语料库的研究 [J]. 语言教学与研究（5）.

高立群. 2002. 外国留学生形声字偏误分析——基于中介语语料库的研究 [C]. // 中国对外汉语教学学会. 中国对外汉语教学学会第七次学术讨论会论文选. 北京：人民教育出版社.

高顺全. 2001. 试论"被"字句的教学 [J]. 暨南大学华文学院学报（1）.

宫　齐，聂志平. 2006. 现代汉语四字词语缩略的制约条件［J］. 语言文字应用 (1).

郭锦桴. 1993. 汉语声调语调阐要与探索［M］. 北京：北京语言学院出版社.

郭力铭. 2009. "了1"的多角度研究［D］. 南京师范大学硕士学位论文.

郭龙生. 1988. "是……的"格式的句法、语义、语用分析［D］. 中国社科院研究生院硕士学位论文.

郭　琼. 2011. 日本留学生学习汉语"比"字句的偏误分析及学习建议［D］. 华中师范大学硕士学位论文.

郭圣林. 2011. 基于"HSK动态作文语料库"的外国学生成语语义偏误初探［J］. 语言与翻译（3）.

何淑冰. 2006. 基于统计的现代汉语频率副词研究［D］. 南京师范大学硕士学位论文.

洪　炜. 2012. 汉语二语者近义词语义差异与句法差异的习得研究［J］. 语言教学与研究（3）.

洪　炜，陈　楠. 2013. 汉语二语者近义词差异的习得考察［J］. 语言文字应用 (2).

侯朝龙. 2011. 从学生偏误角度探讨对外汉语中高级阶段的成语教学［D］. 复旦大学硕士学位论文.

侯　敏. 1996. 缩略语使用的层级性特点及其规范问题［J］. 语文建设（6）.

侯学超. 1999. 现代汉语虚词词典［Z］. 北京：北京大学出版社.

胡裕树. 2011. 现代汉语（重订本）［M］. 上海：上海教育出版社.

黄伯荣，廖序东. 2011. 现代汉语（增订五版）［M］. 北京：高等教育出版社.

黄　聪. 2011. 汉字/非汉字文化圈HSK甲级心理动词搭配的语料库研究［D］. 重庆大学硕士学位论文.

黄阮泰河（越南）. 2012. 越南学生习得汉语惯用语偏误分析［D］. 吉林大学硕士学位论文.

黄　巍. 2010. 现代汉语同素逆序词研究——以《现代汉语词典》（第五版）为中心［D］. 辽宁师范大学硕士学位论文.

黄月圆，杨素英. 2004. 汉语作为第二语言的"把"字句习得研究［J］. 世界汉语教学（1）.

黄月圆，杨素英，高立群，张旺熹，崔希亮. 2007. 汉语作为第二语言"被"字句习得的考察［J］. 世界汉语教学（2）.

黄自然. 2008. 外国学生存现句偏误分析及习得研究［D］. 南京师范大学硕士学位论文.

黄自然，肖奚强. 2012. 基于中介语语料库的韩国学生"把"字句习得研究［J］.

汉语学习（1）.

贾玉萍．2010．现代汉语同素逆序词构词造词研究［D］．山东师范大学硕士学位论文．

江　新．1998．词汇习得研究及其在教学上的意义［J］．语言教学与研究（3）.

姜桂荣．2009．基于"HSK动态作文语料库"的"比"字句习得研究［D］．北京语言大学硕士学位论文．

金立鑫．2005．对外汉语教学虚词辨析［M］北京：北京大学出版社．

金允经，金昌吉．2001．现代汉语转折连词组的同异研究［J］．汉语学习（2）.

靳洪刚．1993．从汉语"把"字句看语言分类规律在第二语言习得过程中的作用［J］．语言研究（2）.

菊地良介（日本）．2013．汉日同形词的偏误分析及对日汉语教学［D］．内蒙古师范大学硕士学位论文．

赖　鹏．2006．汉语能愿动词语际迁移偏误生成原因初探［J］．语言教学与研究（5）.

兰宾汉．1993．也谈程度补语与结果补语［J］．陕西师范大学学报：哲学社会科学版（3）.

李爱军．2005．语调研究中心理和声学等价单位［R］．语言研究报告．北京：中国社会科学院语言研究所．

李大忠．2007．外国人学汉语语法偏误分析［M］．北京：北京语言大学出版社．

李　明，石佩雯．1998．汉语普通话语音辨正［M］．北京：北京语言文化大学出版社．

李绍林．2010．对外汉语教学词义辨析的对象和原则［J］．世界汉语教学（3）.

李铁根．2002．"了""着""过"与汉语时制的表达［J］．语言研究（3）.

李文浩．2016．凸显观参照下"每"和"各"的语义差别及其句法验证［J］．汉语学习（2）.

李向农．1999．再说"跟……一样"及其相关句式［J］．语言教学与研究（3）.

李晓琪．1995．中介语与汉语虚词教学［J］．世界汉语教学（4）.

李晓琪．2003．现代汉语虚词手册［M］．北京：北京大学出版社．

李晓琪．2005．现代汉语虚词讲义［M］．北京：北京大学出版社．

李行健．2014．现代汉语规范词典（第3版）［Z］．北京：外语教学与研究出版社、语文出版社。

李　妍．2009．能性结构的偏误分析及习得研究［D］．南京师范大学硕士学位论文．

李宇明．1996．双音节性质形容词的ABAB式重叠［J］．汉语学习（4）.

李智惠．2009．汉韩形容词重叠式对比及习得研究［D］．南京师范大学硕士学位论文.

林朝海. 2012. 中高级阶段越南留学生汉语四字格成语偏误分析 [D]. 广西民族大学硕士学位论文.

林茂灿. 2012. 汉语语调实验研究 [M]. 北京：中国社会科学出版社.

林焘，王理嘉. 2013. 语音学教程（增订版）[M]. 北京：北京大学出版社.

刘博. 2008. 韩国学生习得汉语心理动词偏误分析 [D]. 广西民族大学硕士学位论文.

刘丹青. 2003. 语序类型学与介词理论 [M]. 商务印书馆.

刘丹青. 2005. 作为典型构式句的非典型"连"字句 [J]. 语言教学与研究（4）.

刘枫. 2007. 从HSK同素逆序词看对外汉语词汇教学 [J]. 云南师范大学学报：对外汉语教学与研究版（3）.

刘颂浩. 2003. 论"把"字句运用中的回避现象及"把"字句的难点 [J]. 语言教学与研究（2）.

刘艳芳. 2011. 欧美初学者汉字书写的偏误及成因分析 [J]. 山西师大学报：社会科学版（S3）.

刘燕燕. 2012. 基于"HSK动态作文语料库"的留学生成语偏误分析 [D] 南京师范大学硕士学位论文.

刘月华. 1998. 趋向补语通释 [M]. 北京：北京语言文化大学出版社.

刘月华，潘文娱，故铧. 2001. 实用现代汉语语法（增订本）[M]. 北京：商务印书馆.

卢福波. 2000. 对外汉语常用词语对比例释 [M]. 北京：北京语言文化大学出版社。

卢福波. 2011. 对外汉语教学实用语法 [M]. 北京：北京语言大学出版社.

卢智暎. 2009. 基于语料库的韩国学习者汉语连词使用研究 [D]. 北京语言大学博士学位论文.

鲁健骥. 1999. 对外汉语教学思考集 [M]. 北京：北京语言文化大学出版社.

陆俭明. 1980. "程度副词＋形容词＋的"一类结构的语法性质 [J]. 语言教学与研究（2）.

陆俭明. 1986. 周遍性主语及其他 [J]. 中国语文（3）.

陆庆和. 2006. 实用对外汉语教学语法 [M]. 北京：北京大学出版社.

罗常培，王均. 2002. 普通语音学纲要（修订本）[M]. 北京：商务印书馆.

吕士楠，初敏，许洁萍，贺琳. 2012. 汉语语音合成——原理和技术 [M]. 北京：科学出版社.

吕叔湘. 1986. 主谓谓语句举例 [J]. 中国语文（5）.

吕叔湘. 1999. 现代汉语八百词（增订本）[Z]. 北京：商务印书馆.

吕文华. 2008. 对外汉语教学语法探索（增订本）[M]. 北京：北京语言大学出版社.

马景仑. 2002. 汉语通论 [M]. 南京：江苏古籍出版社.

马　萍. 2008. 留学生动宾式离合词习得研究——以统计学为视角 [J]. 汉语学习 (5).

马庆株. 1987. 缩略语的性质、语法功能和运用 [J]. 语言教学与研究 (3).

马庆株. 1991. 顺序义对体词语法功能的影响 [J]. 中国语言学报 (4).

马晓娜. 2008. 留学生使用汉语惯用语的偏误分析及对策 [J]. 淮北煤炭师范学院学报：哲学社会科学版 (2).

马　真. 1982. 说"也" [J]. 中国语文 (4).

马　真. 1983. 说"反而" [J]. 中国语文 (3).

马　真. 1986. "比"字句内比较项 Y 的替换规律试探 [J]. 中国语文 (2).

毛世桢. 2002. 对外汉语教学语音测试研究 [M]. 北京：中国社会科学出版社.

毛世桢. 2008. 对外汉语语音教学 [M]. 上海：华东师范大学出版社.

孟　琮，郑怀德，孟庆海，蔡文兰. 1999. 汉语动词用法词典 [Z]. 北京：商务印书馆.

逄　琬. 2012. 留学生汉语成语使用偏误研究 [D]. 吉林大学硕士学位论文.

裴雨来. 2011. "和 X 一样＋谓词"的复杂谓语结构分析 [J]. 汉语学习 (5).

朴德俊. 2003. 试论汉语近义动词分析框架 [J]. 汉语学习 (5).

蒲徐波. 2006. 中高级阶段留学生词汇习得偏误分析与教学策略 [D]. 四川大学硕士学位论文.

乔　俊. 2012. 思想文化视野下汉韩同形近义、异义词对比分析研究 [D]. 厦门大学硕士学位论文.

乔　俊. 2017. 四组现代汉语同素同义单双音节动词习得研究 [D]. 南京师范大学博士学位论文.

乔　俊. 2018. 基于汉语中介语语料库学习者"帮""帮助""帮忙"混淆情况的考察 [A]. // 张亚军，肖奚强，张宝林，林新年. 第四届汉语中介语语料库建设与应用国际学术讨论会论文选集. 北京：世界图书出版公司.

汝淑媛. 2007. 对外汉语教学中相近表达式的用法研究——以形容词 AABB 重叠式和"很＋形容词"为例 [J]. 北京师范大学学报：社会科学版 (4).

邵敬敏. 1990. "比"字句替换规律刍议 [J]. 中国语文 (6).

邵敬敏. 2007. 现代汉语通论（第二版）[M]. 上海：上海教育出版社.

沈　炯. 1985. 北京话声调的音域和语调 [A]. // 林焘，王理嘉. 北京语音实验录. 北京：北京大学出版社.

施正宇. 1999. 外国留学生形符书写偏误分析 [J]. 北京大学学报：哲学社会科学

版（4）．

石　琳．2008．留学生使用汉语成语的偏误分析及教学策略［J］．西南民族大学学报：人文社科版（6）．

石毓智．2003．形容词的数量特征及其对句法行为的影响［J］．世界汉语教学（2）．

宋玉柱．1987．关于主谓谓语句的范围和类型［J］．南开学报：哲学社会科学版（5）．

苏晓绪．2013．蒙古国学生习得汉语动作动词偏误研究［D］．吉林大学硕士学位论文．

孙晓华．2008．现代汉语连动句及其习得研究［D］．南京师范大学硕士学位论文．

孙妊爱．2009．现代汉语可能补语研究［D］．北京语言大学博士学位论文．

陶氏周江（越南）．2011．中高级阶段越南学生汉语惯用语偏误分析［D］．广西民族大学硕士学位论文．

佟慧君．1986．外国人学汉语病句分析［M］．北京：北京语言学院出版社．

王　蓓．2002．汉语韵律知觉的研究［D］．中国科学院博士学位论文．

王海峰．2010．基于语料库的现代汉语离合词语义特征考察［J］．河北师范大学学报：哲学社会科学版（1）．

王洪君．2008．汉语非线性音系学（增订版）［M］．北京：北京大学出版社．

王　还．2005．汉语近义词典：汉英双解［Z］．北京：北京语言大学出版社．

王　珏．2001．现代汉语名词研究［M］．上海：华东师范大学出版社．

王利峰，肖奚强．2007．形容词定语后"的"字隐现习得研究［J］．汉语学习（2）．

王若江．2001．留学生成语偏误诱因分析——词典篇［J］．暨南大学华文学院学报（3）．

王　松．2012．外国学生程度补语句使用情况考察［J］．云南师范大学学报：对外汉语教学与研究版（6）．

王振来．2008．量词重叠的偏误分析及教学对策［J］．云南师范大学学报：对外汉语教学与研究版（3）．

魏庭新．2007．外国学生汉语成语习得偏误及其矫正策略［J］．云南师范大学学报：对外汉语教学与研究版（2）．

文雅丽．2007．现代汉语心理动词研究［D］．北京语言大学博士学位论文．

吴慧平．2011．外国学生动词重叠式习得研究［D］．南京师范大学硕士学位论文．

吴继峰．2013．形容词AABB重叠式的习得研究［J］．汉语学习（3）．

吴洁敏．2009．新编普通话教程（第四版）［M］．杭州：浙江大学出版社．

吴洁敏，朱宏达．2001．汉语节律学［M］．北京：语文出版社．

吴娟娟．2007．外国学生程度副词偏误分析与习得研究［D］．南京师范大学硕士学位论文．

吴氏流海（越南）. 2007. 越南学生汉语动宾式离合词习得研究与教学对策 [D]. 北京语言大学硕士学位论文.

吴为善，吴怀成. 2008. 双音述宾结果补语"动结式"初探——兼论韵律运作、词语整合与动结式的生成 [J]. 中国语文（6）.

吴英成. 1991. 学生汉字偏误及其学习策略的关系 [C]. // 第三届国际汉语教学讨论会会务工作委员会. 第三届国际汉语教学讨论会论文选. 北京：北京语言学院出版社.

吴中伟. 1996. 主谓谓语句 NP（VPAP）语义结构分析 [J]. 语言研究（1）.

吴宗济. 2004. 吴宗济语言学论文集 [C]. 北京：商务印书馆.

吴宗济，林茂灿. 2014. 实验语音学概要（增订版）[M]. 北京：北京大学出版社.

肖奚强. 1996. 略论"除了……以外"与"都""还"的搭配规则 [J]. 南京师大学报：社会科学版（2）.

肖奚强. 2000. 韩国学生汉语语法偏误分析 [J]. 世界汉语教学（2）.

肖奚强. 2001. 略论偏误分析的基本原则 [J]. 语言文字应用（1）.

肖奚强. 2002a. 外国学生汉字偏误分析 [J]. 世界汉语教学（2）.

肖奚强. 2002b. "正（在）""在"与"着"功能比较研究 [J]. 语言研究（4）.

肖奚强. 2002c. 现代汉语语法与对外汉语教学 [M]. 上海：学林出版社.

肖奚强. 2003a. 范围副词的再分类及其句法语义分析 [J]. 安徽师范大学学报：人文社会科学版（3）.

肖奚强. 2003b. 相对程度副词句法语义分析 [J]. 南京师大学报：社会科学版（6）.

肖奚强. 2004. "除了"句式句法语义分析 [J]. 汉语学习（2）.

肖奚强. 2005. 外国留学生"除了"句式使用情况的考察 [J]. 语言教学与研究（2）.

肖奚强. 2011. 汉语中介语研究论略 [J]. 语言文字应用（2）.

肖奚强等. 2008. 汉语中介语语法问题研究 [M]. 北京：商务印书馆.

肖奚强等. 2009. 外国学生汉语句式学习难度及分级排序研究 [M]. 北京：高等教育出版社.

肖奚强，芮晓玮. 2009. 外国学生汉语数量补语句习得研究 [J]. 对外汉语研究（00）.

肖奚强，郑巧斐. 2006. "A 跟 B（不）一样（X）"中"X"的隐现及其教学 [J]. 世界汉语教学（3）.

肖奚强，周文华. 2009. 外国学生汉语趋向补语句习得研究 [J]. 汉语学习（1）.

肖奚强，周文华等. 2012. 第二语言习得研究纵观 [M]. 北京：世界图书出版公司.

谢琳琳. 2011. 对外汉语教学中的区别词研究［D］. 辽宁师范大学硕士学位论文.

辛永芬. 2001. 留学生在使用"已然"类时间副词和"了"共现与否时的偏误分析［J］. 河南大学学报：社会科学版（4）.

邢福义. 2000. 说"V 一 V"［J］. 中国语文（5）.

邢红兵. 2003. 留学生偏误合成词的统计分析［J］. 世界汉语教学（4）.

徐慧. 2013. 对外汉语教学中同素逆序词教学研究［D］. 南京大学硕士学位论文.

徐建宏. 2005. 程度副词"很"与"太"的用法辨析［J］. 辽宁大学学报：哲学社会科学版（2）.

徐丽华. 2001. 外国学生连词使用偏误分析［J］. 浙江师大学报（3）.

徐星. 2006. 五种强调格式功能的比较研究［D］. 南京师范大学硕士学位论文.

徐真贤. 2012. 中高级韩国学生的汉语惯用语习得情况调查与教学研究［D］. 山东师范大学硕士学位论文.

杨成凯. 1997. "主主谓"句法范畴和话题概念的逻辑分析——汉语主宾语研究之一［J］. 中国语文（4）.

杨春雍. 2004. 对外汉语教学中"是……的"句型分析［J］. 云南师范大学学报（5）.

杨寄洲, 贾永芬. 2005. 1700 对近义词语用法对比［Z］. 北京：北京语言大学出版社。

杨玉玲. 2011. 留学生成语偏误及《留学生多功能成语词典》的编写［J］. 辞书研究（1）.

易洪川, 杨夷平, 朱全红. 1999. 笔顺综合研究及留学生用笔顺原则［C］. //《第六届国际汉语教学讨论会论文选》编辑委员会. 第六届国际汉语教学讨论会论文选. 北京：北京大学出版社.

殷苏芬. 2008. 外国学生形容词谓语句偏误分析与习得研究［D］. 南京师范大学硕士学位论文.

殷志平. 1999. 构造缩略语的方法和原则［J］. 语言教学与研究（2）.

殷志平. 2002. 数字式缩略语的特点［J］. 汉语学习（2）.

尹岗寿. 2013. 汉语状态心理动词的鉴别及分类［J］. 汉语学习（3）.

尤婵. 2012. 外国留学生使用汉语成语的偏误类型分析［D］. 华中师范大学硕士学位论文.

余又兰. 1999. 汉语"了"的习得及其中介语调查与分析［C］. //《第六届国际汉语教学讨论会论文选》编辑委员会. 第六届国际汉语教学讨论会论文选. 北京：北京大学出版社.

俞理明. 2002. 汉语缩略研究［D］. 四川大学博士学位论文.

袁毓林. 2004. "都、也"在"Wh+都/也+VP"中的语义贡献［J］. 语言科学（5）.

袁毓林. 2005a. 试析中介语中跟"没有"相关的偏误［J］. 世界汉语教学（2）.

袁毓林. 2005b. 试析中介语中跟"不"相关的偏误［J］. 语言教学与研究（6）.

翟艳. 2007. 汉语词语偏误分析的方法［J］. 云南师范大学学报：对外汉语教学与研究版（1）.

张博. 2007. 同义词、近义词、易混淆词：从汉语到中介语的视角转移［J］. 世界汉语教学（3）.

张博. 2008. 第二语言学习者汉语中介语易混淆词及其研究方法［J］. 语言教学与研究（6）.

张博. 2011. 二语学习中母语词义误推的类型与特点［J］. 语言教学与研究（3）.

张博. 2013. 针对性：易混淆词辨析词典的研编要则［J］. 世界汉语教学（2）.

张博等. 2008. 基于中介语语料库的汉语词汇专题研究［M］. 北京：北京大学出版社.

张国宪. 2000. 现代汉语形容词的典型特征［J］. 中国语文（5）.

张国宪. 2006a. 性质形容词重论［J］. 世界汉语教学（1）.

张国宪. 2006b. 性质、状态和变化［J］. 语言教学与研究（3）.

张积家，陆爱桃. 2007. 汉语心理动词的组织和分类研究［J］. 华南师范大学学报：社会科学版（1）.

张瑞朋. 2014. 语料库汉字偏误分类和标注体系研究［J］. 云南师范大学学报：对外汉语教学与研究版（1）.

张若莹. 2000. 从中高级阶段学生词汇习得的偏误看中高级阶段词汇教学的基本问题［J］. 首都师范大学学报：社会科学版（S3）.

张素玲. 2006. 现代汉语区别词研究［D］. 上海师范大学硕士学位论文.

张旺熹. 1993. 主谓谓语结构的语义模式［J］. 世界汉语教学（3）.

张巍. 2002. 汉语同素逆序词类型和成因探析［D］. 陕西师范大学硕士学位论文.

张小星. 2012. 对外汉语教学中量词的偏误分析［D］. 华中科技大学硕士学位论文.

张怡春. 2011. 也说周遍性构式中的"都"和"也"［J］. 汉语学习（4）.

张谊生. 2000a. 程度副词充当补语的多维考察［J］. 世界汉语教学（2）.

张谊生. 2000b. 现代汉语副词研究［M］. 上海：学林出版社.

张谊生. 2001. 论现代汉语的范围副词［J］. 上海师范大学学报：哲学社会科学版（1）.

张莹. 2010. 近代汉语并列关系连词研究［D］. 山东大学博士学位论文.

张永芳. 1999. 外国留学生使用汉语成语的偏误分析 [J]. 语言文字应用（3）.

赵金铭. 2002. 外国人语法偏误句子的等级序列 [J]. 语言教学与研究（2）.

赵立江. 1997. 留学生"了"的习得过程考察与分析 [J]. 语言教学与研究（2）.

赵清永. 2007. 谈谈对外汉语教学中的熟语教学 [J]. 语言文字应用（S1）.

赵　新. 1994. 动词重叠在使用中的制约因素 [J]. 语言教学与研究（3）.

赵　新，李　英. 2001. 对外汉语教学中的同义词辨析 [J]. 暨南大学华文学院学报（2）.

赵　新，李　英. 2009. 商务馆学汉语近义词词典 [Z]. 北京：商务印书馆.

赵　杨. 2009. 汉语非宾格动词和心理动词的习得研究——兼论"超集—子集"关系与可学习性 [J]. 世界汉语教学（1）.

赵　杨. 2011. 韩国学生汉语词语习得研究 [J]. 世界汉语教学（3）.

赵元任. 1952. 北京口语语法 [M]. 李荣编译. 上海：开明书店.

赵　越. 2007. 现代汉语转折连词及其类型学解释 [D]. 延边大学硕士学位论文.

郑阳寿. 2001a. 语言缩略语和言语缩略语 [J]. 汉字文化（2）.

郑阳寿. 2001b. 中韩缩略语比较 [J]. 汉语学习（3）.

中国社会科学院语言研究所词典编辑室. 2013. 现代汉语词典（第6版）[Z]. 北京：商务印书馆.

周　刚. 2002. 连词与相关问题 [M]. 合肥：安徽教育出版社.

周文华. 2011a. 介词"对"不同义项的中介语使用情况考察 [J]. 华文教学与研究（1）.

周文华. 2011b. 外国学生习得时间介词的中介语考察 [J]. 汉语学习（2）.

周文华. 2011c. 现代汉语介词习得研究 [M]. 北京：世界图书出版公司.

周文华. 2013. 韩国学生不同句法位"在＋处所"短语习得考察 [J]. 华文教学与研究（4）.

周文华. 2018. 基于口语语料的韩国学生"比"字句习得认知过程考察 [J]. 汉语学习（3）.

周文华，肖奚强. 2009. 基于语料库的外国学生"被"字句习得研究 [J]. 暨南大学华文学院学报（2）.

周文华，肖奚强. 2012. 引介对象的"向P""对P"与谓词的搭配考察 [J]. 南京师大学报：社会科学版（6）.

周小兵. 1995. 论现代汉语的程度副词 [J]. 中国语文（2）.

周小兵. 1997. 介词的语法性质和介词研究的系统方法 [J]. 中山大学学报：社会科学版（3）.

周小兵. 1999. 频度副词的划类与使用规则 [J]. 华东师范大学学报：哲学社会科学版（4）.

周小兵．2009．对外汉语教学入门（第二版）[M]．广州：中山大学出版社．

周小兵，朱其智，邓小宁．2007．外国人学汉语语法偏误研究 [M]．北京：北京语言大学出版社．

朱　川．1997．外国学生汉语语音学习对策 [M]．北京：语文出版社．

邹海清．2006．频率副词的范围和类别 [J]．世界汉语教学（3）．

# 后 记

目前呈现在读者面前的这本案例分析,是南京师范大学本科生示范课程(2010—2013)、研究生教学案例库(2012—2013)、江苏省优秀研究生课程(2012—2015)和南京师范大学重点研究机构建设的部分研究成果。本课题从2010年秋季开始设计至2015年暑期定稿,跨越了五个春秋,是课题组全体成员自2010年以来持续艰苦工作的一个小结,也是我开设本科课程(外国学生汉语偏误分析)、硕士生课程(中介语理论与偏误分析)和博士生课程(语言习得理论),探索师生互动、生生互动的人才培养新模式所取得的一项成果。

本书由肖奚强提出各编选题、拟定分析框架和总体目标,周文华、颜明、乔砚协助组织和实施。由课题组成员分头执笔完成各语言点案例的初稿,各稿的修改少则三稿,多则四五稿。各编的具体执笔者(按书中出现的先后顺序)如下:

第一编语音偏误案例由周宝芯执笔;

第二编汉字偏误案例由颜明、汪磊、张艺凡、肖文琦、顾娟、钟亚执笔;

第三编词汇偏误案例由乔砚、张琼、崔金叶、杨奕、王梓秋、林欣、颜明执笔;

第四编词类偏误案例由乔砚、崔金叶、孙慧莉、王梓秋、罗昕泽、钟亚、周文华、张艺凡、林欣执笔;

第五编句型句式偏误案例由周文华、汪磊、颜明、王梓秋、路晓艳、乔砚、杨奕、罗昕泽、鲍睿琼、肖文琦执笔。

写作过程中课题组曾多次集体讨论,协调各编的内容和体例。周文华、乔砚审阅了初稿,肖奚强审阅了二稿,颜明审阅了三稿,统一了体例和行文,并协助审校了终稿。全部书稿最后由肖奚强修改并定稿。课题组的全体成员均为本书的完成付出了艰苦而细致的劳动,因此我要向为本课题的研究和完成贡献聪明才智的各位成员表示衷心的感谢。

书中的偏误用例和案例分析大多来自本团队在建的汉语中介语偏误

信息语料库及已经发表或出版的论著，也参考了时贤的一些论著，行文中未能一一注明，所参考的文献均列入书末的参考文献。文中少数偏误用例未能注明属于哪一级水平或哪种语言背景学生的输出，是因为所采自的论著没有标明相关信息。特此说明并致谢。

  书本的出版得到世界图书出版公司郭力总编辑的鼎力支持，责任编辑张晓梅女士为本书的出版尽心尽力，在此一并致谢。

肖奚强

记于乙未年酷暑中

**增订本补记：**

  《外国留学生汉语偏误案例分析》一书于2015年12月由世界图书出版公司出版，至2018年春季为秋季教学订书时，被出版社告知已经售罄。于是我们借再版之机对原书进行校勘和增补。校订了原书中的错漏，增补了8个案例。

  承担增补工作的为乔佼、孙慧莉和王梓秋。（以姓氏拼音为序）

  承担原书校勘工作的为乔佼、肖奚强、颜明、周宝芯和周文华。（以姓氏拼音为序）

  承担增订版校勘工作的为乔佼、孙慧莉、王梓秋、肖奚强、颜明、周宝芯和周文华。（以姓氏拼音为序）

  全书由肖奚强终审定稿。

  本书初版从编写到出版历时五年，且在盛夏写的后记；这次增补版又过了五年，也是在盛夏写后记。历史往往就是这样地巧合和相似。也希望增订本继续受到读者的欢迎和指正。

  增订本的出版得到北京大学出版社的鼎力支持，责任编辑为本书的出版尽心尽力，在此一并致谢。

肖奚强

补记于庚子年酷暑中